Os primeiros
cristãos urbanos

Editores responsáveis
Rico Silva
Prof. Dr. Paulo Cappelletti
Prof. Dr. Waldecir Gonzaga (PUC-Rio, Brasil)

ACADEMIA CRISTÃ

CONSELHO EDITORIAL

Prof. Dr. Abimar Oliveira de Moraes (PUC-Rio, Brasil)
Prof. Dr. Adelson Araújo dos Santos (Gregoriana, Roma, Itália)
Profa. Dra. Andreia Serrato (PUC-PR, Brasil)
Profa. Dra. Aparecida Maria de Vasconcelos (FAJE, Brasil)
Prof. Dr. Carlos Ignacio Man Ging Villanueva (PUCE, Equador)
Profa. Dra. Edith Gonzáles Bernal (PU Javeriana, Bogotá, Colômbia)
Profa. Dra. Eileen Fit Gerald (UC de Cochabamba, Bolívia)
Prof. Dr. Erico João Hammes (PUC-RS, Brasil)
Prof. Dr. Fernando Soler (PUC-Chile, Santiago)
Profa. Dra. Francilaide Queiroz de Ronsi (PUC-Rio, Brasil)
Prof. Dr. Francisco Nieto Rentería (UP, México)
Prof. Dr. Gabino Uríbarri (UP Comillas, Espanha)
Prof. Dr. Gilles Routhier (U. Laval, Quebéc, Canadá)
Profa. Dra. Gizela Isolde Waechter Streck (EST, Brasil)
Dr. Júlio Paulo Tavares Zabatiero (FTSA, Brasil)
Profa. Dra. Maria Isabel Pereira Varanda (UCP, Portugal)
Profa. Dra. Maria Teresa de Freitas Cardoso (PUC-Rio, Brasil)
Profa. Dra. Sandra Duarte de Souza (UMESP, Brasil)
Prof. Dr. Valmor da Silva (PUC-GO, Brasil)
Profa. Dra. Vilma Stegall de Tommaso (PUC-SP, Brasil)
Prof. Dr. Waldecir Gonzaga (PUC-Rio, Brasil)
Profa. Dra. Gleyds Silva Domingues (FABAPAR)

WAYNE A. MEEKS

Os primeiros cristãos urbanos

O mundo social do apóstolo Paulo

São Paulo

2022

ACADEMIA CRISTÃ

PAULUS

Título original
THE FIRST URBAN CHRISTIANS
The Social World of the Apostle Paul
© Yale University Press, New Haven e Londres, 1983
ISBN 0-300-03244-7 ou ISBN 978-85-349-3054-3

Supervisão Editorial
Rico Silva
Paulo Cappelletti

Tradução
I. F. L. Ferreira

Revisão
H. Dalbosco

Capa
James Valdana

Editoração
Regino da Silva Nogueira

Dados Internacionais de Catalogação na Publicação (CIP)
(Câmara Brasileira do Livro, SP, Brasil)

Meeks, Wayne A.
Os primeiros cristãos urbanos: o mundo social do apóstolo Paulo / Wayne A. Meeks; [tradução I. F. L. Ferreira]. – Santo André: Academia Cristã/Paulus Editora, 2011. – (Bíblia e sociologia)

16x23, 448 páginas
Bibliografia.
ISBN 978-85-98481-45-6

Paulo, Santo, Apóstolo 2. Sociologia cristã. I. Título.
II. Título: O mundo social do apóstolo Paulo. III. Série.

CDD-270.1
-225.924
-306.6

90-1136

Índices para catálogo sistemático:

Comunidades cristãs: Igreja Cristã primitiva 270.1
Cristianismo primitivo: Sociologia 306.6
Igreja cristã primitiva: História 270.1
Paulo: Biografia e obra 225.924
Socióloga cristã: Igreja primitiva 306.6

ACADEMIA CRISTÃ
Rua José do Passo Bruques, 181 - Jardim Avelino
03227-070 - São Paulo, SP - Brasil
(11) 3297-5730
editorial@editoraacademiacrista.com.br
www.editoraacademiacrista.com.br

PAULUS
Rua Francisco Cruz, 229
04117-091 - São Paulo - SP
(11) 5087-3700
editorial@paulus.com.br
www.paulus.com.br

Sumário

Apresentação à edição brasileira 9
Prefácio 13
Introdução 15
Por que uma descrição social do cristianismo primitivo? 16
Algumas objeções 18

Capítulo 1
O ambiente urbano do cristianismo paulino

Paulo e a cidade 31
Da aldeia para a cidade 34
Da pólis ao império 36
O povo da cidade 40
Cidade versus campo 43
Cosmópole 44
Mobilidade 46
As mulheres na cidade greco-romana 60
Conexões 66
Judaísmo urbano e cristianismo paulino 80
As cidades do cristianismo paulino 96

Capítulo 2
Nível social dos cristãos paulinos

"Proletários" ou "classe média"? 121
Avaliação da estratificação social 125
Evidência prosopográfica 131
Evidência indireta 147
Camadas mistas, *status* ambíguo 165

Capítulo 3
Formação da Ekklesia

Modelos extraídos do ambiente 171
A associação voluntária 175
A sinagoga 181
Escola filosófica ou retórica 184
A sociedade e seus limites 190
A linguagem que exprime a pertença 191
A linguagem de separação 209
Pureza e limites 214
Instituições autônomas 227
Portas nas fronteiras 229
Um povo com dimensão mundial 234

Capítulo 4
Governo

A propósito do conflito 241
Jerusalém e Antioquia 242
Cartas e visitas 246
Recomendação para Tessalônica 246
Reformadores na Galácia 249
Confusão em Corinto 252
Um discípulo usa o nome de Paulo 267
Controlar o desvio individual 271
Deduções 276
Dirigentes 277
Poderes para a autoridade 286

Capítulo 5
Ritual

Rituais menores 297
Reunir-se 298
Na Ekklesia 300
Batismo: ritual de iniciação 312
A ceia do Senhor: ritual de solidariedade 326
Rituais desconhecidos e controvertidos 333

Capítulo 6
Modelos de crença e modelos de vida

Um só Deus, um só Senhor, um só corpo 338
A apocalíptica e o processo de inovação 348
O Messias crucificado 364
O mal e sua contrapartida 371
Grilhões e libertação 372
Culpa e justificação 374
Alienação e reconciliação 376
Deformidade e transformação 378
Contexto 380
Correlações 381

Abreviaturas 385

Bibliografia 389

Índice de autores 429

Índice dos textos bíblicos 437

Apresentação à edição brasileira

Dificilmente uma obra que já tem mais de vinte anos permitirá, em um tempo de mudanças profundas e rápidas nos diversos campos dos estudos bíblicos, um debate intenso e atual sobre os temas que traz em seu bojo. Porém, esta regra não é válida para o livro "Os primeiros cristãos urbanos" de Wayne A. Meeks. A obra de Meeks é tão importante para os estudos paulinos que, sendo publicada em inglês, ela sofreu uma reedição em 2003, quando completou vinte anos de sua publicação. Demorou certo tempo para que se percebesse o caráter inovador deste livro: premiado pela Biblical Archaeology Review como o melhor livro de Novo Testamento no ano de 1984. Ele foi resenhado no famoso Journal of Biblical Literature por Bruce Malina apenas na edição de número 104, publicada em 1985, dois anos depois da publicação do livro. Em 1986, Meeeks recebeu o prêmio de excelência da American Academy of Religion, devido à publicação de "Os primeiros cristãos urbanos". Apenas a partir do lento reconhecimentoé que o livro foi recebendo, primeiro dos especialistas americanos, depois dos europeus, uma tradução para outras línguas. A edição espanhola foi lançada em 1989, seis anos após a sua publicação simultânea nos Estados Unidos e na Inglaterra. A edição japonesa veio à lume em1989. A edição italiana veio quase dez anos depois do lançamento do livro, em 1992, mesmo ano da primeira edição coreana e brasileira do texto. A edição alemã só foi publicada em 1993. A pergunta que ainda não foi devidamente respondida aqui é: por que promover uma reedição de "Os primeiros cristãos urbanos" diante dos novos enfoques dos estudos paulinos que se desvelam no horizonte dos estudos neotestamentários? A resposta envolve cinco argumentos.

Primeiro, os vários livros que aplicam os modelos interpretativos das ciências sociais para a descrição do cristianismo em seus inícios ainda continuam devedores dos abundantes dados expostos por Meeks em sua pesquisa. O conjunto de inscrições, textos e demais dados analisados e a relevância do seu uso por Meeks torna incontornável o estudo das fontes da Antiguidade Tardia para a reconstituição do ambiente social do cristianismo paulino nas iniciativas que o sucederam. É claro que tais dados foram consultados antes pelos autores que exploravam tais textos a partir de outras perspectivas – por exemplo, Baur, Wrede, Bousset. Von Harnack, Bultmann entre outros, que consultavam e citavam as fontes da Antiguidade no afã de estabelecerem paralelos entre o cristianismo e o seu contexto circundante. Porém, a mudança proposta por Meeks neste tipo de abordagem consiste no valor dado a tais fontes, nos limites impostos aos saltos especulativos e no esforço de evitar as conclusões precipitadas em relação às interações entre os grupos sociais.

Em segundo lugar e decorrente do primeiro, o modelo descritivo adotado por Meeks, o funcionalismo moderado e a história social, é tão inovador, equilibrado e bem-fundamentado devido ao recurso às fontes que permite ao leitor inferir desde o início da leitura os caminhos adotados pelo autor no afã de levantar as questões e descrever o seu objeto de pesquisa. A primeira parte da obra, dedicada ao método, às objeções ao método e ao elenco de fontes, deixa o campo aberto para que sejam discutidos oportunamente os referenciais metodológicos e documentais adotados. Ou seja: em vez de fazer a opção pela observação empírica, ou de optar por um método sem qualquer lastro mais estreito com a documentação, a obra de Meeks revela um equilíbrio adequado entre a teoria e as possibilidades de leitura a partir das fontes.

Em terceiro lugar, as acusações de etnocentrismo, anacronismo, pressuposições apressadas e classificações equivocadas feitas ao segundo capítulo de "Os primeiros cristãos urbanos" poderiam ser feitas para praticamente qualquer obra que trate de textos literários mediante o apelo às ciências sociais. Porém, as conclusões feitas no terceiro capítulo do livro, o primoroso capítulo contendo a discussão a respeito da formação da ekklesía, mostram que tais problemas, se é que existem, não interferiram diretamente nas conclusões acertadas de Meeks sobre as relações entre o patronato, a sinagoga, os códigos de identidade, os limites das comunidades e a universalidade do movimento cristão-urbano de origem paulina.

Em quarto lugar, a análise dos rituais e dos modelos vivenciais presente nos capítulos cinco e seis, respectivamente, permite a observação de um caminho eficiente de leitura das cartas de Paulo. Dimensionar a importância de certos temas em cartas tão curtas, escritas com propósitos tão circunstanciais, só é possível mediante a leitura das mesmas em conjunto e mediante a observação dos referenciais das discussões propostas em tais cartas. Meeks consegue fazê-lo trilhando o caminho aberto antes dele por Gerd Theissen, que em "Soziale Integration und sakramentales Handeln: Eine Analysevon 1 Cor. XI 17-34". NovT 24: 179-205 havia proposto tal possibilidade de leitura dos textos de Paulo sobre questões rituais. De igual modo, a vida cotidiana nas comunidades paulinas apresenta a importante tese de Meeks de que a crença e a vida estavam indissoluvelmente conectados, de forma que não podemos alcançá-los, senão mediante a observação das consequências sociais desejadas nas concepções, por exemplo, apocalíticas de Paulo. Meeks, porém, revela acuidade teórica ao perceber, porém, que as categorizações propostas por ele e pelo restante da pesquisa não passam de tentativas de se aproximar de muitas realidades que eram simplesmente vivenciadas, não teorizadas, nas comunidades cristãs urbanas que ele analisa.

Por fim, a leitura de "Os primeiros cristãos urbanos" permite o reconhecimento da principal questão que ainda vigora nas comunidades cristãs contemporâneas: o variadostatus social e os vários níveis de relacionamento que os membros mantêm uns com os outros, o que gerava e ainda gera – e, em alguns casos, com gravidade – a tensão entre a koinoníacelebrada em rituais de batismo e da Ceia do Senhor e as divisões entre senhores e escravos, ricos e pobres, libertos e patrões, homens e mulheres. Tal tensão, típica do cristianismo paulino e constantemente tratada em suas cartas, também nos é própria. A leitura da obra de Meeks é provavelmente uma contribuição relevante para que entendamos a partir das soluções e propostas de Paulo para tais dilemas as oportunidades e desafios que estão diante de nossos olhos. Basta abri-los para enxergarmos os conflitos e, mais do que estes, as possíveis soluções – algumas das quais presentes neste livro. Então, urge lê-lo, pois as questões que ele traz à lume não se reduzem à 30 anos: ela são perenes...

Brian Gordon Lutalo Kibuuka
Membro do Centro de Estudos Clássicos e Humanísticos da Universidade de Coimbra
Membro do Grupo de Pesquisa Imagens, Representações e Cerâmica Antiga/NEREIDA - UFF
Membro do Grupo de Pesquisa Discurso na Antiguidade Grega: texto, contexto e memória - UFRJ

Prefácio

No meu primeiro ano de magistério, alguns estudantes no *Dartmouth College* me fizeram ver que as esplêndidas construções da exegese moderna do Novo Testamento – que eu estava ansioso por transmitir depois de sete anos de passagem por escolas profissionais e de graduação – realmente não eram inteligíveis para eles. No fim do semestre, algumas das perguntas dos estudantes se haviam transformado em perguntas minhas; levei dezoito anos tentando dar-lhes respostas. Se este livro conseguir oferecer algum esclarecimento, os estudantes supramencionados e seus sucessores na Universidade de Indiana e na Universidade de Yale merecem o primeiro agradecimento.

Não quero dizer que eu tenha abandonado os métodos e os resultados da crítica do Novo Testamento. Pelo contrário, acredito que esses métodos e resultados, encarados dentro de perspectiva diferente da usual, podem fornecer material para autêntica história social de algumas partes do movimento cristão primitivo. É uma história social assim que resolvi elaborar aqui.

Eu tentara reconhecer que era totalmente devedor à exegese anterior; o aparato contido em tal referência poderia parecer gargantuano. Procurei, então, manter o texto isento de tais digressões e resolvi que as notas de rodapé só mencionariam os mais importantes livros secundários e aqueles dos quais fiz uso imediato. O especialista conhecerá, por certo, muitos outros trabalhos específicos; o leitor comum, que deseja encontrar algo mais, pode consegui-lo mediante as obras que citei. Antes de começar as notas da Introdução, expliquei meu método de citação. Traduções de línguas antigas e modernas são feitas por mim mesmo, a menos que se ache especificado de maneira diferente.

A pesquisa necessária à elaboração deste livro foi possibilitada por períodos de licença na Universidade de Yale em 1975-1976 e 1980, favorecidos respectivamente por companheiros do *National Endowment for the Humanities* e pela *John Simon Guggenheim Memorial Foundation*. Sou grato a todas as três instituições.

Conversas com muitos colegas em Yale e alhures ajudaram a focalizar e justificar este projeto. De particular auxílio foram as discussões no grupo de trabalho sobre o Mundo Social do Cristianismo Primitivo da Academia Americana de religião e da Sociedade de Literatura Bíblica, e em dois seminários de verão para professores universitários, promovidos em Yale em 1977 e em 1979 pelo *National Endowment for the Humanities*. Meu colega Abraham J. Malherbe e minha esposa, Martha F. Meeks, leram todo o manuscrito e deram muitas sugestões válidas para o aprimoramento da obra. Ramsay MacMullen fez o mesmo com o Capítulo 1. Minha mulher também pesquisou e desenhou o mapa. Por essa generosa ajuda e por muito mais ainda eu lhes agradeço.

O quadro de pessoal especializado e extremamente eficiente da Yale University Press, principalmente o editor Charles Grench e a diagramadora Ann Hawthorne, cuja precisão é impressionante, tornaram o livro de leitura muito mais fácil do que era o manuscrito. Para a preparação dos índices sou grato ao senhor David Kuck e ao *A. Whitney Griswold Fund for the Humanities*.

Introdução

Nas primeiras décadas do Império Romano, nova seita do judaísmo apareceu e difundiu-se rapidamente, embora não em grande número, no meio das cidades do Oriente. Ela não sobressaía entre os muitos cultos "orientais" levados de um lugar para outro por imigrantes e comerciantes. Poucas pessoas importantes deram atenção a ela. Suas origens eram desconhecidas dos escritores da época. Não obstante, deveria transformar-se em nova religião, separada das comunidades judaicas que lhe deram origem, e até hostil lhes era. Em poucos séculos se tornaria não só a religião dominante do Império Romano, mas também a única que gozava da proteção imperial.

As origens do cristianismo despertaram profunda curiosidade desde o século II. Nos tempos modernos nenhum outro fenômeno antigo foi alvo de tão intensa pesquisa. Contudo, seus primórdios e seu crescimento primitivo permanecem, sob muitos aspectos, misterioso. Há numerosas razões para isso. As fontes são poucas e consistem quase que exclusivamente da literatura interna elaborada pela seita para atender aos seus próprios objetivos. Elas colocam o intérprete diante de complexos enigmas literários, linguísticos e históricos. Além do mais, esses documentos também tiveram a sua história única, pois alguns foram suprimidos nos debates posteriores do movimento cristão, que queria conseguir e preservar sua autodefinição "católica" e "ortodoxa", ao passo que outros passaram a fazer parte do novo cânon da escritura do movimento. Para empregarmos as últimas como fontes históricas, precisamos tentar desembaraçá-las da densa trama de tradições em que se envolveram, tradições que integram a identidade cultural do Ocidente e a fé pessoal de muitos.

Por que uma descrição social do cristianismo primitivo?

Todos esses fatores juntos, porém, não explicam o ar de irrealidade que impregna grande parte da literatura exegética sobre o Novo Testamento e sobre o cristianismo primitivo. Sintoma claro do mal-estar que existe é o isolamento do estudo do Novo Testamento das outras espécies de conhecimentos históricos – não só em relação ao estudo secular do Império Romano, mas até em relação à história da igreja[1]. Alguns estudiosos do Novo Testamento começaram a esquivar-se da história crítica e a passar para o positivismo teológico. Outros não mais desejam absolutamente estudar história, mas preferem leitura puramente literária ou literário-filosófica dos textos canônicos.

Além do mais, os que continuam a se considerar críticos históricos enchem os jornais cultos com artigos que delineiam um mundo estranho, um mundo que parece composto exclusivamente de ideias teológicas ou que se apresentam como complexos míticos compactos ou "auto-interpretações" meramente individuais. Se pergunto: "Em que devia consistir tornar-se ou ser cristão comum no primeiro século?", recebo apenas respostas vagas e titubeantes.

Certamente, cristãos comuns não escreveram nossos textos e é raro eles aparecerem nestes explicitamente. Entretanto, os textos foram escritos em certo sentido *para* eles, e eram usados em algumas formas por eles. Se nós nunca vimos como era o mundo deles, não podemos afirmar que compreendemos o cristianismo primitivo.

Uma vez que não encontramos cristãos primitivos comuns, podemos procurar reconhecê-los por meio das coletividades a que eles pertenciam e observar sua vida através das ocasiões típicas refletidas nos textos. Foi com a esperança de conseguir isso que numerosos historiadores do cristianismo primitivo recentemente

---

[1] Ver, por exemplo, as queixas feitas por Hengel, 1979, VII-VIII; Bruce, 1976; Malherbe, 1977a, 1-4; Kennedy, 1978; Meeks, 1978; Judge, 1972.

resolveram descrever os primeiros grupos cristãos da mesma maneira que o faria o sociólogo ou o antropólogo[2]. Sem desejarem abandonar realizações anteriores em filologia, análise literária, história das tradições e visão teológica, esses estudiosos procuraram, na história social, um antídoto para as abstrações da história das ideias e para o individualismo subjetivo da hermenêutica existencialista.

Para escrever história social é necessário prestar mais atenção, do que se está habituado a fazer, aos padrões comuns de vida vigentes no ambiente imediato dentro do qual o movimento cristão nasceu. Não adiantará nada descrever esse ambiente em termos de generalidades vagas: "o conceito grego da imortalidade", "o gênio romano de organização", "o espírito do helenismo", "a doutrina judaica" deste ou daquele, "as religiões de mistério", nem contentar-se com a reprodução de generalizações e de idealizações que os escritores aristocráticos da antiguidade repetiam[3]. De preferência, dentro dos limites que as fontes e as nossas habilidades o permitam, devemos tentar discernir o contexto de vida em épocas e em lugares particulares. Depois disso, a tarefa do historiador social do cristianismo primitivo consiste em descrever a vida dos cristãos comuns dentro do ambiente – e não apenas as ideias ou autocompreensão dos dirigentes e dos escritores. Esta é a dupla tarefa assumida nas páginas seguintes, para um discreto segmento do movimento cristão primitivo.

---

[2] Numerosos exemplos desse renovado interesse pelo estudo sociológico ou sócio-histórico estão incluídos na bibliografia e são apresentados ao longo deste livro. Para *sketches* da história de tais estudos, ver Keck, 1974; J. Z. Smith, 1975; Scroggs, 1980; Theissen, 1979, 3-34; Schütz, 1982.

[3] Recentemente Averil Cameron (1980, 61s), com bastante razão, censurou-me por estar deslizando em uma dessas generalizações indefesas sobre os papéis das mulheres "na sociedade greco-romana como um todo". Não adiantou muito para a minha defesa o fato de eu estar parafraseando certos historiadores culturais com liderança que, conforme eu supunha, sabiam mais do que eu. Isto simplesmente mostra quanto é comum a tentação e como é necessário estarmos atentos no caso.

Algumas objeções

Nem todos aplaudem as repetidas tentativas de descrever a história social do cristianismo primitivo. Alguns estudiosos, principalmente teólogos, advertiram que as interpretações dos fenômenos religiosos são inevitavelmente reducionistas. As perguntas que o historiador social faz aos textos religiosos, por exemplo, procuram extrair deles algo contrário ou pelo menos diferente do seu conteúdo ou da sua "intenção" evidentes. Esse tipo de ventilação muitas vezes nega aos fenômenos religiosos qualquer caráter próprio, tratando-os como os efeitos de causas não-religiosas. Dessa maneira, dizem os autores de tais objeções, o cientista social deseja "explicar" a religião varrendo-a da face da terra, para poder afirmar que as crenças religiosas são, na realidade, projeções da consciência de grupo ou de fantasias individuais, ou que a fé no Deus todo-poderoso nada mais é do que compensação buscada por um grupo que experimenta a privação do poder, etc. Ao apresentar tais explicações, o intérprete sociológico impõe seu próprio sistema de crença na sua evidência, afirmando implícita ou explicitamente conhecer mais sobre o sentido do comportamento religioso do que os participantes.

Há boas razões para tais alegações. As duas tentativas mais conhecidas de aprofundar a interpretação sociológica do cristianismo primitivo foram, de fato, reducionistas. Um delas é a leitura marxista, começando com a obra de KARL KAUTSKY, *The Foudations of Christianity*; a outra é a escola de Chicago com os seus estudos do Novo Testamento na primeira parte deste século[4]. Os marxistas resolveram descobrir as raízes do cristianismo, procurando-as na luta de classe da sociedade antiga. Crenças e ideias religiosas eram minimizadas como pertencendo a ideologia, que não só é formação secundária decorrente das causas econômicas subjacentes – pelo menos é o que sentimos nas cruas versões populares da crítica marxista –, mas também *esconde* suas raízes sociais pretendendo ser autônoma.

---

[4] Ver Keck, 1974.

A escola de Chicago também, devido a razões bem diferentes, fez pouco uso para conceitos teológicos. SHIRLEY JACSON CASE, por exemplo, insistia em dizer que a "essência" do cristianismo do século I era "ser conteúdo inteiro", "já que cada fase dele surgiu como resposta a alguma exigência da época"[5]. CASE explicava as ideias, os valores e as práticas dos cristãos primitivos simplesmente como respostas a "necessidades" evidentes da sociedade do tempo.

Entretanto, até essas interpretações exageradas, ainda que indubitavelmente reducionistas, não eram destituídas de valor. Os historiadores marxistas mais recentes, adotando concepção muito mais complexa da dialética entre estruturas sociais e estruturas de crença, deram importantes contribuições para a nossa compreensão da sociedade antiga e não menos sobre o contexto social do cristianismo primitivo[6].

A escola de Chicago, também, escreveu uma agenda para historiadores do cristianismo primitivo, que permanece incompleta e esperando ser impressa. A ingenuidade do funcionalismo de CASE não deve ter possibilidade de impedir os progressos subsequentes da teoria funcionalista em uma sociologia secular, nem de levar-nos a negar seu poder interpretativo quando mais cuidadosamente usado. Na verdade, o que é mais surpreendente em CASE e nos seus associados de Chicago é a aparente indiferença deles em face da teoria sociológica e o fato de eles não conseguirem desenvolver forma alguma de análise especificamente sociológica[7]. A partir dessa época, os próprios cientistas sociais se foram tornando cada vez mais sensíveis aos problemas do conflito entre os pontos de vista do participante e os do observador, de função "latente" e "evidente",

---

[5] Case, 1913, 78.

[6] Por exemplo, Kreissig, 1967, 1970 e 1977; Ste. Croix, 1975; Kippenberg, 1978. A revista de estudos europeus soviéticos e orientais sobre o cristianismo primitivo, editada por Kowalinski, 1972, apresenta poucos motivos para interesse, mas Kowalinski não é observador isento. Ver também Scroggs, 1980, 177-179, e Theissem, 1979, 25-30. Dupré, 1980, apresenta uma discussão útil e breve sobre o problema da ideologia em Marx e nos marxistas recentes.

[7] Cf. Keck, 1974, 437.

de tradução transcultural e da dialética entre elementos cognitivos e estruturais da cultura. Algumas das coisas que mais desagradam o teólogo em se tratando das ciências sociais já não são características dessas disciplinas.

Além do mais, o teólogo que quiser remover o cisco do olho do historiador social deverá estar atento à trave que tem no seu olho. Afirmar que somente a interpretação teológica dos textos canônicos é legítima certamente constitui outra espécie de reducionismo. Dizer que todos esses textos envolvem realmente ideias teológicas oculta vários tipos de confusão, incluindo os seguintes. Primeiro, não consegue fazer a distinção entre diferentes contextos de sentido e entre diferentes usos dos textos em questão. O que um texto (ou outro fenômeno) "significa" depende, pelo menos em grau importante, do que o intérprete deseja saber. Se o intérprete quer descobrir padrões de linguagem que possam servir como normas para o comportamento ou para a crença dos membros de uma comunidade que toma esses textos como escritura, então convém insistir em que o contexto é todo o cânon da escritura e toda a tradição interpretativa da comunidade. Ele pode, se essa tradição o permite, ignorar ao mesmo tempo as questões históricas. Ou ele pode insistir em dizer que tudo o de que precisa saber do historiador é o que afirmam as crenças explícitas dos cristãos primitivos sobre Deus, Cristo, a salvação etc. Se vai, de agora em diante, continuar enganando-se por estreiteza de visão é problema que dependerá do método teológico, não histórico.

Por outro lado, se o intérprete quiser, afastando a pura e simples curiosidade, conhecer como eram os cristãos dos tempos mais antigos e o que faziam enquanto seus primeiros escritos eram compostos – antes que *houvesse* um cânon do "Novo Testamento" –, então limitar as perguntas ao que se refere explicitamente a crenças afirmadas seria estranho e poderia induzir em erro. De qualquer maneira, não haveria razão para deixar o teólogo legislar sobre as perguntas que o intérprete tem permissão de fazer.

Segundo, o reducionismo teológico encobre algum modelo do que a religião é, modelo que deveria tornar-se explícito e aberto à crítica. O problema tornou-se mais difícil por causa da relutância de alguns teólogos, influenciados por asserções polêmicas feitas em contexto histórico especial por KARL BARTH e DIETRICH BONHOEFFER, em usar a palavra *religião* aplicada ao cristianismo normativo. (Devido a essa relutância, eles erraram no enfoque dado por BARTH e BONHOEFFER, mas isso é outra questão). Todavia, parece que críticos desse tipo geralmente trabalham com um dos dois modelos implícitos de religião: uma proposição específica de ideias, ou uma proposição de símbolos que expressam um estado, uma ordem subjacente de disposições. Voltaremos a este assunto.

Terceiro, os críticos teológicos parecem muitas vezes supor redução do sentido da língua e da linguagem à sua força ostensiva de locuções, à sua "intenção evidente". No entanto, quando uso a palavra *Deus* em uma frase, posso estar fazendo inúmeras coisas diferentes que não sejam transmitir informação nem recomendar a crença em Deus. Posso estar buscando aprovação ao mostrar que sou piedoso; posso estar ameaçando o meu auditório por meio de pronunciamento profético; ou posso estar jurando e, assim, apenas expressando ira ou temor.

Agora, poder-se-ia argumentar que a palavra que usei dessa maneira pressupõe que a comunidade que me ouve alimente ou já tenha alimentado certas crenças em Deus, sem as quais as minhas palavras não teriam a força que têm. Por tal motivo, essas crenças, também, seriam parte de "grande descrição" da minha comunicação – porém, somente parte. Estamos por certo interessados em saber em que os cristãos primitivos acreditavam e o que diziam. Mas estamos igualmente interessados em tudo o mais que eles faziam, inclusive o que faziam por meio do que diziam.

Não só os teólogos se mostram desconfiados diante da história social; numerosíssimos filólogos, que trabalham como exegetas, e historiadores comuns também alimentam suas dúvidas. A principal objeção que fazem refere-se ao modo como o historiador social preenche as muitas lacunas que existem na apresentação do passado. O intérprete sociológico é tentado a deduzir o que *deve* ter acontecido e as condições que *devem* ser alcançadas com base em algumas supostas regularidades do comportamento humano. À medida que ele cede a essa tentação, moderniza o seu trabalho. Re-cria o povo do passado à sua própria imagem, porque as supostas leis de comportamento se baseiam em observações feitas na nossa cultura ou em culturas contemporâneas, que podem divergir fundamentalmente das culturas da antiguidade.

Para evitar esses perigos, a crítica exegética insiste em que a tarefa do historiador é somente a de relatar os fatos: o que os textos dizem, o que os monumentos mostram. Até certo ponto, isso é questão de gosto. Alguns estudiosos se sentem mais à vontade com generalizações do que outros, talvez se sintam menos perturbados com a possibilidade de que possam estar errados. Não obstante, há importantes advertências. Existem boas razões para termos cautela em face de grandiosas teorias e de "leis" não comprovadas. Devemos manter-nos o mais possível próximos dos fatos observados.

A dificuldade é que, sem interpretação, não existem fatos. Toda observação acarreta um ponto de vista, uma série de conexões. Os empíricos puros captariam impressões sem sentido. Até a tarefa tão simples como a de traduzir uma sentença de uma língua antiga para a nossa língua requer algum conhecimento das matrizes sociais tanto da forma de expressão original quanto da nossa. Quando desistimos de recorrer ao dicionário e à gramática para ajudar-nos, erramos, a menos que achemos que eles apenas catalogam as relíquias da língua como se fossem um fluido, funcionando como meio social. Quando traduzimos sem essa atenção, passamos simplesmente ossos de um caixão para outro. Colecionar fatos sem obedecer a teoria alguma, muitas vezes significa substituir por teoria nosso suposto senso comum. Fazer tal substituição moderniza o trabalho não menos do que o faz o cientista que segue sua teoria, pois nosso senso comum também é artefato cultural. A vantagem de uma teoria explicitamente elaborada e proposta reside no fato de que ela pode ser falsificada.

Ao escrevermos história social, portanto, não podemos ignorar as teorias que orientam os cientistas sociais. Mas que prudência devemos ter em face das escolas de sociologia, antropologia ou psicologia social que competem entre si? Em que nível de nossa pesquisa e em que escala as propostas teóricas são úteis? A que grau de coerência geral podemos razoavelmente desejar chegar, sem pormos em perigo a apreciação da peculiaridade obstinada de nossos temas? Não existe nenhuma teoria abrangendo os movimentos sociais dotada de tal autoridade que nos permita prudentemente confiar nosso método aos seus cuidados. Ainda que houvesse, deveríamos desconfiar dela. O cristianismo, também nos primeiros momentos em que conseguimos captar algumas imagens dele, já era movimento complexo que ia tomando forma dentro de várias sociedades complexas. Que teoria social seria adequada para nos ajudar a compreender o seu todo?

Neste estudo, o uso da teoria será de cunho mais sugestivo do que criativo à maneira das ciências experimentais. Como MAX WEBER sempre procurou destacar, as hipóteses históricas não admitem verificação segundo leis científicas, e a experiência controlada é inevitavelmente modelo enganador para a pesquisa histórica.[8] Quando indagamos sobre o contexto social e as formas sociais do cristianismo primitivo, não pretendemos descobrir nem aprovar leis sobre o comportamento humano em geral. Procuramos antes compreender uma colocação particular de fenômenos na segunda metade do século I, embora a palavra *compreender* não precise ser tomada no sentido especial em que WEBER a usava.

Nosso caso é análogo à descrição que CLIFFORD GEERTZ faz da tarefa do antropólogo social, como se este fosse etnógrafo, descritor de cultura. A descrição é interpretativa. O que ela interpreta é a "fluência do discurso", do qual ela tenta "livrar o 'disse' – de suas situações periclitantes para fixá-lo em termos duradouros"[9]. Para essa finalidade a teoria é necessária, tanto para construir a interpretação quanto para criticar as construções, contudo ela deve "permanecer mais próxima de suas bases do que tender a se introduzir

---

[8] Weber, 1922, 98; cf. Geertz, 1973, e 22s. Ingênua confiança em um método científico estritamente elaborado ainda persiste em alguns setores (comprovam-no as afirmações hiperbólicas de Jewett, 1979), porém, em geral não entre os cientistas naturais, que eram o paradigma original. Cf. Garfinkel, 1981, 135 e *passim*.

[9] Geertz, 1973, 20s.

em ciências mais aptas a favorecer as abstrações da imaginação"[10]. Como PETER BROWN dizia em um de seus elegantes ensaios, a atitude do historiador em face das ciências sociais é semelhante à do chefe de tribo africana que descrevia a tribo vizinha para o etnógrafo que lhe fazia indagações, dizendo: "Eles são nossos inimigos; nós nos casamos com eles"[11].

Em resumo, a aplicação da ciência social nos capítulos seguintes é eclética. Uso a minha teoria aos poucos, à medida que vai sendo necessário e onde convém. Essa discussão pragmática será sem sabor para o purista; seus efeitos serão muitas pontes rústicas e algumas inconsistências. Não obstante, considerando o presente estado da teoria social e o estado primitivo do seu uso por estudiosos do cristianismo primitivo, o ecletismo parece o único caminho honesto e cauteloso a ser trilhado. Fui estimulado pelas observações de VICTOR TURNER sobre a maneira como a teoria age no campo de trabalho do antropólogo:

> Embora utilizemos teorias em nosso campo de trabalho, elas só se tornam importantes se e quando esclarecem a realidade social. Aliás, tendemos a perceber com grande frequência que não é todo o sistema de um teórico que traz esclarecimentos, porém, antes, suas ideias espalhadas, seus lampejos de intuição extraídos do contexto do sistema e aplicados aos dados variados separadamente – As intuições, e não o contexto lógico que as une entre si, é que tendem a sobreviver no campo da experiência[12].

E mais: embora não haja uma teoria abrangente do comportamento social humano para nos guiar, existe um grupo de perspectivas compartilhadas por número crescente de cientistas sociais e de historiadores de religião que assinala o ponto de vista geral deste livro. A sociedade é encarada como um processo, em que a identidade pessoal e as formas sociais são criadas mútua e continuamente por interações que ocorrem por meio de símbolos.

---

[10] *Ibidem*, 24.
[11] Brown, 1970, 17.
[12] V. Turner, 1974, 23.

A cultura, tal como GEERTZ a encara, consiste em "tecidos de significado"[13]. Além disso, existe relação real, mas complexa entre a estrutura social e a estrutura simbólica, e a religião é parte integrante do tecido cultural. No entanto, não é necessário nem sensato determinar antecipadamente e com exatidão o papel que a religião desempenha, porque ela desempenha muitos papéis. Até o famoso diagrama dos símbolos sagrados de GEERTZ, sintetizando a "visão do mundo" e o *"ethos"* pode levar a equívocos, porque tende a supor que a função da religião seja sempre integrativa[14]. De fato, ela pode ser desagregadora ou, paradoxalmente, integrativa mas favorecendo movimento desagregador.

Dentro desse contexto geral, essa visão da religião como sistema da comunicação, como subdivisão no meio de inúmeros sistemas que criam a cultura e as subculturas de uma sociedade particular, assumo a posição de "funcionalista moderado"[15]. Isto significa que o tipo de perguntas a serem feitas sobre o movimento cristão primitivo são as que se referem ao modo como ele agia. Evidentemente, o que a língua faz, na maioria das vezes, ela o faz dizendo algo, porém isso é apenas parte da transação. Adotando perspectiva funcionalista dessa forma moderada, podemos evitar a teoria das funções da religião. Em princípio seremos aptos a permanecer abertos às peculiaridades dos grupos únicos em que estamos interessados, e não precisamos descuidar-nos das crenças e dos conceitos desses grupos[16].

---

[13] Geertz, 1973, 5.

[14] Geertz, 1957.

[15] Cf. Gellner, 1962, que defende o "funcionalismo moderado" contra críticos como Peter Winch, mas salienta que o "funcionalismo forte", o qual afirmava que todos os elementos na sociedade são funcionais, por bons motivos perdeu apoio entre os cientistas sociais.

[16] Aqui Gellner é útil e pode ajudar-nos. "Compreender o *trabalho* dos conceitos de uma sociedade", diz ele, "é compreender suas instituições". No entanto, contrariando o ponto de vista de Winch, *"não* é verdade dizer que compreender os conceitos de uma sociedade (da maneira como seus membros o fazem) é compreender a sociedade. Os conceitos tanto podem mascarar algo como pode ser parte da função que eles desempenham" (1962, 115 e 148, n. 1).

Como resultado, essa espécie de descrição social pode ser útil principalmente para os teólogos cujo ceticismo mencionei acima. Este livro, deliberadamente, evita categorias teológicas como a sua estrutura interpretativa. Espero que, por causa disso, ele não seja encarado como antiteológico. Não obstante, ele o será à medida que os modelos predominantes de religião implícitos no discurso teológico forem, como George Lindbeck recentemente observou, ou "cognotivistas-proposicionais" ou "experienciais-expressivos". O próprio Lindbeck, porém, incentiva os teólogos a adotarem um modelo "cultural-linguístico" mais parecido com o empregado.[17] Se houvessem feito isso, os teólogos encontrariam um bom material no presente livro nestas explorações do cristianismo paulino.

Cristianismo paulino

Os estudos do Novo Testamento neste século descobriram grande diversidade no cristianismo primitivo[18]. Para levarmos em conta a advertência de Geertz segundo o qual nossa "volumosa descrição" deve ser "microscópica", deveríamos escolher um segmento do cristianismo primitivo razoavelmente coerente e fácil de ser identificado.

Por vários motivos, a escolha mais satisfatória compreende a extensa atividade missionária de Paulo de Tarso e de amplo círculo de colaboradores e de comunidades que eles estabeleceram em cidades ao longo da parte nordeste da bacia mediterrânea. Antes de mais nada, eles são intrinsecamente fascinantes. Em segundo lugar, constituem o segmento do movimento cristão primitivo mais bem documentado. Temos pelo menos sete epístolas indubitáveis enviadas pela principal figura (as quais, na forma em que as recebemos,

---

[17] As propostas são feitas em livro ainda não publicado, que possivelmente receberá o título de "Theories of Religion and 'Method in Theology': An Encounter with the Thought of Bernard Lonergan". Lindbeck teve a grande bondade de permitir que o manuscrito fosse discutido por seus alunos e colegas.

[18] Por exemplo, Koester, 1965.

podem conter fragmentos também de outras epístolas). Essas epístolas são os escritos cristãos mais antigos existentes.

Duas características tornam essas epístolas particularmente úteis para a pesquisa sócio-histórica: cada uma delas trata de algum problema específico na vida de uma das igrejas locais ou na estratégia missionária dos dirigentes; e eles frequentemente citam material tradicional, que propicia rápida visão de rituais, regras, admoestações e crenças comuns formuladas para as comunidades paulinas. Ademais, os Atos dos Apóstolos contêm extensa descrição da missão paulina escrita poucas décadas depois da morte de Paulo por alguém que, provavelmente, não era membro imediato da escola paulina.

Tanto pelas epístolas quanto pelos Atos é evidente que o cristianismo paulino não era obra de uma só pessoa, mas de amplo grupo de associados. Além disso, há seis epístolas no cânon do Novo Testamento atribuídas a Paulo, mas cuja autoria os exegetas modernos questionam. Duas delas, a Epístola aos Colossenses e a Epístola aos Efésios, foram mais provavelmente escritas por discípulos de Paulo. O mesmo pode ser verdade a propósito da segunda Epístola aos Tessalonicenses. Essas epístolas pseudônimas mostram que a associação paulina era um movimento autoconsciente, que atribuía a Paulo a posição de "fundador" ou de autoridade dirigente. É provável que esse movimento distinto dentro do cristianismo tenha conservado a sua identidade por algum tempo depois da morte do Apóstolo, embora a dificuldade notória em datar as epístolas que mencionamos impeça que elas sirvam para elucidar tal fato.

Muito mais problemática é a evidência das restantes epístolas canônicas – as chamadas epístolas pastorais dirigidas a Timóteo e a Tito – e os vários escritos apócrifos atribuídos a Paulo ou escritos sobre ele, como os Atos de Paulo, a espúria correspondência com Sêneca, os vários apocalipses de Paulo e a terceira Epístola aos Coríntios.

Muitas vezes as epístolas pastorais e obras como os Atos de Paulo e de Tecla são encaradas como produtos de escola paulina que continuou no século II. Parece mais provável, porém, que elas todas representam um lento desdobramento, em que a figura de

Paulo era adotada como patrono, tanto na grande Igreja quanto nos movimentos "heréticos", por causa de sua fama geral ou, com menor frequência, por causa dos aspectos específicos dos seus ensinamentos[19]. Elas, portanto, não podem ser usadas com segurança, quer como evidência de alguma espécie de continuidade social, quer como testemunho independente de algumas tradições dos grupos paulinos, motivo pelo qual não as utilizo aqui como fontes.

A terceira razão pela qual o cristianismo paulino é sujeito adequado para a nossa investigação reside no fato de que era inteiramente urbano. Sob esse aspecto, se manteve na ala crescente do movimento cristão, pois foi nas cidades do Império Romano que o cristianismo, embora nascido numa cultura de vilas e aldeias da Palestina, alcançou seus maiores êxitos até bem depois da época de Constantino.[20] Isto não significa que o cristianismo paulino fosse típico de todo cristianismo urbano do século I. Há muitos sinais de que se distinguia de outros movimentos e grupos sob alguns aspectos, e nós realmente não sabemos muito sobre as outras formas contemporâneas do movimento, para dizermos com segurança quais seriam as suas características básicas mais amplamente difundidas. Há mérito, porém, em tentarmos descrever tão cuidadosamente quanto possível aquilo que conhecemos.

Tornou-se habitual entre alguns exegetas falar do "mundo social do cristianismo primitivo",[21] e este termo validamente descreve o objeto desta pesquisa. Ele possui duplo sentido, referindo-se não só ao ambiente dos grupos cristãos primitivos, mas também ao mundo que eles conseguiam captar e ao qual deram

---

[19] Ver Rensberger, 1981, e Lindemann, 1979.

[20] Sobre os diferentes "fatores socioecológicos" que agem nos ambientes rurais e urbanos, ver as sugestivas propostas feitas por Theissem, 1973 e 1975.

[21] Começando em 1973, um grupo de pesquisa da Academia Americana de Religião e da Sociedade da Literatura Bíblica realizaram encontros durante vários anos usando esta rubrica. Ela foi sugerida por um dos fundadores do grupo, John Gager, que a usou como subtítulo de seu estudo pioneiro (1975).

forma e significado por meio da sua linguagem especial e de outras ações significativas. Um era o mundo que eles partilhavam com outros que viviam no Império Romano; o outro era o mundo que eles construíram[22]. Começaremos com uma visão externa, a ecologia dos grupos paulinos e, depois, prosseguiremos em busca dos padrões de ação significativa que chegavam a moldar as suas vidas.

---

[22] O último no sentido de Berger e Luckmann, 1966.

O Mediterrâneo Oriental no Primeiro Século

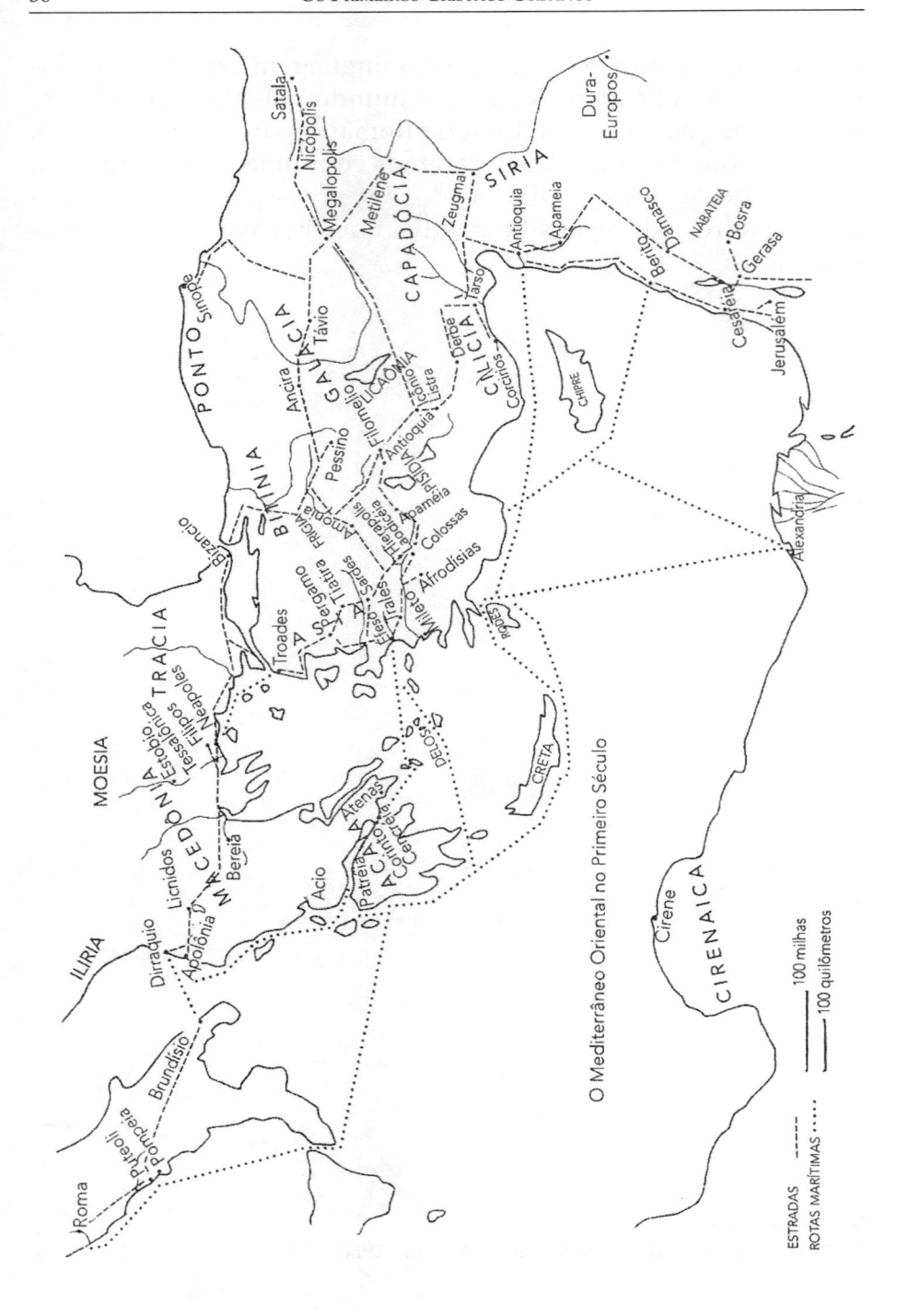

ESTRADAS -----
ROTAS MARÍTIMAS ·····

100 milhas
100 quilômetros

Capítulo 1

O ambiente urbano do cristianismo paulino

Paulo e a cidade

Paulo foi um homem urbano. A cidade transparece em sua linguagem. As parábolas de Jesus sobre semeadores e sementes, ceifeiros e casebres cobertos de argila exalam odor de adubo e de terra, e o aramaico das cidadezinhas palestinenses muitas vezes tem repercussões no grego. Se de um lado Paulo constrói uma metáfora usando oliveiras ou jardins, de outro lado o grego é fluente e lembra mais a sala de aula do que a fazenda; ele parece sentir-se mais à vontade com os clichês da retórica grega, extraídos do ginásio, do estádio ou da oficina[1].

Além disso, Paulo figurava entre aqueles que dependiam da cidade para a sua sobrevivência. Sustentava-se, pelo menos parcialmente, com o trabalho "de suas próprias mãos" – fazendo tendas, segundo o livro dos Atos – e muitas vezes recordou esse fato às suas igrejas como uma espécie de orgulho indireto, ou como autodefesa

---

[1] Oscar Broneer (1962, 1971) até pensou que Paulo deve ter presenciado os jogos do Istmo, dos quais as escavações de Broneer ofereceram uma viva imagem. Mas exemplos e metáforas tiradas do ginásio eram tão comuns nos moralistas greco-romanos, que dificilmente podemos chegar a tal conclusão; ver Pfitzner, 1967. Maiores esclarecimentos sobre a relação da linguagem de Paulo com a da retórica profissional e a das escolas filosóficas podem ser encontrados em: Judge, 1968; 1972, 29-32; Malherbe, 1977a, 29-59.

ou como tema de lição². Essa vida como artesão o distinguia tanto dos trabalhadores das fazendas, que, escravos ou livres, talvez estivessem bem no alto da pirâmide social na antiguidade, quanto dos poucos felizardos cuja riqueza e *status* dependiam de sua situação na agricultura.

Os trabalhadores manuais urbanos incluíam escravos e livres, e uma boa faixa de status e de recursos, indo desde a pobreza extrema até uma vida razoavelmente confortável; todos, porém, pertenciam solidamente à cidade. Não sentiam nem o medo hostil do camponês diante da cidade, nem participavam do poder autoconfiante do aristocrata tanto sobre a *polis* quanto sobre a *chora*.

Quando Paulo retoricamente enumera os lugares onde passou por perigos, divide o mundo em cidade, deserto e mar (2Cor 11.26). Seu mundo não inclui a *chora*, a região produtiva; fora da cidade nada existe – *eremia*. O autor do livro dos Atos dificilmente pode estar errado quando apresenta Paulo ousando dizer ao tribuno, admirado de que Paulo saiba grego, que ele é "cidadão de cidade não desprezível" (At 21.39, VRP).

Se o mundo de Paulo consistia, praticamente falando, somente da cidades do Império Romano, então talvez seja mais fácil compreender a extraordinária afirmação que faz aos cristãos em Roma. "Desde Jerusalém até os arredores da Ilíria", escreve ele, "preguei plenamente o evangelho de Cristo". O resultado apresenta-o dizendo: "Não tenho mais campo para trabalho nessas regiões" (Rm 15.19b,23a). Entretanto, o que fizera para "preencher tudo com o Evangelho de Cristo" (segundo comenta Lutero)³ foi somente

---

² A importância da obra de Paulo, principalmente à luz da discussão helenista tradicional sobre os meios adequados para sustentar os mestres, é estudada por Hock, 1978 e 1980. Theissem, 1975a, vinculou-a com uma hipótese mais ampla sobre "ecologia" dos dois tipos fundamentalmente diferentes da missão cristã primitiva, rural e urbana.

³ A expressão é peculiar; Lutero talvez pensasse em At 5,28: "Enchestes (*Peplerókate*) Jerusalém com vosso ensinamento". Mas em Rm 15.19 o suposto objeto direto do verbo deve ser *to evangélion*, e, assim, o verbo deve significar "concluir, levar à realização plena", como em Cl 1.25.

estabelecer pequenos núcleos de cristãos em residências e famílias espalhadas por algumas cidades estrategicamente localizadas no nordeste da bacia mediterrânea. Esses núcleos se mantinham ligados entre si e com Paulo e seus colaboradores por meio de cartas, visitas oficiais e pelo contato frequente com cristãos que viajavam, Paulo estimulava as pessoas do local a se comprometerem a estabelecer novos grupos nas cidades vizinhas. Mais adiante voltarei a falar do quadro geográfico e do método missionário; o que precisa esclarecer aqui é simplesmente que a missão do círculo paulino foi concebida desde o princípio para terminar como movimento urbano.

O leitor astucioso pode objetar, lembrando as palavras do próprio Paulo sobre sua conversão em Gl 1.15-17, que a primeira reação de Paulo, depois de receber a estranha revelação que o enviava a "pregar [o Filho de Deus] entre os gentios", foi a de abandonar a cidade e ir para a Arábia. A "Arábia", porém, não é a vasta região arenosa da imaginação romântica, mas o reino dos nabateus, que se estendia até o território de Damasco e possivelmente chegava a incluir Damasco no seu domínio[4]. Sabemos disso porque foi o etnarca do rei nabateu Aretas IV quem tentou prender Paulo em Damasco (2Cor 11.32). É evidente que Paulo suscitara essa hostilidade oficial não porque estivesse meditando no deserto, nem porque vivesse viajando de aldeia em aldeia, mas, sim, porque se achava pregando em cidades helenistas florescentes, como Petra, Gerasa, Filadélfia e Bosra, cujas ruínas foram recentemente escavadas[5].

---

[4] Bietenhard, 1977, 256-258. Já afirmado por Justino, *Diálogo* 78.10, como Lightfoot, 1880, 88, observou, embora até esse grande exegeta tenha cedido à visão romântica de Paulo, "como Elias idoso, (que) se dirigiu para o deserto do Sinai, a fim de se separar do mundo exterior" e poder "comungar com Deus em sua própria alma" (88-90).

[5] Betz, 1979, 73s. O ponto é muito bem abordado por John A. Bailey, *The City in the Bible*, que ele bondosamente me mostrou.

Da aldeia para a cidade

Essa preocupação com as cidades não era peculiar de Paulo. Antes da conversão de Paulo, os que acreditavam no Messias Jesus haviam levado a mensagem de sua nova seita às comunidades judaicas das cidades greco-romanas. Foi o êxito deles em Damasco que excitou o ataque "zelota" de Paulo contra eles e foi lá que ocorreu a estranha mudança radical na sua vida, que chamamos de sua conversão (Gl 1.13-17)[6].

Ainda mais importante é o fato de que o movimento havia sido iniciado na comunidade judaica de Antioquia e nesta cidade certos cipriotas e cireneus, entre os "helenistas" que haviam sido expulsos de Jerusalém, ultrapassaram primeiro as fronteiras do judaísmo para procurar prosélitos gentios (At 11.19-26)[7].

Depois da permanência de três anos de Paulo no reino dos nabateus, permanência que não produziu resultados duradouros, e de sua saída quase vergonhosa de Damasco (2Cor 11.32) e de breve consulta aos dirigentes em Jerusalém (Gl 1.18s), Antioquia se tornou o centro de suas atividades, talvez durante a maior parte dos doze a catorze anos que ele passou "nas regiões da Síria e da Cilícia" (Gl 1.21; cf. 2.1-14 e At 11.25s;13.1)[8].

---

[6] O relato mais elaborado e dramático contido em At 9 confirma a centralidade de Damasco. A insistência do autor sobre a estreita ligação de Paulo com Jerusalém provavelmente decorre do seu uso de relatos já em circulação durante a vida de Paulo e que o Apóstolo enfaticamente rejeita em Gl 1.16-2.10. Evidentemente o autor de Atos não teve acesso à Epístola aos Gálatas – sabermos se ele conheceu ou não alguma das epístolas de Paulo continua sendo assunto de discussão – e os rumores da dependência de Paulo dos apóstolos de Jerusalém adequavam-se muito bem ao seu próprio programa teológico, que fazia de Jerusalém o *centro do* "progresso da palavra de Deus", pelo acréscimo dos gentios ao Povo de Deus. Ver Haenchen, 1959, 283, e 1966, 268; a revisão provocante dos pontos de vista de Jervell, 1972, Dahl, 1976a, e as importantes sugestões sobre o contexto e as funções sociais do livro dos Atos elaboradas por Adams, 1979, 296-305.

[7] Além dos comentários padronizados sobre esta passagem, ver Meeks e Wilken, 1978, 13-16.

[8] Não é possível chegarmos a certeza alguma quanto à cronologia. Os catorze anos de Gl 2.1 podem ou não incluir os "três anos" de 1.18, e, como a forma antiga de

Antioquia, centro de comunicação política, militar e comercial entre Roma e a fronteira persa e entre a Palestina e a Ásia Menor, era uma das três ou quatro cidades mais importantes do império e a sede de grande e vigorosa comunidade judaica. Foi aí que se desenvolveu a forma de prática e de organização missionária que chamamos de cristianismo paulino, mas que era provavelmente característica da maior parte da expansão urbana do movimento. Aí Paulo fez o seu aprendizado, como companheiro e colaborador de Barnabé e de outros[9].

Antioquia também foi o lugar em que a controvérsia entre judeus e gentios surgiu primeiro no seio da igreja, e a posição radical que Paulo assumiu nesta questão levou eventualmente ao seu rompimento não só com Pedro, mas até com Barnabé (Gl 2.11-14) e deu cunho teológico diferente à sua própria missão posterior, que, daí em diante, começou a se deslocar com firmeza em direção ao ocidente, atravessando a Ásia Menor e chegando ao grande país da Grécia.

Nesses primeiros anos, pois, há uma década da crucifixão de Jesus, a cultura das aldeias e vilarejos da Palestina havia sido deixada para trás e a cidade greco-romana se transformou no ambiente dominante do movimento cristão. Assim permaneceu ela, desde a dispersão dos "helenistas" de Jerusalém até bem depois da época de Constantino[10]. O movimento havia superado a divisão mais fun-

---

calcular às vezes incluía as unidades inicial e final de um período como um todo, o total podia ser um pouco menos ou um pouco mais do que doze e dois anos, respectivamente. Os problemas são discutidos em todos os comentários maiores e nas obras sobre a cronologia paulina, inclusive Schlier, 1971, ad loc.; Koester, 1980, 534-537; Caird, 1962. Mais recentemente Jewett, 1979, insistiu que somente os dezessete anos inteiros, até o mês, podiam ser incluídos. Lüdemann, 1980a, discorda de Jewett, mas ele próprio propõe uma inversão curiosa da ordem dos acontecimentos em Gl 2.1-10 e 11-14. E não é convincente.

[9] Ver a importante discussão feita por Ollrog, 1979, 9-13.

[10] No princípio do século II, Plínio, o Jovem, achou digno de ser noticiado que o cristianismo na Bitínia havia penetrado "não só nas cidades, mas também nas aldeias e campos" (Ep. 10.96.9). No fim do século, na África do Norte, Tertuliano alardeava, com compreensível exagero, dizendo: "Os homens proclamam alto e bom som que o Estado se acha conosco; no campo, nas aldeias, nas

damental na sociedade do Império Romano, a divisão entre o povo rural e os habitantes da cidade, e os resultados demonstrariam ser importantes[11].

Da pólis ao império

As cidades do mundo mediterrâneo situavam-se na ala liderante das grandes mudanças políticas e sociais que ocorreram durante seis séculos e meio, de Alexandre a Constantino. A Atenas de Péricles já havia descoberto o paradoxo de que a *pólis*, que deu ao mundo ocidental o ideal da democracia direta, podia ser transformada em instrumento de ambição imperial.

As lições de colonização e de manipulação de ligas de cidades "livres" haviam sido bem aprendidas por Filipe. Mas foi o seu filho mais famoso quem fez da cidade o veículo de nova visão cultural; a urbanização se tornou meio de helenização. Os sucessores de

---

ilhas, os cristãos; todos os sexos, idades, condições, sim! e todas as classes estão voltando-se para esse nome" (Apol. 1.7); cf. Apol. 37.4. O problema em ambos os casos é que a inesperada difusão de um novo culto como o cristianismo no país se mostrou especialmente perigosa. Agora, de modo geral, se reconhece que se tratou de um fenômeno predominantemente urbano depois de seus primórdios na Palestina. Até onde minha visão alcança, somente Schille 1967, 69, negou isso quanto ao período do Novo Testamento, insistindo em que temos essa impressão unicamente pelo fato acidental de que as tradições válidas para o autor dos Atos dos Apóstolos foram coletadas em "centros metropolitanos". Isso depende, porém, da sua reconstituição engenhosa e inteiramente hipotética de um modelo uniforme e institucionalizado de missão, realizada por meio de pequenos "colégios" de cinco ou sete evangelistas, trabalhando em "pequenas cidades e aldeias", não só na Galileia mas também na área da missão paulina. Aqui podemos ver que passo à frente decisivo deu Theissem, 1975a, ao apontar a "ecologia", essencialmente diferente da missão na Galileia e na Judeia em relação à missão desenvolvida por Paulo e outros "Gemeindeorganisatoren".

[11] Ver a descrição cheia de vivacidade em MacMullen, 1974, especialmente 28-56. Comparar as observações feitas por Ste. Croix, 1975, 8s, e o impressionante uso do conflito rural-urbano como chave de interpretação em várias obras de W. H. C. Frend, principalmente em 1952. Para se ter uma rápida ideia ver Frend, 1979.

Alexandre continuaram a mesma política. Fundaram ou restabeleceram cidades, estabelecendo nelas as instituições gregas incluindo num corpo de cidadãos (*demos*) formalmente alistados, um conselho governamental (*boule*) e um sistema de educação para seus filhos, centralizado no ginásio. Assim podiam negociar apoiados no prestígio de que gozavam essas instituições entre homens ambiciosos do Oriente, ao mesmo tempo que asseguravam a dependência das novas cidades em relação ao rei, considerado como seu fundador e benfeitor.

Muito cedo os exércitos itálicos seguiram os comerciantes itálicos para as cidades do Egeu, da Grécia continental e da Ásia Menor. Os resultados a princípio não foram auspiciosos para o florescimento da vida urbana. A rivalidade apaixonada e incessante entre Selêucidas e Ptolomeus, de um lado, e os reis locais que os imitavam, do outro, como os do Ponto e de Pérgamo, fora devastando uma cidade depois da outra.

Agora, os romanos injetavam na instável região as dimensões estrangeiras de suas próprias guerras civis. A vitória de Otaviano, porém, que acabou com a República Romana sob a pretensão de restaurar e de pôr em prática a organização metódica de um império, estimulou uma era de estabilidade desconhecida anteriormente e de ótima oportunidade para a vida urbana, uma era que deveria durar um século.

"O Império Romano", escreveu ROSTOVTZEFF, "devia transformar-se em sociedade de cidades autogovernadas"[12]. A *pax* de Augusto era mais pragmática do que o sonho de Alexandre da *homonoia*, mas para a política de Augusto também as cidades helenistas tinham papel central. César e Antônio já tinham descoberto a utilidade das colônias: recompensaram os veteranos, enviaram força militar potencial para as áreas perigosas e revitalizaram a economia oriental[13].

Além das colônias de veteranos, Augusto também adotou a prática dos monarcas helenistas de fundar e restabelecer outras

---

[12] Rostovtzeff, 1957, 1,49.
[13] Bowersock, 1965, 62-72.

cidades, de modo que nomes como Sebastópolis e Sebasteia se multiplicassem nos mapas do Oriente[14]. Seus sucessores, com graus variados de vigor que culminou com o entusiasmo especial do helenófilo Adriano, prosseguiram a política de dar prioridades às cidades por meio de crescente expansão das províncias romanas[15].

Talvez ainda mais importante do que o restabelecimento formal das cidades era o clima geral de estabilidade e de segurança que os primeiros principados criaram para o povo urbano nas províncias. O governo local foi reforçado. O crescente recurso às cortes até toleravam a lei local, ao passo que a possibilidade de apelo ao governador provincial ou ao próprio imperador levavam a maior consistência no exercício da justiça. Isso contribuiu igualmente para despertar expectativas mais amplamente difundidas, ou pelo menos esperanças, até no meio do povo comum, de obter realmente justiça[16].

Estradas foram construídas e mantidas; o Mediterrâneo ficou quase totalmente livre dos piratas. Cidades livres tinham a permissão de cunhar suas próprias moedas. As taxas foram estabilizadas, passaram a ser cobradas de maneira mais equitativa e eficiente, e até, em alguns casos, foram temporariamente reduzidas. As instituições gregas de governo local e de educação foram ativamente estimuladas, já que acarretavam benefícios para as cidades por causa dos cidadãos mais ricos[17]. Na verdade, a habilidade em aproveitar tais benefícios tornou-se o meio principal pelo qual os indivíduos e as famílias conquistaram proeminência e poder social.

A aliança entre o principado romano e as cidades gregas das províncias orientais também trouxe mudanças importantes, embora sutis e complexas, nas relações entre pessoas e classes. BOWERSOCK,

---

[14] Magie, 1950, 1,472.
[15] Rostovtzeff, 1957, 1,130-191 e *passim*.
[16] Eubulo, cidadão da cidade livre de Cnido, apelou para Augusto como se o tribunal da cidade fosse condená-lo por homicídio. Seu apelo, encaminhado para o procônsul da Ásia, foi bem sucedido. IG 12.3,174 (= IGR 4.1031b), discutido por Magie, 1950, 1,480. Os papiros revelam uma espantosa quantidade de litígios requeridos até por pessoas de classe bem baixa, no Egito romano.
[17] Quanto a todos esses desdobramentos, ver as ricas provas contidas em Rostovtzeff, Magie, 1950, Levick, 1967, e Bowersock, 1965.

por exemplo, mostrou como Augusto usou habilmente o sistema de patrocínio que César e Antônio já haviam adaptado para favorecer objetivos ligados às relações com estrangeiros, a fim de construir uma rede de dependência pessoal entre as classes superiores das cidades orientais e ele próprio.

Como retribuição pela lealdade dos aristocratas locais e das honras formais que lhe demonstravam, o *princeps* não só lhes deu proteção, como também incentivou materialmente o progresso em suas carreiras e nas de seus filhos. Ao escolher magistrados para as novas províncias, Augusto procurou homens que possuíssem significativa *clientela* no Oriente – bastante grande para lhes dar peso, porém, não tão grande a ponto de torná-los perigosos[18]. Muitas vezes esses oficiais imperiais eram, eles próprios, gregos – gregos bem educados, retores e filósofos como aqueles que haviam gozado da amizade e da proteção de líderes romanos durante a última república[19].

A política romana introduziu, assim, certas oportunidades para a flexibilidade social e econômica nas cidades gregas. Na realidade, as conexões ficavam limitadas às aristocracias urbanas, de modo tal que as oportunidades propiciadas favoreciam principalmente alguns ricos, que se tornavam mais ricos e mais poderosos. No entanto, os romanos também se achavam preparados para compensar alguns esquemas usados para beneficiar a nova ordem – esquemas de educação e, à medida que o tempo passava, os esquemas e as estruturas militares –, e estes não estavam inteiramente correlacionados com a riqueza e o *status* elevado. Foram assim introduzidas fontes de mudança e, inevitavelmente, de novas tensões entre grupos.

Nas áreas em que uma forte monarquia local se fazia desnecessária e em que ainda era impraticável para Roma organizar uma província, os próprios reis nativos se tornaram clientes do *princeps* romano. Disso Herodes é exemplo bem conhecido e típico, embora sem ter alcançado sucesso total[20]. A fundação e entusiástica recons-

---

[18] Bowersock, 1965, 29. Ver também Badian, 1958.
[19] Bowersock, 1965, 30-41.
[20] *Ibidem*, 42-61; sobre Herodes, 54-57.

trução que ele fez de Sebaste, Cesareia Marítima e outras cidades em seu próprio reino[21], e suas benfeitorias propiciadas a Antioquia e a outras cidades estrangeiras[22] demonstram como o rei cliente também ajudou a promover o imperialismo romano, o helenismo e a urbanização e mostram, simultaneamente, até que ponto iam as ambições destes.

O povo da cidade

Como consequência da penetração de Roma no Oriente e de seu ativo interesse pelas cidades, a sociedade urbana passou a ser um pouco mais complexa do que o fora inclusive durante a era helenista. Durante muito tempo, grupos de estrangeiros se haviam reunido em cada cidade: comerciantes e artesãos, acompanhando os exércitos ou em busca de melhores mercados ou de melhor acesso ao transporte, pessoas escravizadas e deslocadas pela guerra ou pela pirataria e agora postas em liberdade, exilados políticos, soldados de outros lugares contratados e assalariados. Esses residentes não-cidadãos, ou emigrantes (*metoikoi*), muitas vezes conservavam alguns sentimentos da identidade étnica, o suficiente para estabelecerem cultos locais dos seus deuses nativos ou para formarem uma associação voluntária, que também tinha pelo menos as aparências de religião. Um exemplo disso foi a Associação dos poseidonistas de Berito, que construiu um elegante clube em Delos perto do famoso Terraço do Leão[23].

Naturalmente, os colonos romanos bem depressa conseguiram ter posição privilegiada entre esses grupos[24], mas seu relacionamento preciso com os outros variava. Mesmo nas colônias romanas,

---

[21] Flávio Josefo, Guerra Judaica, 1.403-421.
[22] *Ibidem*, 422-428.
[23] Bruneau, 1970, 622-630.
[24] As associações itálicas em Delos, por exemplo, foram muito discutidas; ver o resumo das provas em Bruneau, 1970, 585-587. Sobre o *conventus civium Romanorum* e outros termos usados para associações de romanos nas províncias orientais, ver Magie, 1950, 1,162s, e as provas citadas em 2,1051s, ns. 6, 7.

como as colônias pisídias da Galácia que BÁRBARA LEVICK cuidadosamente analisou, "nenhum modelo consistente... pode ser percebido nas relações entre colonos romanos e populações nativas; eles estavam rigorosamente *ad hoc*, e... deviam ser radicalmente atingidos por motivos de disciplina ou de conveniência"[25]. Dois ou até três grupos organizados de residentes deviam existir lado a lado, ou então os cidadãos gregos e romanos precisavam estar plenamente integrados entre si. Entre os residentes estrangeiros, que conviviam com os cidadãos romanos e com os cidadãos da própria cidade, um grupo ocupava posição especial. Os judeus normalmente se achavam organizados como comunidade distinta, governada por suas leis e instituições próprias, e com frequência reivindicavam, às vezes com sucesso, igualdade com os cidadãos plenos.

Os diferentes grupos na cidade e, dentro de cada grupo, pessoas de diferente *status* social eram atingidas de maneiras variadas pela hegemonia de Roma e reagiam com emoções e estratégias diversas diante da presença efetiva de tal poder nas cidades. Como a política romana procurava estimular as aristocracias, o sentimento antirromano devia naturalmente ser encontrado com maior probabilidade entre as classes mais baixas do que entre os privilegiados. Os problemas, porém, nunca eram tão simples.[26] Nem todos os que pertenciam à classe curial urbana seriam igualmente bem sucedidos no novo e importante contexto favorecido pelos romanos; nem todos teriam gosto suficiente para entrar no jogo e disputar tal partida.

Muitos entre as classes mais baixas tiveram sua condição decisivamente melhorada sob a regra romana, e alguns indivíduos e grupos chegaram a achar que os romanos haviam introduzido indevidamente possibilidades para essa ambição, quase nunca sonhada na antiguidade, superar o nível da classe de seus próprios veteranos, de origem itálica obscura e de classe mais baixa, que encontraram, na colônia de Antioquia da Pisídia, as oportunidades que introduziriam seus descendentes no senado romano.[27]

---

[25] Levick, 1967, 71.
[26] Cf. Bowersock, 1965, 101-111.
[27] Levick, 1967, 103-120.

Essa reviravolta social era coisa rara, porém, não tão rara para os que migravam para as novas cidades – não somente para a Itália, mas também para o Oriente – quanto para os que permaneciam em sua residência pátria. Podia também acontecer que membros individuais de minorias que, como grupos, ficavam excluídos do poder local, conseguissem, por meio dos engenhosos cuidados de protetores romanos altamente situados, fazer carreira.

Talvez o exemplo mais famoso disso seja Tibério Júlio Alexandre, rebento da família judia mais conhecida e provavelmente mais rica de Alexandria e sobrinho do grande apologista do judaísmo, Filon. Até os seus nomes demonstram o grau e o método da ambição de sua família. Ele se tornaria procurador da Palestina e depois prefeito do Egito, embora abandonando o judaísmo ao longo do seu percurso político[28].

Além disso, toda a comunidade judaica em uma cidade podia cultivar a proteção do imperador[29], por vezes enfrentando a hostilidade local. E até podia acontecer que um judeu, como recompensa por algum serviço especial prestado ao exército ou à administração romana, obtivesse a cobiçada *civitas romana* sem comprometer a lealdade à sua religião – como fez o pai de Paulo, se o relato de At 22.28 for fiel[30]. Uns dois séculos mais tarde era muito comum os judeus obterem a cidadania e até algum ofício municipal nas cidade da parte ocidental da Ásia Menor[31].

---

[28] Burr, 1955; E. G. Turner, 1954; Smallwood, 1976, 258.

[29] Ver pp. 38s.

[30] Bruce, 1977, 37, cita uma sugestão feita por William Calder segundo a qual o pai ou o avô de Paulo deveria ter fornecido tendas para uma campanha militar romana. Outros julgaram o relato do livro dos Atos improvável. A cidadania tinha que ter sido conferida por Augusto ou Tibério, e ambos são conhecidos pela resistência em conceder a *civitas* a *peregrini*; assim, por exemplo, Goodenough, 1966, 55s. Ainda que a afirmação contida nos Atos dos Apóstolos possa ser simplesmente piedosa ficção, ela indica, de qualquer maneira, que em fins do século I tal concessão da cidadania não parecia ser grandemente improvável.

[31] Ver a discussão posterior neste Capítulo.

Cidade versus campo

Como as cidades crescessem em número e poder, suas relações com o campo se foram tornando cada vez mais ambivalentes. Uns dependiam dos outros, mas sob todos os aspectos de vantagens físicas e sociais a simbiose era unilateral e sempre favorecia a cidade. Com o principado a agricultura continuou a ser a base de toda a economia do império, mas a propriedade de terras produtivas cada vez mais se concentrava nas mãos de pouquíssimos proprietários, que moravam na cidade ou nas suas imediações, que constituíam vilas deles. Os pequenos proprietários independentes morando em suas próprias terras começaram a desaparecer,[32] reduzidos à condição de administradores ou de escravos, tendo que ir para a cidade a fim de subsistirem como trabalhadores, ou sendo recrutados pelo exército. Utilizando milhares de fragmentos mínimos de evidência, Ramsay MacMullen descreveu a maneira como o povo experimentava os resultados:

> Laços econômicos entre centros urbanos e rurais eram os mais estreitos possíveis. Não eram amistosos. Cada um desses mundos encarava o outro, de um lado, como bruto, grosseiro, ignorante, não civilizado; do outro lado, como enganadores, arrogantes e capazes de extorquir e oprimir. Os camponeses que se mudavam para a cidade se sentiam sobrecarregados com os seus costumes e seus perigos e procuravam parentes ou emigrantes anteriores oriundos da mesma localidade para se estabelecerem no meio destes. Os cobradores de impostos que vinham do seu país enfrentavam recepção hostil e podiam esperar tentativas de sonegação e de resistência contra eles, até pelo uso da força. Eles respondiam com a brutalidade que lhes era peculiar[33].

---

[32] Rostovtzeff, 1957, resume os desdobramentos nos dois primeiros séculos: 1,343-352. Contra o anacronismo de Rostovtzeff, que chama a nova situação de "agricultura capitalista", ver Polanyi, 1968, com a importante revisão feita por Humphreys, 1969, e Finley, 1973. Mas ver também as críticas sobre Finley feitas por Frederiksen, 1975.
[33] MacMullen, 1974, 15s.

As cidades estavam onde estava o poder. Eram também lugares onde as mudanças podiam ocorrer. MacMullen enfatiza o conservadorismo das aldeias como sendo sua "característica central". "Eles e sua população mantinham-se tão frágil e pobremente acima do nível da mera subsistência, que ninguém se arriscava a fazer mudança"[34]. Se alguma circunstância extraordinária compelisse um morador da aldeia a procurar mudar-se – a felicidade de uma herança, uma visão religiosa, ou até, raramente, o fato de haver conseguido juntar quantia razoável de dinheiro mediante a frugalidade, a economia e o trabalho pesado –, teria que ser na cidade que haveria de começar sua nova vida[35].

Cosmópole

O conservadorismo das aldeias preservou sua diversidade; as mudanças na cidade ocorreram no sentido da busca de cultura greco-romana comum. Isso era mais evidente na língua. Hoje um turista pode conversar e entender-se facilmente com ingleses e alemães na maior parte da área da missão paulina, enquanto permanece nas cidades; mas se quisesse comunicar-se com outros nas aldeias dos mesmos países ou regiões, teria que conhecer várias línguas, e mesmo

---

[34] *Ibidem*, 27.
[35] A história de Horácio Alger contida em uma inscrição datada do século III em Mactar, África do Norte, fala do esforço e empenho de um trabalhador do campo, dedicado a serviços pesados, para conseguir possuir uma casa e uma fazenda e para ser "alistado entre os senadores da cidade" (CIL 8.11824, citada por MacMullen, 1974, 43). Aquele que descobre o tesouro enterrado, na versão de Tomé da parábola de Jesus, se transforma em uma pessoa que empresta dinheiro (Evangelho de Tomé: dito 109; 50,31-51,4). Quanto aos moradores das aldeias que eram discípulos de Jesus, aqueles sobre os quais temos alguma informação confiável depois encontraram seu caminho rumo às cidades. Observemos que eles não são apresentados como camponeses, porém, mais tipicamente como pescadores, que possuem barcos e casas e têm empregados contratados (Mc 1.16-20 e paralelos; cf. Wuelluer, 1967). Não obstante, Pedro quando viaja pelas cidades precisa ser sustentado por contribuições; ele não é tão livre quanto o artesão Paulo (1Cor 9.4-6).

assim, fazer o máximo esforço para falar com o sotaque usado pela pronúncia ou pelo idioma local.

Por isso é que o grego era a língua urbana universal das províncias romanas orientais, contudo não além dos muros da cidade. Quando o autor do livro dos Atos quer descrever um encontro de Paulo e Barnabé com a população de uma cidade realmente afastada da orla marítima, fala dos habitantes locais demonstrando o seu espanto em língua licaônica. E mais: foi com deuses gregos, Zeus (Júpiter) e Hermes (Mercúrio), que identificaram os dois autores de milagres; Listra era acima de tudo colônia romana.[36]

Não foi acidental o fato de que todos os documentos do Novo Testamento e virtualmente todos os outros escritos provenientes dos dois primeiros séculos do cristianismo tenham sido escritos em grego. No entanto, nas aldeias da Galileia, o aramaico presumivelmente ainda era a língua dominante. Quando o cristianismo, em suas novas formas urbanas, eventualmente penetrava nas culturas das aldeias, os documentos gregos precisavam ser traduzidos para as línguas autóctones, inclusive, ironicamente, o aramaico, agora um dialeto falado na região síria.

Não só a língua era compartilhada. A população da cidade usava formas comuns em muitos setores de vida. Inscrições oriundas de toda a região do Oriente usam frases estereotipadas: os conselhos da cidade anunciavam decretos, as associações honravam seus patronos, os que perdiam parentes comemoravam seus mortos da mesma maneira desde Alexandria até Tessalônica. De Atenas a Antioquia, os estudantes aprendiam as formas de estilo com os mesmos manuais de retórica. Os estilos de objetos de cerâmica e de vidro, da mobília, do pavimento e da decoração das paredes, da escultura e da pintura também passavam de uma cidade para outra.

Ainda nos dias de hoje, um visitante que vá ver as escavações já feitas dificilmente deixará de observar que, ao longo da bacia mediterrânea, existia uma concepção comum da maneira como a cidade deveria ser conduzida e que espécies de construção poderiam favorecer a sua elegância. Certamente, essas semelhanças não

---

[36] At 14.8-18; cf. Levick, 1967, 29-41.

superavam importantes diferenças locais. O viajante sonolento em momento algum imaginaria ter chegado a Corinto em vez de Tarso, a Filipos em vez de Antioquia da Pisídia. Mas em cada uma dessas cidades ele teria pouca dificuldade em reconhecer os templos importantes, os edifícios do governo, a *ágora* ou *forum,* o ginásio e a palestra, o teatro, os locais para banhos, e até as estalagens, as tabernas e as lojas.

A cidade, então, era o lugar onde a nova civilização podia ser experimentada, onde os novos empreendimentos eram estimulados em primeiro lugar. Era o lugar em que, se houvessem, as mudanças podiam ser constatadas e até procuradas. Era na cidade em que o império residia e onde o futuro começava. Tornar-se morador da cidade significava ser envolvido pelo movimento – não propriamente o "movimento browniano", como MacMullen o designou, o movimento do campônio que sai de seu povoado para outro ou para a cidade a fim de comprar, vender ou queixar-se ao governador, e depois voltar novamente[37] –, mas, sim, pelas ondas de migração, pelas viagens arriscadas dos comerciantes e até pelo movimento irregular das modas, atitudes e *status*.

Mobilidade

"O fio condutor para qualquer história do cristianismo primitivo e mais antigo", escreve Martin Hengel, "é a irresistível expansão da fé cristã na região do Mediterrâneo durante os primeiros cento e vinte anos"[38]. Essa expansão estava intimamente associada à mobilidade pessoal, tanto física quanto social. A primeira é mais simples e sua importância mais evidente.

Baseado somente nos itinerários esquemáticos do livro dos Atos, Ronald Hock calculou que Paulo viajou aproximadamente dez mil milhas durante sua carreira narrada pelo autor da obra, o que o coloca, em matéria de percurso de estradas, no mesmo nível

---

[37] MacMullen, 1974, 22.
[38] Hengel, 1971a, 15.

dos "funcionários do governo, dos comerciantes, dos peregrinos, dos enfermos, dos mensageiros (ou portadores de cartas), dos visionários, dos escravos desertores, dos fugitivos, dos prisioneiros, dos atletas, dos artesãos, dos mestres e dos discípulos".³⁹

Além do próprio Paulo e dos companheiros que viajavam com ele, ouvimos muitas vezes o que disseram os associados enviados em missões especiais a serviço de Paulo – por exemplo, Timóteo mandado a Tessalônica (1Ts 3.2-6); Timóteo, Tito e dois "irmãos" até hoje desconhecidos que foram a Corinto (1Cor 4.17; 16.10; 2Cor 2.13; 7.6-16; 8.6.16-24) –, os delegados das igrejas que procuravam Paulo (Estéfanas, Fortunato e Acaico de Corinto, 1Cor 16.17; cf. 7.1; Epafrodito de Filipos, Fl 2.25; 4.18); de viajantes que a caminho enviavam saudações e notícias (membros da casa e da família de Cloé, 1Cor 1.11).

Particularmente revelador é o capítulo final da epístola de Paulo aos cristãos romanos, que começa com a recomendação de Febe, membro importante da igreja em Cencreia (um dos portos de Corinto) e protetora de Paulo e de outros, que então se acha a caminho da capital, evidentemente levando a carta de Paulo⁴⁰. Seguem-se saudações enviadas a vinte e seis pessoas mencionadas pelo nome e a vários grupos – embora Paulo nunca tenha estado em Roma. Provavelmente alguns desses são romanos de quem Paulo simplesmente ouviu falar, sem nunca haver encontrado pessoalmente – os membros das casas de Aristóbulo e Narciso, por exemplo. Mas a maioria provavelmente emigrou das cidades orientais para Roma – como Epêneto, "na Ásia o primeiro convertido para Cristo" (Rm 16.5, VRP), e Prisca e Áquila, nativos do Ponto que viveram e trabalharam em Roma (At 18.2), Corinto e Éfeso (At 18.1-3.19-21; 1Cor 16.19) antes de retornarem a Roma⁴¹.

---

³⁹ Hock, 1980, 27; cf. Casson, 1974, 128-137.
⁴⁰ Sobre o papel de Febe ver *abaixo* à p. 140.
⁴¹ Sobre a importância de Rm 16, ver os comentários de Malherbe, 1977a, 64s. Naturalmente esta evidência seria avaliada diversamente se Rm 16 fosse o todo ou apenas um fragmento de outra epístola originalmente dirigida a Éfeso, como alguns críticos insistiram em afirmar. Ver a discussão e as referências contidas em Kümmel, 1973, 317-320. A meu ver, Gamble, 1977, demonstrou de maneira convincente a integridade do capítulo dezesseis da epístola; ver também Aland, 1979.

Algumas dessas viagens eram feitas especificamente por causa da missão cristã, mas grande parte da missão era realizada por pessoas que viajavam por outros motivos. As duas hipóteses eram possíveis e não surpreendiam os escritores do Novo Testamento, porque no Império Romano faziam-se viagens mais extensas e com maior facilidade do que quaisquer outras antes delas – ou mesmo se fariam depois até o século XX.[42]

Paulo conseguiu alcançar praticamente a autossuficiência, da qual se mostrava bastante orgulhoso, porque não era comum para artesãos deslocarem-se de um lugar para outro, carregando com eles seus instrumentos de trabalho e tendo de descobrir a rua ou o bairro onde se achavam instalados os trabalhadores do ramo em qualquer cidade aonde chegassem[43].

Para comerciantes como Lídia, que lidava com púrpura e que era oriunda de Tiatira (Ásia Menor), mas que encontrou Paulo em Filipos (Macedônia) (At 16.14), a viagem era uma necessidade profissional ... e até um risco. As ansiedades em face da viagem e de seus perigos – assaltos e pirataria, naufrágios e dificuldades nas estradas – incluíam-se entre os temores que levavam com maior frequência os viajantes aos astrólogos ou aos intérpretes de sonhos[44]. As angústias evidentemente não eram insuperáveis, contudo. O comerciante, cuja pedra sepulcral afirma que viajara da Frígia para Roma setenta e duas vezes, não era único[45].

O poder romano possibilitou essas viagens florescentes empregando dois meios muito práticos: a presença militar romana para combater os salteadores em terra firme e os piratas nos mares no mínimo[46], e a responsabilidade pelo governo imperial sobre o

---

[42] Friedländer, 1901, 268-322.
[43] Cf. Hock, 1980, 26-31, especialmente 27s, 30s.
[44] MacMullen, 1971, 109. Embora as fontes que ele cita – principalmente Vécio Valêncio, Artemidoro e Cláudio Ptolomeu – sejam todas do século II, os paralelos com a lista dos perigos que Paulo apresenta em 2Cor 11.23-27 mostra que as expectativas mudaram um pouco.
[45] IGR 4.841.
[46] Depois de várias tentativas anteriores, começando em 102 a.C. com Marco Antônio (avô do *triumvir* do mesmo nome), Pompeu limpou todo o Mediterrâneo dos piratas em uma campanha iniciada em 67 a.C. e estabeleceu muitos deles

sistema de estradas ao longo de suas regiões. O "relato oficial mais antigo do governo romano na Ásia" é constituído por pedras miliares colocadas por Mânio Aquílio, que organizou a província depois que Roma a herdou do último rei de Pérgamo[47].

No tempo de Cláudio, o imperador, por meio de seus procuradores, cuidou do conserto e da conservação das estradas do império, também nas províncias senatoriais[48]. Muitas dessas estradas, naturalmente, estiveram em uso durante séculos antes da expansão romana para o Oriente, mas agora a sua importância e a sua utilidade haviam crescido graças ao planejamento administrativo romano e à habilidade da sua engenharia. As estradas constituíram uma das oportunidades de elogios feitos a Roma pelo orador do século II Aélio Aristides[49]; o viajante moderno, que pode ver suas ruínas desde a Bretanha até a África do Norte, pode ser menos eloquente, mas dificilmente ficará menos impressionado[50].

Bastará destacar os trajetos de duas das estradas mais importantes ligando o Oriente ao Ocidente, para rapidamente esclarecermos seu significado para a missão paulina. Através da Ásia Menor a "estrada comum" (*koiné hodos*) saía de Éfeso, passava por Trales, subia o vale Meandro até Laodiceia, Apameia, Antioquia da Pisídia, Filomélio, atravessava a Licaônia até Icônio, descia por Laranda e transpunha as Portas Cilicianas para alcançar Tarso e, depois, chegar a Antioquia na Síria ou até Zeugma às margens do Eufrates[51].

---

em colônias onde puderam encontrar um emprego alternativo, ou melhor, uma ocupação alternativa. Diversos desses estabelecimentos estavam situados na região nativa de Paulo, Cilícia, que tinha sido particularmente notória por causa dos seus piratas. Magie, 1950, 1,283-300.

[47] Magie, 1950, 1,41.
[48] *Ibidem*, 547.
[49] *Or. Rom.* 26.33.
[50] Para uma rápida ideia sobre o sistema de estradas e os meios de viagem, ver Casson, 1974; Charlesworth, 1926; Chevallier, 1972; Friedländer, 1901, 268-322; Herzig, 1974 (somente para a Itália); McCasland, 1962; Radke, 1973, col. 1666s; Ramsay, 1904. Ver também a extensa bibliografia contida em Rostovtzeff, 1957, 1,609s, n. 24.
[51] Charlesworth, 1926, 82s; Magie, 1950, 1,40.

Aí temos, em ordem inversa, um catálogo virtual do percuso da expansão dos grupos paulinos que iam de Antioquia ao Egeu. Mais para o ocidente, a maior comunicação entre Roma e o Oriente era feita pela Via Egnatia. Começava na costa adriática da Grécia em dois ramos, um saindo do Dirráquio (a moderna Durrës, Albânia), a outra partindo de Apolônia (a moderna Pojan) uns oitenta quilômetros ao sul, encontrando-se ambos em Clodiana. Daí seguia pelo vale dos Genusos, atravessando o rio até Candávia, seguindo a margem setentrional do Lago Lictinis até Licnidos, cortando as montanhas até Heracleia, Edessa, descendo o vale do Lúdias, passando por Áxio até Tessalônica e prosseguindo até Filipos. Daí poder-se-ia continuar por terra até Bizâncio ou tomar navio em Neápolis, porto de Filipos (Neápolis é a moderna Cavala, na Grécia), e ir até Trôade[52]. Duas das mais importantes localizações dos grupos paulinos, Tessalônica e Filipos, eram pontos-chave na Via Egnatia. "Na verdade, podemos dizer, sem medo de exageros, que toda a história de Filipos na época romana estava diretamente ligada à sua situação na Via Egnatia"[53].

O próspero comércio marítimo não era menos importante para a mobilidade dos cristãos primitivos. Exceto durante a perigosa estação do inverno, de meados de novembro até a festa do Navio de Ísis no princípio de março[54], viajar por mar era mais rápido e mais barato do que por terra. CHARLESWORTH acha que um navio antigo podia percorrer cem milhas por dia[55].

Por terra, o correio oficial instituído por Augusto, imitando o modelo persa, fazia de vinte e cinco a trinta milhas por dia, incluindo as paradas para *as mudas* por cavalos novos e descansados[56]. Os viajantes comuns que tinham de se deslocar montados no dorso de mulas, cavalos, ou em carruagens, levavam mais tempo para fazer

---

[52] Charlesworth, 1926, 115s.
[53] Collart, 1937, 522; ver todo o Capítulo 5.
[54] Friedländer, 1901, 282.
[55] Charlesworth, 1926, 258. De qualquer maneira, a velocidade variava grandemente de acordo com a direção da viagem, a estação e o tipo de embarcação: ver Casson, 1974, 152, 158.
[56] Casson, 1974, 182-188.

o mesmo percurso⁵⁷. A grande maioria, inclusive muito provavelmente Paulo e seus associados, teria de caminhar a pé, e isso levaria mais tempo ainda: talvez conseguissem percorrer quinze ou vinte milhas por dia no máximo⁵⁸.

A maioria das viagens por essas estradas, não sendo para operações militares e funções administrativas do império, eram feitas por aqueles que tinham como objetivo o comércio ou o progresso profissional. Não é de admirar que a difusão de cultos estrangeiros tenha acompanhado tão de perto a expansão do comércio, ou que o cristianismo tenha repetido esse modelo já estabelecido. A estrada meridional que atravessava a Ásia Menor, ao longo da qual as comunidades paulinas se espalharam, "passava por região rica de oportunidades para o comércio"⁵⁹.

As maneiras mediante as quais o movimento de artesãos e os comerciantes podiam facilitar movimentos de cultos religiosos eram inúmeras. A maneira mais familiar no mundo helenista já foi mencionada: estrangeiros que se estabeleciam em uma cidade encontravam vizinhos da mesma região ou do mesmo país e construíam nichos ou pequenos altares para seus deuses nativos. À medida que cresciam em número e solidariedade a ponto de poderem solicitar algum reconhecimento cívico ou legal, seu culto, até então geralmente localizado em templo grego e, sob muitos outros aspectos, assimilado pelo ambiente urbano grego, passava a pertencer ao estabelecimento religioso municipal.

Os esplêndidos santuários dos deuses sírios e egípcios que dominavam o teatro e o porto da ilha sagrada de Delos desde as encostas mais baixas do monte Quintos ilustram bem o processo, como o fazem também, embora de modo um pouco menos evidente, os santuários situados, similarmente, em cima do *forum* da colônia romana de Filipos⁶⁰. É, pelo menos, simbolicamente significativo que

---

⁵⁷ Friedländer, 1901, 279s.
⁵⁸ Casson, 1974, 189; Chevallier, 1972, 191-195, possui uma boa coleção de exemplos de planos de viagem, principalmente extraídas de Lívio.
⁵⁹ Charlesworth, 1926, 82s.
⁶⁰ A descrição clássica desse processo de introdução de cultos estrangeiros é a de Nock, 1933a, 48-65, mas convém ver agora MacMullen, 1981, para importantes

o santuário de Ísis em Cencreia – exatamente aquele que Lúcio, o herói de Apuleu, começou, se os escavadores estiverem certos na sua identificação – se achava abrigado entre os armazéns do estaleiro meridional[61].

Novos cultos também se deslocavam de lugar com migrantes de maneiras mais silenciosas e menos públicas: carregados junto com suas mercadorias ou pendurados nas suas salas de trabalho. O exemplo mais conhecido é a narração que Flávio Josefo faz da conversão da casa real do pequeno reino de Adiabena, na Mesopotâmia, no tempo do imperador romano Cláudio. Izates, o herdeiro da coroa, vivia no exílio, para se proteger contra quaisquer ameaças, quando "certo comerciante judeu, chamado Ananias, visitou as mulheres do rei [de Izates] e lhes ensinou a adorar a Deus de acordo com a tradição judaica. Foi através delas que Ananias chegou a conhecer Izates, que, de maneira semelhante, conseguiu conquistar com cooperação das mulheres"[62]. Novamente chamado a Adiabena para assumir o trono, Izates levou com ele Ananias, agora como seu catequista (*didaskalos*, § 46); aí o rei ficou sabendo que sua mãe Helena "igualmente fora instruída por outro judeu e aderira às suas leis" (§ 35). A conversão de Izates se completou quando outro judeu, tal Eleazar da Galileia, chegou com interpretação muito mais rigorosa da Torá e persuadiu o rei a se circuncidar (§§ 43-47). Flávio Josefo não diz se Eleazar e o instrutor anônimo de Helena também eram comerciantes, mas nada sugere que eles fossem missionários profissionais. Combinavam e harmonizavam o seu comércio com o

---

correções. Ver igualmente as observações de J. Z. Smith, 1971. Nock discute o culto de Serápis em Delos, pp. 50-55; ver adiante a discussão completa das provas arqueológicas feita por Bruneau, 1970, e Fraser, 1960. Sobre Filipos, ver Collart, 1937, 389-486.

[61] Scranton-Shaw-Ibrahim, 1978, 53-90, e Ibrahim-Scranton-Brill, 1976. No século IV, depois que um terremoto destruiu o santuário, os cristãos tomaram-na e nele ergueram uma imponente basílica. Mas então ele era um local santo consagrado pelo uso, e a localização nada nos diz a propósito do *status* anterior dos cristãos.

[62] *Ant.* 20.34. A tradução, da Ed. Loeb, é feita por Louis Feldman (para o inglês), que acrescenta observações muito úteis ao longo do relato, que vai do § 17 ao § 53. Ver também Neusner, 1964.

método consagrado pelo tempo utilizado pelos filósofos e sofistas migrantes, empregando-se como professores em casas de famílias ricas[63]; neste caso, acontecia que seus ensinamentos eram *ton theon sebein, hos Ioudaiois patrion en:* "adorar a Deus de acordo com a tradição judaica".

Outro exemplo da difusão de cultos por meio de viagens de pessoas feitas individualmente – e não em grupo – sugere-nos um processo intermediário. Xenainetos de Opus visitava Tessalônica por volta do século I, não por causa de negócio particular, mas para desempenhar alguma missão municipal (*presbeia*). Aparentemente como resposta a uma pergunta que havia feito (perdida devido ao fato de estar quebrado o começo da inscrição), o deus Serápis apareceu-lhe em sonho. Mandou que Xenainetos o levasse e sua irmã Ísis de volta para Opus e apresentasse a Eurínomos, inimigo político de Xenainetos, uma carta que Xenainetos encontraria debaixo de seu travesseiro. O enviado acordou, "admirado e perplexo". Adormecendo de novo, teve o mesmo sonho, e, desta vez, quando acordou, a carta prometida estava debaixo do seu travesseiro. Obedeceu à ordem do deus e quando Eurínomo viu a carta, prova da história milagrosa contada pelo seu antigo inimigo, concordou em fundar o culto de Ísis e Serápis em Opus[64].

É mais problemático falarmos da mobilidade social no Império Romano, e mais difícil ainda afirmarmos a sua importância para a mudança religiosa. Somente a partir de alguns anos atrás é que os historiadores da antiguidade resolveram descrever seria-

---

[63] Hock, 1980, 50-59, perspicazmente distingue essa busca de patrocínio pelos mestres dos outros três meios de manutenção e sustento: cobrando honorários, mendigando e trabalhando. Ele insiste em dizer, contrariando o parecer de Judge, que Paulo, ao acentuar o trabalho com suas próprias mãos, rejeitava qualquer patrocínio (65). A situação era provavelmente um pouco mais complicada. Ananias tirou vantagem de uma oportunidade para ser elevado de *émporos* a *didáskalos* da casa do rei; Paulo também aceitou certas formas de sustento e apoio quando elas não comprometiam a sua *autárkeia*. Hock apresenta a interessante sugestão de que a oficina de tendas de Paulo em si pode ter sido um centro de sua atividade evangélica e catequética, mais ou menos segundo o modelo da famosa oficina de sapateiro de Simão, o Cínico (37-42).

[64] IG 10.2.1, n. 255 (prancha 10); discutido por Merkelbach, 1973, 49-54.

mente os processos de mudança econômica e social relacionados com o povo comum residente nas cidades provinciais, em vez de só falarem da carreira das grandes figuras literárias e políticas. Os mais convincentes desses historiadores sociais, advertem todos que os dados captados e as atitudes assumidas em face da mudança que supomos ocorrer nas sociedades industriais modernas são, em quase todos os casos, inadequadas às condições da sociedade greco-romana. Nem o individualismo extremo, que é o pressuposto da doutrina e da prática do progresso pessoal nas democracias industriais, nem a estrutura de classe essencial à análise marxista convencional têm algo correspondente no antigo mundo mediterrâneo.[65] Quando olhamos para fora da minúscula elite da sociedade greco-romana, dificilmente encontramos alguma sombra de movimento, nem – o que talvez seja mais importante – percebemos qualquer expectativa de movimento. O último decano dos historiadores sociais em Cambridge, A. H. M. JONES, habilmente resumiu assim a situação:

> A sociedade do principado era, tal como a vejo, estratificada e estável. Havia, evidentemente, algum movimento de uma classe para a outra. Havia um grupinho firme de decuriões nas ordens equestre e senatorial, mas deve ter sido muito pequeno mesmo; devemos lembrar que o senado incluía apenas 600 pessoas e que o total de correios equestres ficava bem abaixo de 200 no período de Severo. Um número maior de plebeus prósperos conseguiu ascender ao decuriado. Os soldados podiam ser promovidos à ordem equestre ou até ao senado. Mas em geral as classes eram hereditárias. As ricas famílias de proprietários de terras de geração em geração prestavam seus serviços nos conselhos da cidade. Os filhos dos soldados seguiam seus pais nas legiões e nos *auxilia*. Proprietários camponeses cultivavam a memória dos antepassados familiares e, igualmente, a dos vassalos ou servos[66].

---

[65] Ambos os pontos foram bem abordados por Finley, 1973. Quanto à sociedade hierárquica, excluindo o individualismo, ele compara o estudo da Índia de Dumont (43s); quanto à inaplicabilidade do conceito de classe, ele cita Georg Lukács (50).
[66] Jones, 1970, 89; cf. MacMullen, 1974, 97-120; Finley, 1973, 35-61.

Onde o movimento das não-elites realmente ocorreu e deixou traços nas pedras e nos relatos da antiga cidade, agiu de maneira estranha para nós por caminhos alheios às nossas categorias de classe e *status* habituais; não somente isso, mas seu movimento parece também ter penetrado em algumas das categorias antigas, provocando incertezas e tensões.

O exército como meio de progresso, particularmente para alguns poucos veteranos estabelecidos nas novas colônias romanas do Oriente, já foi mencionado. No entanto, à medida que nossas fontes nos permitem julgar, concluímos que essa espécie de carreira tinha pouca ou nenhuma importância para as primeiras gerações de cristãos, embora mais tarde os cristãos incluídos no exército constituíssem um problema tanto para o império quanto para os dirigentes da igreja. Mais importantes, como veremos no próximo capítulo, são as questões sobre o *status* e as oportunidades dos artesões e dos comerciantes, dos escravos e dos livres, bem como a das mulheres.

A mudança de *status* mais fundamental para alguém das classes mais baixas era a passagem da escravidão para a liberdade – ou vice-versa. Isso não significa que todos os livres vivessem melhor do que todos os escravos; a realidade era bem diferente. Havia escravos que possuíam escravos; que manipulavam grandes quantias de dinheiro no que constituía, efetiva, porém, não legalmente, seus próprios negócios; que exerciam profissões altamente qualificadas. E havia trabalhadores livres que morriam de fome. Não obstante, os escravos trabalhavam duramente para obter a alforria, e muitas vezes conseguiam[67].

A importância de mudança de *status* legal, e do meio pelo qual era obtida, está demonstrada nas lápides sepulcrais, como MARLEEN B. FLORY mostrou em sua pesquisa de bom número de epitáfios de três grandes *familiae* de Roma[68]. Por exemplo, um cirurgião se

---

[67] A literatura da escravidão antiga é imensa. Entre os mais importantes trabalhos estão Barrow, 1928, Buckland, 1908, Westermann, 1955, Börner, 1957-1963; bibliografia em Vogt, 1971.

[68] Flory, 1975.

vangloria de que "pagou 50,000 sestércios pela sua liberdade"[69]. A distinção de *status* entre escravo e liberto podia superar outras, como a hierarquia dos sexos. Assim, quando o nome de uma mulher aparece antes do nome do seu marido, FLORY acha que geralmente é porque ela já foi libertada, ao passo que seu esposo ainda continua sendo escravo. De modo semelhante, o nome de filho que nasceu livre pode ser colocado na frente tanto do nome do pai (escravo) quanto da mãe (liberta)[70].

Esses escravos e os escravos anteriores evidentemente experimentavam o sentido profundo do seu respectivo *status*, atitude que também era característica da sociedade romana em suas camadas mais elevadas[71]. Manifestavam-no incluindo em seus epitáfios os títulos ocupacionais que contribuíram para elevá-los acima da massa dos seus *conservi: cubicularius, paedagogus, nutrix* e outros similares[72].

Certamente, o grau de percepção do *status* na amostragem de FLORY pode ser excepcional porque as famílias eram excepcionais: uma era a da imperatriz Lívia. Além disso, falta-nos estudo para comparação – ou algo semelhante a dados de comparação – oriundo do Oriente grego. Apesar disso, podemos tentar fazer duas generalizações: em qualquer família de qualquer tamanho existia ordem interna informal que era levada a sério, e o limiar entre escravo e livre permanecia como dado fundamental na percepção do lugar que o indivíduo ocupava na sociedade.

O liberto ocupava espaço peculiar na sociedade, uma categoria de transição entre escravo e livre. O *libertus* ou a *liberta* era nitidamente superior ao escravo, mas ainda conservava obrigações para com o dono ou senhor anterior, agora protetor ou patrono, sob numerosos aspectos tanto legais quanto informais, e levava para o túmulo o estigma geral de sua origem servil.

Todavia, os libertos também tinham oportunidades especiais. Como escravos, muitas vezes haviam aprendido ofícios

---

[69] *Ibidem*, 112, referindo-se a CIL 11. 5400.
[70] *Ibidem*, 8s, 59-79.
[71] Essa "estratificação mínima" é ilustrada ao longo do trabalho de MacMullen, 1974, principalmente às pp. 88-120.
[72] Flory, 1975, 93-130.

específicos que os habilitavam a procurar trabalho ou profissão e a exercê-los por conta própria depois da sua emancipação; não muitos, naturalmente, ficaram tão famosos quanto o filósofo estoico Epicteto.

Também era comum nas famílias ricas usar escravos ou libertos como agentes em todos os tipos de transações, particularmente aquelas que eram consideradas impróprias para pessoa de alta posição social fazer diretamente. Desse modo, o liberto podia acumular considerável capital e grande habilidade, usando-os para ganhar mais dinheiro ainda.

Compreensivelmente, pois, MacMullen pensa que entre os poucos que, por meio de profissão ou de atividade comercial, conseguiam conquistar relativa influência, os "libertos sobressaíam"[73]. Além do mais, seus filhos, se nascidos depois da alforria do pai, eram *ingenui* e podiam escapar inteiramente do estigma temporário dos *liberti* e acrescentar honras sociais à riqueza que seus pais haviam juntado com seu trabalho e esforço[74].

Focalizei brevemente os libertos, não porque conheçamos pessoas particulares nessa categoria entre os cristãos paulinos (embora, como veremos, vários eram muito semelhantes), mas, sim, porque propiciam exemplo especialmente vivo das transições sociais e apresentam os indicadores resultantes da discrepância de *status*. Os capítulos seguintes evidenciarão que tais transiões e tal discrepância podem ter sido importantes em círculos de onde o cristianismo paulino tirou seus membros.

---

[73] MacMullen, 1974, 100. Quanto à importância do comércio (e não das heranças, como os satíricos nos quiseram levar a pensar) na promoção dos libertos, ver Mrozek, 1975.

[74] Em estudo metaminucioso de mais de mil inscrições tratando da aristocracia mais baixa nas cidades itálicas, Gordon, 1931, encontrou uma afirmação de Tácito confirmada (Ann. 13.27); ela dizia que grande proporção da nobreza descendia dos libertos. Ela achou que cerca de um terço dos funcionários em grandes centros comerciais como Óstia, Putéoli e Cápua mostravam sinais de serem filhos de libertos, e calculava que um quinto da aristocracia da Itália no seu todo tinha sido constituída deles. Ver também a discussão feita por Finley, 1973, 77, o qual observa que também se os números de Gordon fossem duas vezes maiores, suas conclusões ainda assim seriam válidas.

Existe, entretanto, um grupo particular de escravos e de libertos que constituíam provavelmente a categoria mais móvel que pode ser encontrada na sociedade romana, e entre os quais sabemos bem explicitamente que havia cristãos do círculo paulino. Eram os membros da *familia caesaris*, a "família de César"[75]. Como os ricos comuns transferiam boa parte das responsabilidades nos negócios a seus escravos e libertos, também Augusto e seus sucessores empregavam suas *familiae* nos negócios do império[76]. Cláudio ampliou muitíssimo essa prática, que vigorou por mais de um século, até Domiciano; Trajano e Adriano procuraram reduzir o poder dos homens libertos; a *familia caesaris* era virtualmente o serviço civil do império, nas províncias não menos do que em Roma[77].

Isso acarretou poder enorme para alguns libertos individualmente – a quem os imperadores haviam concedido a liberdade – e propiciou, a muitos membros da família, oportunidades para progredir, que constituíam estágios em carreira análoga ao formal *cursus honorum* dos equestres. Diversos estudos intensivos recentes sobre a evidência inscricional documentou o incansável movimento ascendente dos escravos imperiais[78].

O indicador mais claro do poder social por eles conquistado é a tendência de membros da casa, que nasceram escravos, casarem-se com mulheres nascidas livres – uma espécie de união rara no resto da sociedade. P. R. C. Weaver calcula que aproximadamente dois terços dos membros do sexo masculino da *familia caesaris*, incluindo escravos e libertos, casavam-se com mulheres nascidas livres. Em contrapartida, de um grupo de controle de umas setecentas inscrições fora da *familia* Weaver estima que não mais do que 10 por cento de mulheres de escravos comuns e não mais do que 15 por cento das mulheres dos libertos comuns foram *ingenuae*[79].

---

[75] Ver Fl 4.22 e a discussão no capítulo 2, Evidência indireta.
[76] A comparação é de Friedländer (1901, 33); ver também Westermann, 1955, 109-113.
[77] Cf. Magie, 1950, 1,540s.
[78] Boulvert, 1970, 1974; Chantraine, 1967. O mais lúcido e sugestivo estudo é o de Weaver, 1972; ver também seu breve resumo, 1967.
[79] Weaver, 1972, 112-161, 179-195.

A ascensão dos libertos provocou profundo ressentimento entre muitos que se julgavam melhores do que eles. Serve de testemunho disso a revolta que a simples visão da estátua de Palas, liberto e secretário financeiro de Cláudio, provocou em Plínio, o Jovem, meio século depois da morte de Palas. Plínio ficou tão indignado com as honras prestadas a Palas pelo senado que escreveu não somente uma, mas duas cartas desabafando sua mágoa com seu amigo Montano: "As honrarias então deviam ser muito baratas, as honrarias que Palas não desprezou; e ainda se podiam encontrar pessoas de boa família que se sentiam envolvidas pela ambição de conseguir distinções, que viam ser concedidas a libertos e prometidas a escravos"[80].

Nessa época, a possibilidade de libertos se erguerem acima da sua condição, particularmente na instituição imperial, havia sido fortemente contida. Mas as queixas eram comuns anteriormente; Fílon, por exemplo, descrevia Helicon como sendo "escravo abominável e execrável, que se havia introduzido na casa imperial para fazer o mal" e acusava-o de favorecer a hostilidade de Calígula contra os judeus[81]. E foi durante o reinado de Nero que Petrônio escreveu sua sátira sobre o jantar festivo do liberto Trimálquio.

O que os críticos julgavam ofensivo nos homens de sorte – como eram considerados os libertos – era o fato de eles transporem as fronteiras sociais. Eles ousaram exigir e conseguir o *status* a que chegaram sua educação, inteligência, capacidade, poder e riqueza; tratava-se, porém, de *status* que lhes era proibido pelo seu nascimento, sua origem e sua posição legal. Não é de admirar que aqueles que se queixam com maior veemência tenham sofrido eles próprios as dificuldades e os deslizes da inconsistência do *status*[82].

---

[80] *Ep.* 8.6.
[81] *Leg.* 166-173 (citação de 166).
[82] Sherwin-White, 1967, salienta que Plínio e Tácito, ambos de origem provinciana, "pertenciam à classe que os senadores da época de Cláudio não apreciavam, por serem recém-chegados e estrangeiros" (85). "Precisamente por terem eles consciência da sua própria falta de nascimento nobre, homens como Plínio mostravam-se, todos, os mais hostis possível a qualquer um que se houvesse elevado de nível social mais baixo para mais alto" (86). Um exemplo ainda mais vivo é Fílon, rico, sofisticado, magnificamente educado, líder de sua comuni-

Partindo do caso particular da *familia caesaris*, chegamos novamente ao fenômeno mais geral da inconsistência do *status*. Em toda sociedade o *status* de pessoa, família, ou outro grupo é determinado pelo conjunto de muitos elementos diferentes, indicadores do *status*. Por exemplo, TONY REEKMANS extraiu das sátiras de Juvenal sete categorias sociais, em cada uma das quais existe hierarquia tradicional de dados: língua e lugar de origem, *ordo* formal, liberdade ou escravidão pessoal, riqueza, ocupação, idade e sexo[83]. É claro que essas categorias só se aplicam diretamente a Roma, mas fatores semelhantes também eram levados às províncias. É o "cruzamento de categorias" (expressão adequada de FINLEY) que tornou as sátiras de Juvenal tão divertidas para os romanos de classe mais alta. Os sociólogos chamam isso de inconsistência de *status* ou discrepância de *status*[84].

Dependendo do número de categorias em conflito, a importância relativa dessas categorias em atitudes tomadas com largueza, a distância atravessada em cada categoria para ir de um nível ao seguinte etc., tais cruzamentos produzem sentimentos e reações de força variada, ambos dentro da pessoa ao grupo móvel e em outros, especialmente de competidores reais ou em potencial. De modo plausível podemos supor que esses sentimentos muitas vezes haveriam de encontrar alguma forma de expressão religiosa ou – ao contrário – que algumas espécies de símbolos, crenças e atitudes religiosas provocariam, inibiriam ou canalizariam a mobilidade social de maneira diferente dos outros.

As mulheres na cidade greco-romana

Entre esses que mudavam de categoria, a fim de melhorar sua vida, também tendo que sofrer algumas críticas manifestadas pela maledicência dos vizinhos e, presumivelmente, consideráveis

---

dade, mas ainda assim judeu. Quando escreveu a *Legatio*, a crise de Calígula já passara, mas Cláudio havia rejeitado firmemente a petição perene dos judeus no sentido de se tornarem cidadãos plenos de Alexandria.

[83] Reekmans, 1971; observar especialmente o quadro à p. 124.

[84] Mais será dito sobre o problema da consistência do status no capítulo seguinte.

tensões internas no seio de suas famílias e no íntimo de si mesmos, estiveram incluídas muitas e muitas mulheres.

Sarah Pomeroy encara o fenômeno do casamento ascendente, contraído por escravos imperiais e libertos, do ponto de vista das mulheres. Por que mulher nascida livre podia casar-se com escravo imperial ou com liberto? A razão devia ser a seguinte: enquanto em algumas categorias sociais (liberdade, linhagem) ela era o que havia de melhor para ele, em outras (dinheiro, influência, possivelmente educação e profissão) ele podia melhorar a posição dela[85].

Fora da *familia caesaris*, era muito mais comum as mulheres nascidas escravas se casarem com homens livres do que o inverso. Weaver descobriu, no seu grupo de controle de setecentas inscrições sepulcrais, que as mulheres libertas geralmente eram alforriadas com menos idade do que os libertos e com muita frequência por motivos de casamento. De fato, 29 por cento das mulheres libertas se casavam com seus próprios patrões – um dos meios mais comuns para as escravas obterem a liberdade e melhorarem de *status*[86].

Às mulheres que apresentavam mobilidade ascendente, constantemente deve ter sido recordado que atravessavam fronteiras que boa parte da sociedade considerava sagradas. O modelo hierárquico da família, em que o homem era sempre superior à mulher, assim como os pais eram superiores aos filhos e os senhores aos escravos, estava profundamente entranhado na lei e nos costumes e sua erosão era com frequência deplorada pelos moralistas retóricos e pelos satíricos.[87]

Ainda havia na prática muitíssimas outras oportunidades para algumas mulheres superarem esse modelo. A tradicional *patria potestas* de Roma tornara-se menos absoluta a partir da época da república tardia; as rainhas helenistas do Oriente e do Egito lançaram um modelo de ambição e crueldade "masculinas" que as mulheres das casas de Júlio Claudiano rapidamente imitaram.

---

[85] Pomeroy, 1975, 196.
[86] Weaver, 1972, 193s; cf. Pomeroy, 1975, 195s.
[87] Os exemplos são muitos; foram catalogados de maneira útil para nosso estudo por investigadores do modelo cristão primitivo de *paraenesis* chamado por Lutero "die Haustafel"; ver especialmente Balch, 1981.

Havia até justificativas teóricas para considerar as mulheres iguais aos homens. Os estoicos adotaram o epigrama atribuído a Antístenes: "A virtude é a mesma para o homem e para a mulher"[88], e dizem que Cleanto escreveu um livro sobre o assunto[89], embora as mulheres permanecessem visivelmente ausentes entre os discípulos tanto dos primeiros estoicos quanto dos posteriores. Na verdade, Musônio Rufo escreveu algumas linhas insistindo em que "as mulheres também deviam estudar filosofia", dizendo que, exceto por questões vocacionais, as filhas deviam "receber a mesma educação dada aos filhos", embora o seu objetivo fosse o de tornar as mulheres mais capazes e hábeis na direção da casa, isto é, no desempenho de seus papéis tradicionais[90].

Para algumas mulheres os papéis tradicionais as limitavam demasiadamente. Não era de admirar que os exemplos mais evidentes viessem das classes mais altas, cuja situação lhes dava maior liberdade. Até Filon, que acreditava firmemente na inferioridade espiritual e mental das mulheres, concordava em afirmar que a formidável imperatriz Lívia era exceção. A instrução (*paideia*) que ela recebeu capacitou-a a "se tornar homem em seu poder de raciocinar"[91]. Não havia as mesmas oportunidades para as mulheres de classes mais baixas.

As inscrições mostram que as mulheres eram atuantes no comércio e no artesanato e, como seus companheiros do outro sexo, usavam parte do dinheiro que conseguiam ganhar a fim de obter para eles o reconhecimento em suas cidades. POMEROY observa que as libertas das províncias orientais muitas vezes comerciavam mercadorias de luxo, "como tintura de púrpura e perfumes"[92] – fato que será lembrado quando encontrarmos Lídia, "negociante de púrpura", no livro dos Atos[93].

---

[88] Diógenes Laércio 6.12.
[89] *Ibidem*, 7.175.
[90] Texto e tradução inglesa em Lutz, 1947, 38-49.
[91] *arrenotheisa tòn logismón* (*Leg.* 319s). Para a habitual misoginia de Filon, ver Meeks, 1974, 176s e as referências adicionais aí citadas.
[92] Pomeroy, 1975, 200.
[93] At 16.14. O autor não nos fala que Lídia era mulher liberta, mas seu nome, especificamente nome de lugar, talvez seja resquício da origem servil.

Em Pompeia, uma mulher chamada Eumáquia, que ganhou dinheiro fabricando tijolos, comprou um dos maiores edifícios e doou-o a uma associação de trabalhadores. Ela recebeu o título de *sacerdos publica*. Também lá, outra mulher, Mâmia, construiu o templo do Gênio de Augusto[94]. Mulheres com boa condição e com negócios de todos os tipos aparecem em Pompeia.

Além disso, MacMullen assinala o fato de que as mulheres, cada vez com maior frequência, surgem como litigantes independentes, embora a maior atividade comece justamente depois do período sobre o qual versa nosso interesse primordial[95]. Ao longo da Itália e nas províncias de língua grega, MacMullen encontra um número pequeno mas significativo de mulheres mencionadas em moedas e inscrições como benfeitoras e funcionárias graduadas das cidades e ainda como merecedoras de honras municipais daí por diante[96].

Como os homens, embora não com a mesma frequência, as mulheres se reuniam em associações – geralmente nas mesmas associações dos homens, pois, com exceção das associações de sacerdotisas, não há o menor sinal da existência de associações exclusivamente formadas por mulheres[97]. Em listas de membros de associações gregas, as mulheres aparecem ao lado dos homens geralmente em número bem inferior ao dos homens, bem antes do período romano. No entanto, não é fácil dizer que significado social tinha essa pertença como membro de uma associação.

Na Ática, a maioria dos grupos mistos estava relacionada com Ártemis ou com uma divindade associada; fora da Ática, havia principalmente associações de família[98]. O que pode ser bem mais

---

[94] CIL 10.810,811,812,813 (Eumáquia) e 816 (Mâmia), citadas por MacMullen, 209, 214. Sobre Eumáquia ver também Pomeroy, 1975, 200.
[95] MacMullen, 1980, 210, referindo-se às "centenas" de respostas dadas aos apelos das mulheres em *Cod. Just.* "Durante um período que começa com Adriano e vai até Diocleciano, as mulheres *sui iuris* e com idade acima dos vinte e cinco anos constituíam um quinto de todas as petições feitas...".
[96] *Ibidem.*
[97] Poland, 1909, 289-291.
[98] *Ibidem*, 282-289 (para inúmeros membros) e 289-298 (discussão da solução). Ver também suas observações à p. 518.

significativo é que com grande frequência nos tempos imperiais as mulheres eram convidadas a servir como fundadoras ou patronas das associações dos homens. Isso devia acarretar a obrigação de oferecer um lugar para reunião, ou na casa da patrona ou em edifício especial construído ou obtido para tal objetivo, ou de doar a importância necessária para cobrir as outras despesas da associação, inclusive seus banquetes, sacrifícios e despesas com os funerais dos membros. MACMULLEN, observando somente a Itália e as províncias de língua latina, conclui que "talvez um décimo dos protetores e doadores que os *collegia* procuravam eram mulheres"[99]. POMEROY calcula que a percentagem seja a metade dessa[100]. E elas eram na maioria das vezes não mulheres da aristocracia, mas mulheres que, como Eumáquia, tinham ganhado dinheiro por meio do comércio.

As mulheres também eram atuantes em matéria de religião, tanto em cultos praticados exclusiva ou primordialmente praticados por mulheres, quanto em cultos privados estaduais ou municipais, que recorriam a homens e mulheres igualmente. Há inscrições que comemoram sacerdotisas em cultos antigos de muitas espécies[101].

Nos períodos helenista e romano, as mulheres parecem ter sido especialmente atraídas para os cultos sincréticos, surgidos com a difusão das religiões orientais e egípcia no seio das cidades mediterrâneas. Historiadores e satíricos conservadores frequentemente censuravam o grande crescimento desses cultos, que julgavam decorrentes da superstição e da irresponsabilidade de mulheres emancipadas; a sexta sátira de Juvenal é o mais visível exemplo. Plutarco insistia em dizer que o esposo devia usar não somente a filosofia para proteger sua mulher dessa credulidade[102], mas também mão forte, porque é

---

[99] MacMullen, 1980, 211.
[100] Pomeroy, 1975, 200.
[101] Ver, por exemplo, Poland, 1909, 290. Sobre a tradicional separação entre cultos de mulheres e cultos de homens, na Grécia assim como em Roma, ver Bömer, 1957-1963, 4.217. Pomeroy, 1975, 205-226, apresenta uma ideia rápida dos papéis das mulheres nas religiões da cidade de Roma. Sobre o surpreendente aparecimento de mulheres ocasionalmente até entre mitraístas, ver MacMullen, 1981, 101 e 193s, n. 31.
[102] *Coniug. praec.* 145B-E.

preciso que a mulher "adore e conheça apenas os deuses em que seu marido crê, e que feche a sua porta da frente cuidadosamente diante de todos os rituais esquisitos e de todas as superstições estrangeiras. Porque, sem deus, ritos clandestinos e secretos realizados por mulher jamais encontrará graça ou favor alguns"[103].

Existe provavelmente alguma dose de verdade por trás dessas queixas e advertências. Como já dissemos, as mulheres e a mãe do rei Izates de Adiabena desempenharam papel considerável na sua conversão para o judaísmo, e Flávio Josefo conta duas histórias de proselitismo fraudulento de mulheres em Roma – uma para o culto de Ísis, outra para o judaísmo –, que se assemelham a uma descrição de Juvenal[104].

O culto de Ísis tinha afinidade especial com as mulheres; em uma aretologia fazem a deusa dizer: "Eu sou aquela que as mulheres chamam Divindade"[105]. No entanto, a invectiva dos críticos tradicionalistas certamente exagerava o grau em que, segundo afirmavam, as mulheres eram as primeiras devotas dos novos cultos[106]. A evidência epigráfica não confirma o ponto de vista de que as mulheres eram líderes na inovação religiosa.[107]

Também é difícil dizermos se a participação das mulheres nos novos cultos representava mudança significativa nos papéis sociais comuns que elas desempenhavam. Realmente, a afirmação de JOHANNES LEIPOLDT segundo a qual Ísis era "patrona do movimento das mulheres" foi amplamente aceita[108]. A oração a Ísis contida em *POxy.* 1380, linhas 214-216, é muitas vezes citada: "Fizeste o poder das mulheres igual ao dos homens". Mas o culto de Ísis também enfatizava a deusa como esposa modelar, protetora do casamento[109]

---

[103] *Ibidem*, 140D.
[104] Flávio Josefo, *Ant.* 18,65-84.
[105] *egó eimi e parà gunaicsi theós kalouméne;* o "arquétipo menfita" (Harder, 1944), linha 10 (de agora em diante citado como M). Ver Heyob, 1975.
[106] Cf. Georgi, 1976, 37, especialmente Becher, 1970.
[107] É o que me informa o Professor MacMullen, baseado em sua própria visão da evidência.
[108] Leipoldt, 1954, 9. Aceito por Becher, 1970, 85, entre outros.
[109] *POxy.* 1380.145-148; M, linhas 17, 18, 19. Devo esta informação ao meu primeiro aluno, Professor Jouette Bassler.

e defensora da castidade[110]. Dentro do culto a igualdade das mulheres era enfatizada, porém, mesmo assim, parece que os sacerdotes superaram em número as sacerdotisas e talvez tenham chegado a afastá-las em muitos casos[111].

O que parece mais provável é que alguns cultos mais novos, especialmente nos anos antes de se tornarem parte das instituições municipais, concediam liberdade consideravelmente maior do que a conferida pelos antigos cultos do Estado, às mulheres que podiam desempenhar suas funções ao lado dos homens. Essa liberdade, por seu turno, exasperava as invectivas dos adversários, que descreviam as superstições estrangeiras como ameaça insidiosa à disciplina própria da família e, por conseguinte, para a construção de toda a sociedade[112]. Não resta dúvida de que à medida que um culto se torna mais visível e mais bem estabelecido, retirando seus adeptos das camadas mais elevadas da cidade, começa a sentir-se pressionado a enfrentar tais ataques; enfatizando sua consonância com valores tradicionais[113]. Qualquer que tenha sido o "movimento das mulheres" precisava ser supresso quanto antes.

Conexões

Sugeri neste capítulo que a rápida difusão do cristianismo através das terras da bacia do Mediterrâneo foi facilitado, de inúmeras maneiras, pela urbanização, que aí começara antes de Alexandre, e

---

[110] No romance popular escrito por Xenofonte de Éfeso, a *Efesíaca* (princípio do sec. II d.C.?), é Ísis quem defende a vida e a castidade de Ântia, primeira devota de Ártemis efésia, contra as séries mais improváveis de assaltos, a fim de reuni-la com seu esposo igualmente casto, Habrocomes. Sobre a vida casta exigida dos devotos, ver Apuleu *Met.* 11.19, que aí parece referir-se a algo mais do que à abstinência temporária requerida antes da iniciação.

[111] Pomeroy, 1875, 223, cita apenas seis mulheres das vinte e seis funcionárias chamadas *sacerdos* nas inscrições existentes na Itália; Griffiths, 1975, 181, acha "estranho que Apuleu não mencione uma única sacerdotisa", e observa que os homens "assumiam as principais funções sacerdotais".

[112] Exemplos de alguns ataques reúne-os Balch, 1981, 65-80.

[113] Balch, 1981, 63-116; Malherbe, 1977a, 50-53.

se acelerou durante os tempos imperiais helenista e romano. Precisamos agora observar as relações existentes em escala menor, para depois perguntarmos onde e como o cristianismo se introduziu nas cidades. Façamos a pergunta da forma mais simples possível: quando Paulo e Silas, Timóteo, Tito e outros chegaram à cidade para pregar o evangelho, por onde e como começaram? Como estabeleceram relações com os que os escutariam?

O livro dos Atos, por ser uma narrativa e assim propiciar oportunidade para apresentar os numerosos discursos que ele relata, oferece mais respostas para essas questões do que as espístolas. Nos Atos, os missionários paulinos vão quase que infalivelmente primeiro à sinagoga judaica onde têm a possibilidade de falar e debater durante os cultos regulares do sábado.[114] Quando aí encontram resistência, ou nem chegam a ir à sinagoga (At 16.13-15; 18.2), eles às vezes estabelecem residência nas casas de outras pessoas: de Lídia em Filipos (At 16.15), de Jasão em Tessalônica (At 17.5-9), de Priscila e Áquila em Corinto (At 18.2-4), de Tito Justo, também em Corinto (At 18.7). De acordo com o que o livro dos Atos nos informa, esses encontros eram casuais.

Lídia, adoradora gentia do Deus dos judeus[115] e comerciante estrangeira em Filipos, no sábado vai ao "lugar de oração". Priscila e Áquila são "encontrados" por Paulo em algum lugar não revelado; dividem com ele o trabalho da fabricação de tendas e acomodam-no em sua oficina. Tito Justo, outro gentio *theosebomenos*, mora ao lado da sinagoga. De Jasão não sabemos, a não ser que "os recebeu" e que sua hospitalidade foi valiosa.

O livro dos Atos também mostra Paulo e seus companheiros em duas ocasiões morando em casas alugadas: a *scholé* de Tirano

---

[114] Salamina, 13,5; Antioquia da Pisídia, 13,14-43; Icônio, 14,1; Filipos, 16,13 (uma *proseuche* mais do que uma *synagogē*; discute-se para saber se há diferença material, pois até agora os comentadores não sabem dizer se existe ou não tal diferença entre ambas; mas convém ver Hengel 1971b); Tessalônica, 17.1-4; Bereia, 17.10-12; Atenas, 17.17; Corinto, 18.4; Éfeso, 18.19; 19.8.

[115] Nos Atos parece ser este o sentido de *sebomémé tòn theón* e o termo equivalente *phoboúmenos tòn theón;* ver especialmente At 17.4,17. Mas há alguns problemas; ver n. 175.

em Éfeso, que pode ser uma espécie de casa que servia de sede de alguma associação comercial (At 19.9s)[116], e a residência privada de Paulo enquanto esperava o julgamento em Roma (At 28.16,30)[117].

Além disso, vemos os missionários falando às multidões em locais públicos, a ágora e o Areópago de Atenas (At 17.17,19-34) ou em lugares não especificados (Listra, 14.8-18; Filipos, 16.16-34; Éfeso, 19.11-20). Algumas vezes um membro do quadro oficial propicia oportunidade para falar, por causa da sua curidosidade ou pelo fato de Paulo e seus companheiros estarem presos (Sérgio Paulo, 13.7-12; o carcereiro em Filipos; à plebe na chegada à Jerusalém, 21.37-22,24; o tribuno que o escuta, 22.30-23.10; Félix em Cesareia, Capítulo 24; Festo, 25.6-12; Agripa e Berenice, 25.13-26.29).

Infelizmente, não podemos aceitar, pura e simplesmente, a descrição dos Atos da missão como relato direto dos fatos. O modelo seguido de começar sempre nas sinagogas harmoniza-se mal como as próprias declarações de Paulo que via sua missão primordialmente ou até exclusivamente dirigida aos gentios (Gl 1.16; 2.7-9; Rm 1.5.13-15; 11. 13s; 15.15-21).

Certamente, essas afirmações não devem ser tomadas em sentido absoluto: seu tornar-se "judeu com os judeus para conquistar os judeus" (1Cor 9.20) não é meramente retórico, porque, se ele não tivesse estado em contato com as sinagogas, não teria "cinco vezes – recebido das mãos dos judeus os quarenta golpes de flagelo menos um" (2Cor 11.24).

A política de Paulo parece ter sido muito diferente da descrita no livro dos Atos. Precisamos também perguntar-nos se as posições mais públicas contidas nos Atos não podem muitas vezes refletir algumas das sutis alusões literárias do autor, como as várias insinuações de Sócrates nos encontros na ágora e no Areópago de Atenas[118]

---

[116] Ver Capítulo 3, n. 44.
[117] Cadbury, 1926, 321s, propôs traduzir *en edío mistómati* como "sobre seus próprios ganhos", afirmando que até durante a prisão domiciliar Paulo continuou desempenhando sua profissão; aceito por Hock, 1980, 77, n. 2, com referência à literatura posterior.
[118] Lake-Cadbury, 1933, 4,212s.

ou algumas vezes simplesmente o modelo do dia do autor mais do que do dia de Paulo[119].

As epístolas de Paulo devem conter algumas recordações da maneira como pregou primeiro o evangelho aos seus ouvintes. Para a maioria destes, os aspectos sobre os quais ele deseja chamar a atenção não são os pormenores mundanos que ajudariam a satisfazer a nossa curiosidade, mas há alguns pontos dignos de nota.

Não existe uma só palavra sobre as sinagogas, a não ser o caso da flagelação já mencionado. As pessoas chamadas "primícias" em determinada área – presumivelmente os primeiros convertidos no local – merecem destaque especial: Epêneto da Ásia (Rm 16.5); a família de Estéfanas na Acaia (1Cor 16.15). Paulo também menciona protetores e hospedeiros: Febe (Rm 16.2), Prisca e Áquila (Rm 16.3-5), Gaio (Fm 16.23), Filemon (Fm 22), talvez a mãe de Rufo (Rm 16.13). Paulo se dirige à assembleia (*ekklésiai*) em casas de pessoas (1Cor 16.19; Rm 16.5; Fm 2; Cl 4.15).

Houve também hospitalidade especial quando Paulo entrou pela primeira vez na província da Galácia, porque, seja lá o que for que ele pretenda dizer com a enigmática lembrança de que "foi por causa de doença da carne que no princípio preguei o evangelho para vós" (Gl 4.13), ele o usa como prova de laço de amizade assim estabelecido entre os cristãos gálatas e ele próprio[120].

Sabemos, outrossim, que Paulo encarava o seu trabalho de artesão não só como meio de sobrevivência, mas também de certa forma para caracterizar sua atividade evangelizadora: "Vós vos lembrais, irmãos, de nosso trabalho e nossa fadiga. Foi enquanto eu trabalhava dia e noite, para não sobrecarregar nenhum de vós, que vos anunciei o evangelho de Deus" (1Ts 2.9).[121]

---

[119] Ver as observações gerais anteriores neste capítulo sobre o uso do livro dos Atos como fonte. Notemos, porém, que At 20.20 apresenta Paulo pregando "publicamente e de casa em casa".

[120] Ver Betz, 1978, 220-224; citei a sua tradução. Sobre a especial importância da hospitalidade no desenvolvimento do cristianismo primitivo, ver Malherbe, 1977b.

[121] Ver também 1Cor 4.12; 9.3-18; 2Cor 11.27s, 3.7-9 (se autêntico). Sobre o contexto e o significado de 1Ts 2, ver Malherbe, 1970, e sobre o trabalho de Paulo, Hock, 1980.

O período de agradecimento da primeira Epístola aos Tessalonicenses também contém rápida amostra da maneira como a viagem missionária atuante de pessoas como Paulo era fortalecida por uma espécie de "contágio" (tal como os adversários gentios posteriores descreveriam o fato) por parte dos neoconvertidos em uma área. A "imitação" dos cristãos tessalonicenses – que se tornaram "imitadores de Paulo e do Senhor" –, que é o alvo de elogio do Apóstolo, consiste em terem eles "recebido a palavra em meio a muita aflição, com alegria do Espírito Santo"; em consequência, eles passaram a ser "um modelo [typos] para todos os crentes tanto da Macedônia quanto da Acaia" (1.6s). A "palavra de Deus divulgou-se", partindo dos tessalonicenses, "não só pela Macedônia e pela Acaia, mas por todos os lugares" (v. 8a).

Isso não significa, como poderia parecer à primeira vista, que os cristãos de Tessalônica viajaram pregando. Pelo contrário, houve pessoas que em outros lugares são capazes de descrever a chegada de Paulo a Tessalônica e as conversões que se seguiram (vv. 8b-10). Não foram Paulo, Timóteo nem Silvano que se gloriaram sobre os macedônios junto aos coríntios e outros (embora Paulo pudesse fazê-lo: 2Cor 9.2), pois "como resultado não tinhamos que dizer coisa alguma" (v. 8c).

Assim sendo, o relato deve ter sido feito por outras pessoas que, por qualquer razão, viajaram para cidades vizinhas e chegaram até Corinto. Outro problema encontra-se em 2Cor 11.9 e Fl 4.15s. Os cristãos dos arredores de Filipos haviam enviado dinheiro para ajudar Paulo em sua missão primeiro a Tessalônica, depois a Corinto, porque "os irmãos que vieram da Macedônia" para trazer auxílio a Corinto eram evidentemente mensageiros filipenses. É provável que tenham sido eles os que contaram como as coisas andavam em Tessalônica, reforçando assim a pregação inicial de Paulo em Corinto.

Pelo livro dos Atos dos Apóstolos e pelas epístolas conseguimos captar alguns esboços dos caminhos usados pelos missionários para manter contatos que, sob certos aspectos, divergem entre si, mas que, sob outros aspectos, se apoiam e se suplementam reciprocamente. O livro dos Atos mostra Paulo e seus companheiros falando em lugares públicos ou quase públicos e impressionando as massas de povo, tanto positiva quanto negativamente, com milagres e com retórica, e depois tirando vantagem do patrocínio de oficiais e de famílias bem constituídas para expandir seus ensinamentos. Em suma, eles se assemelhavam aos sofistas ou filósofos itinerantes, àqueles que foram extraordinariamente bem sucedidos, com sua comitiva e seus ricos protetores.

E. A. JUDGE, que em seus primeiros ensaios sobre os problemas do Novo Testamento tomou as narrativas dos Atos em seu valor superficial, descreve a "escola paulina" exatamente nesses termos[122]. Mediante as epístolas, embora elas absolutamente não contradigam todos os aspectos do que o livro dos Atos delineia, recebemos no conjunto a impressão de missão menos grandiosa e menos pública, de comunicação feita mais ao longo dos laços naturais de relacionamentos em cada cidade e entre as cidades. As casas de certos indivíduos parecem ter sido pontos de partida, e as conexões de trabalho e de comércio parecem ter sido importantes. Sob esses dois aspectos, as narrativas dos Atos e os dados contidos nas epístolas estão plenamente de acordo.

Se soubéssemos mais a propósito do contexto em pequena escala da vida nas vizinhanças das cidades antigas, estaríamos em melhores condições para entender os poucos elementos encontrados nos documentos do Novo Testamento. Infelizmente, algumas das coisas que mais gostaríamos de conhecer, os escritores antigos as consideraram demasiado evidentes e demasiado vulgares para serem mencionadas. Até bem recentemente os arqueólogos clássicos compreensivelmente acharam que a recuperação de monumentos famosos e a descoberta de mosaicos eram mais compensadoras do que as escavações sistemáticas de bairros residenciais ou industriais, e os historiadores políticos e militares da antiguidade superaram em alta escala os historiadores sociais. Assim sendo, não temos retrato abrangente e minucioso da vida em cidade provinciana do século I, na qual possamos encaixar as poucas peças de que dispomos – peças frágeis em nitidez – do cristianismo

---

[122] Judge, 1960b, 125-137. Como Judge ensinou exegese do Novo Testamento especializada, ele se impregnou um pouco mais do ceticismo que caracteriza essa disciplina.

primitivo. Possuímos apenas uma porção de fatos fortuitos e espalhados e de descrições fragmentárias, aos quais podemos acrescentar alguns pontos.

Uma coisa que desconhecemos é o tamanho. As cidades em que o cristianismo paulino tomou forma eram muito pequenas se comparadas com nossas megalópoles posteriores à revolução industrial e à explosão populacional. Antioquia, por exemplo, era um dos gigantes no século I, embora uma pessoa pudesse facilmente contorná-la a pé em uma tarde. A cidade moderna de Antáquia é um pouco menos do que a metade da área da cidade antiga. Uma estimativa generosa chegaria a uns 75.000 habitantes, e a cidade parece, aos olhos do Ocidente, muito populosa. No entanto, avaliações das cidades antigas em seu pico, baseadas em palpites de escritores antigos, situam-se ao nível de seis vezes esse número.[123]

Até estimativa mais modesta, talvez um quarto de milhão, representa grande densidade em área relativamente pequena. A escala de cidade como Filipos, ou Bereia, ou até Corinto, seria bem menor, mas a densidade provavelmente atingira a mesma cifra. MacMullen acha que a densidade média da população nas cidades do Império Romano deve ter atingido duzentos habitantes por acre, equivalente encontrado apenas nas cidades modernas ocidentais em áreas industriais de grande densidade populacional. Posteriormente, considerando que boa parte do espaço – um quarto, segundo os cálculos de MacMullen – era destinado a áreas públicas, "a massa da população tinha tipicamente que conviver com a mais desconfortável aglomeração em casa, que só se tornava tolerável por causa da atraente amplidão de espaço propiciada pelos serviços públicos".[124]

Daí deduzimos que a privacidade era rara. A maior parte da vida era vivida nas ruas e nas calçadas, nas praças e nos pórticos – até em grau maior do que nas cidades mediterrâneas de hoje. Não muita coisa do que acontecia na vizinhança conseguia escapar dos olhos dos vizinhos. Notícias ou rumores de fatos corriam rapida-

---

[123] Ver Downey, 1958 e 1961, 582s; Liebeschuetz, 1972, 40s, 92-96.
[124] MacMullen, 1974, 63.

mente; galhofas podiam em um instante transformar-se em cólera. Filon conta como a tentativa de Herodes Agripa de viajar ocultamente para Alexandria provocou libelo público contra o rei judeu, que levou a massacre[125].

Nos Atos dos Apóstolos temos a narrativa familiar dos ourives de Éfeso, que temiam que seus negócios fossem prejudicados com o iconoclasmo dos convertidos de Paulo, enchendo o teatro com adeptos de Ártemis (At 19.23-41). Mas as reações diante das notícias evidentemente nem sempre eram violentas; a curiosidade era tão ativa quanto a suspeita. Um vendedor de peças de cobre ou de amuletos mágicos, de horóscopos ou de adivinhações, podia contar com uma roda de ouvintes atentos, uma vez que houvesse conseguido fazer seus contatos iniciais.

Como podiam ser feitos tais contatos? O livro dos Atos dá uma rápida ideia de um dos modos que Paulo e Silas (Silvano) usaram para encontrar auditório; se se trata de uma fonte bem ligada ao evento ou se é uma vinheta habilmente construída pelo autor, pouca diferença faz para nosso objetivo aqui[126]. Em Filipos os missionários saíram no sábado "fora do portão, a lugar junto ao rio, onde supúnhamos que houvesse um lugar de oração" (At 16.13, VRP). Depois o mesmo autor conta que em Corinto Paulo "encontrou um judeu chamado Áquila" que com sua mulher, Priscila (Prisca), estabeleceu uma oficina para fabricação de tendas (At 18.2s).

Quando o estrangeiro chegava a uma cidade, naquela época, supunha-se que ele soubesse, ou pudesse facilmente descobrir, onde encontrar imigrantes e residentes temporários do seu próprio país ou *ethnos* e profissionais ocupados nos ofícios que desempenhavam. Nada poderia ser mais natural, porque esses eram os dois fatores mais importantes na formação e na identificação da vizinhança. Em Antioquia o Kerateion, na região sudeste da cidade, era "o bairro

---

[125] *Flacc.* 25-43.
[126] Está na primeira das famosas passagens "nós" do livro dos Atos, mas estudos críticos recentes se inclinaram para o ponto de vista de que a primeira pessoa do plural é artifício estilístico comum nos historiadores antigos, e indica algo mais do que trechos de uma "fonte de viagem" ou de um "itinerário". Ver, por exemplo, Cadbury, 1927, 230; Dibelius, 1951, 200-206; Haenchen, 1961.

judeu tradicional"¹²⁷, embora os judeus morassem em todas as outras partes da cidade. Filon diz que duas das cinco divisões formais de Alexandria eram chamadas judaicas¹²⁸. Os judeus em Roma achavam-se concentrados no Transtiberino (moderno Transtévere)¹²⁹.

Ofícios e tipos de comércio afins também contribuíam para reunir as pessoas nas mesmas áreas, que muitas vezes recebiam nomes de acordo com o fato: Bairro dos comerciantes de linho, Rua dos trabalhadores de couro, Pórtico dos fabricantes de perfumes¹³⁰. Pelo que vimos a propósito da ênfase que Paulo dá ao fato de ele "trabalhar com as próprias mãos", ênfase que ainda é lembrada na época em que o livro dos Atos dos Apóstolos foi escrito, não enveredaremos por caminho errado se quisermos supor que seu contato com companheiros artesãos e seus fregueses muitas vezes propiciou os primeiros contatos que ele pôde manter em uma cidade¹³¹. A sugestão de Hock segundo o qual o local de trabalho em si pode ter sido lugar para a pregação e o ensinamento de muitos missionários de Paulo não deixa de ser plausível¹³².

Abaixo do nível do bairro étnico e da vizinhança criada por ofícios similares vinha a família ou casa individual. Nossas fontes dão-nos boas razões para pensarmos que a família era a unidade básica no estabelecimento do cristianismo na cidade, assim como era, na verdade, a unidade básica da cidade em si mesma. Em um dos capítulos seguintes consideraremos os efeitos sobre a estrutura das comunidades paulinas, acarretados pelo fato de que ordinariamente se reuniam em casas particulares e incluíam como seus núcleos as famílias de certos convertidos.

A essa altura, é suficiente lembrarmos que o *oikos* (ou *oikia*; em latim: *domus* ou *familia*)¹³³, mencionado quando o Novo Testamento

---

¹²⁷ Downey, 1961, 544, n. 179.
¹²⁸ *Flacc.* 55.
¹²⁹ Filon, *Leg.* 155; cf. Leon, 1960, 135-137.
¹³⁰ MacMullen, 1974, 133, com outros exemplos também; ver no todo o seu Apêndice A, "Subdivisions of the City" (129-137), e pp. 70-73.
¹³¹ Cf. Malherbe, 1977a. 74s.
¹³² Hock, 1980, 37-42.
¹³³ Strobel, 1965, procura mostrar que o Novo Testamento conserva a distinção legal estrita em que *oikos* = *domus* inclui somente parentes adultos livres, mas seu argumento não é convincente.

conta a conversão de alguém "com toda a sua casa", é mais amplo do que o nosso conceito da família nuclear. Cícero, por exemplo, falava do dever, como era costume tanto na filosofia moral grega quanto na romana, em ordem hierárquica: primeiro para com o país, depois para com os pais, "em seguida vinham os filhos e a família [*domus*] inteira, que contam só conosco para o seu sustento e não têm nenhuma outra proteção; finalmente, para com nossos parentes..."[134].

A "família" não é definida primeiramente pelo parentesco, mas, sim, pela relação de dependência e de subordinação. O chefe de uma casa substancial era, pois, responsável – e esperava um grau correspondente de obediência – não só pela sua família imediata, mas também pelos seus escravos que agora se haviam tornado clientes, pelos trabalhadores assalariados e, às vezes, pelos associados ou colaboradores[135].

Os pisos térreos de algumas das casas que foram escavadas em Pompeia ou em Delos pode ser tido como uma espécie de diagrama físico de algumas dessas relações: quartos e salas privativos do chefe da casa; uma parte da casa provavelmente destinada às mulheres e às crianças; apartamentos para escravos; quartos alugados; do lado da casa que dava para a rua uma ou duas oficinas, talvez uma taberna ou até uma estalagem, às vezes ligados ao átrio; e, localizada no centro, uma sala de jantar em que o *paterfamilias* devia gozar da companhia de seus iguais e de seus amigos de outras casas, ou onde devia conversar com sua *clientela*, ou fazer as duas coisas ao mesmo tempo (com cada um ocupando seu lugar adequado)[136].

Ser integrante de uma casa equivalia, portanto ser parte de uma rede mais ampla de relações de duas espécies. Dentro da casa, uma cadeia vertical, mas não de todo unilinear ligava papéis desiguais, desde o escravo até o *paterfamilias*, no elo mais íntimo, porém igualmente incluía laços entre cliente e patrão e

---

[134] *De off.* 1.17.58.
[135] Cf. Judge, 1960a, 30-39; Malherbe, 1977a, 69.
[136] Sobre Pompeia: Mau, 1904, 276-278, planos do andar, 245-279; M. Grant, 1971, 127s, 193-196; Tanzer, 1939, 19, 52. Para estalagens ligadas a casas particulares: Kléberg, 1957, 78-80 (provas extraídas principalmente de Pompeia); sobre grupos mistos à refeição: Theissem, 1974b, 293-297.

ainda várias relações análogas, porém menos formais de proteção e subordinação. Entre esta casa e outras havia laços de parentesco e de amizade, que muitas vezes também acarretavam obrigações e expectativas.[137] Essas ligações, entretanto, nem sempre eram necessariamente formais. Tanto ao longo de quanto entre essas linhas havia com frequência elos fortes de sentimento e de lealdade voluntária.

Entre as demonstrações mais lúcidas de um dos níveis de tais laços afetivos estavam os sentimentos expressos em epitáfios feitos por escravos e libertos para companheiros da mesma casa. A pesquisa de FLORY sobre tais epitáfios provenientes de três grandes *familiae* achou que eles distinguem esse relacionamento da amizade; está mais próximo dos sentimentos de parentesco[138]. É evidente que tais sentimentos e atitudes podiam ser expressos de várias maneiras, inclusive por meio de práticas religiosas comuns. Supunha-se geralmente que os membros subordinados de uma casa, particularmente os membros servis, participariam da religião (ou das religiões) do senhor. Esta expectativa obviamente deveria ser mais importante para algumas espécies de atividades cúlticas, tais como os *lares* da tradicional família romana, do que para outras, como os cultos da cidade em que o chefe da família podia ocasionalmente ter obrigações. E a unidade deveria ser possivelmente mais forte em casa menor do que em maior. Há algumas provas de que, nos tempos imperiais, se tornou mais comum a ida de diferentes membros de uma casa para a sua própria religião[139]. Uma das epístolas de Paulo (1Cor 7.12-16) levanta essa hipótese.

---

[137] Comparar a discussão de Judge sobre *amicitia* e *clientela*, que, afirma ele, constituem "a estrutura social da comunidade romana" e têm suas analogias com as províncias de língua grega (1960b, 6s).

[138] Flory, 1975, 17-55.

[139] Quanto a toda a discussão sobre a religião entre escravos e libertos, ver a extensa pesquisa feita por Bömer, 1957-1963. Bömer observa que a solidariedade religiosa da *familia* na sociedade agrária romana antiga abriu caminho, sob pressões, para a urbanização, e com os principados romanos se tornou mais flexível diante da religião escrava (1Cor 1.57-78). Além do mais, os escravos em Roma e nas áreas sob forte influência romana gozavam de maior liberdade para a participação em cultos do que os que se achavam no Oriente grego (1Cor 4.61-63; 3.61; e *passim*).

Uma forma adicional de relacionamento social era muito importante nas cidades gregas e romanas: a associação voluntária. Associações, usando grande variedade de nomes, são conhecidas nas cidades gregas desde o século V, em Roma a partir de um pouco mais tarde. Nos tempos imperiais elas proliferaram tanto no Oriente quanto no Ocidente, a despeito de esforços periódicos do governo para suprimi-las[140]. Parece ter sido possível para quase todas as pessoas que quisessem "reunir" (*synagein* é a palavra muitas vezes usada)[141] um grupo de amigos, parentes, vizinhos, ou associados de trabalho, elaborarem uma constituição, encontrarem um lugar para reuniões e se declararem a Associação (*thiasos, synodos, eranos,* ou algo semelhante). O grupo geralmente não era grande: na maioria das vezes incluía doze a trinta ou quarenta pessoas, raramente mais do que cem membros.

Nas grandes casas ou famílias, os senhores por vezes estimulavam a formação de uma associação e providenciavam lugar para reuniões que pudessem utilizar, como a sociedade de funerais que se reunia na casa de Sérgia Paulina em Roma, confirmada por uma inscrição bem conhecida[142]. Algumas vezes a casa podia tornar-se a base de associação cúltica, como no famoso exemplo de Pompeia Agripinila, que estabeleceu um *thiasos* dionisíaco em Túsculo no princípio do século II de nossa era. A hierarquia dos funcionários ou membros da associação de culto reproduzia em larga escala a da casa ou a da família, com Agripinila como sacerdotisa à frente[143].

---

[140] As centenas de inscrições que eles deixaram depois de si servem de base para os vários estudos modernos do fenômeno. Sobre as corporações latinas, a obra clássica ainda é Waltzing, 1895-1900; sobre as corporações correspondentes gregas, Poland, 1909, continua sendo indispensável. De Robertis, trata de situação legal com alguma profundidade. Para introdução e visão geral, ver Kornemann, 1900.

[141] Poland, 1909, 272n.

[142] "Collegium quod est in domu Sergiae Paullinae", CIL 6.9148; ver Flory, 1975, 22; outros exemplos em Waltzing, 1895-1900, 3,222-264.

[143] Vogliano, 1933. A lista de membros – aproximadamente quatrocentos ao todo – é feita por ofício e categoria, desde o mais elevado até o mais baixo. No topo encontra-se Agripinila, sacerdotisa, seguida por membros de sua família imediata, também com ofícios sacros. Bem abaixo estão outros nomes que aparecem

Ainda que pequena uma associação precisava ter funcionários ou membros, com títulos como o máximo, o melhor, com frequência imitando os títulos dos funcionários municipais. Os colegiados romanos geralmente tinham um grupo de presidentes, chamados *magistri*; uma associação grega comumente tinha apenas um dirigente, designado de formas variadas. O tesoureiro (*tamias, quaestor*) era o próximo em importância, devendo encarregar-se da contabilidade das receitas e dos débitos e do pagamento das despesas com banquetes e festas, homenagens a patronos e a outras pessoas e, em muitos casos, com os funerais dos membros. Além desses, havia sacerdotes e sacerdotisas, *logistai, grammateis, epistatai, epimeletai, archontes, curatores, prytaneis, hegemones, brebeutia* etc. Evidentemente, ao lado da convivência as associações ofereciam a oportunidade para as pessoas, que não tinham a mínima possibilidade de participar da política da cidade, se sentirem importantes em suas repúblicas em miniatura.

As associações profissionais e de comércio eram especialmente importantes em Roma. Antes do Império Romano, elas não foram comuns no Oriente, exceto o caso específico dos "artistas dionisíacos", um grêmio de atores, pintores de cenários e outros especialistas associados ao teatro. No período, entretanto, estamos interessados na organização de outros artesãos e de comerciantes espalhados nas cidades gregas também[144].

Embora agora seja comum chamarmos esses grupos de grêmios, seu objetivo não deve ser confundido com os dos grêmios ou

---

com frequência nas famílias senatoriais do período, embora o hierofante tenha nome grego e seja provavelmente de origem servil. À medida que se sobe na lista, os nomes latinos diminuem em número, ao passo que os gregos passam a predominar. Esses fatos dificilmente podem apoiar a afirmação de Cumont, baseada no uso de simples *cognomina* na lista, que "les distinctions sociales du monde profane s'effaçaient –" (1933, 234); antes, pelo contrário: cf. Bömer, 1957-1963, 3.135-137. A inscrição, sobre os três lados da base de uma estátua que antes sustentara uma estátua de Agripinila, pode ser vista no Museu Metropolitano de Nova Iorque.

[144] Bömer, 1957-1963, 4,238-241. As provas sobre os grêmios de comerciantes e de artífices, extraídas principalmente de Waltzing, são convenientemente resumidas por Jones, 1955. Ver também Burford, 1972, 159-164.

agremiações medievais, e muito menos com os das ligas comerciais modernas[145]. "Até o ponto a que vai a evidência das inscrições, os grêmios parecem ter sido meras corporações sociais, sem interesse algum pelas atividades e negócios em que seus membros se achavam envolvidos"[146].

Somente no período posterior do império é que o governo por vezes interveio e manipulou as associações profissionais, mediante tentativas para regular alguns aspectos do comércio. Antes, os construtores e carpinteiros (*fabri, tiguarii*), os trapeiros e tecelãos (*centonarii*), os porteiros (*phortgoi*), os tintureiros em púrpura da Rua décima oitava (em Tessalônica)[147] encontravam-se, como o faziam seus conterrâneos portadores de muitas outras designações, para tomarem juntos uma refeição, talvez um pouco melhor do que as refeições comuns, para beberem um vinho um pouco melhor oferecido pelo membro encarregado por rodízio de fazê-lo naquele dia, para celebrarem o aniversário do fundador ou do patrono ou a festa de Poseidon, de Hermes ou Ísis ou Silvano, e para estabelecerem as regras que deviam assegurar que todos os membros tivessem um funeral decente por ocasião de sua morte. A *ekklesia*, que se reunia com os fabricantes de tendas Prisca, Áquila e Paulo em Corinto ou Éfeso bem que devia ter parecido aos vizinhos associação do mesmo tipo.

É mais difícil determinar a estrutura das associações maiores de comerciantes e de artesãos, que se formavam na maioria das cidades, especialmente nos grandes centros comerciais. As colônias de comerciantes itálicos em Delos e Rodes são as mais conhecidas[148]. Discutiu-se, por exemplo, se os itálicos de Delos, os livres por nascimento e os libertos, que se chamavam hermaístas, poseidonistas e apolonistas, estavam organizados em três associações cúlticas separadas, ou se se haviam organizado em uma única grande associação, que elegeu *magistri* (*magistreis Mirquri Apollonis Neptuni*)

---

[145] *Contra* Préaux, 1955, 128s.
[146] Jones, 1955, 172; cf. MacMullen, 1974, 75; ver também Rostovtzeff, 1957, 1,170s.
[147] Robert, 1937, 535, n. 3, citado por MacMullen, 1974, 135. Outros nomes típicos encontram-se em Roland, 1909, e Waltzing, 1895-1900.
[148] Poland, 1909, 315-325, 517-528.

que se encarregassem dos cultos de suas três principais divindades protetoras.

A última hipótese parece-nos a mais provável, o que significa que toda a colônia itálica se achava organizada como associação ou *conventus*, embora houvesse crescido tanto, nos dois séculos antes de Cristo, a ponto de ultrapassarem os limites das associações privadas que consideramos até agora[149]. De maneira pelo menos parcialmente análoga, os judeus em algumas cidades estavam organizados sob a forma de *collegium*, com sua divindade única, funcionários e regras, fundos patrimoniais privados e patronos.

Judaísmo urbano e cristianismo paulino

Agora, de modo geral, todos reconhecem que ninguém pode compreender a forma peculiar do cristianismo primitivo que chamamos paulino sem primeiro adquirir algum conhecimento do judaísmo contemporâneo. Mas de que espécie de judaísmo? Certamente, assim como a exegese e a ciência modernas nos forçaram a reconhecer que o cristianismo, também em suas décadas mais antigas, já era um conjunto de movimentos em várias direções, também as descobertas e as pesquisas deste século revelaram grande diversidade e rápidas mudanças dentro do judaísmo no Império Romano primitivo.

Um século atrás, muitos estudiosos dotados de grande imaginação perceberam a importância de uma seita obscura chamada essênios por Filon, Flávio Josefo e Plínio, mas ninguém então teria ousado supor que um dia possuiríamos parte substancial da biblioteca de um de seus maiores estabelecimentos ou uma biblioteca intimamente ligada ao grupo.

Antes das escavações em Dura-Europos em 1932, a maioria teria considerado precipitada a noção de que os judeus do século III em cidade romana de guarnição militar pudessem ter recoberto as paredes de sua sinagoga com pinturas narrativas. Até bem mais

---

[149] Ver a discussão feita por Bruneau, 1970, 585-587.

recentemente do que isso, coleções de textos rabínicos tinham sido reunidos e examinados, do "ponto de vista rabínico", por um ou outro, como se, de Hillel a Saadia Gaon, o "judaísmo rabínico" houvesse sido um todo monolítico e estático.

Não foram poupadas tentativas de colocar Paulo sobre o pano de fundo de várias espécies de judaísmo. Ora ele aparece como "rabino", ora como representante da "apocalíptica judaica"; talvez se situe mais próximo do "misticismo judaico", ou até do "gnosticismo judaico". Ou pode ser que seus interesses peculiares sejam simplesmente o resultado de ter sido educado no "judaísmo helenista".

A incapacidade de qualquer desses esquemas conseguir ser fiel ao contexto dentro do qual o texto das epístolas paulinas adquire sentido deveria alertar-nos para o fato de que essas categorias em nada auxiliam para chegarmos a uma adequada taxionomia do judaísmo do século I. Qualquer um que se dedique à exegese séria e rigorosa dos textos precisa possuir documentos de todas essas categorias e de outras também. O próprio Paulo é a prova mais clara da inadequação dos textos.

Escreve em grego fluente; sua Bíblia é a dos Setenta; certamente é "judeu helenista". Está convencido de que o tempo presente, que considera mau, em breve chegará ao fim; enquanto isto não acontece, estimula os filhos da luz a não se assemelharem aos filhos das trevas – certamente isto equivale à "apocalíptica judaica". Foi arrebatado até o terceiro céu e viu coisas inefáveis – será que aqui podemos falar de "misticismo judaico"? –, embora se designe "segundo a Lei fariseu".

As categorias convencionais sofrem de cunho vago, de anacronismo e de definição inadequada. O cunho vago é mais evidente no caso do "judaísmo helenista". Porventura isto significa todos os judeus que falavam grego nos períodos helenista e romano? Ou designará os que aceitavam e viviam outros aspectos da cultura urbana grega, inclusive certas crenças metafísicas, alguns padrões de estilo literário e artístico, certo *ethos*?

O "judaísmo rabínico" é a categoria mais infectada por anacronismos. A destruição do Templo em 70 d.C. e os abalos ainda mais profundos decorrentes do desastre de Bar Kochba nos anos 132-135 transformaram a vida e as instituições da Judeia e da

Galileia em caminhos que nós apenas palidamente conseguimos reconstituir.

Os documentos mais antigos que possuímos do "judaísmo rabínico" foram compilados no círculo em torno do Patriarca no fim do século II. Eles, como fontes muito posteriores, indubitavelmente contêm material tradicional de origem muito mais antiga, mas somente por meio dos mais penosos – e muitas vezes subjetivos – estudos da forma crítica conseguimos perceber que partes são realmente primitivas ou que mudanças sofreram na transmissão e na edição.

Faremos bem em evitar usar o termo *rabino* ou *rabínico* para qualquer fenômeno anterior à academia fundada em Yavneh (Jâmnia) por Yohanan ben Zakkai, e pisaremos em solo mais firme se restringirmos esses termos ao século II e aos desdobramentos posteriores[150].

Enfim, todas essas categorias geralmente foram definidas como se os fenômenos que relatassem houvessem sido sistemas teológicos, que deviam ser descritos ouvindo suas crenças constitutivas em forma proposicional e mostrando suas conexões e implicações lógicas. Saber se este é de fato o melhor meio para obtermos a compreensão básica de um movimento religioso não precisa ser discutido aqui. Para quem quer que se ache interessado pela descrição social do judaísmo primitivo e do cristianismo primitivo, esse não é método que auxilie muito.

Não poucos estudiosos que escreveram sobre assuntos relativos a Paulo e ao judaísmo mostraram-se interessados em traçar a educação de Paulo e as filiações pré-cristãs e em compreender as fontes e as implicações de suas ideias teológicas, as práticas judaicas que ele rejeitava e seu modo de argumentar. Estas são questões fascinantes que não podem ser totalmente ignoradas aqui, elas, porém, não constituem o ponto focal deste livro.

---

[150] Estas são as consequências práticas da obra revolucionária realizada por Jacob Neusner e seus alunos. Apesar de controvertida como foi essa obra e apesar de muitas correções de pormenores que ela indubitavelmente deve receber, tais resultados a mim parecem irreversíveis. As pesquisas de Neusner são em número demasiado para as podermos mencionar aqui, mas 1970, 1973b, 1979a, 1979b e 1980 são particularmente ligadas ao nosso projeto.

Devemos, ao contrário, dizer que o problema mais importante consiste em sabermos quais foram – se é que houve – as conexões entre as comunidades cristãs fundadas por Paulo e seus colaboradores e as variedades do judaísmo no mundo greco-romano. O judaísmo, que tem importância direta para a nossa tentativa de descrever o cristianismo paulino (seja qual for o caso de Paulo como indivíduo), não é o judaísmo das vilas da Galileia ou da Mesopotâmia, mas o judaísmo das cidades províncias romanas. Por conseguinte, nosso interesse aqui consiste em saber se os imigrantes judeus entre as épocas de Alexandre e de Cláudio encontraram formas de se adaptar às cidades o que servia como modelos e canais para os cristãos paulinos.

No século I, uns cinco ou seis milhões de judeus viviam na Diáspora, isto é, mais ou menos permanentemente estabelecidos fora da Palestina. A Diáspora começou no mínimo já na época das deportações para o exílio da Babilônia, no século VI, e foi incrementada por subsequentes deslocações mediante posteriores conquistas do solo pátrio, porém, ainda mais pela emigração voluntária em busca de melhores oportunidades econômicas do que as que o espaço e a riqueza limitados da Palestina ofereceriam.

Consequentemente, havia substancial população judaica em toda cidade possuidora virtualmente de algum tamanho razoável nas terras que margeavam o Mediterrâneo. As estimativas giram em torno de 10 a 15 por cento da população total de uma cidade – no caso de Alexandria, o índice é até maior[151]. Como outros grupos imigrantes nas cidades, os judeus naturalmente se reuniam para

---

[151] A cifra de Filon de um milhão para o Egito, que representaria um sétimo do todo (*Flacc.* 43) é sem dúvida por demais elevada (Smallwood, 1976, 222). Quanto a Antioquia, ver Meeks-Wilken, 1978, 8. A população judaica da província da Ásia pode ser estimada de acordo com o dinheiro para impostos do templo confiscado por L. Valério Flaco em 62 a.C. (Cícero, *Pro Fl.* 66-69) – aproximadamente cem pesos de ouro, que pelo cálculo de Smallwood (1976, 125s e n. 21) corresponderia às contribuições de cerca de cinquenta mil adultos do sexo masculino. O Relato de Flávio Josefo (extraído de Estrabão) que fala de 800 talentos oriundos da mesma província conquistada por Mitrídates um quarto de século antes (*Ant.* 14.112s) parece demasiadamente grande (ver a observação de Marcus *ad loc.* na Ed. Loeb; Smallwood, 1976, 125, n. 20).

continuar as práticas religiosas familiares, para gozar da convivência social com parentes e outros que tinham herança comum, para resolver discordâncias internas e para exercer pressão conjunta a fim de obterem direitos e privilégios da comunidade maior. Alguns aspectos de suas crenças e práticas religiosas, porém, colocavam-nos à parte dos outros cultos imigrantes, que se tornavam tão comuns, e criavam problemas especiais nas suas relações com grupos dominantes na sociedade local, de um lado, e com as autoridades imperiais romanas do outro.

Flávio Josefo preservou diversos documentos, que esclarecem essas relações. Dois documentos que tratam dos judeus de Sardes são particularmente interessantes. Em 49 a.C. Lúcio Antônio[152], proquestor e propretor da província da Ásia, respondeu a um apelo dos judeus sardenses por meio de decreto dirigido aos magistrados, ao conselho e ao *démos* de Sardes: "Cidadãos judeus dos nossos vieram a mim e destacaram o fato de que desde os tempos mais antigos eles tinham uma associação [*synodos*] instituída com sua própria anuência, que usava suas leis nativas [*kata tous patrious nomous*] e um lugar [*topos*] de sua propriedade, em que decidem seus problemas, negócios e controvérsias uns com os outros"[153]. Evidentemente, as autoridades da cidade haviam, de alguma forma, ameaçado os direitos usufruídos pelos judeus, que o oficial romano agora providencia para que sejam mantidos como o eram anteriormente[154].

Algum tempo depois, o conselho da cidade e o *démos* de Sardes publicaram um decreto confirmando o direito de "os cidadãos judeus que moram em nossa cidade" poderem "reunir-se, ter vida comunitária [*politeuesthai*] e resolver questões surgidas entre eles mesmos", acrescentando "que lhes devia ser dado lugar em que

---

[152] Ele era o irmão mais moço de Marco Antônio III, o *triumvir*.
[153] *Ant.* 14.235.
[154] Os judeus estiveram em Sardes "desde os tempos mais antigos [*ap' arches*]": eis uma afirmação que é quase exagero, se é que o Sefarah de Obad. 20 (séc. VI a.C.) é realmente Sardes, como a maioria dos comentadores assegura. Até que ponto seu estabelecimento foi contínuo e quão antigas são as instituições aí, evidentemente, constituem pontos de outra questão.

pudessem reunir-se com suas mulheres e filhos, e oferecer orações e sacrifícios ao Deus dos seus antepassados –"[155]. Os magistrados deviam reservar local "para eles construírem casas e nelas morarem" e os funcionários do mercado deviam providenciar abastecimento de "alimento conveniente" que pudesse ser adquirido pelos judeus.

A história posterior dos judeus em Sardes era, na aparência, extraordinariamente feliz. No século II ou no princípio do III, foi-lhes dada para "local" de suas reuniões uma basílica remodelada, de bom tamanho e com elegante decoração, parte do monumental conjunto do ginásio romano na principal rua da cidade[156], que eles conservaram até a cidade ser destruída, muito tempo depois que o império se tornara oficialmente cristão[157]. A controvérsia na época de Júlio César, que parece ter sido resolvida rapidamente e de modo amigável, não obstante provocou algumas tensões perenes que atingiram as comunidades judaicas urbanas.

Lúcio Antônio, presumivelmente repetindo a linguagem da petição judaica, chamou a sua comunidade de *synodos*, um dos termos mais comuns e gerais para sociedade, grêmio ou associação[158]. Atendendo a objetivos legais, os romanos classificavam os grupos judeus em cada cidade como colégios – *collegia* – ou colegiados; quando César ordenou que todos os colegiados fossem dissolvidos, exceto alguns grupos já estabelecidos havia longo tempo, as singagogas estavam incluídas entre esses explicitamente isentados[159].

Sob vários aspectos, a identificação era natural, porque a organização da comunidade judaica possuía inúmeros traços em

---

[155] *Ant.* 14.259-261.
[156] A sinagoga foi descoberta em 1962 pelo grupo de Cornell-Harvard dirigido por George Hanfmann e foi parcialmente restaurada. O relatório da escavação final feito por A. R. Seager ainda não apareceu. Ver Seager, 1972; Hanfmann, 1962; Kraabel, 1968, 1978, 1979; há uma publicação parcial de inscrições em Robert, 1964, 37-58 e pranchas IV-XI.
[157] Ver especialmente a discussão feita por Kraabel, 1968, 1978; também Wilken, 1976.
[158] LSJ, s.v., Poland, 1909, 158-163.
[159] Quanto a esta e às isenções subsequentes das leis contra associações, ver Smallwood, 1976, 133-135.

comum com as associaçãos, os grêmios e as sociedades cúlticas. Os membros se reuniam em lugar particular, que servia tanto para funções cúlticas quanto para funções sociais[160]. Eles dependiam de benefícios de patronos, inclusive simparizantes não-judeus bem como de membros ricos da comunidade, a quem retribuíam com inscrições, assentos especiais na sala de assembleia e títulos honoríficos como "Pai" ou "Mãe da Sinagoga"[161]. A comunidade providenciava o funeral de seus mortos[162]. Ela possuía oficiais e funcionários com títulos que imitavam os usados na *polis*[163].

---

[160] O termo *synagogē*, usado ocasionalmente por outras associações, lembra o fato central de "reunir" os membros. Sobre as refeições na sinagoga, ver Hengel, 1966, 167-172l; as provas disto são reunidas e acrescidas de interpretação especulativa por Goodenough, 1953-1968, 2,108s e volume 5 *passim*. Sobre a hospitalidade para com os visitantes e sobre outras atividades: Krauss, 1922, 55s, 182-190.

[161] A sinagoga dos augustesianos em Roma certamente honrava o imperador, ou como patrono dessa confraria particular ou a fim de obter dele benevolência geral para com os direitos dos judeus; a sinagoga dos agripasianos pode ter tido Marcos Vipsânio Agripa ou o rei Agripa I ou II como seu patrono (Leon, 1960, 140-142). Capitolina, membro de importante família na província da Ásia e mulher ou irmã de um procônsul, dedicou uma escada de caracol revestida de mosaico à sinagoga de Trales (CIG 2924; Robert, 1937, 409-412, e 1964, 44; Hommel, 1975, 175). "Pai" e "Mãe da Sinagoga": Leon, 1960, 186-188; Policarmo, "Pai da sinagoga" em Estóbio: CII 1.694; Kitzinger, 1946, pranchas 202-204; Hengel, 1966, 176-181. A sinagoga em Foceia dedicava à *proédria* uma grinalda de ouro doada por uma rica senhora não judia, IGR 4.1327. Em Dura-Europos, o ancião e sacerdote Samuel serviu de instrumento para obterem a sala da assembleia decorada com pinturas até hoje famosas; conjecturou-se que a importante cátedra imediatamente abaixo da cena bíblica de Samuel (indicado pelo nome) ungindo Davi fosse reservada para ele: Sivan, 1978, 11.

[162] PRyl. 590 (= CPJ n. 138) pode referir-se a uma sociedade funerária judaica ligada a uma sinagoga em Alexandria (nota de Tcherikover em COJ 1.252); sobre as catacumbas judaicas em Roma, ver Leon, 1960; Goodenough, 1953-1968, 2,3050.

[163] *árchon* é o mais frequente; também *grammatéus*; outros em Juster, 1914, 1,450-456; cf. Applebaum, 1974. Em Afrodísiades (Ásia) uma sinagoga era dirigida por um *decania*. (A inscrição, ainda não publicada, me foi cuidadosamente descrita por Joyce Reynolds do Newnham College, Cambridge; ver o anúncio feito por Mellink [citando K. Erim], 1977, 306). Os "sacerdotes" eram frequentemente mencionados nas inscrições judaicas, bem como nas das sociedades de culto gentílico, mas o título provavelmente tinha significado diferente, particularmente depois da destruição do templo em Jerusalém (Kraabel, 1981). Sobre a evolução de ofícios de simples para complexos, ver Hengel, 1971b, 166s.

De outro lado, como salienta SMALLWOOD, as funções das sinagogas eram mais amplas do que as dos colegiados e, sob alguns aspectos, bem diferentes[164]. Talvez como mais importante possamos indicar: "a pertença como membro era automática para o judeu por direito de nascimento, sem problema de admissão nem de inscrição no rol dos membros; em contrapartida, a pertença como membro era exclusiva para judeus e prosélitos, ao passo que outros *collegia* eram corporações com membros voluntários e abertas a outros membros"[165].

As diferenças são enfatizadas pelo papel político que as associações judaicas desempenhavam. Na maioria das cidades parece ter havido algum corpo central que pudesse falar em nome dos judeus nas negociações com os magistrados da cidade ou com os oficiais romanos. Em Alexandria, a única cidade em que há evidência de que a organização interna da comunidade judaica é relativamente boa, tal corpo consistia de uma *gerousia*, um conselho de anciãos, que representavam os judeus de toda a cidade, provavelmente por meio de oficiais (*archontes*) escolhidos por cada comunidade[166]. Provavelmente existia em Antioquia alguma organização similar, pois ouvimos falar aí de um só *archon* dos judeus, no século IV d.C., e de um *archon ton archonton* ("magistrado dos magistrados") no século IV[167]. É discutível se essa era a regra usada em todas as cidades em que havia mais do que uma sinagoga[168].

Quaisquer que fossem os pormenores da organização local, que provavelmente variava um pouco de uma cidade para a outra, os judeus em tais cidades, onde o número de seus membros constituía grande segmento da população, formavam virtual cidade dentro da cidade, a que se aplicava o termo grego *politeuma*[169]. A *politeuma* era corpo reconhecido e semi-autônomo de residentes em cidade, que,

---

[164] Smallwood, 1976, 133s.
[165] *Ibidem*, 134.
[166] Filon, *Flacc*, 74,80; Flávio Josefo, *GJ* 7.412; Tcherikover, 1961, 302.
[167] Flávio Josefo, *GJ* 7.47; Libânio, *Ep*. 1251 (ed. Foerster), cf. Meeks-Wilken, 1978, 6-9,60.
[168] Sobre Roma ver a discussão em Leon, 1960, 168-170.
[169] Para Alexandria, o termo já é usado na Carta de Aristeas (310), provavelmente século II a.C.; cf. Flávio Josefo, *Ant*. 12.108. Ver a discussão geral em Tcherikover, 1961, 296-332; Smallwood, 1976, 139, 141, 224-250, 285, 359-364, 369; Tarn, 1952, 210-238.

embora não sendo cidadãos, participavam de alguns direitos específicos junto com os cidadãos. Como vimos, um arranjo desse tipo não era incomum nas cidades helenistas, para acomodar grupos significativos de imigrantes, como os itálicos ou os sírios em Delos, ou os nativos de uma cidade mais antiga restabelecida e fundada novamente como colônia romana[170].

As relações entre a *politeuma* e o *demos*, o corpo formado de cidadãos plenos, estavam sujeitas a várias interpretações e muitas vezes constituíam o ponto focal de controvérsia. Flávio Josefo gosta de usar o termo *cidadãos (politai)* para se referir aos judeus residentes em uma cidade. Por exemplo, ele diz que os "residentes em Antioquia" eram chamados antioquenos,[171] mas o verdadeiro termo *residentes (katoikountes)* normalmente significa residentes estrangeiros, não cidadãos. A mesma ambiguidade ocorre nos dois documentos oriundos de Sardes e já citados, em que os judeus são chamados *politai*.

No decreto de Lúcio Antônio o texto é incerto, pois a maioria dos manuscritos contêm "nossos cidadãos [romanos]", mas é lido: "vossos cidadãos [sardenses]"[172]. O decreto da cidade, como Josefo o relata, inclui a mesma autocontradição, como sua nota sobre os antioquenos, referindo-se aos judeus simultaneamente como *katoikountes* e *politai*[173]. O nó do problema é afirmado concisamente na queixa feita trinta e cinco anos mais tarde por alguns jônios (cidadãos gregos da Ásia Menor ocidental, provavelmente em Éfeso): "se os judeus tivessem que ser seus companheiros *[syngeneis]*, deveriam adorar os deuses dos jônios"[174].

---

[170] Ver as discussões feitas por Tcherikover e Smallwood citadas na nota anterior. Eles acrescentam *politeúmata* de frígios, beócios e licianos em Alexandria, cretas no Faio, caunianos em Sídon, e outros (Tcherikover, 1961, 505, n. 8; Smallwood, 1976, 226, n. 23). Sobre associações de cidadãos romanos nas novas províncias da Ásia Menor, ver *acima*, nota 24. Sobre vários arranjos de *politeúmata* paralelos em colônias, ver Levick, 1967, 71-83. Sobre as tensões sociais e econômicas resultantes, ver Cracco Ruggini, 1980.

[171] *C. Ap.* 2.39.

[172] *Ant.* 14.235.

[173] *Ibidem*, 259; ver a nota *ad loc.* de Marcus, e Tarn, 1961, 221.

[174] *Ant.* 12.126. Um relato mais completo, descrevendo a intervenção bem sucedida de Herodes com seu patrono Agripa e a defesa dos judeus pelo protegido de Herodes, Nicolau de Damasco, está em *Ant.* 16.27-61. Ver a discussão feita por Smallwood, 1976, 140s. Comparar a queixa de Apião citada por Flávio Josefo, *C. Ap.* 2.65.

Os judeus, sempre que podiam, procuravam adquirir direitos idênticos aos dos cidadãos, mas ao mesmo tempo insistiam em ter garantias que lhes preservasse a possibilidade de não terem que violar suas leis religiosas, principalmente a observância do sábado, as regras sobre os alimentos proibidos e permitidos e o dever de evitar a "idolatria". Eles não podiam participar dos cultos cívicos e ainda permaneciam como judeus.

A competição que, em uma sociedade de bens limitados, inevitavelmente ocorria entre as várias *politeumata* e os grupos menores da cidade acarretava para os judeus algumas ambivalências peculiares. De um lado, se mostravam adeptos e vigorosos na busca de oportunidades que a urbanização helenista e romana criava para o povo móvel. O rigoroso monoteísmo dos judeus, sua adoração "sem imagens", a forte coesão das suas comunidades conquistaram admiração de muitos dos seus vizinhos gentios, levando alguns a se tornarem imediatamente prosélitos, outros a se transformarem em simpatizantes ou até em adeptos formais da sinagoga[175]. Entretanto, essas mesmas qualidades, acrescidas do tamanho e da riqueza de muitas das comunidades judaicas, provocaram em outros vizinhos

---

[175] Sobre o monoteísmo, ver Estrabão, *Geog.* 16.2. 35 (= Stern, 1974, n. 115). O sucesso do proselitismo judaico é indicado pelas leis romanas e pelas medidas políticas, que de vez em quando foram tomadas para inibi-lo, começando pela expulsão dos judeus de Roma por Cornélio Híspalo em 139 a.C., contada por Valério Máximo (Stern, 1974, n. 147a). Ainda não dispomos de tratado completamente satisfatório do proselitismo judaico na época helenista posterior e no período romano primitivo, porém, mesmo assim, é conveniente ver Kuhn, 1959, e Kuhn-Stegemann, 1962. A questão dos "tementes a Deus" como semi-prosélitos tem sido muito discutida, por exemplo, por Lake, 1933; Feldman, 1950; Hommel, 1975; Lifshitz, 1969, 95s, e 1970; Romaniuk, 1964; Siegert, 1973; Robert, 1964, 39-47. O peso da evidência parecia até recentemente negar tal uso técnico. Na maioria dos casos *theosebés* significa simplesmente "piedoso", quando aplicado a prosélitos, simpatizantes, ou, como na inscrição do teatro de Mileto, toda a comunidade judaica. No entanto, a inscrição recém-descoberta da sinagoga de Afrodisíades parece confirmar que *theosebeis* podia ser designação formal aplicada a grupo distinto tanto dos prosélitos quanto dos judeus nativos, mas ainda incluída na pertença como membro a uma sinagoga (ver Mellink, 1977, 305s). Não precisamos afirmar que o mesmo uso tenha prevalecido em toda parte.

ressentimento e inveja. Uma história que corria de boca em boca entre as más línguas era uma paródia propositadamente desvirtuada do êxodo, segundo a qual o povo que Moisés tomou para organizar uma nação era constituído de leprosos que haviam sido expulsos do Egito. Isto, dizia-se, explicava por que os judeus eram antissociais, recusando-se a "participar da mesa com qualquer outra raça"[176].

Por seu turno, os judeus sabiam que sua verdadeira identidade dependia de eles conseguirem manter alguns limites distintos entre eles próprios e "as nações". Contudo, também experimentavam fortes pressões para se conformarem com a cultura dominante das cidades, devido a razões de conveniência. Além disso, muitos deles experimentavam forte atração pelos valores dessa cultura, que, sob tantos aspectos, parecia harmonizar-se com seu próprio *ethos* e com suas tradições bíblicas.

O dilema pode ser percebido em quase todas as páginas de Filon. Escreve em grego elegante, retórico; não sabemos com certeza se conhecia algo mais do hebraico do que aquilo que devia ter encontrado em algum manual que interpretava nomes bíblicos[177]. O grego era a língua de todas as comunidades da Diáspora judaica dentro do Império Romano e desse fato sobreviveram provas. Além do mais, enquanto o que escrevia era uma série de comentários e paráfrases elaborados sobre os livros do Pentateuco, grande parte do que encontra nas narrativas bíblicas e nas leis é idêntico a muita coisa que se poderia ouvir dos moralistas e filósofos gentios, que costumavam ensinar nas escolas de Alexandria[178]. "Lia Platão em termos de Moisés, e Moisés em termos de Platão, a ponto de estar convencido de que cada um deles dissera essencialmente as mesmas

---

[176] Diodoro Sic., *Bibl. hist.* 1.3 (= Stern, 1974, n. 63). A versão mais conhecida da história do leproso estava no tratado antijudaico de Apião, a que Flávio Josefo replicou. Outros exemplos, começando com Hecateus de Abdera, são colecionados por Stern, 19745; ver também sua visão rápida de 1976. Sobre os sentimentos antijudaicos na antiguidade, ver Sherwin-White, 1967, 86-101; Seventer, 1975.

[177] Ver I. Heinemann, 1929-1932, 524-528.

[178] O grau e a espécie do helenismo de Filon têm sido muito discutidos, uma das orientações mais seguras continua sendo a obra de Heinemann citada na nota anterior.

coisas"¹⁷⁹. Concomitantemente, Filon via a importância de os judeus preservarem a sua identidade distintiva. Quando chegou ao oráculo de Balaão, que disse de Israel: Presta atenção: um povo habitará [*katoikesei*] sozinho e entre as nações não será contado¹⁸⁰, ele explicou: "não porque seu local de residência é situado à parte e sua terra tirada de outros, mas porque, em virtude da distinção de seus costumes peculiares, eles não se misturam com outros para não se afastarem dos caminhos de seus pais"¹⁸¹. Filon receava que alguns judeus que, como ele próprio, tomavam os rituais e as festas como "símbolos de coisas da mente", negligenciassem a realização física das ações exigidas. Tais pessoas, dizia ele, agiam como se "vivessem por si mesmas, sozinhas no deserto, ou se tivessem tornado almas desencarnadas, desconhecendo cidade ou aldeia, casa ou família ou qualquer associação humana [*thiasos anthropon*]"¹⁸².

O individualismo que Filon censura era a tentação específica de homens como ele: ricos, cultos, "gregos de alma bem como de palavra"¹⁸³, mas procurando acomodar-se aos limites impostos pelo *status* ambivalente da comunidade judaica. Como diz TCHERIKOVER: "Qualquer que desejasse participar da vida cultural e pública desse ambiente e desempenhar algum papel no mundo em geral tinha, primeiro, que ser cidadão de cidade grega"¹⁸⁴. Ninguém pode duvidar de que indivíduos da classe de Filon pudessem facilmente tornar-se cidadãos. Mas a que preço para o seu judaísmo? A resposta não é tão simples quanto muitas vezes se tem procurado mostrar.

O caso do sobrinho de Filon, Tibério Júlio Alexandre, já foi mencionado. Sua carreira excepcional acarretou, pelo menos segundo o que diz Flávio Josefo, seu abandono do judaísmo¹⁸⁵. No entanto, pode

---

[179] Goodenough, 1962, 10.
[180] Nm 22.9b LXX.
[181] *Mos.* 1.278.
[182] *Migr.* 88-93; citações extraídas dos ns. 89,90.
[183] Como o falado judeu que Aristóteles uma vez encontrou: Flávio Josefo, *C. Ap.* 1.180, citando Clearco de Soli.
[184] Tcherikover, 1961, 309.
[185] Há muitas alusões prováveis a Alexandre nas obras de Filon, como, por exemplo, *Mos.* 1.30s. Bassler, 1979, 138-143, argumentou que o retrato curiosamente

ter sido possível em outros casos para indivíduos judeus encontrar caminho que lhes possibilitasse manter a cidadania grega sem se comprometerem diretamente em atos que a maioria dos judeus encararia como idolátricos. Certamente, em período posterior, em cidades da Ásia Menor ocidental, isto se tornou possível. Na grande sinagoga de Sardes, por exemplo, há inscrições que lembram com orgulho os nomes de membros da sinagoga que eram *Sardianoi* e até magistrados da cidade[186]. E o autor do livro dos Atos, embora não saibamos se as informações que ele tinha eram verdadeiras ou fictícias, pelo menos achou crível que o pai de Paulo houvesse sido ao mesmo tempo cidadão de Tarso e cidadão de Roma, e ainda assim tivesse levado seu filho a Jerusalém para estudar com o rabino Gamaliel[187].

Não obstante, o problema que enfrentavam os judeus alexandrinos – e Filon, seu porta-voz – no princípio do século I consistia em saber se toda a comunidade dos judeus possuiria os mesmos direitos de cidadãos que os gregos possuíam. Esse problema está por trás das contínuas controvérsias e da violência periódica entre gentios e judeus em Alexandria.

A questão legal relativa ao período em que estamos interessados foi proposta pela famosa carta de Cláudio do ano 41 d.C., cuja cópia em papiro foi descoberta na primeira década deste século. Cláudio reconfirmou os direitos dos judeus de continuarem seus

---

ambivalente que Filon apresenta de Flávio Josefo como *politicus* não constitui um modelo para o prefeito romano do Egito, como Goodenough, 1938, 21-33, propôs, mas uma advertência contra o tipo de carreira que T. Alexandre fez, colocando-se acima dos "costumes avoengos" e passando da "liderança do povo para a ditadura sobre o povo" (*Somn.* 2.78s).

[186] Kraabel, 1968, 218-221. A inscrição de Afrodisíades (*acima*, nota 163), quando for publicada, aduzirá novas provas importantes. Contudo, é preciso cautela quanto ao período mais antigo, porque Setímio Severo evidentemente promulgou leis, facilitando muito mais para os judeus a hipótese de servir nos conselhos da cidade (dado para o qual foi chamada a minha atenção por Robert L. Wilken, que cita duas inscrições elogiando os Severos, CII 1.677 e 2.972, em sua obra prestes a aparecer, *John Chrysostom and the Jews: Rhetoric and Reality in the Fourth Century* [University of California Press], que ele me mostrou em manuscrito). Ver também Levine, 1979, 656.

[187] At 16.375; 21.39; 22.3.25-29.

costumes antepassados sem serem molestados, mas lhes recusou categoricamente o direito de serem considerados cidadãos. Eles deviam dar-se por satisfeitos com os muitos benefícios que já haviam alcançado como residentes estrangeiros em "cidade que não era a sua".[188] A situação legal provavelmente não era diferente em outras cidades, onde encontramos muito menos provas. Em lugares como Sardes, porém, onde as relações entre judeus e gentios eram evidentemente muito mais harmoniosas e duraram vários séculos, deve ter havido menos razão para provar os limites legais da participação judaica na vida cívica.

Embora os judeus de Alexandria se desapontassem com a eventual resposta de Cláudio à sua petição – e já durante algum tempo permaneceram aterrorizados com a resposta de seu antecessor –, é significativo que tenham voltado para Roma para alívio de certas aflições locais. Dois fatores pressionaram-nos a fazê-lo. Um foi o caráter complexo da cidade greco-romana; a outro foi a política romana começada por César e Augusto, que consistia em governar tentando equilibrar fortes interesses locais e conquistar sua fidelidade fazendo deles clientes. Como consequência, qualquer comunidade, razoável em tamanho e coerente com o *status* ambivalente local, como a dos judeus, devia adotar e cultivar o patrocínio imperial.

Os judeus da Diáspora geralmente conseguiram fazê-lo com sucesso. Relatos populares do cristianismo primitivo e do judaísmo focalizaram de maneira tão unilateral a Palestina e especialmente as revoltas fracassadas de 66-70 e 132-135 que começamos a pensar que Roma era o inimigo implacável dos judeus. Os documentos reunidos por Flávio Josefo, os dois tratados políticos de Filon e outras provas sugerem, ao contrário, que os judeus das cidades na maioria das vezes encaravam Roma como sua protetora.

Durante as duas revoltas palestinenses, os judeus das cidades da Diáspora parecem não ter oferecido quase nenhum apoio direto aos revolucionários, e não sofreram consequências visíveis

---

[188] Plond. 1912 em Bell, 1924 (= CPJ n. 153). As fontes mais importantes são convenientemente reunidas em Stern, 1974, 1.399-403, e as soluções são breves mas incisivamente discutidas por Tcherikover, 1961, 305-328.

da derrota dos últimos. Mesmo durante as guerras havia incidentes em que oficiais romanos intervinham para proteger os judeus dos ataques de adversários locais, que haviam tirado vantagem do sentimento antijudaico suscitado pelas revoluções. O mais conhecido ocorreu em Antioquia, quando no ano 67 um apóstata judeu promoveu um massacre contra seu próprio povo (seu pai era *archon* dos judeus antioquenos) denunciando o plano de incendiar a cidade. Depois de um intervalo[189], o surgimento do incêndio real em 70/71 provocou novas hostilidades, mas o governador temporário, Gneus Colega, foi bem sucedido em conter os antioquenos e em provar, mediante investigações, que os judeus eram inocentes.

Insatisfeitos, os antioquenos pediram a Tito, quando este apareceu na Síria na primavera, que expulsasse os judeus ou, caso não quisesse fazê-lo, pelo menos retirasse os privilégios que possuíam. Ele se recusou a atender aos antioquenos, "deixando intato o *status* dos judeus de Antioquia exatamente como era antes"[190].

Com certeza, a lei romana não era benigna. Os levantes judaicos no Egito e na Cirenaica entre 112 e 115 foram sufocados tão drasticamente que, em grandes regiões da África do Norte, comunidades judaicas inteiras simplesmente deixaram de existir[191]. No entanto, também essa guerra e a insurreição palestinense de Bar Kochba duas décadas mais tarde não tocaram muito a situação dos judeus que moravam em cidades das outras províncias.

Em termos gerais, os judeus da Diáspora julgaram prudente encarar o poder romano exatamente da maneira como um deles, embora convertido à seita dos cristãos, aconselhava seus companheiros em Roma: "Os governantes não são terror para a boa conduta, porém para a má. Queres não ter medo algum de quem está investido de autoridade? Então pratica o bem e hás de receber sua

---

[189] Smallwood, 1976, 362s, de modo plausível argumenta, baseado em *Ant.* 12.120, que o legado romano Muciano interviera algumas vezes entre 67 e 69 para restabelecer os direitos básicos dos judeus.

[190] Flávio Josefo, *AJ* 7.40-72, 100-111. Ver a discussão em Smallwood, 1976. 361-364; Meeks-Wilken, 1978, 4s.

[191] Applebaum, 1961, 1979.

aprovação, porque ele é servo de Deus para o teu bem" (Rm 13.3-4, VRP)[192].

As provas sobre o *status* econômico dos judeus nas cidades estão muito espalhadas e muitas delas são posteriores, mas o que existe indica que os judeus na maioria dos lugares se achavam distribuídos por todos os níveis de condições sociais e de ocupações[193]. Por exemplo, APPLEBAUM encontra na população judaica da Cirenaica alguns judeus ricos e proprietários de terras, pois seus filhos eram admitidos ao efebato de Cirene, de Teuqueira e de Ptolemaida, mas também pobres ajudantes de fazendeiros, escravos, carpinteiros, oleiros, pintores e, talvez, pessoas que trabalhavam em tecelagem e em cunhar moedas[194].

O número de artesãos que aparece em inscrições, papiros e textos literários e legais é particularmente notável. A sinagoga recentemente descoberta na lista de Afrodísias inclui um ourives especializado em ouro, um artesão em cobre, dois confeccionadores, um caçador de aves (?), possivelmente um vendedor de hortaliças e, entre os enumerados separadamente como *theosebeis*, artesãos de cobre, pisoeiros, um pedreiro, um fabricante ou tintureiro de púrpura, dois carpinteiros, um cambista (?), um fabricante de molhos e temperos e outro de pulseiras[195].

Há uma tradição preservada na Tosefta que diz que a Grande Sinagoga de Alexandria possuía lugares especiais, situados à parte, para agremiações de artesões de imagens de prata, ferreiros, tecelãos, fabricantes de tapetes e similares[196]. E existem provas da

---

[192] Com boas razões Rm 13.1-7 é agora encarado como um trecho tradicional de parênese, que provavelmente foi formado pela sinagoga grega, depois aproveitado pelos cristãos. Ver, por exemplo, Käsemann, 1961, Bergmeier, 1970.
[193] Ver a ideia apresentada por Applebaum, 1976, 701-727.
[194] *Ibidem*, 709-711.
[195] Estas identificações devem permanecer como tentativas até a publicação da inscrição. Refiro-me a uma transcrição manuscrita que me foi mui bondosamente mostrada pela Dra. Joyce Reynolds e citada com a permissão dela e do Professor Kenan T. Erim.
[196] TSullah 4,6, também bSukkah 51b, pSukkah 5,1. 55a. Ver Applebaum, 1974, 703, o qual pensa que os grêmios em si devem anteceder a lei romana, por causa da hostilidade romana contra as associações, e eles podem ter sido

ligação das agremiações com as sinagogas também em Hierápolis (Frígia) e Córciro (Cilícia) e talvez em outros lugares[197].

As referências aos comerciantes judeus são mais raras, porém não deixam de existir de todo, e APPLEBAUM desenvolve engenhoso e não plausível argumento para mostrar que a impressionante riqueza de Alexandre Alabarco, irmão de Filon e pai de Tibério Júlio Alexandre, deve ter sido oriunda em parte do comércio, pois ele possuía depósitos de dinheiro em Putéoli[198]. Naturalmente, havia muitos negociantes de nível mais modesto entre os judeus, como os proprietários de embarcações e mercadores (*naukleroi, emporoi*) que, junto com os fazendeiros e os artesãos (*georgoi, technitai*), ficaram privados de meios de subsistência por causa dos levantes em Alexandria durante o reinado de Calígula[199]. Quem visitasse as cidades de que estamos falando encontraria judeus virtualmente em todas as camadas da sociedade. As ambivalências que atingiam suas vidas, pelo fato de serem simultaneamente membros da comunidade judaica e residentes da cidade grega, variavam um pouco de lugar para lugar[200] e se alteravam consideravelmente com os recursos que possuíam e a classe a que pertenciam.

As cidades do cristianismo paulino

O próprio resumo que Paulo faz da sua missão fala de expansão "que parte de Jerusalém e arredores e vai até a Ilíria" (cf. Rm 15.19). Os termos desse arco são problemáticos, pois, embora o livro dos

---

"deliberadamente incorporados à estrutura da sinagoga a fim de evitar a sua supressão pelas autoridades". Isto, porém, exagera a oposição oficial às corporações, especialmente às profissionais, que eram primordialmente de inspiração romana.

[197] Hengel, 1966, 171s.
[198] Flávio Josefo, *Ant.* 18.160; Applebaum, 1976, 705s. Applebaum também pensa que a sinagoga judaica em Delos provavelmente evidencia "o comércio marítimo baseado no triângulo Alexandria-Delos-Putéoli" (706).
[199] Filon, *Flacc.* 57.
[200] Mais recentemente, 1981, Kraabel insistiu repetidas vezes e efetivamente neste ponto.

Atos mostre Paulo pregando em Jerusalém imediatamente depois de sua conversão (At 9.26-30), Paulo energicamente nega qualquer conexão com Jerusalém a essa altura (Gl 1.17-24), e nem os Atos nem as epístolas mencionam qualquer atividade na Ilíria[201]. É fácil, porém, compreendermos por que Paulo tomaria Jerusalém como o ponto de partida retórico, e, se ele e seus companheiros de trabalho não chegaram de fato à Dalmácia ou Mésia, a extensão da sua ação na Macedônia levou-os até bem perto das fronteiras com as terras em áreas da Ilíria[202].

E mais: as dificuldades nos lembram que nossas fontes não nos informam plenamente a propósito dos movimentos dos missionários paulinos. As datas das epístolas autênticas abrangem pouco mais de uma década da vida de Paulo, simplesmente o último terço de sua carreira cristã, e seus relatos de planos de viagens são fragmentários. O relato dos Atos é mais sistemático, mas boa parte de sua ordem plausível decorre mais das deduções do autor e de sua intenção teológica (como a centralidade de Jerusalém) do que de fontes preciosas. Não obstante, usando tanto as epístolas autênticas quanto as deuteropaulinas e suplementando-as cautelosamente com informações provenientes do livro dos Atos, é possível obtermos uma ideia das principais localidades onde Paulo e seus associados atuaram. Argumentos extraídos do silêncio hão de ser sempre muito precários, porque não sabemos quantas epístolas de Paulo podem ter sido perdidas.

A atividade missionária é relatada ou pode ser deduzida das fontes em vários lugares da fronteira Jerusalém-Ilírico, dos quais temos poucas provas ou mesmo nenhuma a propósito das últimas atividades realizadas por Paulo e seus colaboradores para manter as comunidades cristãs. Por conseguinte, fica incerto sabermos se o cristianismo em tais lugares, se é que conseguiu estabelecer-se com sucesso logo no século I, era de alguma forma especificamente paulino.

---

[201] Exceto quanto a 2Tm 4.10, que coloca Tito na Dalmácia.
[202] O Professor Helmut Koester, porém, chamou a minha atenção, mostrando-me que o acesso normal para a Ilíria deveria ter sido não através da Macedônia, mas partindo do Ocidente.

Imediatamente depois da sua conversão, segundo a Epístola aos Gálatas 1.17, Paulo foi de Damasco para a "Arábia", isto é, para a área meridional ou oriental de Damasco sob o controle dos reis nativos nabateus. O livro dos Atos nada conta dessa atividade ou da hostilidade que ela suscitou pelo etnarca do rei Aretas (2Cor 11.32s; contrasta com At 9.19-25). Contudo a maior parte dos "três anos" (talvez não mais do que dois pelos cálculos modernos) antes de sua primeira visita a Jerusalém (Gl 1.18) tenha sido passada presumivelmente no reino nabateu, porque a perseguição movida pelas forças reais e a fuga de Paulo diante delas em Damasco são mais prontamente interpretadas como tendo ocorrido logo depois de sua volta. Não ouvimos falar de nenhum contato posterior entre Paulo e os cristãos em Damasco, nem coisa alguma sobre as comunidades na "Arábia".

O local dos próximos catorze anos (ou treze ou, se ambos os períodos forem contados desde a conversão, apenas onze; Gl 2.1) é mais problemático. Paulo fala de trabalho somente na Síria e na Cilícia (Gl 1.21; o último, segundo o livro dos Atos, sua província nativa). A maneira convencional de harmonizar os Atos dos Apóstolos com a Epístola aos Gálatas, identificando a segunda visita de Paulo a Jerusalém com o "concílio apostólico" de At 15, requer, porém, a inclusão naquele período da pregação em Chipre (At 13.4-12), em Antioquia da Pisídia (At 13.14-52) e na Licaônia, cidades de Icônio, Listra e Derbe (At 14.1-20).

Alguns exegetas, seguindo a sugestão de JOHN KNOX, situariam a maior parte da atividade de Paulo na Galácia, na Macedônia, na Grécia e também na Ásia na época anterior ao concílio[203]. Qualquer que seja a cronologia, foi nessas últimas áreas que o cristianismo paulino estabeleceu suas raízes permanentes. Há poucas provas de resultados duradouros da chamada primeira viagem missionária no esquema dos Atos, ainda que o resumo do autor sobre o trajeto de volta pressuponha tenha havido convertidos e tenham sido organizadas comunidades em Listra, Icônio e Antioquia da Pisídia[204]

---

[203] Ver Kümmel, 1973, 252-255; Knox, 1970, 74-88; Dupont, 1955; Caird, 1962, 605-607; Hurd, 1976; Jewett, 1979; Lüdemann, 1980a.

[204] At 14.22, "fortalecendo as almas dos discípulos"; At 14.23, "indicando-lhes anciãos em cada igreja". At 20.4 contém uma lista de pessoas que acompanhavam

– a menos que estas três últimas, que se achavam de fato na província romana da Galácia, sejam os lugares a que se dirigiu a espístola de Paulo "aos Gálatas"[205].

Na Macedônia, na Grécia e na Ásia Menor ocidental e central, a história é bem diferente. A pregação na Macedônia começou em Filipos e, embora Paulo, Silvano e Timóteo tenham percebido a hostilidade que havia lá (1Ts 2.2; At 16.12-40), a comunidade que eles fundaram tinha papel muito especial de "parceria (*koinonia*) na missão posterior do círculo paulino, inclusive o auxílio financeiro para a missão em Tessalônica e na Acaia e para Paulo em sua posterior (final?) prisão (2Cor 11.8s; Fl *passim*, especialmente 4.15-18). Eles também foram os primeiros e firmes participantes da coleta promovida por Paulo em benefício dos cristãos de Jerusalém (2Cor 8.1-6; 9.2-4; Rm 15.26).

De Filipos o roteiro missionário desceu para o sul. Formaram-se grupos em Tessalônica (1Ts 2.2; At 17.1-9) – estes iriam receber a mais antiga epístola de Paulo e seus companheiros que foi preservada –, apenas segundo Atos, em Bereia (17.10-14) e Atenas (17.15-34). A única menção feita a Atenas nas epístolas é a que se acha em 1Ts 3.1, que simplesmente confirma que Paulo passou algum tempo lá esperando que Timóteo voltasse da inspeção que foi fazer na situação em Tessalônica.

O ponto mais meridional da expedição de Paulo à Grécia foi Corinto (At 18.1-17), onde fundou a igreja conhecida por nós com os mais numerosos pormenores, por causa de sua extensa correspondência com ela, atestada e parcialmente encarnada na primeira e na segunda epístola aos coríntios. A recomendação de Febe, "*diakonos* da igreja em Cencreia", em Rm 16.1 mostra que uma comunidade também se havia estabelecido no porto oriental de Corinto, e 2Cor 1.1 sugere que lá havia ainda outras "em toda a Acaia".

O livro dos Atos não atribui a Paulo a introdução do cristianismo em Éfeso, mas fala de ação desenvolvida aí por Paulo e seus

---

Paulo na viagem posterior, saindo da Grécia, atravessando a Macedônia e indo para a Ásia. Elas procediam da Bereia, de Tessalônica, de Derbe e da Ásia (Éfeso?). At 20.7-12 também indica um grupo cristão em Trôade.

[205] Ver páginas pp. 99ss.

associados, principalmente Prisca e Áquila (At 18.19-21, 24-28; 19.1-40). Foi de lá que Paulo escreveu a primeira das epístolas existentes a Corinto (1Cor 16.8), e foi lá que ele experimentou graves dificuldades de diversas espécies (2Cor 1.8-11; cf. 1Cor 15.32), levando alguns a suporem que tenha ficado preso por certo tempo e talvez, da prisão, tenha escrito as epístolas a Filemon e aos Filipenses. É até certo ponto plausível que Éfeso tenha sido encarada como o centro da atividade subsequente do círculo paulino[206].

Não são mencionadas no livro dos Atos as igrejas do vale de Lico na Ásia Menor ocidental, de Colossas, de Laodiceia e de Hierápolis. Mas sabemos, por meio da epístola autêntica a Filemon e da carta de discípulo paulino a Colossas, que elas se incluem na órbita paulina (Cl 4.12-17; Fm 1-2.23-24). É menos certo o grau de confiança que pode ser dado à geografia das epístolas pastorais. Porque, conquanto seja digno e merecedor de crédito, o autor do século II vincula a comitiva de Paulo com igrejas situadas em Éfeso (1Tm 1.3; 2Tm 4.10), Trôade (2Tm 4.13), Corinto (2Tm 4.20), Mileto (2Tm 4.20), Creta (Tt 1.5) e Nicóplis (Tt 3.12).

Se nos limitarmos às provas extraídas das epístolas de Paulo e de seus associados imediatos, concluiremos que o movimento paulino criou raízes em pelo menos quatro províncias do Império Romano: Galácia, Ásia, Macedônia e Acaia. Algumas observações sobre as características mais evidentes de cada uma das cidades ajudar-nos-ão a situar o estágio para a próxima parte de nossa investigação.

A localização das "igrejas da Galácia", às quais Paulo escreveu uma epístola e que mencionou ao dirigir-se aos cristãos coríntios (Gl 1.2; 1Cor 16.1), não pode ser determinada com a mínina segurança. Em outros casos, embora Paulo fale de "crentes na Macedônia

---

[206] HANS Conzelmann, 1965, chegou a sugerir a formação aí de uma escola paulina no sentido concreto da palavra, mas convém ver as críticas citadas no Capítulo 3, n. 45. Nenhuma dedução confiável pode ser tirada da inserção das palavras em *Éfeso* no endereço da Epístola aos Efésios, o qual, por meio do melhor manuscrito existente, parece com toda evidência ter sido originalmente uma encíclica sem endereço certo, provavelmente escrita sob pseudônimo. Ver Dahl, 1951, e, para um ponto de vista contrário, Lindemann, 1976.

e na Acaia" (1Ts 1.7; cf. Rm 16.26; 1Cor 16.15; 2Cor 9.2; 11.9s) ou na província da Ásia (Rm 16.5; 1Cor 16.19), suas cartas são dirigidas a cidades específicas. No entanto, em parte alguma das epístolas de Paulo está mencionada uma cidade que se ache dentro da província gálata. O relato contido no livro dos Atos só complica as deduções ou conjeturas posteriores.

Os Atos dos Apóstolos não descrevem a evangelização por Paulo e seus companheiros em Antioquia da Pisídia, em Icônio, Listra e Derbe, quatro das colônias romanas estabelecidas como parte do programa de romanização adotado pelo primeiro governador da província, Marcos Lólio, sob o governo de Augusto[207]. O autor dos Atos, porém, não usa o nome Galácia para se referir a tais lugares, mas prefere os termos étnicos regionais de Pisídia e Licaônia[208]. Depois, o livro dos Atos conta uma viagem através "do país da Frígia e da Galácia" (At 16.6) e, embora sem relatar nenhuma atividade missionária e sem designar localizações específicas, posteriormente conta uma viagem de volta "confirmando todos os discípulos" nas mesmas áreas (At 18.23).

Uma solução amplamente defendida se limita a identificar os "gálatas" das epístolas de Paulo com os cristãos residentes nas colônias romanas da parte central da província, mencionadas nos Atos. Esta identificação gozou de particular popularidade entre os estudiosos que detectaram o problema central como sendo o da harmonização dos Atos com as epístolas[209].

Como acabamos de ver, porém, essa hipótese realmente não faz justiça à evidência contida no livro dos Atos, pois este não designa tais cidades como sendo "gálatas", e a sequência de At 16 supõe distinção entre elas e "a região gálata". Quanto a Paulo, poderíamos argumentar também que ele pode ter-se referido a cristãos

---

[207] Levick, 1967, 34-38; Magie, 1950, 1.453-467.
[208] Perge, também, que provavelmente pertencia à província da Galácia como a sua vizinha, Side (Levick, 1967, 26; Magie, 1950, 1,434), é apontada no livro dos Atos como estando situada "na Panfília" (At 13.13).
[209] É o que Betz, 1979, 4, corretamente observa. Sobre uma lista parcial de defensores da chamada hipótese do sul da Galácia e sobre um destaque de argumentos defendendo ambos os lados, ver Kümmel, 1973, 296-298.

em Listra como se fossem "as igrejas na Galácia", usando a terceira pessoa. Mas é muito difícil imaginarmos que possa ter-se dirigido a eles dizendo: "O Galatai! [Ó celtas, ou gauleses]" (Gl 3.1). Sequer Augusto, ao contar em sua obra *Res gestae* sua fundação das colônias em questão, as chama de "gálatas", porém, designa-as como "pisídias"[210].

Estamos, assim, diante de dois fatos ainda mais estranhos: nas epístolas existentes de Paulo não existe referência alguma às cidades da Pisídia e da Licaônia, isto é, às cidades de Antioquia, de Icônio, de Listra e de Derbe, todas incluídas na província romana da Galácia e mencionadas nos Atos dos Apóstolos; e nem Paulo nem o livro dos Atos nos dizem em que cidade ou cidades da Galácia, no sentido étnico e estrito, Paulo estabeleceu comunidades. No entanto, se tivermos de deduzir, a evidência indica uma ou mais das capitais das três "repúblicas" tribais organizadas por Marco Antônio: Távio (capital da velha tribo céltica de Trocmi), Péssino (capital da tribo Tolistobogii) e Ancira (capital das tribo dos Tectosages).

Marcos Lólio fez de Ancira (a moderna Ancara) capital da província. Essas três pequenas cidades – Távio, Péssino e Ancira – situam-se nas terras montanhosas centrais de Anatólia, onde as tribos saqueadoras dos celtas, depois de sua migração para a Trácia, se haviam estabelecido na época helenista, provavelmente graças a Nicomedes I da Bitínia, Mitrídates do Ponto e Antíoco I da Síria[211].

O cunho remoto de tais cidades não pesa demasiadamente contra essa identificação dos gálatas de Paulo, pois as estradas romanas dava-lhes fácil acesso. Uma estrada atravessava Távio e Ancira até Sardes no ocidente, a leste ligando-se a Megalópolis e estendendo um ramo ao sul até Metilene, ao norte até Sátala e Nicópolis; outra estrada ia de Ancira até Nicomédia; um caminho de Sínope a Tarso

---

[210] Levick, 1967, 33s. Como ela salienta, realmente todas elas não ficavam dentro da velha região da Pisídia, mas, considerando que a segurança militar da Pisídia era uma das principais razões para a existência das colônias, seria natural que Augusto a elas se referisse assim.

[211] Magie, 1950, 1,6; Jones, 1971, 113s.

passava através de Távio[212]. Evidentemente, Augusto e seus sucessores não julgaram que essas cidades tão distantes fossem importantes; por diferentes razões, Paulo concordou com isso[213].

A oeste da Galácia situava-se a província da Ásia, bem diferente em história e em cultura. A costa fora colonizada por gregos na Idade do Bronze; no interior havia civilizações antigas como as da Lídia e da Frígia. Grande parte do território fora consolidado pelos reis Atálidas que governaram com sede em Pérgamo. O último deles, Átalo III, por ocasião de sua morte em 133 a.C. legou o reino ao povo romano. Talvez a sua intenção fosse a de que somente a sua propriedade ficasse para Roma, ao passo que as cidades do seu reino deveriam permanecer livres; contudo, as guerras posteriores contra o pretendente Aristônico e, no século seguinte, contra Mitrídates VI do Ponto, introduziram os romanos mais profundamente no governo da área do que talvez eles ou Átalo tenham previsto[214]. Ela foi organizada como província senatorial, com governador de classe consular, residente em Éfeso. A Frígia e Cibíratis foram anexadas à parte original, formando território um pouco maior do que

---

[212] Chevallier, 1972, 141s. Um pouco diferente é o argumento de Ollrog, 1979, 55s, n. 256, o qual afirma que Paulo pretendia ir diretamente para Roma desde a época em que ele se separou de Barnabé em Antioquia, e trabalhar nas terras altas de Anatólia teria sido uma digressão. Mas dificilmente pode ser método confiável aquele que confere a uma hipótese o poder de veto sobre a evidência que tende contra ela. Sobre a possibilidade de acesso à Galácia partindo de outra direção (o ocidente), cf. Luciano, *Alex.* 10.

[213] Deve ter havido algo fora do comum em relação à primeira chegada de Paulo à Galácia, que haveria sugerido não se situar a área no seu roteiro mais natural. Nenhuma das explicações engenhosas que foram apresentadas sobre o seu *di' asthéneiam tés sarkós* (Gl 4.13) pode compensar nossa ignorância sobre esse ponto, porém. O fato de o autor dos Atos referir-se apenas à "região da Galácia [*chora*]" (At 16.6; 18.23) devia significar que ele imaginava que a missão paulina aí ficou limitada às áreas rurais. É verdade que a urbanização era lenta aí: "Os gálatas eram um povo rústico e não sentiam gosto pela vida na cidade" (Jones, 1971, 117). No entanto, Pompeu organizou-as em *poleis*, e nas cidades as classes superiores rapidamente adotaram modos gregos. A carta de Paulo é escrita em grego e pressupõe comunidades capazes de entendê-lo e apreciar suas sutilezas retóricas; na região da Galácia as antigas línguas tribais perduraram até o século IV (*ibidem*, 121).

[214] Jones, 1971, 57-63.

a Inglaterra²¹⁵. Na época em que Roma as adquiriu, as cidades do interior, como cidades distintas das antigas cidades gregas na costa ocidental, eram de vários tipos:

> Cidades asiáticas antigas, que no fim do século III possuíam instituições municipais de *polis*; fundações selêucidas que, em alguns casos, substituíam cidade mais antiga; sedes construídas em Pérgamo com a finalidade de controlar alguma região estratégica importante; e comunidades que eram originalmente aldeias-templo, mas que se transformaram em cidades. Além dessas, havia os centros de aldeias rurais, situados às vezes nas terras do domínio "real", às vezes nas terras de domínio "sagrado", que, alcançando cada vez maior organização, se desenvolviam com a crescente urbanização do país, passando de aldeias a comunidades que se pareciam, ora mais ora menos, com a *polis* helenista²¹⁶.

O fim da República Romana trouxe também o fim das depredações feitas pelos arrecadadores que cobravam taxas equestres²¹⁷. No período de um século e um quarto de relativa paz e de apoio imperial para a urbanização que se seguiu à vitória de Otávio em Áccio, as cidades da Ásia gozaram de maior prosperidade do que tiveram antes.²¹⁸

As cidades, em que sabemos que existiam comunidades paulinas na Ásia, todas participavam da prosperidade geral; todas eram centros de comércio. Isso é particularmente evidente no caso do conglomerado de cidades no vale de Lico, cujas comunidades cristãs conhecemos quase que incidentalmente por meio da epístola escrita em nome de Paulo a uma delas: Colossas, Laodiceia e Hierápolis²¹⁹. Todas deviam sua importância à indústria de lã, da qual

---

[215] Magie, 1950, 2,1059, n. 39: 134, 884 sq. Km.
[216] *Ibidem*, 1,146. Todo o capítulo 5 de Magie (119-146) deveria ser consultado, bem como Jones, 1971, 28-94.
[217] Magie,1950, 1, 406s.
[218] *Ibidem*, 583s.
[219] Cl 1.2; 2.1; 4.13-16; sobre Laodiceia ver também Ap 1.11; 3.14. A Epístola a Filemon igualmente foi escrita para Colossas, embora sem a Epístola aos Colossenses nós não a conheceríamos; assim sendo, somos de certo modo forçados a situar uma epístola quase universalmente encarada como autêntica, mediante

Laodiceia era o centro. Era a mais importante das três e também a capital do circuito judicial (*dioikesis/conventus*) a que todas as três pertenciam; a menor das três no período romano era Colossas[220], embora tenha sido cidade frígia de grande importância em tempos mais remotos[221].

As inscrições de Laodiceia e de Hierápolis (Colossas não foi escavada) mostram que as associações de comerciantes e de artesãos eram numerosas e importantes na vida das cidades. Incluíam não só as associações diretamente ligadas ao comércio de lã, como "o grêmio mais nobre dos lavandeiros de lã", a dos pisoeiros, a dos tintureiros etc., mas também a dos ferreiros, a dos fabricantes de pregos, a dos jardineiros, e outras[222].

Evidentemente, Éfeso, o centro governamental da província, que possuía porto e situava-se à margem do rio Caístro e perto do amplo Vale de Meandro, foi a que mais aproveitou o comércio incipiente, mas promissor. Cidade livre (isto é, tendo normas para o lar e a família, com constituição grega) provavelmente mesmo sob os Atálidas,[223] também possuía um território bem grande, estendendo-se terra a dentro desde a costa. A fama de seu enorme templo dedicado a Ártemis, considerado na antiguidade como uma das sete maravilhas do mundo, não ficou diminuído pelo fato do movimento das pessoas ter trazido também muitos cultos estrangeiros para a cidade.

---

a informação que temos, no quadro de uma das epístolas mais provavelmente pseudônimas.

[220] Uma das muitas pequenas ironias da história cristã primitiva é a que se encontra no contexto mais amplo da Colossas do Novo Testamento: aconteceu acidentalmente que duas epístolas enviadas para lá em nome de Paulo sobrevivem, ao passo que a única enviada na mesma época para Laodiceia (Cl 4.16) não existe.

[221] Lightfoot, 1879, 16, salienta que Estrabão já se havia referido a Colossas, como sendo "uma pequena cidade *[pólisma]*" e que o contemporâneo de Paulo, Plínio, o Velho, não contradiz essa afirmação quando inclui Colossas entre "as mais famosas cidades da (Frígia) além daquelas já mencionadas" (HN 5. [41] 145), pois ele já havia mencionado Hierápolis, Laodiceia, Apameia "e até lugares muito menos importantes do que esses". O ensaio de Lightftoot, "The Churches of the Lycus" (1-72), ainda é importante.

[222] Lightfoot, 1879, 4; Jones, 1971, 73s.

[223] Magie, 1950, 1,117.

O imponente templo de Serapião perto da ágora comercial (inferior), por exemplo, testemunha a importância dos cultos egípcios aí. No entanto, como a maioria dos monumentos que impressionam imediatamente o visitante no local das escavações hoje, ele foi construído em período posterior ao que nos interessa.

As comunidades judaicas eram especialmente vigorosas em Éfeso e na maioria das outras cidades da província²²⁴. Flávio Josefo conserva uma série de editos emanados por oficiais romanos garantindo os direitos dos judeus de Éfeso e isentando do serviço militar os que eram cidadãos romanos²²⁵. Como vimos, esses documentos representam a política geralmente favorável de Roma para com as comunidades da Diáspora judaica desde César até bem depois de Constantino.

Na província da Ásia, aliás, os judeus parecem ter tido maior êxito do que em outros lugares, na manutenção de relações cordiais com os poderes locais nas cidades que os recebiam. Se pensarmos no setor de cadeiras reservadas no teatro de Mileto para "os judeus que também eram *theosebeis*", ou nas inscrições dos judeus que eram senadores municipais e ocupavam várias magistraturas em Sardes, Afrodisias, Acmonia, e em outros locais, ou no elevado *status* de alguns dos patronos e patronas das sinagogas, como Júlia Severa de Acmonia²²⁶ ou Capitolina de Trales²²⁷, ou na localização da magnífica sinagoga em Sardes no coração do centro cívico, educacional e comercial da cidade, as provas indicam a participação ativa dos judeus na vida urbana da província.

Embora o maior número de provas inscricionais e arqueológicas pertençam aos séculos II e III, a evidência que sobrevive desde os tempos mais antigos sugere continuidade na situação dos judeus de preferência a maiores mudanças no século II. É interessante

---

²²⁴ Ver a ideia que Kraabel, 1968, tem sobre a evidência relativa a Mileto (14-20), Priênio (20-25), Esmirna (26-50), Éfeso (51-60), Eumênia (61-69), Acmônia (70-119), Apameia (119-124), Hierápolis (125-135), Laodiceia (135-139), Colossas (139-148), Tiatira para Filadélfia (155-197) e Sardes (198-240).
²²⁵ *Ant.* 14.223-230, 234, 237-240; ver também 16.27-65 e 12.125s e *acima*, pp. 82-90.
²²⁶ Kraabel, 1968, 74.79.
²²⁷ *Acima*, nota 161.

observar que nas duas cidades onde há provas válidas da existência das mais fortes comunidades na área, e nas cidades mais bem integradas na sociedade mais ampla, como Sardes e Apameia, não conhecemos missão paulina alguma, embora ambas estejam perto dos lugares onde Paulo ou seus associados e discípulos pregavam.[228]

A Macedônia, desmembrada por Roma em 167 a.C., foi organizada como província romana vinte anos mais tarde, com o procônsul residindo em Tessalônica. Como as províncias posteriores situadas na Ásia Menor, ela sofreu muito na primeira guerra de Mitrídates e ainda mais nas guerras civis romanas, mas desabrochou e progrediu com Augusto.[229] A região era encruzilhada de estradas de terra vindas do Adriático, do Danúbio e da Trácia, e seus portos ofereciam acesso por mar até o Oriente. As duas cidades macedônias, Filipos e Tessalônica, tão importantes para a missão paulina, também eram importantes no esquema romano de controle.

Filipos fora fundada como Crenides("Saltos") pelo exilado ateniense Calístrato e em seguida, menos de cinco anos depois, tomada e novamente fundada por Filipe II, que lhe deu o seu nome[230]. Isso era apenas o começo das suas transformações. Depois que Otaviano e Antônio derrotaram Bruto e Cássio lá, na batalha que assinalou o fim da República Romana (42/41 a.C.), Antônio fundou de novo a cidade na condição de Antoni Iussu Colonia Victrix Philippensium[231] e estabeleceu um grupo de seus veteranos (da vigésima oitava legião) lá.

---

[228] Apameia, que deixava o primeiro lugar apenas para Éfeso como mercado e centro de distribuição (Magie, 1950, 1,125s), fica aproximadamente na metade do caminho entre Antioquia da Pisídia e Colossas. A força de sua comunidade judaica é demonstrada pela quantia geral dos impostos pagos para o templo de lá, cobrada por M. Flaco (*acima*, nota 115), e pela possível síncrase de uma fluente história local, a história de Noé na Bíblia, e o epíteto durante muito tempo acrescentado ao nome da cidade, *Kibotós* (Kraabel, 1968, 119-123).

[229] Cf. Elliger, 1978, 87-89.

[230] Collart, 1937, 389-523, discute os primórdios e o período macedônio com alguns pormenores.

[231] *Ibidem*, 227, citando H. Gaebler, *Zeischrift für Numismatik* 39 (1929): 260-269.

Cerca de onze anos mais tarde, Otaviano, tendo destruído as forças de Antônio em Áccio, reorganizou a colônia mais uma vez, nela estabelecendo alguns dos seus antigos veteranos, inclusive a coorte de pretorianos, e também vários itálicos que haviam apoiado Antônio e que, portanto, agora tinham que abandonar suas terras itálicas para outros veteranos de Otaviano. O novo nome da cidade era Colônia Júlia Filipense, à qual o epíteto de "Augusta" foi acrescentado para se adaptar à nova honra de ter sido dedicada a Otaviano pelo Senado em Janeiro de 27 a.C.[232].

A dupla colonização e a passagem constante de tropas por Filipos, devido à sua localização estratégica, assegurou à cidade caráter muito mais latino do que o cunho que marcou qualquer das outras cidades que consideramos até agora. Por exemplo, BÁRBARA LEVICK conta 421 inscrições de Filipos, sendo apenas 60 delas em grego – e algumas destas podem ser de origem pré-colonial. Em contrapartida, somente cerca de 41 por cento das inscrições de Antioquia da Pisídia são em latim.

As moedas mostram a mesma persistência do elemento itálico: predominam motivos militares e o título completo da cidade em latim persiste até o reino de Galieno, ao passo que as legendas latinas nas moedas pisídias rapidamente vão desaparecendo com a pronúncia errada dos bárbaros[233]. O plano da cidade também é acentuadamente romano, com a Via Egnatia formando o principal eixo (*decumanus*). No centro desse eixo, na haste meridional, está localizado o forum, "conjunto arquitetônico autoabrangente", com seu lado aberto voltado para a magnífica vista da acrópole.[234]

Outra prova, entretanto, indica a persistência de grande população nativa, incluindo forte elemento trácio, e forte influência

---

[232] Collart, 1937, 224-241.
[233] Levick, 1967, 161; sobre a cunhagem de moedas antioquenas, 132s.
[234] Elliger, 1978, 22. O *forum* foi escavado pela Escola Francesa e agora é de fácil acesso pela Via Kavalla-Drama, que neste ponto segue a antiga Via Egnatia. Embora os monumentos que dão ao *forum* visível sua característica específica tenham sido construídos entre 161 e 175 d.C., o *forum* do século I era provavelmente similar em plano, ainda que talvez menor (ver Collart, 1937, 329-362).

de imigrantes vindos do Egito, da Anatólia e de outros lugares²³⁵. A língua de todos esses grupos era o grego²³⁶. Entre os grupos estrangeiros estavam indubitavelmente os judeus, mas até agora nenhuma prova arqueológica foi encontrada para confirmar ou ampliar os relatos do Novo Testamento²³⁷.

Filipos também é diferente das outras cidades paulinas por ter sido primordialmente centro de agricultura em vez de centro comercial. Os colonizadores italiotas foram dispersados em aldeias ao longo da planície e nos vales que se abriam para ela²³⁸, e o trabalho em terras em volta das aldeias foi a base do desenvolvimento econômico da área. A cidade em si sempre permaneceu muito pequena – não mais do que seiscentos a oitocentos metros de uma muralha

---

²³⁵ Na parte rochosa da acrópole vestígios de gravações em relevo de várias divindades e inscrições com dedicatória indicam a variedade de cultos que floresceram em Filipos. Collart classifica-as como latinas, indígenas da Trácia e orientais. No terceiro grupo, os deuses egípcios eram o elemento mais importante (*ibidem*, 389-486).

²³⁶ Collart observa que, embora a maioria das inscrições sejam latinas, os carpinteiros que trabalharam no *forum* e no teatro deixaram as marcas de suas assembleias em grego (*ibidem*, 305).

²³⁷ Grande quantidade de energia foi gasta em tentativas para descobrir a localização da *proseucsé* mencionada em At 16.13,16. Ver principalmente Collart, 1937, 323. 459s, que procura recuperar a identificação feita por Renan, Heuzey e outros do "rio" com os habitantes de Gangite, fazendo de *pulé* não o portão da cidade mas o arco comemorativo situado a dois quilômetros a oeste dela. Collart afirma que esse arco marcava os limites do *pomerium*, a margem sagrada de uma cidade romana, dentro da qual não eram permitidos sepulturas, edifícios nem cultos estrangeiros. Elliger, 1978, 49s, aceita-o apesar de fazê-lo com reservas. Lemerle, 1945, rejeita-o: a descoberta ocasional de sepulturas dentro do suposto *pomerium* mostrou ser provável que tivesse havido uma necrópole fora do portão ocidental da cidade, assim como havia a leste, impossibilitando o desvio único proposto por Collart da linha ocidental do *pomerium*. Lemerle, pp. 23-27, situa o local de encontro dos judeus nas dunas de pequena corrente oriunda das fontes, que deram a Filipos seu primeiro nome. Isso teria a vantagem de inserir nos limites de 2.000 côvados de uma "viagem de dia de sábado" na lei mixnaica, ao passo que a Gangite situava-se era três vezes mais longe do portão da cidade. Na ausência de qualquer evidência concreta, todas essas especulações são de valor duvidoso.

²³⁸ Collart, 1937, 274-276.

à outra no seu eixo leste-oeste[239]. Por outro lado, os imigrantes do Egito, de Anatólia e de outras localidades devem ter trabalhado primeiramente no comércio e em várias profissões, embora haja poucas provas diretas disso. Uma inscrição latina assinala a dedicação "à Fortuna e ao Gênio do Mercado"[240].

Paradoxalmente Tessalônica, que era maior e mais importante no período romano, é menos conhecida do que Filipos. A desgraça humana constitui a boa sorte do arqueólogo, mas Tessalônica, embora tenha sofrido mais do que o seu quinhão de desgraças, sobreviveu continuamente na localidade original desde a sua fundação em 316 a.C. Muita coisa que os arqueólogos gostariam de ver permanece, portanto, enterrada sob os edifícios e ruas modernas, muitos dos quais seguem o plano antigo[241]. Houve importantes descobertas ocasionais, inclusive o forum romano encontrado em 1962, cujas construções remontam aos séculos II e III, e o Serapião encontrado na parte sudoeste da cidade depois de grande incêndio de 1917 e escavado, porém nunca publicado[242]. O corpus das inscrições gregas foi publicado por CHARLES EDSON[243].

Tessalônica possuía excelente porto no golfo Termaico e ficava perto do ponto médio da Via Egnatia, além de ser o término de importante estrada que subia o vale do Áccio até o de Morava e eventualmente até o Danúbio[244]. Assim, ela se tornou um dos dois mais importantes centros comerciais na Grécia romana, sendo o outro

---

[239] *Ibidem*, 319.
[240] Lemerle, 1934, 457, 464; Collart, 1937, 363, n. 3. O "mercado" aí referido é *macellum*, propriamente um mercado de carne, mas muitas vezes incluía também outros produtos de mercearia; esse Gênio pode ter ficado encarregado de apenas pequenas batatas. Lemerle, 1945, 1945, 28, chama a atenção para uma inscrição latina que se refere a um *[Pu]purari*.
[241] Vickers, 1970, que corrige, com base em provas recentes, vos Schoenebeck, 1940. A rua moderna chamada *odòs Egnátias* nada tem a ver com o trajeto da antiga Via Egnatia (*pace* Finegan, 1962, 629b), que passava somente pelo ângulo noroeste da cidade: Makaronas, 1951.
[242] Escavações do *forum*: Petsas, 1968. Sobre Serapião, brevemente relatado em BCH 45 (1921): 540s, ver Vacalopoulos, 1963, 8s; Witt, 1970; Edson, 1948, 181-188; Salditt-Trappmann, 1970, 47-52; Fraser, 1960; Merkelbach, 1973.
[243] IG 10.2.1 (1972); Cf. Robert, 1974.
[244] Charlesworth, 1926, 126s; Vacalopoulos, 1963, 3,12.

constituído por Corinto[245]. Entre as profissões que nela floresciam havia a indústria de tinturaria de púrpura, sustentada pelos moluscos portadores de tintas encontrados nas peixarias do distrito[246].

O comércio favoreceu a formação de população cosmopolita, e os que a constituíam, como sempre, trouxeram com eles cultos estrangeiros. Os egípcios se achavam entre os que haviam chegado primeiro; provavelmente os judeus não chegaram muito depois, embora devam ter chegado um pouco depois segundo algumas provas arqueológicas que falam da comunidade judaica nos períodos helenista e romano[247]. Não há razão para duvidar do relato contido no livro dos Atos sobre uma numerosa comunidade judaica lá existente. Só recentemente se encontraram provas confirmando a existência primitiva de sinagoga em Estóbio, que se situa diretamente na estrada setentrional, a uns cento e cinquenta quilômetros de Tessalônica[248]. Uma inscrição composta parcialmente em hebraico samaritano e em aramaico, e parcialmente em grego, indica que existia também uma comunidade samaritana em Tessalônica[249].

Diversamente de Filipos, Tessalônica continuou sendo cidade visivelmente grega sob o domínio romano. Foi elevada a capital da segunda e da quarta regiões em que a Macedônia foi dividida em 167, depois a capital de toda a província quando esta foi organizada em 146. No entanto, ela permaneceu cidade livre, com forma republicana grega de governo para seus negócios internos, isto é, possuía *boule*, assembleia de cidadãos, o direito de cunhar moedas, e dentro de suas muralhas não estacionava nenhuma guarnição romana[250]. Nas inscrições conhecidas, o grego supera muito o latim[251].

---

[245] Charlesworth, *ibidem*.
[246] *Ibidem*, 126.
[247] Cf. Vacalopoulos, 1963, 9. No entanto, dois sarcófagos pintados com menorás de sete ramos foram encontrados em um cemitério cristão primitivo a leste da cidade, e eles eram sem dúvida alguma de judeus: Pelekanidi, 1961, 257, prancha 314a, b; J. e L. Robert in REG 77 (1964): 185, n. 25; e especialmente Lifshitz e Schiby, 1968, 377s e prancha 36.
[248] Cf. Moe, 1977; Kraabel, 1981.
[249] Lifshitz e Schiby, 1968 (= IG 10.2.1, n. 789); sobre o texto, ver também Tov, 1974.
[250] Vacalopoulos, 1963, 11.
[251] Grego: 1,006; latim: 14 (IG 10.2.1).

Dos dois delegados tessalonicenses que acompanharam Paulo na sua viagem para entregar a coleta a Jerusalém, segundo a lista conservada em At 20.4, um traz nome grego, Aristarco, o outro, nome latino, Segundo. Para Bereia ele enviou Sópatras, filho de Pirro, outro grego. O único nome que temos a mais é o do infeliz Jasão, segundo At 17.5-9 o primeiro hospedeiro dos cristãos.

A província senatorial da Acaia tinha sua capital em Corinto. Como Tessalônica, Corinto possuía grande importância comercial por causa da sua localização, como Estrabão observava: "Corinto é chamada 'rica'[252] devido ao seu comércio, facilitado porque situa-se no istmo e controla dois portos, um dos quais perto da Ásia, o outro perto da Itália, o que torna fácil a troca recíproca de cargas..."[253]. Os dois portos eram Lecaion, no golfo de Corinto, e Cencreia, no golfo Saroniano. O istmo era bastante estreito em Esquemo, exatamente ao norte de ambos os portos, e, por isso, alguns navios ancoravam realmente ao longo das margens[254].

Corinto não foi tão feliz na sobrevivência quanto Tessalônica, porém. Em 146, durante a campanha de Roma contra a Liga Acaia, Lúcio Múmio destruiu a cidade e ficou arrasada até Júlio César voltar a fundá-la como colônia romana, Colonia Laus Julia Corinthiensis, em 44[255]. A reconstrução começou imediatamente e, no tempo de Nero, o centro público da cidade era um dos maiores e melhores da Grécia. Augusto favoreceu mais sua própria colônia em Patreia do que Corinto[256], mas não obstante seu reinado viu a construção

---

[252] Em Homero, *Ilíadas* 2.570, que Estrabão citou. Estrabão, porém, claramente descreve também a situação da nova Corinto em sua própria época, provavelmente em fins do século I a.C.

[253] *Geog.* 8.6.20, C378.

[254] Por esse motivo o lugar foi chamado o *diolkós*, "arrastar através": Estrabão, *Geog.* 8.2.1, C335; 8.6.4, C369; 8.6.22, C380, que dá a largura de quarenta estádios. Nero resolveu cavar um canal ao longo do istmo, mas não teve êxito (Filostrato, *V. Ap.* 4.24; Pausânias 2.1.5); a tarefa não terminou até o século IX.

[255] Estrabão 8.6.23, C381-382; Pausânias 2.1.2. A destruição pode não ter sido tão completa como habitualmente se supôs. O templo arcaico de Apolo foi poupado, e aparentemente alguns de seus sacerdotes e servos continuaram a exercer suas funções, e o Pórtico Meridional foi deixado intacto: Broneer, 1954, 100; Kent, 1966, 20, n. 10.

[256] Bowersock, 1965, 94s.

do teatro, o pórtico a noroeste e suas lojas na ágora, as lojas no lado oeste da Via Lecaion e a basílica sobre um terraço acima delas, e ainda a monumental arca de pedra de cal colocada acima da entrada da Via Lecaion em direção à ágora[257].

Nos reinados de Tibério, Gaio e Cláudio houve grande impulso na atividade da construção, que foi dando a Corinto cada vez mais a aparência de uma cidade romana. Isto era mais visível na ágora, uma das mais conhecidas. Era dividida em duas partes pelos edifícios de terraço central, que iam de leste para oeste, "a inferior [setentrional] e a mais larga das quais se transformou no *forum* do povo, enquanto a parte superior e menor serviu como setor administrativo"[258].

A face itálica da colônia também era evidente de outras maneiras. No século I, virtualmente todas as inscrições públicas eram em latim[259]. A proporção da porcelana itálica em relação às mercadorias orientais era muito maior do que, por exemplo, em Atenas[260]. O governo era típico de colônia romana, com *duoviri* e *edis* anualmente eleitos[261]. A profundidade dessa "romanização", porém, não deveria ser exagerada. O fato de que a relação entre as inscrições latinas e as gregas subitamente se inverte no reinado de Adriano, com crescente predominância das gregas daí em diante[262], sugere que a moda aprovada pela opinião pública pode não ter representado com bastante exatidão as línguas ordinárias da população. Além do

---

[257] Stillwell e Fowler, 1932, 190, 211; Stillwell, 1941, 129; 1952, 135.
[258] Broneer, 1954, 158. A riqueza da cidade fora obtida durante o período 15-44 d.C., quando a província da Acaia havia sido colocada sob a autoridade do governador da Mésia, mudança que diminuiu a dignidade de Corinto, mas também reduziu grandemente suas despesas administrativas. O restabelecimento da província senatorial de Corinto como sua capital em 44 foi provavelmente a ocasião em que a grande *bema* foi erguida no meio do terraço central (cf. At 18.12,16s), bem como o 'gabinete' do procurador, que foi encontrado no velho pórtico meridional: Scranton, 1951, 130; Broneer, 1954, 111-114.
[259] "Dos 104 textos que são mais importantes para o reinado de Adriano, 101 são em latim e somente três são em grego..." (Kent, 1966, 19).
[260] Hayes, 1973, 416-470.
[261] Kent, 1966, 27.
[262] *Ibidem*, 18s.

mais, até algumas das inscrições latinas mais antigas foram mandadas fazer por libertos anteriores que possuíam nomes derivados do grego, como Bábio ou Erasto ou Cleógenes[263]. É interessante que cerca da metade das pessoas ligadas, no Novo Testamento, com a igreja de Corinto têm nomes latinos, as outras nomes gregos[264].

Como dizia Estrabão, foi o comércio que enriqueceu Corinto, e foi indubitavelmente o comércio que deu a seus colonizadores e a outros residentes a oportunidade de se enriquecerem. A agricultura nos arredores de Corinto parece ter sido muito pobre, mas seus instrumentos mecânicos e manuais eram amplamente conhecidos na antiguidade[265]. Há algumas provas que atestam o ponto de vista de que "esta cidade atraía vários tipos de empreendimentos individuais e coletivos"[266].

Estrabão diz que César colonizou Corinto "com homens que pertenciam na sua maioria à classe dos libertos"[267]. Sem aristocracia nativa que os censurasse ou que frustrasse suas ambições, os colonizadores libertos tiveram a rara oportunidade de competirem entre si para conseguir as marcas de *status* que capacitariam alguns deles a *se tornarem* os membros da aristocracia local. Fizeram-no da maneira bem conhecida nas cidades greco-romanas: dando notáveis presentes à cidade em retribuição a ofícios e honras públicos. Por

---

[263] Cf. Bowersock, 1965. cap. 5, mostra que a romanização não era pretendida como resultado da política de Augusto. Muitos colonizadores eram gregos que voltavam para casa, e muitos dos que vinham, da Campânia, provavelmente, tinham antepassados gregos.

[264] Crispo, Gaio, Fortunato, Tércio, Quarto e Tício Justo. Os nomes de Prisca e Áquila também são latinos, mas eles procedem do Ponto via Roma e sua permanência em Corinto é temporária (ainda que conhecêssemos mais sobre o resto, deveríamos julgar essas migrações típicas). Podemos contar cinco a nove nomes gregos; é difícil deduzirmos quem dos que enviam saudações de Corinto em Rm 16 são coríntios e quem, por outro lado, podia estar viajando com Paulo.

[265] Estrabão, *Geog.* 8.6.23, C382, diz que *csora* "não era muito fértil", porém áspera e desigual. Logo antes disso, ele descreve o grande desenvolvimento de *ai téchnai ai demiourgikai* em Corinto. Sua obra de bronze era particularmente famosa (Plínio, *Hist. nat.* 34.1,6-8, 48; 37.49; Pausânias 2.3.3; Estrabão 8.6.23, C382), e foram escontradas provas das obras de bronze concentradas dentro e em torno do *forum* no período romano (Stillwell e Askew, 1941, 27-31; Mattusch, 1977).

[266] Keck, 1974, 443, parafraseando Ernst von Dobschütz.

[267] 8.6.23, C381.

exemplo, o benfeitor particular mais conhecido da Corinto romana, atuante no reinado de Tibério, era Cn. Babbius Philinus, cuja falta de patronímica indica que era provavelmente liberto, enquanto seu cognome trai sua origem grega. Serviu como *edil* e depois, "em retribuição por suas generosas doações, a colônia fez dele *pontifex* e *duumvir*"; sua família tornou-se uma das primeiras casas de Corinto[268]. Semelhante, embora menos importante, foi Erasto, contemporâneo mais jovem de Bábio, que pavimentou o pátio oriental do teatro em estágio de construção, "como retribuição pela sua escolha como *edil*, às suas próprias custas, e que talvez tenha sido o mesmo Erasto que foi "tesoureiro da cidade" e membro da comunidade cristã de Corinto (Rm 16.23)[269].

Havia evidentemente inúmeras dessas histórias em Corinto. Um liberto de Augusto era um dos dois *primi* ("membros mais importantes") de um *collegium* dos Lares da Casa Imperial encarregados de erguer um monumento[270]; um grupo de *liberti qui Corinthi habitan[t]* ergueu uma pequena construção de mármore, talvez a sede de associação ou monumento, no período augustano[271]. Um membro da família que doou um mercado de carne e peixe no princípio do século I foi mulher que se casara com liberto do seu avô materno, o qual tinha o cognome de Cleógenes[272].

---

[268] West, 1931, 107s, citação extraída de 132. Bábio doou não só o familiar "Monumento de Bábio", possivelmente um santuário de Poseidon, cujos restos dominam a extremidade ocidental do *forum* inferior escavado, mas também o pórtico do Edifício Sudeste e talvez alguma parte da Basílica Juliana (ver inscrições 2,3, 98-101, 131, 132, 155, 241, 323 e 364 in West, 1931, e Kent, 1966). Seu filho foi também importante, tendo contribuído para o Edifício Sudeste (Broneer, 1954, 27s; e Kent, 1966, n. 327), e outro Bábio, que aparece no n. 259, da segunda metade do século II, era provavelmente um descendente.

[269] Inscrição 232 in Kent, 1966, 99s e prancha 21. Kent comenta dizendo o seguinte: "Como seu contemporâneo Cn. Bábio Filino, Erasto era provavelmente liberto coríntio que adquirira considerável riqueza com atividades comerciais" (100). Sobre a identificação com o cristão Erasto, ver o capítulo 2.

[270] *Ibidem*, n. 62.

[271] *Ibidem*, n. 121.

[272] *Ibidem*, ns. 124, 125 e 321; ver a discussão feita por Kent, p. 127s, e o esclarecimento dado por Nabers, 1969. Ver também a lista de Kent dos benfeitores e das doações, p. 21, e sua discussão das oportunidades de progresso, p. 20.

Podemos ter certeza de que os libertos da Itália bem cedo se encontraram, nesse grande centro comercial, com muitos "gregos e estrangeiros", como diz H. N. FOWLER, acrescentando: "entre eles muitos orientais e principalmente judeus –" Mas quanto aos últimos ele só pode citar At 18[273]. Existiria de fato uma comunidade judaica maior na Corinto romana? Parece que sim, porque além do que mostra o Novo Testamento, Filon cita apenas as cidades de Corinto e Argos em sua lista de regiões da Diáspora[274].

Faltam outros relatos literários e as provas arqueológicas são decepcionantes: um único fragmento de lâmpada de terracota do século V ao VI d.C., decorada com o que seria *provavelmente* um *menorah*[275], e um pedaço quebrado do que talvez fosse a lanterna que ficava em cima da porta de entrada, com a inscrição *[Syna]goge Hebr[aíon]*[276]. Como a pedra foi encontrada na Via Lecaion, junto dos degraus que conduzem através do Propiléu até a ágora, somos tentados a associar a comunidade judaica com as profissões e o comércio que floresciam nessa área de mercados e oficinas[277]. No entanto, a violência com que as pedras foram demolidas e espalhadas

---

[273] Fowler, 1932, 16.
[274] Ele menciona o Egito, a Fenícia, a Celessíria, a Panfília, a Cilícia, "a maior parte da Ásia até a Bitínia e até os recantos do Ponto, ... a Europa, a Tessália, a Beócia, a Macedônia, a Etólia, a Ática, *Argos, Corinto* e a maioria das melhores partes do Peloponeso" (*Leg*. 281s) [grifo meu].
[275] Broneer, 1930, 121s e a prancha 23 (cat. n. 1511). Broneer diz que o desenho na n. 1516 devia ser também um menorá, mas é mais provável ser uma árvore silvestre ou a copa de palmeira.
[276] A inscrição 111 in West, 1931, publicada primeiro por Powell, 1903, 60s, n. 40. Ela pode agora ser vista no pátio do museu em Corinto (inv. n. 123). Hengel, 1971b. 183, sugere que a comunidade representada pela inscrição pode ter sido um "ramo colateral" da *Synagogē Hebraíon* em Roma, sobre a qual convém ver Leon, 1960, 147-149. Mas a explicação de Leon sobre o nome romano, de que o primeiro grupo judeu em qualquer cidade naturalmente teria sido chamado de comunidade dos Hebreus (= judeus), é igualmente plausível para Corinto.
[277] Malherbe, 1977a, 75; cf. Powell, 1903, 61: "O edifício provavelmente não tinha mais do que uns cem metros a começar do propiléu"; mas Powell pensava que o lado ocidental da estrada, com uma linha de colunas e uma série de lojas situadas ao pé da colina do templo de Apolo não teria sido lugar plausível para uma sinagoga; por isso, localizou-a ao longo da rua, onde ele achava que havia um "bairro residencial".

durante os ataques heruliano e gótico contra Corinto[278], de certa maneira, minimiza a afirmação confiante de POWELL segundo a qual a pedra era demasiado grande para poder ter sido removida para longe do seu local de origem[279]. Como em outros lugares da Grécia, ficamos apenas com indicações que aumentam ainda mais o desejo de conhecermos a comunidade judaica aí existente.

A outra cidade da Acaia em que o grupo paulino estabeleceu comunidade foi o porto oriental de Corinto, Cencreia, mas nada sabemos sobre ela com exceção do nome de Febe, seu *diakonos* ("ministro"? "auxiliar"?) e *prostatis* ("patrona'?) (Rm 16.1-2). As escavações iniciadas em 1963 pela Escola Americana em Atenas, pela Universidade de Chicago e pela Universidade de Indiana trouxeram esclarecimentos sobre as instalações do porto nos limites extremos setentrional e meridional da bacia. Entre as fascinantes descobertas no cais do lado sul havia uma estrutura absidal plausivelmente identificada com o Templo de Ísis mencionado por Pausânio (2.2.3) e importante no livro 11 das *Metamorphoses* de Apuleio[280]. Além disso, nada há que traga alguma luz direta sobre as origens do cristianismo lá.

Chegamos, assim, ao fim de nosso sobrevoo para observarmos as "cidades de Paulo" e de seus associados. Esses lugares, dos quais temos algumas provas extraídas de nossas fontes de primeira linha, as epístolas de Paulo e de sua escola, dos quais ainda temos notícias por meio da persistência de comunidades cristãs que se conservaram durante algum tempo depois da evangelização inicial, distribuem-se irregularmente ao longo de áspera extensão que vai do meio da Ásia Menor, passando pela Macedônia e chegando até o Peloponeso. Em tamanho elas vão desde as cidades consideradas pequenas, como Filipos, até as cidades grandes e agitadas, como

---

[278] Kent, 1966, v.
[279] Powell, 1903, 61. Na realidade não é tão grande: 93 cm de comprimento, 42 cm de largura, 22 cm de espessura. Powell observa que a inscrição é feita com letras irregulares, sobre uma pedra de segunda mão, que "pode indicar a pobreza desse culto estrangeiro em Corinto". A data é incerta, mas "consideravelmente posterior à época de Paulo" (Merritt, 1931, 79).
[280] Ver *acima*, nota 61.

Éfeso e Corinto, mas são todas cidades em termos de governo, cultura, e segundo a concepção de seus habitantes. As duas cidades, Filipos e Corinto, são colônias romanas, mas de tipos muito diferentes, a primeira primordialmente centro de agricultura, a outra centro de profissões variadas e de comércio.

Se estivéssemos convencidos de que as cidades pisidianas de Antioquia, Icônio e Listra eram os lugares a que Paulo se referia quando falava em "Galácia", elas deveriam ser acrescentadas à nossa lista de colônias. A língua dominante é o grego em todas com exceção das duas colônias situadas na Grécia, Filipos e Corinto, e mesmo nessas havia substancial população para a qual o grego era a língua normal. Todas, exceto Filipos, eram centros de comércio, e também em Filipos há razões para pensarmos que havia ao lado dos agricultores itálicos bom número de estrangeiros que fizeram a sua vida por meio do comércio. Todas são bem localizadas, com acesso por mar ou terra, ou com acesso por ambos; as cidades da Galácia setentrional também são ligadas por boas estradas romanas com o resto da Ásia Menor.

As áreas não incluídas na missão paulina nem mencionadas nos documentos paulinos também são interessantes: Egito, apesar das comunicações relativamente frequentes entre a Palestina e o Egito[281]; e, de modo menos surpreendente, a África proconsular e as províncias transalpinas. Não existe menção de coisa alguma além das fronteiras do império, exceto os proverbiais citadas em Cl 3.11; nada existe, por exemplo, a respeito do reino persa, apesar da importância da Diáspora judaica na Mesopotâmia.

Deveria igualmente causar-nos admiração o fato de não ouvirmos falar de missão paulina em certas cidades, situadas dentro do roteiro das viagens do grupo, como Apameia, principal centro mercantil depois de Éfeso na Ásia Menor ocidental, ou Sardes, como Apameia, onde se achava estabelecida uma comunidade judaica

---

[281] Observar, por exemplo, a advertência na carta de Cláudio, PLond, 1912 (= CPJ n. 153), 5,96s. Knox, 1964, 11, sugeriu que o *kúklo* de Rm 15.19 significa literalmente "em um círculo", refletindo "a esperança e a expectativa de Paulo de percorrer um circuito completo das nações, tanto ao norte quanto ao sul do mar". No entanto, seu argumento não é muito convincente.

florescente. Já que as limitações de nossas fontes nos forçaram a evitar o argumento do silêncio, essas omissões só aumentam o grau da nossa curiosidade.

O mundo paulino era um mundo em que, para os indivíduos urbanos e móveis, o grego era a língua "franca"; no entanto, a mudança provocada pelos fatos políticos em Roma acarretou superposição da língua latina. Esses aspectos culturais e políticos um tanto discordantes também são evidentes no mapa mental que Paulo revela em sua epístola aos cristãos romanos.

Quando Paulo escolhe uma frase retórica para expressar a toda humanidade, fala como qualquer orador grego falaria, referindo-se a "gregos e bárbaros, sábios e ignorantes" (Rm 1.14). Evidentemente, ele inclui os romanos entre os "gregos"[282], mas um escritor latino dificilmente dividiria o mundo dessa maneira. Além do mais, quando Paulo passa para o tema da sua epístola nos versículos seguintes, a divisão mais importante é a divisão entre judeus e gregos.

O mundo mental de Paulo é o das províncias orientais de língua grega, especificamente o mundo judeu que fala grego. Mesmo assim trata-se de mundo *romano* – a existência dessa epístola e os planos de viagem assinalados no seu capítulo 15 indicam como Roma é central, até para alguém atormentado com problemas de Jerusalém –, ainda que Roma seja encarada pelo prisma das cidades do Oriente[283].

---

[282] Como o faz Dionísio de Halicarnasso, que usufruiu do patrocínio romano: Bowersock, 1965, 131. Ver também os comentários de Hengel sobre a divisão que Cícero faz do mundo em três partes, *Italia, Graecia, omnis barbaria* (1976, 65 e 157, n. 56).

[283] Sobre a importância de Roma, na concepção de Paulo, para a sua missão, ver Dahl, 1941, 241.

Capítulo 2
Nível social dos cristãos Paulinos

"Proletários" ou "classe média"?

Celso, o primeiro autor gentio que conhecemos, que levou o cristianismo tão a sério a ponto de escrever um livro contra ele, afirmava que a igreja deliberadamente excluía as pessoas educadas, porque a religião só era atraente para "os loucos, desonrados e estúpidos, e somente para escravos, mulheres e criancinhas"[1]. Os evangelistas cristãos, dizia ele, eram "fabricantes de lã, sapateiros, trabalhadores em lavanderia, e a maioria iletrados e campônios desprezíveis", que arrastavam "crianças – e mulheres ignorantes", levando-as para a oficina de confecção de roupas de lã, ou para a oficina de algum sapateiro ou de alguma lavadeira, a fim de que aprendessem a perfeição"[2].

Celso viveu no século II, mas ele estava certo de que o cristianismo sempre fora movimento das classes mais baixas, pois que o próprio Jesus só havia conseguido recrutar discípulos entre os "cobradores de impostos e pescadores", pessoas "que não possuíam sequer educação primária"[3]. Era esse o tipo de zombarias a que os apologistas do século II, em defesa do cristianismo, tinham frequentemente que responder[4], e os autores modernos

---

[1] Orígenes, *C. Celsum* 3.44.
[2] *C. Celsum* 3.55.
[3] *C. Celsum* 1.62.
[4] Por exemplo, Minúcio Félix, *Octav.* 36.3-7; *Actus Petri c. Simone* 23 (Lipsius-Bonnet, 1891, 1,71.24-25); cf. Justino, *2 Apol.* 10.8; Taciano, *Orat. ad Gr.* 32. Até os últimos vinte e cinco anos do século IV, Libânio podia censurar os de sua classe que se

muitíssimas vezes não aceitaram que os críticos primitivos estavam certos.

Porventura o Jesus de Lucas não pronuncia um ai contra os ricos (Lc 6.24), Tiago não adverte contra as reverências prestadas aos "ricos que vos oprimem" (Tg 2.1-7) e o próprio Paulo não escreve que Deus escolhera "o que é tolo no mundo – o que é fraco – o que é baixo e desprezível" (1Cor 1.27)? A noção do cristianismo primitivo como movimento proletário era igualmente congenial, embora por diferentes razões, para os historiadores marxistas e para os escritores burgueses que tendiam a romantizar a pobreza[5].

De particular importância para formar o ponto de vista comum deste século sobre Paulo e suas comunidades foi a opinião de ADOLF DEISSMANN, professor de Novo Testamento em Heidelberg e depois em Berlim. DEISSMANN viu que centenas de documentos recentemente descobertos escritos em papiro ou ostraco – cartas, contratos, aulas escolares, cartões de venda, palavras mágicas – tinham implicações revolucionárias para compreender não só o vocabulário e a gramática, mas também a posição social do Novo Testamento. Ele teve a capacidade de popularizar os resultados de sua pesquisa e da pesquisa de outros, e duas extensas viagens que fez pelo Oriente Médio lhe deram a possibilidade de reconstruir "o mundo de Paulo" em termos de leitura de viagem[6].

Em geral, a identificação que DEISSMANN faz da língua do Novo Testamento com a vulgar *koine* dos papiros não literários defendia o ponto de vista segundo o qual os escritores pertenciam às classes mais baixas, mas o autor experimentou certa dificuldade em situar o próprio Paulo. Sua ocupação o teria colocado entre os pobres livres de *status* inferior, como o tecelão em Tarso que DEISSMANN pôde

---

haviam tornado cristãos, por terem recebido sua doutrina, conforme ele dizia, de "vossa mãe, de vossa esposa, do vigia de vossa casa, de vosso cozinheiro" (*Or.* 16.47). Mas Tertuliano contesta, na *Apol.* 1.7, citada *acima*, Capítulo 1, nota 10; cf. *Apol.* 37.4; *Ad Scap.* 5.2. As afirmações de Tertuliano lembram o que Plínio escrevera a Trajano até mesmo antes: "muitos de todas as idades, de todos os estados [*ordo*], de ambos os sexos" (*Ep.* 10.96.9). Ver também Vogt, 1975.

[5] Ver a breve mas viva descrição feita por Kreissig, 1967, 93-96.

[6] Deissmann, 1911, especialmente capítulo 2 (pp. 27-52).

observar em 1909, "preparando um tecido rústico na sua oficina primitiva, impressionante pela pobreza", embora "o próprio fato de Paulo haver nascido como cidadão romano mostre que sua família não pode ter vivido em circunstâncias assim tão humildes"[7].

Paulo escreveu um grego não literário, porém "não tão vulgar quanto o grau em que se expressam muitos papiros contemporâneos. Com base em sua linguagem, Paulo deveria ser incluído de preferência em uma classe superior"[8]. E mais: DEISSMANN estava certo de que os laços mais íntimos de Paulo deviam ser mantidos com "as classes média e baixa... Como missionário, trabalhando principalmente entre as massas iletradas das grandes cidades, Paulo não se introduziu de modo paternalista em mundo estranho a ele: permaneceu em seu próprio mundo social"[9].

Até bem recentemente, a maioria dos exegetas e estudiosos, que insistiam inoportunamente em questionar DEISSMANN, ignoravam totalmente as ambiguidades das provas que DEISSMANN pelo menos mencionara. O ponto de vista predominante tem sido o de que a constituição ou formação do cristianismo primitivo, inclusive das comunidades paulinas, partiu dos pobres e deserdados das províncias romanas.

Nas duas últimas décadas, porém, numerosos exegetas resolveram encarar melhor as provas e chegar a conclusões muito diferentes das conclusões de DEISSMANN sobre o nível social dos cristãos do século I. A convergência dessas pesquisas, que foram consideradas de diversos pontos de vista, levou ABRAHAM MALHERBE a sugerir que "um novo consenso pode estar emergindo", consenso que teria aprovado a afirmação de FLOYD FILSON feita há mais de quarenta anos: "A igreja apostólica era um setor de oposição dentro da sociedade em grau maior do que julgamos algumas vezes"[10].

---

[7] *Ibidem*, 49, 50.
[8] *Ibidem*, 50.
[9] *Ibidem*, 51.
[10] Malherbe, 1977a, 31. Filson, 1939, citação da p. 111. Comparar Eck, 1971, 381: "Se se levar em conta todo o conjunto de fontes importantes para essa proposição de questões, e se se evitarem generalizações arbitrárias de algumas delas, é inevitável a dedução de que os adeptos da religião cristã apresentam uma

O papel das classes superiores é particularmente enfatizado por E. A. JUDGE, que aponta a importância abrangente, mas raras vezes mencionada da *amicitia* e *clientela* na sociedade romana para defender sua convicção de que "o cristianismo era movimento apoiado por patronos locais que aderiam a seus dependentes sociais"[11]. ROBERT M. GRANT, considerando primordialmente provas oriundas do século II ao IV, declara: "O triunfo do cristianismo em sociedade hierarquicamente organizada necessariamente ocorreu de cima para baixo". Ele conclui que, também no período anterior, o cristianismo devia ser encarado "não como movimento de massa proletária, mas como porção relativamente pequena de grupos mais ou menos intensos, em larga escala com origem na classe média"[12].

MALHERBE tirou significativas conclusões sobre o nível social dos cristãos do Novo Testamento e de seus auditórios baseado em estudos recentes da língua, do estilo e do gênero, que têm como efeito refutar DEISSMANN na área das contribuições centrais deste último. MALHERBE enfatiza as ambiguidades dos dados linguísticos que DEISSMANN observou mas preferiu deixar de lado nas suas conclusões gerais[13]. Esses estudos, outrossim, sugerem que o nível educacional e portanto provavelmente ao nível social de Paulo e de pelo menos alguns membros de suas comunidades eram bem mais elevados do que geralmente foi afirmado.

A análise mais cuidadosa e consciensiosa da estratificação social nas comunidades paulinas, contudo, encontra-se na série de artigos publicados por GERD THEISSEN, que discute a situação em Corinto. Ele também encontra dirigentes nos grupos cristãos dessa cidade que pertencem ao nível social e econômico relativamente

---

imagem de espelho virtualmente exata da estratificação social geral no império romano. E foi assim desde os primórdios descritos nos documentos do NT".

[11] Judge, 1960b, 8; cf. 1960a.

[12] R. M. Grant, 11. O julgamento de Grant não está longe da conclusão a que chegou o historiador da igreja, de linha marxista, Heinz Kreissig, 1967, 99, "de que o cristianismo se expandiu no século I da nossa era não tanto entre os 'proletários' ou trabalhadores manuais solitários da escala mais baixa ou mesmo entre os pequenos camponeses, porém bem mais nos círculos urbanos de artesãos, comerciantes e membros das profissões liberais bem sucedidos".

[13] Malherbe, 1977a, 29-59.

elevado, mas THEISSEN enfatiza a evidência de que a igreja, como a sociedade mais ampla, é estratificada. Os conflitos na comunidade são em grande parte conflitos entre pessoas de diferentes camadas e, no campo individual, entre as expectativas de sociedade hierárquica e as de comunidade igualitária.[14]

Se esses estudos e outros como eles na realidade se movimentam no sentido da busca de consenso, ainda não ficou claro para nós exatamente o que tal consenso nos dirá sobre as características sociais dos grupos paulinos. Alguns dos exegetas e estudiosos que mencionamos enfatizam o *status* das figuras com direção; outros, a distância social entre tais figuras e a maioria dos membros. A um observador, a mistura de classes na igreja simplesmente mostra que o movimento cristão inevitavelmente tem que se adaptar à estrutura social como um todo; a outro observador, ela revela um conflito fundamental entre os valores do grupo cristão e os valores da sociedade mais ampla.[15]

Avaliação da estratificação social

Aqui se acha em jogo algo mais do que simplesmente decidir se contar apenas os membros de nível mais elevado, se somente os de nível mais baixo, ou se o nível da média dos membros da comunidade cristã. Existe ainda questão mais fundamental: saber o que queremos dizer por "alto" ou "baixo". Será bom seguirmos a orientação de M. I. FINLEY (que, por sua vez, procurou adaptar os

---

[14] Theissem, 1974b, 1974c, 1975c.
[15] Scroggs, 1980, 169-171, faz severas perguntas críticas sobre esse "novo consenso", três das quais são particularmente importantes para uma pesquisa no seio dos grupos paulinos. Primeiro, presumo, dirige-se especialmente a Judge: "O material dos Atos é historicamente tão confiável quanto os proponentes afirmam?". Segundo, "– teria a presença de alguns – membros mais ricos a possibilidade de mudar, efetivamente, a localização social da comunidade como um todo? Não é esta uma designação elitista?". E terceiro: "Deveria a alienação econômica ser considerada a única alienação existente?" Ver a resposta dada por Judge, 1980b, 207-209.

pontos de vista de MAX WEBER) ao estabelecer na sociedade antiga a distinção em três espécies diferentes de classificação: classe, *ordo* e *status*[16]. Entre estes, o termo classe não é muito útil. Na linguagem comum da sociologia popular (como, por exemplo, "classe média inferior"), ele se refere quase exclusivamente ao nível de renda, talvez com o acréscimo da qualificação da maneira como a renda foi obtida. ("Classe média", por exemplo, geralmente implica não só um nível intermediário de renda, mas também o aspecto de bens ganhos com o trabalho e não a riqueza herdada).

Para MARX, a classe era determinada pela relação com os meios de produção, abrangendo apenas três tipos: latifundiários, capitalistas e trabalhadores ou operários. Para WEBER, também, a classe era determinada por fatores econômicos, mas definida mais pelo mercado do que pela produção. Ela representava "oportunidades de vida no mercado" para grupo específico de pessoas[17]. Nenhuma dessas definições ajuda muito para descrever a sociedade antiga, porque todas elas acabam reunindo grupos que claramente eram encarados na antiguidade como diferentes[18].

As "ordens" (*ordines*) ou "estados" da sociedade romana imperial, por outro lado, possuíam limites determinados, categorias legalmente estabelecidas. As duas mais importantes e duradouras foram a dos senadores e a dos cavaleiros: a *ordo senatorius* e a *ordo equester*. Além dessas, as famílias cujos membros haviam servido ou eram elegíveis para servir nos conselhos ou senados das cidades provinciais constituíam uma ordem local em tais lugares.

Essas ordens, e os degraus que deviam ser galgados para chegar a elas, o *cursus honorum,* eram de imensa importância para a elite ambiciosa do império romano. Todavia, considerando que essas três *ordines* máximas compreendiam número consideravelmente menor do que um por cento da população[19], a categoria não tinha grande poder discriminatório para a sorte dos grupos que pesquisamos. Incluir como *ordines* formais também a *plebs* (em Roma) e a

---

[16] Finley, 1973, 35-61.
[17] Lipset, 1968, 296-301.
[18] Finley, 1973, 49s.
[19] MacMullen, 1974, 88-91.

ordo libertinorum seria apenas um pouquinho mais útil do que simplesmente acrescentar "e todos os outros"[20].

Isso nos deixa com a categoria de *status* como sendo a mais útil de modo geral para formarmos uma imagem da estratificação nas cidades greco-romanas. Aí, algumas discussões sobre a estratificação social feitas por sociólogos modernos podem ajudar-nos a conseguir maior clareza conceitual. Todos os escritores mencionados e analisados na primeira parte deste capítulo parecem encarar o *status* individual como coisa singular. A pessoa é alta, baixa ou média no nível que ocupa na sociedade, ou talvez ainda possa situar-se no nível intermediário, mas de qualquer maneira é avaliada de acordo com escala única.

Nos anos mais recentes, porém, a maioria dos sociólogos passaram a considerar a estratificação social como fenômeno multidimensional; para descrevermos o nível social de indivíduo ou de grupo, precisamos tentar avaliar sua posição em *cada uma* das dimensões importantes. Por exemplo, poderíamos descobrir que, em determinada sociedade, as variáveis seguintes influem no modo como o

---

[20] Como consequência, não entendemos inteiramente as observações de John Gager em sua análise de Robert M. Grant, Malherbe e Theissem (1979, 180). Gager com propriedade censura Grant e Malherbe por não distinguirem classe social de *status* social, mas em seguida ele identifica classe com *ordo* e passa a afirmar que "algumas pessoas de *status* social relativamente alto, mas poucas de classe social alta eram atraídas para o cristianismo nos dois primeiros séculos". Se é que consigo entender seu comentário conclusivo corretamente, ele depois deduz que tais pessoas de *status*-alto mas de classe-baixa (*ordo*) se consideravam *relativamente* desabonadas. Isso dependeria, penso eu, do seu grupo de referência. Não estou inclinado a me sentir oprimido e os que lidam comigo estão inclinados a me criticar porque nunca receberei um pedaço de terra no reino britânico. De modo semelhante, duvido que Erasto, mostrando orgulhosamente seu novo *status*, como *edil* de Corinto, sobre o pavimento do teatro, secretamente não ardesse de vontade de ser também senador romano – ainda que ele houvesse vivido um século ou dois mais tarde deveria ter sentido isso. Gager está na trilha certa e o conceito de privação relativa, que aparece amplamente no seu *Kingdom and Community* (1975), está intimamente relacionado com a inconsistência do *status*. Mas é preciso maior exatidão. Obtemos um quadro mais útil se consideramos *ordo* não como o indício mais importante de prestígio, mas apenas como uma das dimensões específicas de *status*, a mais formal, porém, não a mais abrangente. Ver Cohen, 1975.

indivíduo é posicionado ou classificado: poder (definido como "a capacidade de atingir metas em sistemas sociais"), prestígio ocupacional ou profissional, renda ou riqueza, educação e conhecimentos, pureza religiosa e ritual, posição de família e de grupo étnico e *status* na comunidade local (avaliação dentro de algum subgrupo, independente da sociedade mais ampla porém talvez interagindo com ela)[21]. Seria raro o indivíduo que ocupasse exatamente a mesma posição, tanto dentro do seu próprio ponto vista quanto dentro do ponto de vista dos outros, em termos de todos esses fatores. O *status* generalizado de alguém é um composto das posições que ele ocupa em todas as dimensões importantes.

Além do mais, o *status* resultante não é exatamente a média das posições da pessoa nas diversas dimensões. Várias outras considerações devem estar incluídas. Primeiro, nem todas as dimensões têm o mesmo peso. A riqueza, principalmente quando exibida sob formas de estilo atraentes, deveria pesar mais do que a pureza religiosa, mas ser descendente de família antiga e famosa acarretaria ainda mais prestígio do que a própria riqueza. Segundo, o peso de cada dimensão depende de quem faz a avaliação. Por exemplo, SEYMOUR MARTIN LIPSET distingue três perspectivas: *status* "objetivo", isto é, "aspectos de estratificação que estruturam ambientes de modos bastante diversificados para evocar diferenças no comportamento"; *status* conferido, ou "prestígio conferido a indivíduos e a grupos por outros"; e *status* "subjetivo", ou "senso pessoal de localização dentro da hierarquia percebida por vários indivíduos"[22]. A maioria dos indivíduos tendem a se avaliar de acordo com os padrões de algum grupo muito importante para eles – seu grupo de referência, quer pertençam, quer não a ele –, em vez de fazê-lo de acordo com os padrões de toda a sociedade[23]. Terceiro, o grau de correlação entre os vários posicionamentos de alguém constitui outra espécie de variável que atinge o modo de alguém ser avaliado por outros e o modo como ele próprio se avalia. Esta é a dimensão de consistência de *status*, de congruência de

---

[21] Barber, 1968.
[22] Lipset, 1968, 310; cf. Malewski, 1966.
[23] Lipset, 1968, 312; Pettigrew, 1967; Merton e Rossi, 1970.

status, ou de cristalização de *status*, rapidamente mencionada no capítulo anterior.

Se o prestígio era distribuído em algumas formas análogas na antiguidade, então descrever o *status* social dos cristãos primitivos por meio de alguma categoria geral única – dizer, por exemplo: eram "de classe média" – não é somente vago, mas ainda pode induzir a erro. É vago porque ignora a multidimensionalidade da estratificação. Induz a erro porque tacitamente afirma que havia algo na antiga cidade grega que correspondia à classe média da sociedade moderna.

Ainda há mais uma razão para nos mantermos alerta diante das múltiplas dimensões do *status*. Uma série de estudos demonstrou que, na sociedade americana atual, pessoas com cristalização de baixo *status*, isto é, as que são classificadas como de nível alto em algumas dimensões importantes, porém de nível baixo em outras, tendem a se comportar de certas maneiras que lembram ares de profecia. Algumas podem abraçar uma ação política em favor de mudanças na sociedade. Outras podem desviar-se dos grupos e tender a se tornarem antissociais. Outras ainda podem apresentar sintomas de estresse psicofisiológico.

Todas essas espécies de comportamento, de acordo com o que pensam alguns sociólogos, mostram que alto grau de inconsistência de *status* produz experiências desagradáveis que levam as pessoas a tentar remover a inconsistência mudando a sociedade, elas mesmas, ou as percepções que têm a propósito de si próprias[24].

Precisamos, evidentemente, ser cautelosos ao aplicar à sociedade antiga uma teoria que foi empiricamente gerada por observações sobre uma sociedade moderna. As hierarquias entre os eleitores de Detroit não são as mesmas existentes entre os cidadãos da antiga

---

[24] Lenski, 1954, estimulou uma série de respostas e de posteriores investigações, que provavelmente ainda não chegaram ao fim. Entre as muitas publicações as seguintes parecem representativas para quem observa de fora: Goffman, 1957, Lenski, 1956, Anderson e Zelditch, 1964, Blalock, 1967, E. F. Jackson, 1962, Jackon e Burkert, 1965, H. F. Taylor, 1973, Hornung, 1977. Sobre uma avaliação quantitativa das correlações entre inconsistência de status e compromisso religioso, e sobre algumas precauções metodológicas importantes, ver Sasaki, 1979.

Corinto. As explicações e predições incorporadas nas teorias de consistência de *status* podem incluir afirmações latentes sobre motivação e percepção – como individualismo exagerado e introspecção pós-freudiana ou pelo menos pós-agostiniana –, culturalmente determinadas.

Não obstante, essas teorias podem ter grande poder heurístico. Podem ajudar a nos precavermos de supersimplificar os índices de *status*, e podem sugerir os tipos de conexões a serem procuradas em nossas fontes. Já vimos como TONY REEKMANS pôde empregar o conceito de inconsistência de *status* para analisar as atitudes de Juvenal em face da mudança social, ou P. R. C. WEAVER para descrever a mobilidade ascendente dos escravos e dos libertos imperiais. As "categorias iletradas", que assinam com cruz, descritas por FINLEY constituem outro termo do mesmo fenômeno. O "dicionário de esnobismos" compilado por RAMSAY MACMULLEN[25]25 apresenta valioso material para definir as dimensões da hierarquia, como vimos anteriormente.

Quando consideramos indivíduos e grupos que aderiram às comunidades de Paulo, não deveríamos, com demasiada pressa ou até com precipitação, querer inseri-los em algum nível geral. Pelo contrário, deveríamos perguntar de que dados dispomos para indicar a posição por eles ocupada nas várias hierarquias, importantes naquele tempo e lugar.

Por exemplo, ao adaptar à situação provincial as categorias de REEKMANS, que se aplicam unicamente a Roma, deveríamos tentar encontrar elementos de inserção em tais categorias como origens étnicas, *ordo,* cidadania, liberdade pessoal, riqueza, ocupação, idade, sexo e ofícios ou honras públicos. Precisamos também saber alguma coisa sobre o contexto dentro do qual cada uma dessas classificações é válida; por exemplo, ser liberto nos primeiros anos na Corinto romana, colônia cujos primeiros colonizadores foram na sua maioria libertos, certamente teria sido em escala menor uma falta de habilidade social do que ocorreria se o mesmo acontecesse em Roma ou em Antioquia.

---

[25] MacMullen, 1974, apêndice B, 138-141; ver também o Capítulo 4.

Evidência prosopográfica

Nas epístolas de Paulo e de seus discípulos escritas no século I (isto é, deixando de lado as epístolas pastorais), sessenta e cinco pessoas além de Paulo são mencionadas pelo nome ou, de qualquer maneira, identificadas como membros atuantes das comunidades locais, como companheiros de viagem ou agentes pastorais, ou ainda como ambas as coisas. Alguns desses também são mencionados nos Atos dos Apóstolos, livro que acrescenta outros treze nomes e uma família anônima. Assim, nos é possível esboçar uma prosopografia do cristianismo paulino contendo cerca de oitenta nomes. Sobre a maioria deles poucas informações se encontram além do nome e sobre alguns sequer isso. No entanto, um olhar atento à lista inteira consegue captar alguns dados sobre o contexto social do círculo paulino.

A longa lista de pessoas a quem Paulo envia saudações no capítulo 16 da Epístola aos Romanos suscita problema. Paulo pode conhecer algumas dessas pessoas ou grupos apenas pela reputação; outras pode ter encontrado somente enquanto viajava no Oriente. Por isso, só deveríamos contar aqueles que o texto chama especificamente de "colaboradores" de Paulo, "companheiros de trabalho", ou de algo equivalente, ou que antes haviam pertencido a uma das comunidades paulinas[26]. Este procedimento elimina Apeles (v. 10); os membros da família de Aristóbulo, provavelmente incluindo Herodião (vv. 10-11); os membros da casa representada por Asíncrito, Flegonte, Hermes, Pátrobras e Hermas (v. 14); Maria (v. 6); os membros da família de Narciso (v. 11); Pérside, Trifena e Trifosa (v. 12); os membros da família representada por Filólogo e Júlia, Nereu e sua irmã e Olimpas (v. 15); Estáquis (v. 9).

Dos restantes mencionados nas epístolas, dezesseis provavelmente ou certamente pertencem aos grupos paulinos, mas falta elemento que sirva de indicador claro das suas posições sociais.

---

[26] O problema seria mais simples se como muitos comentadores sugeriram, Rm 16 não tivesse pertencido originalmente à epístola. Contra tal hipótese, porém, ver as obras citadas *acima*, Capítulo 1, nota 41.

São Arquipo de Colossas (Fm 1; Cl 4.17); Aristarco (Fm 24; Cl 4.10s; At 19.29; 20.4; 27.2); Demas (Fm 24; Cl 4.14); Epafras (Fm 23; Cl 1.7; 4.12); Epafrodito de Filipos (Fl 2.25; 4.18); Jasão (Rm 16.21; não o Jasão de Tessalônica em At 17.5.9); Jesus Justo (Cl 4.11); Sosípatro (Rm 16.21; At 20.4?); Sóstenes (1Cor 1.1)[27]; Timóteo (1Ts 1.1; 3.2.6; 1Cor 4.17; 16.10; 2Cor 1.1.19; Fl 1.1; 2.19; 2Ts 1.1; Cl 1.1; Rm 16.21; Fm 1; At 16.1-17.14; 18.5; 19.22; 20.4)[28]; Tito (2Cor 2.13; 7.6-16; 8.6-24; 12.18; Gl 2.1-3); Tíquico (Cl 4.7s; Ef 6.21s; At 20.4); Urbano (Rm 16.9); os anônimos "verdadeiros auxiliares" (Fl 4.3); e os dois anônimos (no texto existente) designados "irmãos" e "delegados das igrejas" ligados à coleta (2Cor 8.18s,22s).

Ficamos com trinta sobre cujo *status* temos pelo menos um elemento. Para vários deles o elemento nada mais é do que o próprio nome, que dentro do contexto particular pode ser significativo e importante. Assim, Acaico (1Cor 16.17), Fortunato (*ibidem*), Quarto (Rm 16.23) e Lúcio (Rm 16.21) em Corinto e Clemente em Filipos (Fl 4.3) possuem nomes latinos nas duas colônias romanas onde o latim era a língua oficial dominante.

Isso *pode* indicar que suas famílias pertenciam ao grupo originário de colonizadores, que tenderam a assumir a liderança. Um desses, Lúcio, aliás é judeu[29]. O caso de Acaico é interessante, pois um

---

[27] Se esse Sóstenes, coautor da primeira Epístola aos Coríntios, fosse o *archisynágogos* de Corinto (At 18.17, aparentemente sucessor de Crispo, v. 8, que antes se havia convertido ao cristianismo), poderíamos dizer algo sobre sua riqueza, grupo étnico e posição na comunidade judaica. No entanto, o nome é demasiado comum para justificar essa identificação sem outra prova qualquer.

[28] Também a figura mais importante nas epístolas pastorais. Se a informação contida em 2Tm 1.5 procede de boa tradição, temos o elemento adicional de que não só seu pai era grego, mas também duas gerações do lado de sua mãe, judia, tiveram nomes gregos.

[29] Com Jasão e Sosípatro, em Corinto, e Andrônico, Júnia(s) e Herodião, em Roma, ele é chamado *syggenés* de Paulo, que pode significar apenas "companheiro judeu" ou mais restritamente "parente". E. A. Judge recentemente revitalizou uma sugestão feita por Mommsen segundo a qual significava de preferência "companheiro tarsiano" ou "ciliciano" (aula na Universidade de Yale, a 22 de outubro de 1980). Não há razões suficientes para identificá-lo nem com Lúcio de Cirene (At 13.1) nem com a pessoa conhecida pela forma breve do mesmo nome, Lucas (Fm 24; Cl 4.14; 2Tm 4.11).

residente de Corinto dificilmente receberia *lá* a alcunha geográfica (não foi em Creta, mas em Toledo que Domenikos Theotokopoulos foi chamado "El Greco"). O homem ou seu pai devia ter vivido durante algum tempo na Itália, recebido o nome aí e, depois, voltado para Corinto, provavelmente como um dos libertos colonizadores. Se foi isso o que aconteceu, teríamos um exemplo do fenômeno sugerido por BOWERSOCK: italiotas com antepassados gregos voltando para a Grécia como colonizadores romanos[30].

Por outro lado, os nomes gregos de Evódia e Síntique (Fl 4.2s) podem sugerir que elas se achavam entre os grupos de comerciantes mestiços em Filipos. Além disso devemos observar que eram mulheres com suficiente independência para terem seus direitos reconhecidos como membros atuantes da missão paulina.

Tércio é outro nome latino entre os cristãos coríntios (Rm 16.22); no seu caso temos a indicação posterior de profissão, ou pelo menos um treinamento, como escriba[31]31. Outro profissional com nome latino é Lucas (Fm 24), médico (Cl 4.14) que provavelmente esteve com Paulo em Éfeso. Os médicos muitas vezes eram escravos; precisaríamos averiguar se Lucas teria sido *medicus* de alguma *familia* romana, havendo recebido o nome do seu senhor (Lúcio, de quem Lucas é hipocorismo, ou seja, nome familiar carinhoso) por ocasião da sua alforria.

A possibilidade de viajar supõe alguns meios financeiros,[32] mas não necessariamente do próprio viajante. Muitos escravos e libertos viajavam como agentes dos seus senhores ou senhoras, à semelhança dos membros da família de Cloé que falaram com Paulo em Éfeso sobre os problemas dos coríntios (1Cor 1.11). Ampliato (Rm 16.8), que se acha em Roma depois de Paulo o conhecer

---

[30] Bowersock, 1965, 71. O uso de nome de lugar como cognome provavelmente indica origens servis, embora isso dependa de circunstâncias sob as quais o apelido foi dado. Acima de tudo, L. Múmio adquiriu o título honorífico de "Acaico" depois da destruição de Corinto (Veleio Paterculo 1.13.1; Plínio, *Hist. nat.* 35.4.8, § 24).

[31] Theissem, 1974c, 253s, salienta que ele podia ser escravo ou, ao contrário, podia ter posição boa na burocracia provincial.

[32] *Ibidem*, 252-257.

no Oriente, pode ser caso similar, porque o seu nome é o de escravo latino comum[33].

Andrônico e Júnia (Rm 16.7) também vieram do Oriente, onde estiveram presos junto com Paulo em algum lugar, em algum momento[34], na cidade de Roma. Eck afirma que o nome de Andrônico o assinala como sendo liberto e que, portanto, Júnia também deve ser liberta de *gens Junia*[35], mas isso não quer dizer que todo judeu com nome grego em Roma tenha sido anteriormente escravo. Se, com João Crisóstomo, preferir-mos tomar *Iounian* como o acusativo do feminino *Iounia* em vez de considerá-lo o masculino de *Iounias*, então muito provavelmente Andrônico e Júnia são marido e mulher, como Áquila e Prisca (v. 3) e Filólogo e Júlia (v. 15)[36].

Epêneto (Rm 16.5), honrado como o primeiro cristão convertido na Ásia, também viajou para Roma. Seu nome, como o de Ampliato, sugere, mas não prova origens servis. Silvano (1Ts 1.1; 2Cor 1.19; 2Ts 1.1; cf. 1Pd 5.12 e muitas vezes nos Atos dos Apóstolos), que tem o nome de divindade latina[37], viajou muito com Paulo, mas talvez não por sua própria conta. O livro dos Atos conta que fora um dos líderes da igreja de Jerusalém (At 15.22) bem como profeta

---

[33] Lietzmann, 1933, 125s.
[34] Este é o sentido mais provável de *synaichmálotos;* cf. Fm 23 (Epafras) e Cl 4.10 (Aristarco).
[35] Eck, 1971, 392. Eck refuta a identificação feita por E. Koestermann de Júnia Lépida, filha de M. Silano, cônsul em 19 d.C. "Júlia" também é confirmado em alguns manuscritos, inclusive p. 46.
[36] Parecia inadmissível que uma mulher pudesse ser chamada, junto com seu marido, "proeminente entre os apóstolos", aos comentadores modernos, mas para Crisóstomo só há motivos para muitos elogios: "Como é grande a *philosophia* dessa mulher, considerada digna do nome de apóstola" (*Hom. 31 Rom.* 2; PG 60,669s, citado por Clark, 1979, 20). Clark salienta alhures (16s) que Crisóstomo muitas vezes usa *philosophía* para referir-se à vida celibatária, e que esta pode ser o seu enfoque também aqui. Sobre Júnia ver ainda Brooten, 1977; Pagels, 1979, 61.
[37] A divindade mais popular entre os colonizadores itálicos em Filipos; Collart, 1937, 402-409. O livro dos Atos lhe dá o nome abreviado de Silas, que podia representar a forma aramaica de Saulo (é o que vemos em BAGD, s.v., e BDF, § 125 [2]), mas também pode ser simplesmente a forma grega abreviada de Silvano, como Epafras é de Epafrodito e Lucas de Lúcio.

(At 15.32), mas nada disso implica qualquer coisa a propósito do seu *status* na sociedade mais ampla.

Podemos sentir-nos um pouquinho mais seguros diante dos *status* dos restantes. Gaio (1Cor 1.14; Rm 16.23) levava um pré--nome romano, assemelhando-se assim a vários cristãos coríntios já mencionados, mas, além disso, ele possui casa bastante ampla não só para alojar Paulo, porém ainda para acomodar todos os grupos cristãos que se reúnem em Corinto (Rm 16.23). É evidentemente homem dotado de alguma riqueza[38]. Igualmente podemos dizer de Crispo, cujo ofício como *archisynagogos* mostra que não só gozava de grande prestígio na comunidade judaica, mas também que era, com toda probabilidade, razoavelmente rico[39]. É digno de nota salientar que esses dois homens são apontados por Paulo como aqueles que ele mesmo batizou no começo do cristianismo em Corinto (1Cor 1.14).

Somos tentados a afirmar que o terceiro mencionado no mesmo contexto, Estéfanas, – os membros de sua família foram os primeiros convertidos (*aparché*) na Acaia (1Cor 16.15) – era também rico. Esta, contudo, seria conclusão demasiado precipitada[40]. Seu nome grego poderia indicar que sua família não pertencia à da colônia original, mas também não era constituída de gregos autóctones nem de imigrantes; em qualquer das hipóteses ela não se devia inserir na camada social mais alta. O fato de haver viajado com Acaico e Fortunato para ver Paulo em Éfeso sugere que gozava de certa independência, mas parece que receberam uma delegação mais ou menos oficial, e, assim, suas despesas podem ter sido pagas pelas comunidades coríntias. Por outro lado, lidera uma família bastante importante, que Paulo chega a mencionar duas vezes. E os serviços que prestou aos cristãos coríntios (1Cor 16.15b) parecem dentro do contexto, ser mais do tipo dos serviços prestados pelos patronos do que se baseiam em dons carismáticos (*charismata*). É precisamente contestando os papéis às vezes negativos desempenhados pelos

---

[38] Cf. Theissem, 1974c, 256.
[39] *Ibidem*, 235s; cf. Judge, 1960b, 129s; Meeks-Wilken, 1978, 53s, 56.
[40] Ver a crítica que Malherbe faz de Theissem por atribuir com demasiada facilidade esse *status* mediante associação (1977a, 73, n. 27).

pneumatikoi que Paulo insiste no reconhecimento devido a "pessoas como essas" (*toioutoi*), no caso Estéfanas, Acaico e Fortunato. Provavelmente estaremos resguardados de erro, se situarmos Estéfanas em posição razoavelmente elevada na escala da riqueza, embora talvez não tão elevada quanto a de Gaio e Crispo. Em prestígio dentro do grupo cristão Estéfanas se igualava a eles, mas com toda probabilidade não em Corinto de modo geral, e não contava com tão alto reconhecimento cívico quanto a nossa próxima figura, Erasto.

Sozinho entre as pessoas mencionadas por Paulo, Erasto é designado com título oficial, que se refere não ao seu papel no grupo cristão mas ao seu papel na cidade: *oikonomos tés poleos*. No entanto, houve longas discussões sobre o sentido preciso desse título ou de seu equivalente no conjunto de títulos oficiais latinos de Corinto. O título grego é mais amplamente confirmado pelas inscrições, principalmente na Ásia Menor, tanto no período helenista quanto no romano[41]. Todavia, embora muitas dessas inscrições se refiram a funcionários de alto nível encarregados de administrar bens ou patrimônio públicos, o título também se aplica, em alguns casos (na Calcedônia e em Cós, por exemplo) a indivíduos aparentemente escravos públicos[42].

Deveríamos argumentar que Paulo não teria mencionado o título, se não se tratasse de função pública de alguma consequência, mas teria deixado de levar em conta a *philotimia* que era fator de tanta constância na vida do mundo greco-romano. Podemos ter a certeza de que, se Erasto houvesse sido escravo da cidade encarregado de zelar pelo patrimônio municipal, este dado teria propiciado boa oportunidade para orgulho e satisfação no seio de seu próprio círculo, e seus filhos ter-se-iam sentido felizes de poder recordar o *oikonomos tés poleos* na sua lápide sepulcral.

A discussão tomou novo rumo com a descoberta de uma inscrição latina mencionando um Erasto como autor da doação para

---

[41] Landvogt, 1908. Ver os convenientes sumários in Magie, 1950, 2,840s, n. 34; e Theissem, 1974c, 238-240.

[42] Magie, 1950, 2,850; Theissem, 1974c, 239.

pavimentar o pátio leste do teatro em Corinto⁴³. Este Erasto anunciou sua doação "como retribuição pela sua escolha como edil"⁴⁴. Dois edis eram eleitos anualmente em cada colônia; juntamente com os dois *duoviri*, eles constituíam as quatro funções mais elevadas na administração da cidade.

Contra a identificação do edil com o *oikonomos tés poleos* surgiu a objeção de que a tradução grega normal é *agoranomos*. Entretanto, o editor das inscrições coríntias estava persuadido de que, como uma das principais tarefas dos edis na maioria das colônias, a organização dos jogos públicos, era desempenhada em Corinto por funcionário especial responsável pelos famosos jogos do istmo, *oikonomos* seria adequado para designar as funções reais de edil coríntio⁴⁵.

THEISSEN, porém, contesta esse argumento com base na afirmação de que, pelo fato de a existência de funcionários distintos encarregados dos jogos ser amplamente confirmada, a situação de Corinto não era única⁴⁶. THEISSEN propõe nova solução, em que o *oikonomos tes poleós* não corresponde ao ofício de edil, mas significa algo de menor monta, talvez o equivalente ao *quaestor*, porém, ainda assim, integrando o *cursus honorum* municipal.

Nesse caso, o Erasto mencionado na Epístola aos Romanos teria sido funcionário importante e o mesmo que pouco depois foi eleito edil⁴⁷. Esta conclusão, embora longe de poder ser considerada certa, é convincente. Se estivesse correta, o cristão Erasto seria ao mesmo tempo rico e de alto *status* cívico, e poderíamos acrescentar uma dedução posterior tirada por KENT do fato de que não havia espaço na parte quebrada da inscrição para patronímico

---

⁴³ A inscrição fora feita em letras de metal; somente os cortes na pedra de cal para incrustá-las é que subsistem. A inscrição se estendia por dois blocos de pavimento. Um fragmento do esquerdo foi encontrado *in situ* em 1929 e combinou com outro pedaço encontrado alhures no ano anterior. Até 1947 parte do bloco direito não aparecera (Kent, 1966, 99s).

⁴⁴ [praenomen nomen] ERASTUS PRO AEDILIT[AT] E/ (vac) S(ua) P(ecunia) STRAVIT (Kent, 1966, n. 232 e lâmina 21).

⁴⁵ *Ibidem*, 100.

⁴⁶ Theissem, 1974c, 243.

⁴⁷ *Ibidem*, 243-245; sobre *cursus honorum* municipal (e colonial), ver também Gagé, 1964, 160.

antes do nome (grego) de Erasto: "Como seu contemporâneo, Cn. Babbius Philinus[48], Erasto era provavelmente liberto coríntio, que havia adquirido considerável riqueza por meio de atividades comerciais"[49].

Também foi em Corinto, segundo At 18.2s, que Paulo encontrou Prisca e Áquila. Duas epístolas mencionam uma comunidade cristã na casa deles: a primeira Epístola aos Coríntios, quando Paulo envia saudações de Éfeso (1Cor 16.19); e a Epístola aos Romanos, quando envia saudações de Corinto (Rm 16.3-5). Além do mais, ouvimos dizer que "arriscaram suas cabeças" por causa de Paulo (Rm 16.4). O autor do livro dos Atos tem outras informações a respeito deles: a família de Áquila veio do Ponto, era judeu, ele e sua família moraram em Roma até que se viram forçados a deixar a cidade devido à expulsão dos judeus promovida por Cláudio, eram fabricantes de tendas (At 18.2-3). Ambos têm nomes bem romanos, mas em Roma isso era bastante comum para judeus, tanto de língua grega quanto latina, principalmente para mulheres[50].

Podemos resumir os dados indicativos de *status* da seguinte maneira: nível relativamente elevado quanto à riqueza. Eles foram capazes de mudar-se de um lugar para outro, e em três cidades estabeleceram casas e núcleos familiares de bom tamanho; agiram como patronos de Paulo e das comunidades cristãs. Ocupação: de nível baixo, porém não das piores[51]. Eram artesãos, mas independentes, e, para os padrões antigos, agiam em escala razoavelmente ampla. Camada social: média para baixa. Eram provincianos orientais além de judeus, mas assimilaram a cultura greco-romana. Mais uma coisa: o fato de o nome de Prisca ser mencionado antes do nome de seu marido uma vez por Paulo e duas em três

---

[48] Ver pp. 81s.
[49] Kent, 1966, 100.
[50] Leon, 1960, 93-121. Não é evidente o motivo pelo qual o autor de Atos consistentemente usa o diminutivo Priscila, ao passo que Paulo nunca o faz; encontramos o mesmo fenômeno com Silas/Silvano.
[51] Ollrog, 1979, atribui "einen gehobenen Sozialstatus" a Áquila, por causa do fato de ser ele "Handwerker und damit Geschäftsmann" (26 e n. 105), mas isso revela concepção errada da sociedade antiga.

vezes no livro dos Atos sugere que ela era de *status* mais elevado do que o marido.⁵²

As "pessoas da casa de Cloé" (*hoi Chloes*, 1Cor 1.11) são escravos ou libertos ou ambas as coisas⁵³, que trouxeram notícias de Corinto para Éfeso. Se a *família* estava situada em Corinto, com negócios em Éfeso, ou vice-versa, não é certo, mas o fato de Paulo esperar que o nome seja reconhecido pelos cristãos coríntios sugere que Cloé devia morar lá. Se ela própria era cristã não é afirmado e não podemos deduzir com segurança alguma⁵⁴.

O caso de Onésimo e de seus donos é mais claro. Onésimo de Colossas (Fm 10 e *passim;* Cl 4.9) era não só escravo, mas ainda fugitivo. Não há indicação alguma de que sua tarefa particular tinha consistido em prestar serviço a Filemon, mas o exemplo de Paulo em tê-lo como auxiliar na missão sugere, apesar do jogo de palavras envolvendo sua inutilidade anterior (Fm 11), que ele deve ter tido alguma educação ou algumas habilidades especiais.⁵⁵ O próprio Filemon se situa em nível alto, pelo menos na dimensão da sua riqueza e na avaliação dentro da seita: possui uma casa suficientemente grande para acomodar reunião de cristãos (Fm 2) e hóspedes (22) e foi protetor de cristãos também de outras maneiras (5-7). Possui pelo menos um escravo, provavelmente numerosos escravos, porque Paulo lhe pede insistentemente que envie de volta o escravo Onésimo para trabalhar com ele (8-14) e evidentemente o apóstolo não acha que seu pedido acarrete dificuldade para Filemon nem

---

⁵² Judge, 1960, 129, reforçado por exemplos análogos descritos por Flory, 1975, 8s, 59-79, 81-85.
⁵³ Theissem, 1974c, 245-249.
⁵⁴ Pode ser, contudo, que a ausência da partícula *ek* (contrastando com *oi ek ton Aristoboúlou, oi ek ton Narkíssou oi óntes en Kyrío*, Rm 16.10s) implique que toda a família de Cloé seja cristã. Nesse caso, a própria Cloé seria mais provavelmente cristã e assim estaria entre os *ou polloi – dunatoí* da igreja coríntia.
⁵⁵ Isto poderia ser sustentado se, como Stuhlmacher, 1975, 53s, sugere, Cl 4.9 refletisse uma tradição local posterior em Colossas sobre a atividade de Onésimo no serviço da igreja. Esta hipótese, porém, exigiria que a Epístola aos Colossenses não fosse apenas pseudônima, mas também escrita numa época consideravelmente posterior à Epístola a Filemon. Este último dado é difícil de ser demonstrado.

para a sua casa e família. Áfia geralmente é considerada como a mulher de Filemon; contudo, ela é mencionada no seu aspecto específico sob a designação de "a irmã", assim como Filemon é o "caríssimo" e Timóteo "o irmão". Fora disso, não há elementos indicativos do seu *status*.

Outra "irmã" é particularmente interessante: Febe, recomendada aos cristãos romanos como *diakonos* da igreja de Cencreia e "*prostatis* de muitas [outras][56] e igualmente minha" (Rm 16.1-2). Os dois títulos (se é que significam o que são) provocaram intermináveis discussões. Se *diakonos* representa ofício, como talvez aconteça em Fl 1.1, ou se significa "missionário"[57] ou, de maneira mais geral, "auxiliar"[58] constitui algo de considerável interesse para questões de governo interno dos grupos cristãos primitivos e para questões sobre o papel das mulheres. Nada pode dizer-nos, porém, diretamente sobre o *status* de Febe na macrossociedade. Também *prostatis* não poderia fazê-lo se, como alguns comentadores recentemente apresentaram com insistência, fosse traduzida como "presidente" ou algo semelhante[59]. O termo era usado nesse sentido oficial em algumas cidades helenistas, em lugar do mais comum *prytaneis* ("funcionários executivos")[60], e como título, ou no sentido geral de "líder", de funcionários de associações.[61] Se a

---

[56] "Outros" é termo acrescentado em vários manuscritos, inclusive o papiro de Chester Beatty, p46.
[57] Cf. Georgi, 1964a, 31-38.
[58] Por exemplo, Leenhardt, 1948, 11: "elle servit la communauté en jouant en quelque sort un rôle de tutrice ou d'ange gardien, en mettant à sa disposition ses ressources et son cour...".
[59] Por exemplo, Swidler, 1979, 310, que observa corretamente que "a palavra... sempre significa legislador, líder *ou protector* em toda a literatura grega" (grifo meu), mas insiste em que ela deve significar "legislador" aqui.
[60] Magie, 1950, 1,59 e 2,842s, n. 28, onde são dados numerosos exemplos. Em Cós *prostátai* incluíam novos cidadãos, que recebiam testemunhos, estimavam o valor de um touro sacrificial, providenciavam os meios para as despesas com os *theoroí* enviados a Delfos, etc. Em Cós, Cnido, e alhures na Cária e ilhas adjacentes eles remetiam várias *gnomai*. Em Jaso, porém, onde havia tanto *prutáneis* quanto *prostátai*, as funções dos últimos não eram claras. Magie supõe que eles possam ter sido "presidentes de tribos da cidade". Ver também Schaefer, 1962.
[61] Poland, 1909, 363s.

palavra significasse título em Rm 16.2, devia ser tomada neste último sentido, que é a maneira como Paulo usa o particípio cognato em 1Ts 5.12: "os que se afadigam entre vós e vos presidem [*proistamenoi*] no Senhor e vos advertem". Tal sentido tornou-se, porém, impossível dentro do contexto, pois é difícil imaginarmos o que Paulo queria dizer ao descrever Febe como alguém que "também me presidia".

A solução sensível reside em seguir E. A. JUDGE, que toma *prostatis* no sentido que a palavra tinha muitas vezes nos lugares onde a influência romana era forte, isto é, como equivalente a *euergetés* e o latim *patrona*[62]. Paulo diz que Febe foi a protetora ou patrona de muitos cristãos, inclusive dele próprio, e "por essa razão" (*gar*) ele pede aos cristãos romanos que lhe providenciem tudo o que possa precisar durante sua permanência em Roma. Devemos concluir, pois, que Febe é uma mulher independente (provavelmente viaja para Roma por causa de seus próprios negócios, e não apenas para levar a carta de Paulo), que possui alguma riqueza e que é também uma das dirigentes do grupo cristão na cidade portuária de Cencreia.

Outra mulher, então morando em Roma, pode ter servido como protetora de Paulo no mesmo sentido amplo. É a mãe de Rufo (Rm 16.13). Se o que Paulo quer dizer ao chamá-la "minha mãe também" é que era sua benfeitora, então deve ter viajado ou residido durante algum tempo no Oriente e deve ter tido alguma riqueza. Evidentemente não podemos todavia dar muito peso a esta possibilidade. Estamos apenas em uma posição levemente mais segura para afirmar qual era o *status* de Marcos, às vezes companheiro de trabalho de Paulo e do primo de Marcos, Barnabé (Fm 24; Cl 4.10). A mãe de Marcos, segundo At 12.12, possuía casa em Jerusalém, que acomodava a reunião dos cristãos. Se este relato

---

[62] Judge, 1960b, 128s; cf. Poland, 1909, 364. Flávio Josefo descreve Herodes como *sotèr kai prostátes* depois do seu sucesso em desfazer duas emboscadas dos partas (*Ant.* 14.444). Sobre o uso do latino *patronus* em contextos semelhantes nas inscrições gregas, ver Bowersock, 1965, 12s. De acordo com Heinrici, 1890, 414, Strigel e Bengel já viam em Febe uma patrona da congregação de Cencreia; assim também Lietzmann, 1914, 101-107.

for digno de confiança, a família dispunha de alguns recursos, e o sobrenome latino, em judeu de Jerusalém, pode implicar certa ambição social.

Os dois últimos a serem considerados no contexto das epístolas só podem ser incluídos como parte do círculo paulino fazendo-lhes alguma injustiça, pois eram missionários por sua própria conta antes de encontrarem Paulo. Barnabé era dirigente do grupo de Antioquia antes da conversão de Paulo. Há boas razões para chamar Paulo de seu companheiro de trabalho, nos primeiros anos, do que o inverso[63].

Não há muita coisa nas epístolas que indique qual fosse a posição social de Barnabé, mas 1Cor 9.6 diz que ele e Paulo eram os únicos entre os apóstolos que adotaram a política de trabalhar com suas próprias mãos, em vez de receber sustento regular de outrem. HOCK argumentou que a maneira de Paulo falar sobre seu trabalho parece com a dos retóricos e filósofos que vinham de níveis sociais mais elevados e, por isso, julgam a decisão deles de se dedicarem ao trabalho servil algo merecedor de comentário[64]. O paralelo entre Paulo e Barnabé sugere que devem ter decidido adotar essa medida juntos no estágio mais antigo da sua missão em Antioquia e em seus arredores. A figura de Barnabé como um homem razoavelmente bem de vida, que deliberadamente escolheu a vida de artesão itinerante para sustentar sua missão é reforçada pelo relato contido no livro dos Atos segundo o qual era proprietário de um campo que vendeu, para destinar o dinheiro da venda aos cristãos de Jerusalém (At 4.36s). Aí é também descrito como levita, de família que se havia estabelecido em Chipre.

Apolo parece ter sido agente mais ou menos livre, introduzido na órbita paulina, segundo os Atos, por meio dos bons ofícios de Prisca. Apesar de certa competitividade entre seus partidários em Corinto (1Cor 1.12; 3.1-4.6), parecem, ter sido boas as relações entre Paulo e Apolo (At 16.12). Mais uma vez dependemos do relato dos Atos dos Apóstolos para obtermos alguns elementos sobre o

---

[63] Um ponto bem tratado por Ollrog, 1979, 10-13.
[64] Hock, 1978.

status. O livro dos Atos descreve-o como judeu alexandrino, *logios* e "poderoso nas Escrituras" (At 18.24). *Logios* aí supõe pelo menos habilidade retórica, e talvez também treinamento retórico. Há algum apoio para esta afirmação em 1Cor 1-4, onde Paulo compara a "sabedoria de Deus" com uma sabedoria humana exibida na retórica, entre outras coisas[65]. A aparente habilidade de Apolo para viajar de modo independente pode posteriormente indicar que possuía alguma riqueza.

Os relatos dos associados e convertidos paulinos no livro dos Atos devem ser usados com um pouco mais de cautela, pois foram escritos uma geração depois das epístolas de Paulo e dependem de tradições que podem ter sido distorcidas pelo tempo e pelos acidentes de transmissão. Além do mais, devemos lembrar-nos de que o autor de Lucas-Atos evidentemente estava interessado em mostrar que a seita cristã obtivera o apoio de cidadãos estabelecidos e bem situados. Numerosas mulheres, inclusive Joana, esposa do *epitropos* de Herodes Cuza, sustentam Jesus e seus companheiros com seus próprios bens (Lc 8.2s). O procônsul de Chipre, Sérgio Paulo, convoca Barnabé e Paulo e fica impressionado com seu milagre bem como com seus ensinamentos e "crê" (At 13.7-12). "Não poucas mulheres da classe alta e também homens" se tornam crentes em Tessalônica (At 17.12, VRP); um areopagita se converte em Atenas (At 17.34); o procurador Félix conversa com Paulo muitas vezes, embora não por motivos muito elevados (At 24.26); o rei Agripa se impressiona com os argumentos de Paulo (At 26.2-31); o "primeiro homem" de Malta hospeda-o e ele cura o pai do oficial (At 28.7-10). Alguns ou até todos esses episódios podem ser verdadeiros, mas é bom lembrar que o autor de Lucas-Atos é escritor sofisticado, também capaz de inventar oportunidades típicas para chegar aonde quer.

A lista dos primeiros dirigentes da comunidade de Antioquia (At 13.1) constitui provavelmente uma confiável da tradição, mas, como Simeão Níger, Lúcio de Cirene e Manaém, o *syntrophos* de Herodes Agripa, eram, ao que tudo indica, atuantes no local antes da chegada de Paulo, incluo somente Barnabé entre os associados

---

[65] Ver pp. 180ss.

paulinos. Os asiarcas de Éfeso, "amigos" de Paulo (At 19.31), de preferência deveriam ser deixados fora do relato, já que a sua presença tem algum sabor de invenção lucana; além disso, a narração não sugere que se tornaram cristãos[66].

Seria precário igualmente tirarmos conclusões da narrativa do carcereiro filipense e de sua casa, convertido em consequência de um milagre de cunho familiar (At 16.23-34)[67]. É verdade que essa lenda ainda conservaria alguma tradição local sobre os primeiros convertidos, mas neste caso esperaríamos que algum nome fosse lembrado. Temos um nome, aliás muito importante, em At 13.7-12, que narra a impressão causada por ainda outro milagre sobre Sérgio Paulo, procônsul de Chipre. E mais: não ouvimos falar que ele tenha sido batizado, nem sabemos de nada mais a esse respeito sobre ele ou sobre o cristianismo em Chipre – embora Barnabé vá lá mais tarde, At 15.39 – e mais uma vez erraríamos se adotássemos posição de cautela omitindo-o[68]. Igualmente é verdade a propósito de Dionísio de Atenas, cuja posição como membro de corte do Areópago teria propiciado material para especulação[69], e com ele Dâmaris, sobre quem não sabemos coisa alguma (At 17.34).

---

[66] Consequentemente, não discutirei a questão muito debatida da história e dos deveres exatos dos asiarcas, que com frequência aparecem em moedas e inscrições, bem como em Estrabão 14.1.42; *Digesta* 27.1.6.14; Marc. Polic. 12,2. Ver Taylor, 1932; Magie, 1950, 1,449s; 2,1298-1301, 1526; Gealy, 1962.

[67] Quanto ao milagre, comparar não só At 12.6-11, mas também Artapno *apud* Eusébio *Praep. ev.* 9.27.23-25 = Clemente de Alexandria, *Strom.* 1.154.2 (FGH 3C.2.684s); Eurípedes, *Bacchae* 443-448; Filostrato, *V. Ap.* 7.38; 8.5.

[68] Sobre a tentativa de relacionar Paulo com Sérgio Paulo como liberto da mesma raça Kehnscherper, 1964), o comentário de Eck não deixa de ser razoável: "Kehnscherper – hat aus dem Zusammentreffen des Apostels Paulus mit dem Prokonsul ohne die allgemeinsten Kenntnisse der römischen Verwaltung, Namengebung und Sozialgeschichte einen ganzen historischen Roman gesponnen –" (1971, 391, n. 55). Judge e Thomas, porém, encaram-na com seriedade (1966, 84).

[69] Haenchen, 1959, 527, n. 1, sugere que o autor pode estar usando um relato sobre a comunidade ateniense posteiror (sobre a qual temos muito pouca informação), pois, como se encontra, a cena é contrariada por 1Cor 16.16. O primeiro convertido na Acaia não foi ateniense, mas a família de Estéfanas em Corinto. Haenchen também desconfia que o "Areopagita" possa ser invenção do autor, para relacionar Dionísio com a cena que acaba de descrever.

Erasto, associado a Timóteo como auxiliar de Paulo (At 19.22) e certamente não o *oikonomos* de Corinto; Sópatro de Bereia (At 20.4); e Trófino de Éfeso (At 20.4; 21.29; 2Tm 4.20), todos, certamente pertenciam ao círculo paulino, mas sabemos muito pouco sobre eles para fazermos julgamentos a propósito do seu nível social. Êutico de Trôade, famoso como o primeiro cristão lembrado por haver adormecido durante prolongado sermão (At 20.9-12), não justifica seriamente a sua inclusão no texto. De Gaio da Macedônia (At 19.29) temos apenas o nome latino e o fato de que tinha liberdade para viajar com Paulo. Igualmente podemos afirmar com verdade a respeito de Segundo de Tessalônica e de Gaio de Derbe (At 20.4)[70].

As três pessoas restantes mencionadas nos Atos dos Apóstolos são todas apontadas por terem servido como hospedeiros ou protetores de Paulo e de seus associados. A mais interessante delas é Lídia, negociante de púrpura da cidade de Tiatira, que, como delicada adoradora do Deus dos judeus, encontra Paulo em Filipos e se converte em seguida, com sua *oikos* (At 16.14s)[71]. Convence Paulo, Silas e seus outros companheiros a se mudarem para sua casa (vv. 15,40).

Temos vários elementos indicativos do seu *status*. Primeiro, como *porphyropolis* ela deve ter possuído alguma riqueza, porque a púrpura era objeto de luxo[72]; também tinha casa em que vários hóspedes podiam ser acomodados. Segundo, seu nome,

---

[70] Numerosas emendas foram propostas, algumas já por antigos copistas, para a lista contida em At 20.4, que parece ser lista parcial de delegados de várias igrejas, que foram com Paulo para entregar a coleta em Jerusalém. Lake e Cadbury, 1933, 4,254, acham que o adjetivo *Derbaios* originalmente ia junto com o nome seguinte, Timóteo, permitindo-lhes identificar esse Gaio com o macedônio mencionado com Aristarco em 19,29. Mas isso daria três delegados da Macedônia. Ollrog, 1979, 52-58, retira Timóteo, por achá-lo acréscimo lucano, a fim de reconstituir um modelo na lista restante, 1/2/1/2, mas dificilmente parece haver razão suficiente para afirmar essa construção formal. Haenchen, 1959, 581, deixa a lista como P^{74} zB *et al.* a propuseram, com todos, exceto Sópatro inserido nos pares.

[71] Ver Capítulo 1.

[72] Haenchen, 1959, *ad loc.*; Judge, 1960b, 128.

sua ocupação e seu local de origem mostram que pertence aos comerciantes de língua grega, que se haviam estabelecido em Filipos junto com os colonizadores agrícolas ítalos. Terceiro, é adepta gentia da sinagoga judaica[73]. Finalmente, é o chefe feminino de família.

Certo Jasão (que não deve ser identificado com o Jasão de Rm 16.21) é quem hospeda os missionários em Tessalônica e, consequentemente, é considerado responsável pela sua conduta e forçado a pagar fiança por eles (At 17.5-9)[74]. É evidentemente educado, portador de bom nome grego. Possui casa e alguma riqueza. Tício Justo, como Lídia "tementes a Deus", possui casa ao lado da sinagoga em Corinto, a qual se tornará o domicílio temporário de Paulo, Silas e Timóteo depois de sua rejeição pelos judeus. Seu nome indica que podia ser cidadão romano[75]; pertence ao grupo latino dominante da colônia. Infelizmente, o livro dos Atos não diz explicitamente se foi Jasão ou Tício Justo que se tornou cristão.

Nosso estudo dos nomes mencionados nas epístolas paulinas e nos Atos dos Apóstolos forneceu poucos dados sobre o nível social de cristãos paulinos típicos. Uma análise estatística do tipo considerado tão importante na sociologia empírica moderna seria totalmente injustificada. Não obstante, surgiram alguns padrões que não são insignificantes. Ainda que muitas deduções continuem sendo apenas tentativas, podemos formar impressão cumulativa de certos tipos de pessoas importantes nos grupos e na missão paulinos.

---

[73] Muitas vezes tem-se afirmado, geralmente citando Kuhn e Stegemann, 1962, colunas 1266s, que os "tementes a Deus" tendiam a ser de *status* mais alto do que eram os totalmente convertidos ao judaísmo. A evidência não é muito forte, porém, e, mesmo que a generalização seja válida, não poderia ser imposta a um exemplo individual independentemente de outra informação.

[74] Malherbe, 1977b, 224 e n. 15.

[75] Alguns manuscritos têm Tito em vez de Tício; poucos têm somente Justo. Goodspeed, 1950, harmonizando At 18.7 com Rm 16.23, quis identificá-lo com Gaio, dando-lhe assim os plenos *tria nomina* romanos, C. Tício Justo. "Justo" era mais propriamente epíteto, talvez dado a ele pelos judeus (ver as observações feitas por Lightfoot, 1879, 238, sobre Jesus Justo), porém tal epíteto poderia transformar-se em cognome.

Antes de resumirmos os resultados, porém, será bom observarmos outra evidência menos direta, que pode ser tirada das epístolas. A prosopografia pode tender a fornecer-nos prova indireta, porque, afinal de contas, todos os líderes, os importantes e os incomuns seriam mencionados pelo nome, e é bem possível que se tenham destacado em parte porque suas posições sociais eram diferentes da posição da maioria. As epístolas devem ser procuradas para fornecer provas sobre o nível social de grupos anônimos dentro das comunidades.

Evidência indireta

Dos cristãos anônimos mencionados nas epístolas paulinas, existe um grupo ao qual o texto atribui localização mais específica: os "santos" que pertencem "à casa de César" e que se unem a Paulo para enviar saudações do lugar da sua prisão aos filipenses (Fl 4.22). Paulo não menciona pelo nome nenhum deles, nem diz quantos são. Sequer sabemos com certeza em que cidade se achavam, pois alguns comentadores apontaram Éfeso ou Cesareia como o local da redação da epístola, embora Roma ainda pareça o lugar mais provável[76]. Também não sabemos se os cristãos na *família* eram escravos, libertos ou ambas as coisas, nem onde eles se situavam na hierarquia interna da *família*, que abrangia desde domésticos dedicados a tarefas servis até chefes de importantes setores estatais. Apesar disso, os escravos e libertos imperiais e como grupo tinham maiores oportunidades reais de mobilidade social ascendente do que qualquer outro segmento da sociedade romana que não pertencesse ao escol[77], e constitui um dado precioso de informação sabermos

---

[76] Quanto às opções, ver Kümmel, 1973, 324-332.
[77] Ver o Capítulo 1, *Mobilidade*. Há também nítida possibilidade de que Paulo, em Fl 1.13, se refira à penetração da fé cristã no estabelecimento militar, pois, se sua prisão ocorre em Roma, então *en ólo to praitorío* deve referir-se aos guardas imperiais, aos pretorianos (ver Lightfoot, 1913, 99-103). Se a prisão ocorre em Éfeso ou em outra cidade provincial, a referência deve ser atribuída ou a grupo dos guardas estabelecidos lá ou ao palácio ou corte do governador

que alguns membros desse grupo encontraram motivos para serem iniciados no cristianismo em datas tão remotas.

Excetuado o caso da casa imperial, já vimos que havia tanto escravos quanto proprietários de escravos entre os cristãos paulinos. Filemon e Áfia representam a última categoria, como provavelmente também Cloé; "os de Cloé" são escravos ou antigos escravos, e Onésimo é escravo que, embora não fosse cristão na casa do seu senhor, acabou tornando-se fugitivo.

Quantos ou que proporção de cada categoria podiam ser encontrados em cada comunidade não dispomos de meios para saber[78]. Em 1Cor 7.20-24 Paulo se dirige a um escravo retoricamente. Embora o escravo, como o judeu circunciso do versículo 18, seja introduzido *exempli gratia*, já que o assunto trata de casamento, divórcio e celibato, seria exemplo estranho se de fato não houvesse outros escravos entre os destinatários.

Por outro lado, seria errado concluirmos por essa passagem que a maioria dos cristãos coríntios eram escravos. Não há outras advertências nas epístolas autênticas de Paulo dirigidas explicitamente a escravos, porém nas epístolas posteriores escritas em nome de Paulo (assim como na similar escrita em nome de Pedro) o tema moral helenista comum sobre os deveres dos membros da casa aparece, a chamada *Haustafel*[79].

Em Cl 3.22-25 a advertência feita aos escravos é muito mais longa do que a sentença dirigida aos senhores (Cl 4.1), mas isto não implica necessariamente, como às vezes foi sugerido, que os escravos constituíam a maioria na comunidade. O conteúdo das adver-

---

(Dibelius, 1937, 64s). Paulo não faz qualquer afirmação de que alguma dessas pessoas ou de "todo o resto" se tenham tornado cristãs, pois "os irmãos no Senhor" são mencionados separadamente (v. 14; cf. Dibelius, *ibidem*). Ele acredita claramente, porém, que o testemunho da sua prisão "em Cristo" (v. 13) transmitiu impressão favorável, que criou a possibilidade de conversões entre o pessoal do pretório.

[78] Para discussão exaustiva da questão e das atitudes para com a escravidão no cristianismo primitivo, ver Gülzow, 1969. Bartchy, 1973, tem informações muito úteis. Em meio à literatura bastante extensa sobre este assunto, dois outros devem ser destacados: Ste. Croix, 1975, e Gayer, 1976.

[79] Weidinger, 1928; Schroeder, 1959; Crouch, 1973; Balch, 1981; Lührmann, 1980.

tências por certo seria mais prontamente aprovado pelos senhores do que pelos escravos[80].

O paralelo na espístola que mais tarde ficou conhecida como Epístola aos Efésios é mais significativo; o fato de que a epístola parece ter sido esboçada como encíclica dirigida a várias comunidades da área da missão paulina na Ásia Menor ocidental[81] confirma a impressão de que as advertências representam mais expectativas gerais sobre o comportamento cristão do que a situação em uma comunidade particular. Em Ef 6.5-9 mais uma vez as diretrizes dadas aos escravos são mais extensas do que as dirigidas aos senhores, mas há um pouco mais de equilíbrio do que na Epístola aos Colossenses. Nitidamente a expectativa é a de que uma comunidade paulina típica incluísse tanto proprietários de escravos quanto escravos, e que o *ethos* dos dirigentes fosse mais semelhante ao dos senhores do que ao dos escravos. Também é importante observarmos que essas advertências se acham inseridas no contexto de conselho para manter a estrutura – hierárquica – adequada à casa.

Entre as coleções de morais, ou *paraenesis*, nas epístolas há numerosas passagens dirigidas aos artesãos ou comerciantes livres. Uma vez que nossa prosopografia inclui vários dirigentes da missão paulina – e até o próprio Paulo – que pertencem a tais categorias, essas passagens devem merecer olhar mais cuidadoso e profundo. Na carta geralmente considerada a mais antiga das epístolas existentes, a endereçada aos cristãos de Tessalônica, Paulo recomenda-lhes: "Esforçai-vos por levar vida tranquila, ocupar-vos dos vossos negócios e trabalhar com vossas mãos, conforme as instruções que

---

[80] Duvido que a ênfase posta nas obrigações dos escravos justifique a dedução de que as esperanças escatológicas cristãs tenha inspirado entre eles a expectativa de melhora do seu *status*, embora Bassler, 1979, 269-271, recentemente tenha argumentado em defesa dessa possibilidade, usando até de alguma perspicácia. Ela salienta o fato de que o apelo à imparcialidade de Deus – que na *Haustafel* dos efésios é, como poderíamos esperar, dirigido aos senhores – em Cl 3.25 se dirige aos escravos. O caso de Onésimo, porém, dificilmente pode ser tomado como "evidência histórica da real inquietação entre os escravos em Colossas". Ele pode ser simplesmente escravo que conseguiu ser educado.

[81] Ver especialmente Dahl, 1951.

vos dei; seja vosso comportamento decente aos olhos dos de fora e não passareis necessidade" (1Ts 4.11s). Esta instrução provavelmente supõe, como diz ERNEST BEST, "que a grande maioria dos cristãos tessalonicenses fossem trabalhadores manuais, habilidosos ou não"[82].

É importante também observarmos que essa é lembrete parenético da instrução dada aos convertidos tessalonicenses, quando a igreja aí foi organizada pela primeira vez. Não é advertência única adequada a necessidades especiais dos tessalonicenses, mas representa o tipo de instrução que Paulo e seus associados geralmente davam aos neoconvertidos[83]. Isso é confirmado pelo aparecimento de uma sentença similar na parênese do trecho encíclico deutero-paulino posterior, Ef 4.28: "O ladrão não mais roube, porém trabalhe, realizando o bem com suas (próprias) mãos, a fim de que tenha (meios) para partilhar com quem esteja passando necessidade".

Por outro lado, 2Ts 3.6-13 (achando que a segunda Epístola aos Tessalonicenses seja uma epístola real, quer Paulo a tenha escrito, quer não) pressupõe o ensinamento geral, mas aplica-o a uma situação particular em que alguns cristãos comportam-se de maneira desordenada (*ataktos*) recusando-se a trabalhar. Esse comportamento, o autor o diz explicitamente, viola a "tradição" que receberam de Paulo (v. 6). Posteriormente, o exemplo do próprio trabalho manual a que Paulo se dedicava, que constituía implicitamente modelo a ser imitado em 1Ts 2.9 (*mnemoneuete*), aqui se torna tal explicitamente (vv. 7-9)[84]. A advertência é renovada com destaque: "Trabalhando na tranquilidade[85] comeriam o seu próprio pão" (v. 12). Supõe-se que trabalhassem para comer, ainda que a proibição do versículo 10 possa referir-se à eucaristia ou a outras refeições comunitárias.

---

[82] Best, 1972, 176.
[83] Van Unnik, 1964, 227s; Dibelius, 1937, 23. Ver a importante discussão em Hock, 1980, 42-47, o qual mostra que essas regras são muito semelhantes às encontradas nos moralistas greco-romanos, especialmente Dio Crisóstomo.
[84] De maneira bem diferente, o trabalho de Paulo é apresentado como modelo em 1Cor 9; é interessante que o tema principal dessa passagem, a renúncia à *exousía* a fim de propiciar um modelo para a comunidade, está resumido em 2Ts 3.9.
[85] *metà hesuchías*; cf. *hesucházein* 1Ts 4.11.

Há poucas passagens em que as epístolas mencionem diretamente o dinheiro. Várias delas falam da coleta para os cristãos de Jerusalém. Em 1Cor 16.1-4, Paulo dá instruções que diz ter dado também aos gálatas. Cada um, no primeiro dia da semana, deve "pôr de lado e guardar o que conseguiu poupar, de modo que não haja necessidade de fazer coletas quando eu chegar" (v. 2). Traduzi o mais literalmente possível, porque a frase *ho ti ean euodotai* é mais estranha, mas talvez forneça a chave para conhecermos a situação econômica dos cristãos coríntios. A tradução sugerida pelo *Lexicon* de BAUER, "tanto quanto ele ganha"[86], é muito pouco específica. O verbo *euodoun* foi responsável por um sentido metafórico muito geral partindo do seu original "fazer uma boa viagem"; dificilmente pode referir-se a todo o lucro da pessoa obtido na semana anterior, pois, se assim fosse, o verbo de Paulo deveria ser *kerdaineis*.

Por outro lado, o trecho "o que ele pode poupar" de CONZELMANN ("was er wohl erübrigen kann")[87] é muito amplo. A maioria dos tradutores afirmam, mais razoavelmente, que o sentido é o mesmo que em At 11.29, "cada um segundo o grau em que havia prosperado", dizendo aí a Revised Standard Version "segundo o grau em que consegue prosperar"[88]. A frase é de fato muito generalizada e deveríamos evitar leitura muito profunda do trecho. O que devemos ver claramente é que a coleta precisa ser feita pouco a pouco, semana por semana. Isso mostra a economia de pessoas de poucas posses, não de todo destituídas de recursos, mas não dispondo de capital. Este dado, também, se adequaria à figura dos artesãos e comerciantes razoavelmente bem sucedidos como sendo os cristãos típicos.

As doações para os pobres de Jerusalém pretendiam ser bastante substanciais, como o termo *hadrotes* ("grande, pródiga doação";

---

[86] BAGD, s.v. *euodóo*.
[87] Conzelmann, 1969, *ad loc*.
[88] Não convém interpolar o *kathós* de At 11.29, porém, como o faz NEB, "*em proporção aos seus ganhos*", e Orr e Walther, 1976, 356, "*calculada de acordo com* o ganho financeiro da semana anterior" (grifo meu). Essas interpolações introduzem um conceito de doação proporcional, não existente no texto, e anacronicamente supõe uma espécie de empreendimento capitalista.

2Cor 8.20) sugere, e como os planos elaborados para a coleta o confirmam. A segunda Epístola aos Coríntios existente contém dois apelos à participação na coleta, que podem ter estado originalmente em epístolas separadas. No capítulo 8, Paulo usa a generosidade dos cristãos macedônios no projeto para repreender e estimular os coríntios no sentido de agirem melhor. A dimensão da coleta na Macedônia é a mais notável, diz ele, por causa de sua "profunda pobreza" (*he kata bathous ptocheia auton*, vv. 2-3). Ele implicitamente compara a situação econômica dos seus destinatários. A frase *ek tou echein*, "do que se tem", nos versículos 11-12, supõe que os coríntios tenham os meios necessários para "completar" o que havia sido começado um ano antes.

O versículo 14 fala da sua abundância (*perisseuma*) em contraste com a falta de recursos (*hysterema*) dos cristãos de Jerusalém. O verbo cognato no versículo 7, que fala da abundância dos coríntios em coisas espirituais, pode ter duplo sentido, ou seja, pode ser entendido de duas maneiras diferentes, e é o que pode acontecer também com a fórmula cristológica contida no versículo 9: "Por vossa causa, embora rico, se fez pobre, a fim de que pela sua pobreza pudésseis tornar-vos ricos". A mesma palavra, *charis*, é usada como a "graça" do sacrifício de Cristo neste versículo e para a doação destinada a Jerusalém no versículo 7.[89]

Por outro lado, não deveríamos tomar a "profunda pobreza" dos cristãos macedônios demasiado literalmente, pois 2Cor 9.2-4 sugere que Paulo usou o mesmo tipo de argumento com os macedônios, em contrapartida. Ele lhes mostrou com orgulho o ardor dos coríntios. Além disso, devemos lembrar-nos de que, enquanto Paulo tivera cuidado em não aceitar apoio monetário dos coríntios,

---

[89] Esses motivos são mais remanescentes da primeira Epístola aos Coríntios do que do resto da segunda Epístola aos Coríntios. Por exemplo, comparar 2Cor 8.7 – *hósper en pantì perisseúete, pístei kaì lógo kai gnósei kai páse spoude kai te ex hemon em humin agápe* – com 1Cor 1.5 – *hóti en panti eploutísthete en auto, en pantì lógo kaì gnósei* – e 7 – *hoste humas mè hustereisthais en médenì charísmati*. E a afirmação de padrão teleológico contida em 2Cor 8.9 lembra a irônica *éde eploutésate* de 1Cor 4.8. Sobre a dimensão da coleta, ver Georgi, 1965, 88, que destaca o fato de que as despesas de viagem para a grande delegação que levava o donativo só seria sensível se a doação fosse substancial.

aceitou-o mais de uma vez dos macedônios (2Cor 11.9; Fl 4.14-19). A "pobreza" deles pode ser parcialmente hipérbole ocasionada pela estrutura da retórica de Paulo em 2Cor 8, que depende da antítese de "pobreza" e "riqueza", "abundância" e "carência", levando à meta, valorizada também pelos moralistas helenistas, de "equidade" (isotés, v. 14)[90].

Incidentalmente, a recusa de apoio dos coríntios por Paulo para seu sustento não é absoluta, porque há indicações de que ele esperava deles a ajuda de rotina para suas despesas de viagem. Em 1Cor 16.6 fala de seus planos de passar um tempo com eles, talvez durante o inverno, "para que possais enviar-me ao meu caminho pôr-me, seja qual for o lugar para onde eu vá". A mesma expectativa se expressa em 2Cor 1.16 em relação à sua viagem à Judeia, e ele pede a mesma ajuda entrementes a Timóteo (1Cor 16.11). MALHERBE argumentou que, dentro de tal contexto, *propempein* geralmente significa "meios para fornecê-lo com tudo o que é necessário para a viagem"[91], o que envolveria algum suporte financeiro.

O fato de alguns membros dos grupos coríntios moverem processos contra outros membros também implica transações financeiras ou mercantis (1Cor 6.1-11). A discussão de Paulo não dá informação alguma sobre o tipo de disputas que se achavam em jogo, exceto que elas envolvem *biotika*, assuntos da vida diária. Também não conseguimos deduzir o nível de afluência das partes, pois, como os papiros mostram, era uma época de litígios, quando até os pequenos comerciantes ou os camponeses das aldeias podiam comparecer e de fato compareciam diante dos magistrados para se queixarem dos prejuízos causados por seus vizinhos.

Pode ser ou não significativo que as epístolas paulinas ocasionalmente usem a linguagem comercial tanto de modo direto, para descrever aspectos do relacionamento do Apóstolo com as comunidades locais, quanto de maneira metafórica, para fazer afirmações teológicas. Paulo faz uma promessa muito direta de reembolsar Filemon de quaisquer prejuízos acarretados pela fuga

---

[90] Ver Stählin, 1938, especialmente 354s.
[91] Malherbe, 1977b, 230, n. 11.

do seu escravo Onésimo (Fm 18), mas também usa a linguagem formal de parceiro para reforçar a forma epistolar da recomendação: "Se me consideras teu parceiro, recebe-o como se recebesses a mim mesmo" (v. 17).

A linguagem associada aos parceiros comerciais é especialmente evidente na Epístola aos Filipenses, tanto na elaborada e cuidadosamente matizada "receita" que Paulo dá sobre os donativos que os cristãos filipenses devem enviar para ajudá-lo na prisão (Fl 4.15-19), quanto nas afirmações gerais de francos agradecimentos, sem dúvida alguma ligados à doação feita e ao relacionamento que ela representava (Fl 1.5,7)[92].

Na mesma epístola Paulo pode falar da sua conversão em termos de ganho e perda (Fl 3.7s), e seu discípulo, ao escrever para Colossas, podia falar de sacrifício de Cristo como ato que "apagava o título que havia contra nós" (Cl 2.14). Em si mesmas, essas passagens nada provariam a propósito das ocupações ou da riqueza dos cristãos, mas podem acrescentar algo mais – pouca coisa – à impressão já experimentada de que muitos eram artesãos e comerciantes, que auferiam modestos lucros.[93]

Igualmente é verdadeiro a respeito do provérbio que Paulo cita em 2Cor 12.14b: "Não são os filhos que devem acumular bens para os pais, mas os pais é que devem fazê-lo para os filhos". Isto não soa adequado ao *ethos* daqueles que se acham na extremidade inferior da escala econômica, que geralmente encaravam os filhos, pelo menos os do sexo masculino, como auxiliares econômicos, como acréscimo de mão-de-obra na oficina e, às vezes, como meio direto para escapar dos apertos financeiros para conseguir a alforria dentro da escravatura. São os ricos avarentos que Plutarco censura por guardarem e amontoarem sua riqueza para os filhos e herdeiros[94].

---

[92] Para estudo profundo da linguagem de parceria nas epístolas paulinas, ver Sampley, 1980 e 1977. Malherbe destaca (em comunicação privada) que a linguagem comercial é frequentemente usada quando se trata de falar da amizade, e é o que acontece com Paulo.

[93] Estou menos convencido do que antes pelos argumentos de que a epístola canônica aos Filipenses é um composto de dois ou mais fragmentos de carta.

[94] *De amore divit.* 526A.

Também é possível deduzirmos algo sobre a estratificação social dos vários conflitos que ocorreram nas comunidades paulinas[95]. Isto é mais claro no caso das divisões que apareciam quando os cristãos coríntios se reuniam para a Ceia do Senhor, que Paulo censura em 1Cor 11.17-34. Essas divisões, de que Paulo "ouve" falar (v. 18), podem estar ligadas de alguma forma às facções incipientes relatadas pelas pessoas de Cloé (1Cor 1.10s), mas aí nada se diz que sugira que o ciúme entre os seguidores de Apolo e os partidários de Paulo ou a "escatologia realizada" dos *pneumatikoi* estejam envolvidos.

É verdade que Paulo introduz um elemento escatológico, pois aí combina, como muitas vezes alhures, a noção de ser provado pelas circunstâncias difíceis, tão popular igualmente entre os moralistas gentios, com a noção escatológica de que só o Dia do Senhor revela o verdadeiro valor de cada um.[96] Assim, as divisões "devem" vir – isto soa como determinismo apocalíptico – "a fim de mostrar quais entre vós são comprovados" (*hoi dokimoi*, v. 19). A noção de exame está resumida nos versículos 28-32. Cada um deve examinar-se antes de comer e de beber, sob pena de não "distinguir o [*diakrinein*] o corpo" e, com isso, seu comportamento ser alvo do juízo de Deus (*krima*), que já se manifesta em castigos mágicos (v. 30). Também essas, porém, são "disciplinas" (*paideia*) que visam a salvar do erro que acarretaria a sorte muito pior de sermos "condenados com o mundo" (v. 32).

Mas, exatamente, qual é o comportamento inaceitável que Paulo critica com essas duras advertências e tabus? Em vez de comer a Ceia do Senhor (*kyriakon deipnon*), "cada um se apressa por comer a sua ceia privada [*to idion deipnon*] e um passa fome enquanto outro fica embriagado" (v. 21). Essas ceias privadas deviam ser comidas "em casa" (vv. 22a,34). Mas qual é o comportamento específico que do ponto de vista de Paulo prejudica a refeição comunitária do Senhor? O cerne do problema parece ser apontado no versículo 22, uma série de perguntas retóricas. Esta forma, naturalmente, é usada

---

[95] Ver Theissem, 1975b, especialmente 40s.
[96] Por exemplo, 1Cor 9.27; 2Cor 10.18; 13.5-7; mas nem sempre explicitamente escatológicos: 2Cor 2.9.

quando quem fala quer forçar seu auditório a tirar conclusões por si mesmo, aqui, a reconhecer certas deduções inaceitáveis do seu próprio comportamento. Suas ações supõem que eles "desprezem a comunidade de Deus", porque[97] "humilham os que nada têm".

A última frase, *hoi me echontes*, poderia ser lida bem concretamente como continuação da *oikias ouk echete* da pergunta anterior; isto é: os que têm casas são censurados por humilharem os que não têm. Mais provavelmente, a frase deve ser tomada em sentido absoluto: "os que não têm" são os pobres. De qualquer maneira, este versículo torna claro que a divisão ou cisão básica é a que se verifica entre os (relativamente) ricos e os (relativamente) pobres.

Podemos ir um pouco adiante, graças a um estudo muito esclarecedor dessa passagem feito por GERD THEISSEN[98]. THEISSEN compara as divisões na eucaristia coríntia com duas situações familiares na sociedade romana e portanto, supõe ele, também em colônia romana como Corinto. Uma das situações ocorria nos *collegia*, onde aos funcionários às vezes eram concedidas maiores quantidades de alimento do que aos membros ordinários. THEISSEN salienta que a maioria das associações e dos grêmios eram socialmente mais homogêneos do que a comunidade coríntia parece ter sido, e, por isso, expectativas conflitantes poderiam ter surgido na última, sem terem encontrado guarida nos primeiros[99].

A outra situação era o banquete dado por patrono, para o qual eram convidados seus clientes libertos bem como seus amigos do mesmo nível social. Na sociedade do principado não era aparentemente raro que esses banquetes se tornassem oportunidades de importante manifestação das distâncias sociais e até de humilhação para os clientes dos ricos, por causa da qualidade e da quantidade de alimento servidas nas diferentes mesas. THEISSEN cita tanto Marcial quanto Juvenal, que apresentavam o ponto de vista dos inferiores, e a carta de Plínio contendo conselhos a um jovem amigo, defendendo política menos ofensiva para a classe patronal. A carta merece ser citada:

---

[97] O *kaí aí* é explicativo, isto é, a segunda oração explica a primeira.
[98] Theissem, 1974b.
[99] *Ibidem*, 291-292.

... Aconteceu que eu estava jantando com um homem – embora não fosse amigo particular dele – cuja elegante "seletiva", como ele a chamava, me pareceu uma espécie de mesquinha extravagância. Os melhores pratos eram colocados diante dele junto com alguns selecionados, ao passo que sobras baratas de alimento eram postas diante do resto dos convidados. Até o vinho fora distribuído em pequenos frascos, divididos em três categorias, não com a ideia de dar aos convidados a oportunidade de escolher, mas para impossibilitá-los de recusar o que lhes era dado. Uma porção era destinada a ele e a nós, outra se destinava aos seus amigos inferiores (todos os seus amigos eram distribuídos por uma gradação) e a terceira para os libertos dele e nossos. Meu vizinho à mesa observou isso e me perguntou se eu aprovava o fato. Eu disse que não. "Então, como é que fazes?", perguntou ele. "Sirvo o mesmo a todos, pois quando convido pessoas é para uma refeição e não para fazer distinções de classes; eu as trouxe como iguais para a mesma mesa, e, assim, dou-lhes o mesmo tratamento em tudo". "Até aos libertos?" "Naturalmente, porque então eles são meus companheiros de jantar, não libertos". "Isto deve custar-te muito". "Pelo contrário". "Como?". "Porque os meus libertos não tomam o tipo de vinho que eu tomo, mas sou eu que tomo o vinho deles"[100]

Se quem como Gaio, que abriu sua casa para reuniões de toda a *ekklesia* dos cristãos coríntios, se comportasse em larga escala como o patrono rico de associação privada ou de sociedade cúltica gentílica o faria, não seria de admirar. Se nas refeições comuns da comunidade cristã, feitas em sua sala de jantar, ele fizesse distinções no alimento servido aos do seu nível social e aos que pertenciam a classe inferior, isso não seria absolutamente atitude fora do procedimento ordinário, ainda que houvesse algumas vozes, também na sociedade gentílica, que contestassem a prática. Era precisamente a humilhação dos que nada possuíam que Plínio e os satíricos combatiam. Paulo faz objeções com base em pontos bastante diferentes, mas THEISSEN apresentou boas razões para procurar as raízes do comportamento denunciado nas "expectativas do *status* específico" de sociedade grandemente estratificada.

---

[100] *Ep.* 2.6. De Marcial, Theissem cita 3.60; 1.20; 4.85; 6.11; 10.49; de Juvenal, *Sat.* 5. Sobre a sátira de Juvenal, ver também Sebesta, 1976, e Reekmans, 1971.

THEISSEN argumentou que perspectivas diferenciadas de pessoas de diferentes níveis sociais também estavam envolvidas em algum outro dos conflitos que perturbavam os cristãos em Corinto, o problema da "carne oferecida a ídolos", debatido em 1Cor 8.10.[101] Vários aspectos desse problema serão discutidos no capítulo 3, Pureza e limites, e no capítulo 6, A Ceia do Senhor: ritual de solidariedade. No momento o importante é a identidade das duas facções.

De um lado estão "os fortes"[102] que têm "conhecimento" (*gnósis*) de que "não existe [realmente] ídolo algum no mundo" (8.1.4) e que, portanto, insiste no seu "direito" (*exousia*: 8.9; 9.4.5.6.12.18; 10.23.24) e na sua "liberdade" (*eleutheria*: 10.29; cf. 9.1.19) de comer o que lhe agrada. São aqueles a quem Paulo dirige sua resposta à pergunta que os coríntios enviaram, e com quem até certo ponto ele se identifica[103]. Do outro estão "os fracos" (8.10s; cf. 9.22), posteriormente especificados como tendo "consciências fracas" (8.7.12), que não possuem essa *gnósis* e, por causa de seus costumes anteriores no gentilismo, encaram o comer carne sacrificada como problema real e perigoso (8.7).

Muitas tentativas foram feitas no sentido de definir essas posições em termos de suas crenças teológicas ou ideologias. THEISSEN não minimiza todos esses esforços, mas decide mostrar que há também dimensão social do conflito, a que os fatores ideológicos deveriam estar ligados. Em sua leitura, os "fortes" são os socialmente poderosos também mencionados em 1Cor 1.26s. Na verdade, é plausível que aqueles que, depois da conversão ao cristianismo, ainda podem ter tido razões para aceitar convites para jantar onde seria servida carne (1Cor 10.27), talvez no santuário de uma divindade gentílica (1Cor 8.10), devem ter sido os membros mais numeroso do grupo, que ainda conservavam algumas obrigações sociais ou relacionados com seus negócios, as quais eram mais importantes para as suas funções na sociedade mais ampla do que as conexões similares

---

[101] Theissem, 1975c.
[102] Não chamado assim explicitamente aqui, mas cf. Rm 15.1, onde Paulo esboça uma regra geral da experiência coríntia.
[103] Observar Rm 15.1: "nós, os fortes".

mantidas no meio das pessoas de *status* mais baixo. A diferença, porém, não é absoluta, porque os clientes cristãos de patronos não cristãos certamente às vezes também devem ter-se encontrado nessa posição.

THEISSEN igualmente afirma, entretanto, que a percepção completa do que significava comer carne deve ter sido diferente para pessoas de diferentes níveis econômicos. De fato, os pobres raramente comiam carne; as ocasiões em que o faziam tendiam a ser cúlticas, quer públicas, quer privadas. Para os ricos, que podiam ter carne como prato mais ou menos regular no seu cardápio, deve ter havido muito menos associações numinosas. Para os pobres, aliás, a comunidade cristã providenciava substitutivo mais do que adequado para o tipo de associação de amizade, incluindo refeições comunitárias, que, do contrário, só seriam encontradas em sociedades, agremiações ou associações cúlticas. Para um Erasto, se é que realmente ele foi o servo público que conseguiu ascender e que em poucos anos seria edil encarregado de todos os mercados de carne de Corinto, alguma restrição imposta ao seu relacionamento com companheiros cristãos significaria drástica redução dos horizontes dele e interrupção de sua carreira.

No seu todo a exposição de THEISSEN, mais elaborada do que podemos convenientemente resumir aqui, é convincente, e faz do conflito entre os "fracos" e os "fortes" mais uma prova da presença, dentro da comunidade coríntia, de pessoas de camadas significativamente diferentes[104]. Não obstante, existe um problema com a sua construção, que pode prejudicar o aperfeiçoamento no conceito de estratificação social que ele empregou. THEISSEN parte diretamente da sua demonstração de que os "fortes" são relativamente mais elevados no *status* econômico do que os "fracos" na sociedade mais ampla. JOHN SCHÜTZ salientou dificuldades para aceitar essa dedução[105].

Primeiro, THEISSEN compara os "fortes" com cristãos gnósticos posteriores. "É muito difícil", como diz SCHÜTZ, "pensar nos gnós-

---
[104] Ver também Theissem, 1974c.
[105] Schütz, 1977, agora também 1982.

ticos, com suas inflexíveis cosmologias e seu sentido de clã no enfoque da identidade separada, como paradigmas de integração social". Segundo, do ponto de vista de THEISSEN, os cristãos de alto *status* em Corinto incluem os primeiros "tementes a Deus". Isso também causa admiração: se o alto *status* acarreta alta integração social, então por que os gentios bem integrados "abririam mão de tradições cívicas e religiosas em favor do judaísmo"?[106].

Há duas ordens de problemas em jogo aí. Uma se refere à adequação da evidência e do argumento: existem bases adequadas para extrapolar dos gnósticos do século II para os "gnósticos" de Corinto? Porque alguns tementes a Deus são conhecidos por terem sido de *status* mais elevado do que a maioria dos prosélitos, é válido afirmar que todos os tementes a Deus pertenciam a um *status* geral elevado? Entretanto, o que é importante para nosso interesse imediato é outro tipo de pergunta, que já fizemos: o *status* social é mais bem entendido como dimensão singular ou como o resultado de várias dimensões diferentes? Como THEISSEN adotou dimensão única, ou média de várias dimensões, conclui que *status* elevado acarreta alto grau de integração, asserção que outra evidência parece contradizer.

Evitaríamos essas contradições se reconhecêssemos que os "fortes" da comunidade coríntia são inconsistentes em matéria de *status*. Podem usufruir de nível elevado em algumas dimensões, como riqueza, identificação com o elemento latino na colônia, apoio para dependentes e clientes e, em um ou dois casos, talvez também ofício cívico, mas devem ser classificados em níveis inferiores em se tratando de outras dimensões, como origem, ocupação ou sexo. Esses tais tinham que partilhar muitas das atitudes, dos valores e dos sentimentos de níveis sociais sem ambiguidades mais elevados, também faltando a cristalização do *status*. Outros na comunidade de Corinto, que se situavam muito mais abaixo em todas essas escalas do que os "fortes", tinham que suportar grau muito mais baixo de inconsistência entre suas dimensões de *status* e, assim, dentro de seus próprios círculos sociais, deviam

---

[106] Schütz, 1977, 7.

estar mais bem integrados do que os que eram mais móveis e que se achavam mais expostos.

Também em Corinto, o *status* das mulheres tornou-se matéria de controvérsia, como vemos em 1Cor 11.2-16 e 14.33b-36. Estas não são as passagens mais lúcidas nas epístolas paulinas e pequeno número de obras da literatura sobre elas de modo algum desfará sua obscuridade. Felizmente não temos que resolver todos os seus problemas a fim de fazermos as poucas observações que têm afinidade com nossa questão presente.

Já vimos que havia numerosas mulheres destacadamente envolvidas no círculo paulino, que deixavam transparecer os tipos de inconsistência de *status* que inspirariam um Juvenal a usar de eloquente indignação. Havia mulheres que dirigiam casas, que mantinham negócios e possuíam riqueza independente, que viajavam com seus próprios escravos e auxiliares. Algumas, que eram casadas, se haviam convertido a esse culto religioso exclusivo sem o consentimento de seus maridos (1Cor 7.13), e elas podem, embora Paulo advirta contra isto, iniciar o processo de divórcio (*ibidem*).

Além disso, as mulheres haviam assumido alguns papéis iguais aos dos homens dentro da própria seita. Algumas exercem funções carismáticas, como oração e profecia na assembleia (1Cor 11.2-16); outras, como vimos em nossa prosopografia, são colaboradoras de Paulo como evangelistas e mestras. Tanto em termos de sua posição na sociedade mais ampla quanto em termos de sua participação nas comunidades cristãs, pois, numerosas mulheres romperam as expectativas normais de papéis femininos.

Não é de admirar que isso provocasse tensões dentro dos grupos e que o tortuoso compromisso teológico afirmado por Paulo em 1Cor 11.2-16[107] não conseguisse dar solução. Mais tarde, na forma

---

[107] Em resumo, ele deixa inquestionado o direito das mulheres, conduzidas pelo Espírito, de exercer as mesmas funções de liderança que os homens exercem na assembleia, mas insiste apenas em dizer que os símbolos convencionais de diferença sexual, no estilo de vestir-se e de pentear os cabelos, devem ser mantidos. Eu discuti isso até certo ponto in Meeks, 1974. Tentativas recentes de excluir esses versículos sob a alegação de que eles constituem uma interpolação não são convincentes Walker, 1975; Murphy-O'Connor, 1976).

recebida da mesma epístola, uma discussão sobre a palavra extática e a profecia nas assembleias é interrompida por absoluta proibição de as mulheres falarem nas reuniões, com a recomendação de que devem ser "submissas" e "perguntar a seus maridos em casa quando quiserem aprender alguma coisa" (1Cor 14.33b-36)[108].

A submissão das mulheres dentro da ordem familiar era ensinada na parênese das comunidades paulinas e foi reforçada nas epístolas escritas às igrejas da Ásia por discípulos de Paulo (Cl 3.18; Ef 5.22-24)[109]. No século II os papéis das mulheres ainda eram alvo de controvérsia entre os que escreviam relatos de ficção apelando para a autoridade de Paulo. Nos Atos de Paulo e Tecla, virgem de Icônio, às vésperas do seu casamento foi conquistada para o cristianismo celibatário pela pregação de Paulo. Depois de confundir miraculosamente as autoridades (masculinas) que tentam silenciá-la, mas apoiada pelas mulheres da cidade e salva certa ocasião por uma leoa, ela própria se batiza. Depois corta os cabelos bem curtos, veste-se como homem e sai para acompanhar Paulo como apóstolo itinerante[110].

Por outro lado, o autor das epístolas pastorais rejeita o tipo de ascetismo representado por Tecla e todo e qualquer ensinamento transmitido por mulheres (1Tm 2.9-15; 4.3), com exceção para as mulheres mais idosas que deveriam tornar-se "boas mestras", ins-

---

[108] Como isso interrompe a discussão sobre glossolalia e profecia, e como não teriam sentido não só as diretrizes sobre os profetas e os líderes de oração de sexo feminino em 1Cor 11.2-16, mas também o papel positivo atribuído às mulheres individualmente no capítulo 7, numerosos exegetas sugeriram que esses versículos foram acrescentados à epístola depois da época de Paulo, por alguém com os mesmos pontos de vista que encontram uma expressão ainda mais radical em 1Tm 2.9-15. Esta é solução atraente, embora a interpolação devesse ter ocorrido antes da circulação ampla das epístolas paulinas, pois não há provas de nenhum manuscrito direto. Alguns manuscritos realmente inserem os vv. 34s em lugar diferente, depois do v. 40, mas isto mais provavelmente indica que algum copista antigo percebeu a interrupção no tópico, do que que ele tivesse um manuscrito em que os versículos faltassem. O versículo 36 não seguiria adequadamente o v. 33.

[109] Sobre essas *Haustafeln* ver a bibliografia citada na nota 79 e depois a discussão no capítulo 3, Modelos extraídos do ambiente.

[110] Texto em Lipsius-Bonnet, 1891, 1, 235-272.

truindo as mulheres mais jovens de modo que se tornassem boas esposas e mães, sempre submissas a seus maridos (Tt 2.3-5)[111]. Esses documentos do século II não fornecem provas diretas que possam ajudar a descrever a constituição social do cristianismo paulino como eu o defini, mas eles conseguem ilustrar a variedade e a força de reações contra a inconsistência de *status* (e violação de convenções) de uma espécie.

Os outros conflitos mencionados nas epístolas de Paulo e de seus discípulos imediatos, à medida que as provas nos permitem julgar, nada têm a ver diretamente com diferentes níveis sociais nos grupos. Há uma exceção possível: a rivalidade em Corinto entre Paulo e aqueles que ele sarcasticamente chamava de "super-apóstolos" (*hyperlian apostoloi:* 2Cor 11.5; 12.11). Nas comparações invejosas feitas em Corinto entre eles, certos sinais de *status* parecem ter figurado. Isto significa que havia membros da igreja de Corinto suficientemente numerosos ou convictos para Paulo poder digirir suas queixas a toda a comunidade, que atribuía maior prestígio a recém-chegados do que a Paulo. Como só temos a descrição da situação feita por Paulo, e esta grandemente onerada de sarcasmo e de interpretação hostil, não podemos esperar reconstituir uma figura cuidadosa dos super-apóstolos ou um quadro preciso de sua recepção pelos coríntios[112], mas deve ser útil darmos atenção, ainda que de modo rápido, a esses fatores de *status* a que o texto alude.

Primeiro, a habilidade retórica e a presença física que se impõe são valorizadas. Alguns coríntios se queixavam de que, enquanto as cartas de Paulo eram "severas e enérgicas", sua "presença corporal era fraca e [sua] palavra desprezível" (2Cor 10.10). As exortações que Paulo faz imediatamente antes disso (2Cor 10.1-6) são em si exortações sobre a habilidade retórica, a habilidade de "tornar cativo todo pensamento". Em 2Cor 11.6 ele admite o *status* não-

---

[111] MacDonald, 1979, argumentou engenhosamente que as epístolas pastorais foram uma resposta direta aos Atos de Paulo e Tecla, e ainda ao movimento mais difundido na Ásia Menor que tal documento representava.

[112] A mais notável tentativa de fazer isso é de Georgi, 1964a. Para uma excelente crítica do método, ver Hicking, 1975. Ver também Barrett, 1971, e Holladay, 1977, 34-40 e *passim*.

profissional (*idiotes*) como orador, mas afirma possuir *gnosis*. Este é argumento da mesma ordem: Paulo retoricamente se gloria de não ser mero sofista[113].

Segundo, riqueza e rendimentos só aparecem de maneira curiosamente invertida: não a quantidade de riqueza ou de renda possuída por Paulo e pelos rivais, mas a forma de autossustentar-se. Os super-apóstolos recebem recursos para sua manutenção dos coríntios, dado que Paulo interpreta de modo negativo (2Cor 11.20); os coríntios agora estão sentidos com Paulo porque ele *não* aceita dinheiro deles (2Cor 11.7-12; 12.13-15). A situação, mais adiante, complica-se pelo fato de que alguém, aparentemente, sugeriu que a coleta de Jerusalém era, na realidade, um esquema fraudulento, por meio do qual Paulo, na verdade enriquecer-se-ia, ao mesmo tempo que humildemente declinava os recursos para se sustentar (2Cor 12.16-18). Esta, porém, é calúnia secundária; a questão prioritária é a qualificação de um apóstolo, de acordo com a maioria, como ele é sustentado. Para simplificarmos uma situação complexa, podemos dizer que o esperar ser pago pela sua eloquência é visto pelos coríntios como sinal de eminência profissional; contrastando com isto, Paulo é apresentado como amador ou ainda menos[114].

Terceiro e finalmente, as qualificações religiosas peculiares desempenham papel mais importante: visões e revelações (2Cor 12.1-10), milagres (2Cor 12.12), encargos divinos específicos (2Cor 10.13-18), pura origem judaica (2Cor 11.22s). Paulo argumenta dizendo, primeiro, que, se essas coisas realmente devem ser levadas em conta, ele poderia apregoá-las também, e, segundo, que elas

---

[113] Sobre essa hipótese, familiar em oradores como Dio de Prusa, ver Judge, 1968.
[114] Dungan, 1971, 3-80, e, mais cuidadosa e engenhosamente, Theissem, 1975 afirmou que o que se acha em jogo é o conflito entre dois estilos normativos da manutenção dos missionários, como os adversários de Paulo representando a intromissão nas áreas urbanas do apostolado mendicante, itinerante, descrito em alguns dos ditos de Jesus. Esse último tipo de apostolado era originalmente comum e familiar na cultura das aldeias palestinenses. Também não acho muito convincente. A sugestão de Theissem segundo a qual de ambos os estilos deviam ter analogias nos retratos contemporâneos idealizados pelos filósofos cínicos indica de preferência uma espécie diferente de análise, que foi desenvolvida por Hock, 1980.

são desvalorizadas pelo critério novo e capaz de superar qualquer outro de uma vida vivida em conformidade com o modelo da crucifixão/ressurreição, de que ele, porém não seus adversários, é exemplo.

Tudo isso nos diz pouco sobre as dimensões do *status* dos cristãos coríntios típicos, com exceção de que eles partilham certas marcas de *status* geralmente reconhecidas na sociedade mais ampla, especialmente as que se relacionam com a habilidade retórica, e de que eles superpuseram sobre estas algumas qualificações especificamente religiosas. Se isso implica que numerosos cristãos coríntios possuíam esses sinais de prestígio pelos quais demonstravam estima, está longe de ser evidente.

Camadas mistas, status ambíguo

As evidências que analisamos são fragmentárias, fortuitas e muitas vezes em nada claras. Não podemos delinear um perfil estatístico da constituição das comunidades paulinas, nem descrever plenamente o nível social do cristão paulino individualmente. No entanto, encontramos numerosos elementos convergentes, que nos permitem apresentar impressionante esboço desses grupos. Trata-se de quadro em que se encontram unidas pessoas de vários níveis sociais. No quadro faltam as extremidades superior e inferior da escala social greco-romana. É de admirar que não encontremos aristocratas proprietários de terras, nem senadores, nem *equites,* nem decuriões (a não ser os apontados por Erasto).

Mas também não há evidências específicas da presença de desprovidos totalmente, ou quase, de recursos, como os empregados contratados e os trabalhadores manuais dependentes de patrões; os mais pobres dos pobres, camponeses, escravos trabalhando na agricultura, e diaristas contratados para a agricultura estão ausentes por causa do contexto urbano dos grupos paulinos[115]. Bem pode ter havido membros das comunidades paulinas que viviam com o

---

[115] Cf. Lee, 1971, 132.

estritamente necessário para a própria subsistência, mas nada ouvimos dizer a respeito deles.

Os níveis intermediários, porém, estão bem representados. Há escravos, embora não possamos dizer quantos. O cristão "típico", contudo, aquele que na maioria dos casos marca sua presença nas epístolas por meio de um ou outro pequeno traço, é artesão livre ou pequeno comerciante. Alguns, mesmo nessas categorias ocupacionais, possuíam casas, escravos, tinham a possibilidade de viajar e apresentam outros sinais de riqueza. Uma parte da riqueza servia para providenciar hospedagem, lugares para reunião e outros serviços prestados a cristãos individualmente e a grupos inteiros. Com efeito, eles desempenhavam o papel de patronos.

Não só havia mistura de níveis sociais em cada comunidade, mas também, em cada indivíduo ou categoria que conseguimos identificar, há evidência de classificações divergentes nas diferentes dimensões do *status*. É assim que encontramos cristãos na *familia caesaris*, cujos membros situavam-se muitas vezes entre os poucos com mobilidade ascendente no Império Romano.

Encontramos, também, outros prováveis libertos ou descendentes de libertos que haviam progredido no campo da riqueza e da posição, especialmente nas colônias romanas de Corinto e Filipos. Encontramos artesãos e comerciantes ricos: de nível alto quanto aos rendimentos, de nível baixo quanto ao prestígio ocupacional. Encontramos mulheres ricas, independentes. Encontramos judeus ricos. E, se devemos acreditar no que diz o livro dos Atos, encontramos gentios cuja adesão à sinagoga testemunha alguma espécie de discordância na sua relação com a sociedade a que pertencem.

O "consenso emergente" de que fala MALHERBE parece ser válido: a comunidade paulina geralmente refletia a real intersecção da sociedade urbana. Além do mais, os bastante proeminentes na missão ou na comunidade local, a ponto de terem seus nomes mencionados ou de serem identificáveis de alguma outra maneira, geralmente – quando temos possibilidade de fazer algum julgamento sobre eles – mostram sinais de alta classificação em uma ou mais dimensões do *status*. Mas isso é tipicamente acompanhado de baixas classificações em outras dimensões. Embora a evidência não seja abundante, podemos arriscar a generalização de que os membros mais ativos e eminentes do círculo de Paulo (inclusive o próprio Paulo) são os de alta inconsistência de *status* (baixa cristalização de *status*). Não obstante, devemos dizer que esses têm mobilidade ascendente; o *status* a que conseguiram chegar é mais elevado do que o *status* que lhes é atribuído. Será isso simplesmente acidental? Existem porventura algumas características específicas do cristianismo primitivo que pudessem atrair os inconsistentes em matéria de *status*? Ou eram apenas aqueles com os tipos de orientação, habilidades e oportunidade que provocavam esse *status* misto que tendiam a sobressair em qualquer grupo em que se inserissem e, assim, acabavam sendo dignos de mensão nos relatos e registros? Não temos possibilidade de responder a tais perguntas; contudo, sugerem algumas correlações possíveis de serem exploradas nos capítulos seguintes.

Capítulo 3
Formação da Ekklesia

Não podemos ler em profundidade as epístolas de Paulo e de seus discípulos sem descobrirmos que nelas havia interesse pela vida interna dos grupos cristãos em cada cidade que recebia a maior parte da correspondência. As epístolas também revelam que esses grupos gozavam de grau incomum de intimidade, de elevados níveis da interação entre os membros e de sentido muito forte de coesão interna e de distinção tanto em face dos que se achavam do lado de fora, quanto diante do "mundo".

O objetivo deste capítulo e do seguinte é o de descrever a estrutura social de tais grupos. As comunidades paulinas pertencem à categoria estudada extensamente pelos sociólogos modernos, especialmente os sociólogos americanos, e designada como "pequenos grupos" ou simplesmente "grupos". A definição de George C. Homans é representativa e possui a virtude da simplicidade: "certo número de membros, cada um dos quais, enquanto o grupo realiza um encontro, interage com todos os outros, ou é capaz de fazê-lo, ou pelo menos pode tomar conhecimento pessoal de cada um dos outros".[1]

Embora meu propósito não seja sociológico mas histórico, os tipos de perguntas que esses sociólogos fazem, muito embora tratem quase que exclusivamente de grupos existentes nas

---

[1] Homans, 1968, 258; cf. Homans, 1974, 4 e *passim*. Como exemplo de aplicação demasiado apressada da teoria moderna do pequeno grupo às nossas fontes, ver Schreiber, 1977.

democracias industriais modernas, são úteis para sugerir a ordem de nossa pesquisa. Neste capítulo discutiremos assuntos mais básicos, creio eu, mas também mais capciosos do que o processo de organização do grupo. Que faz um grupo ser grupo? Como se reúne e como pode manter-se unido? Estas perguntas estão relacionadas com sentimentos e atitudes, com percepções e expectativas, bem como com a estrutura evidente. É especialmente nesses campos que o historiador precisa estar mais atento quanto à possibilidade de fazer afirmações anacrônicas sobre o comportamento.

Assim sendo, começarei comparando as *ekklesiai* paulinas com grupos e organizações na cidade greco-romana com a qual elas têm pelo menos uma semelhança familiar. Muito embora verifiquemos que nenhuma dessas categorias a elas se adapte satisfatoriamente, esse processo tem a vantagem de se aproximar mais da maneira como o observador contemporâneo curioso deveria ter tentado identificar e compreender os cristãos.

Segundo, examinaremos as epístolas para mostrar como os cristãos primitivos encaravam seus próprios grupos. Em particular, procuraremos os fatores que contribuíram para seu sentido de pertença a grupo distinto e às formas como distinguiam esse grupo de seu ambiente social. Na verdade, o problema de sabermos até onde eles *realmente* o distinguiam e o separavam é tão importante quanto o problema de sabermos como faziam.

Como focalizamos nossa atenção nas comunidades locais, repetidas vezes teremos de observar outra dimensão da vida dessas agregações, dimensão que não é captada pela rede que inclui o "pequeno grupo". Peculiar ao cristianismo primitivo era a maneira como a vida íntima, bem coesa, dos grupos locais era encarada como sendo simultaneamente parte de um movimento ou entidade muito mais amplos, em última análise com proporção mundial. Por isso, precisamos também investigar as maneiras como essa sensibilidade translocal foi gerada e reforçada.

Modelos extraídos do ambiente

A casa

Os lugares de reunião dos grupos paulinos, e provavelmente da maioria de outros grupos cristãos primitivos, eram casas particulares. Em quatro lugares nas epístolas paulinas comunidades específicas são designadas pela frase *he kat'oikon* (+ pronome possessivo) *ekklesia*, que podemos tentar traduzir como "a assembleia na casa de Fulano"[2].

Uma íntima conexão com casas existentes também é sugerida por 1Cor 1.16, onde Paulo diz que batizou a "casa *[oikos]* de Estéfanas", e depois, na mesma carta (1Cor 16.15s), onde recomenda a casa (*oikia*) de Estéfanas como sendo as "primícias da Acaia", cujos membros "se dedicaram ao serviço dos santos".

A conversão de alguém "com (toda) a sua casa" é mencionada várias vezes no livro dos Atos dos Apóstolos também[3]. As epístolas igualmente mencionam outros grupos, não necessariamente fundados por membros do círculo paulino, que são identificados pelas casas a que seus membros pertencem. Esses incluem membros das casas de Aristóbulo e de Narciso (Rm 16.10s). As listas em Rm 16.14s de Asíncrito, Flegonte, Hermes, Pátrobas e Hermas; Filólogo, Júlia, Nereu e sua irmã; e Olimpas provavelmente representam membros de outras três casas de Cloé (1Cor 1.11) e até na casa de César (Fl 4.22). A estrutura local dos grupos cristãos primitivos estava assim ligada ao que comumente era encarado como a unidade básica da sociedade[4].

---

[2] 1Cor 16.19, Áquila e Prisca (em Éfeso); Rm 16.5, Prisca e Áquila (em Roma); Fm 2, Filemon (em Colossas); Cl 4.15, Ninfas (em Laodiceia).

[3] At 16.15 (Lídia); 16.31-34 (o carcereiro filipense); At 18.8 (Crispo, o *arquisynagogo* de Corinto). Cf. At 10.2; 11.14; Jo 4.53. Stauffer, 1949, via nessas passagens uma fórmula do Antigo Testamento; hipótese efetivamente refutada por Weigandt, 1963. Delling, 1965, traz exemplos úteis do uso grego extrabíblico.

[4] Ver o Capítulo 1, Conexões. Meu tratado nas páginas seguintes pode, com grande utilidade, ser comparado com Banks, 1980, que eu vi pela primeira vez depois que terminei este capítulo. Seu objetivo, porém, é um tanto diferente.

A frase *kat'oikon* não designa simplesmente o lugar em que a *ekklesia* se reunia, embora as traduções mais comuns costumem ser "a igreja na casa de Fulano". Para isso, *en oiko* seria a expressão mais natural (ver 1Cor 11.34; 14.35). E mais: Paulo provavelmente usa *kat'oikon* para distinguir esses grupos baseados em casas individuais da "igreja inteira" (*hole he ekklesia*), que podia também reunir-se ocasionalmente (1Cor 14.23; Rm 16.23; cf. 1Cor 11.20), ou das manifestações ainda mais amplas do movimento cristão, para as quais ele usaria o mesmo termo *ekklesia*[5].

A *kat'oikon ekklesia* é assim a "célula básica"[6] do movimento cristão, e seu núcleo era muitas vezes uma casa existente. Como vimos anteriormente, a casa era muito mais ampla do que a família nas sociedades ocidentais modernas, incluindo não só parentes próximos, mas também escravos, libertos, trabalhadores contratados e, algumas vezes, atendentes e parceiros no comércio ou na profissão.

No entanto, a *kat'oikon ekklesia* não era simplesmente a casa onde as pessoas se reuniam para a oração; ela não correspondia rigorosamente aos limites da casa. Outras relações preexistentes, como operações comerciais comuns, também são sugeridas nas fontes e, certamente, novos convertidos deviam ter sido acrescentados às comunidades existentes na casa. Além do mais, havia grupos formados nas casas dirigidas por não-cristãos, como os quatro mencionados em Rm 16.10,11,14,15, sem citar a *familia caesaris*. Inversamente, nem sempre todos os membros de uma casa se tornavam cristãos quando o seu chefe se convertia ao cristianismo, como o caso de Onésimo nos mostra.

O número de tais assembleias em casa realizadas em cada cidade deve ter variado de um lugar para outro e de uma época para outra, mas podemos afirmar que havia ordinariamente várias em cada local. Em Corinto, por exemplo, Paulo dá especial importância à casa de Estéfanas, como já vimos (1Cor 1.16; 16.15s). O livro dos Atos menciona, além de Áquila e Prisca, que logo se mudaram, Tito Justo que hospedou Paulo (At 18.7), e a conversão de "toda a casa"

---

5 Ver adiante neste capítulo, Um povo com dimensão mundial.
6 Gülzow, 1974, 198.

de Crispo (At 18.8; cf. 1Cor 1.14). Gaio, antes de "hospedar... toda a igreja" (Rm 16.23), provavelmente hospedou um dos grupos de casa. A assembleia doméstica na casa de Filemon aparentemente não incluía toda a igreja de Colossas; o mesmo devia acontecer com a assembleia que se reunia na casa de Ninfa, não a única em Laodiceia (Cl 4.15)[7].

A adaptação dos grupos cristãos à casa acarretava certas implicações tanto na estrutura interna dos grupos quanto para o seu relacionamento com a sociedade mais ampla. O novo grupo era, portanto, inserido em uma rede de relacionamentos já existentes ou superposto a ela; esses relacionamentos eram de cunho tanto interno – parentesco, *clientela* e subordinação –, quanto externo – laços de amizade e talvez ligações decorrentes da ocupação ou profissão.

A casa, como local de encontro, propiciava alguma privaticidade, certo grau de intimidade e estabilidade de lugar[8]. Todavia, ela também gerou o potencial para o surgimento de facções dentro do corpo cristão de uma cidade. Podia bem ser que as facções incipientes a que Paulo se dirigia em 1Cor 1-4 estivessem baseadas em diferentes casas[9].

---

[7] Afanassieff, 1974, argumenta contra a existência de grupos domésticos separados, insistindo em que todo chefe de família mencionado em conexão com uma *kat'oikon ekklesía* era, como Gaio, "hospedeiro" de "toda a igreja" em determinada cidade. Contudo, seu argumento é tendencioso, por demais baseado em uma convicção *a priori* de que uma única assembleia eucarística em cada cidade era o "princípio de unidade" teologicamente necessário, enquanto não se pôde desenvolver o episcopado monárquico. O papel de Gaio devia ser bastante incomum para Paulo destacá-lo quando o menciona aos cristãos romanos; ele pode ter sido caso único. A frase *kat'oikon ekklesía*, por outro lado, não é usada em conexão com Gaio. As dificuldades com a tese de Afanassieff tornam-se agudas no caso de Roma, onde ele é capaz de evitar a multiplicidade de reuniões supostas pelo capítulo 16 da Epístola aos Romanos, simplesmente afastando Áquila e Prisca, sem qualquer prova, para os subúrbios.

[8] Na época, essa estabilidade local se manifestaria na aquisição de toda ou parte da casa para o uso exclusivo do grupo cristão, que, como outros grupos cúlticos fizeram antes, adotaria certas modificações para as funções específicas da sua liturgia.

[9] Achütz, 1977, 5. Cf. Malherbe, 1977b, sobre os problemas da terceira Epístola de João; e Corwin, 1960, 49, 76s, sobre a situação posterior em Antioquia.

O contexto da casa também provocou alguns conflitos no exercício do poder e na interpretação das funções na comunidade. O chefe da casa, segundo as expectativas normais da sociedade, deveria exercer alguma autoridade sobre o grupo e deveria ter alguma responsabilidade legal sobre ele[10]. A estrutura da *oikos* era hierárquica e o pensamento político e moral contemporâneo encarava a estrutura das funções superiores e inferiores como sendo básica para o bem-estar de toda a sociedade.

Não obstante, como veremos, havia certos modos de compensação e centros de autoridade no movimento cristão que seguiam sentido contrário ao poder do *paterfamilias,* e certas crenças e atitudes igualitárias que entravam em conflito com a estrutura hierárquica. É significativo o fato de que nas últimas epístolas do círculo paulino, a Epístola aos Efésios e a Epístola aos Colossenses, o padrão do tópico retórico comum, *peri oikonomias,* "sobre a ordem da casa", está adaptado à instrução moral vigente entre os cristãos, na forma da chamada *Haustafel* (Cl 3.18-4.1; Ef 5.21-6.9; cf. 1Pd 2.13-3.7)[11]. Na época, em círculos que apelavam para a memória de Paulo como autoridade, estivessem ou não em continuidade social concreta com a missão paulina, toda a igreja seria constituída como "a casa de Deus", com grande ênfase sobre a ordem hierárquica dos vários papéis peculiares à organização eclesiástica[12].

A centralidade da casa tem implicação posterior para a maneira como concebemos a missão paulina: ela mostra como são inadequadas nossas concepções individualistas modernas de evangelização e conversão. Se a casa existente era a célula básica da missão, então deduzimos que os motivos básicos para alguém passar a integrar a *ekklésia* provavelmente variaria de um membro para outro. Quando uma casa se convertia ao cristianismo mais ou menos em bloco, nem todos os que adotavam as novas práticas

---

[10] Assim o livro dos Atos relata que Jasão teve que pagar fiança assegurando o bom comportamento de Paulo e de seus associados (At 17.9). Ver Malherbe, 1977b, 230, n. 15.
[11] Ver *acima*, p. 148, e a bibliografia citada no Capítulo 2, nota 79.
[12] 1Tm 2.1-6.2; Tt 2.1-10; 1Pd 5,1-5; Policarpo 4.2-6.1.

faziam-no com o mesmo grau de compreensão e de participação. A solidariedade social deveria ser mais importante para persuadir alguns membros a serem batizados do que o seriam a compreensão ou as convicções sobre crenças específicas. Qualidades e graus diferenciados de compromisso com o grupo no princípio não seriam de admirar.

Importante como era a casa para o cristianismo paulino, ela deixa numerosos aspectos da vida dos grupos sem explicação. Não se trata simplesmente de dizermos que os processos rituais peculiares, os símbolos e as crenças centrais, dos cristãos raramente tinham algum ponto de contato com o culto doméstico de uma casa grega ou romana[13]; isto dificilmente nos surpreenderia. Também, em termos puramente sociais, existem elementos estranhos à estrutura da casa. A hierarquia não oferece elementos para captarmos a fonte dos tipos de poder e de liderança que rivalizavam entre si e predominavam sobre a posição do chefe da casa, ou que existiam nas pessoas que seguiam o Apóstolo itinerante e seus companheiros de trabalho ou nas figuras carismáticas presentes no grupo local. Ela deixa sem explicação não só a expressão ocasional de sentimentos anti-hierárquicos, mas também o sentido de unidade entre os cristãos na cidade inteira, na região ou província, e até além destas. Aparentemente havia outros modelos e outras ideias sociais em jogo.

A associação voluntária

Como vimos no capítulo anterior, o império romano primitivo presenciou intenso crescimento de agregações, agremiações e associações de todas as espécies. No século II, oficiais romanos e adversários literários do cristianismo muitas vezes identificavam os grupos cristãos com tais agremiações, principalmente as reuniões de cunho secreto e descontrolado que eram encaradas como alfobres

---

[13] Descrições breves da religião doméstica na Grécia e em Roma podem ser encontradas em Nilsson, 1954; 1961, 187-189, 195, 216s; Boehm, 1924, especialmente colunas 814-818; Rose, 1957 (o último nome mencionado em seu tratando principalmente dos tempos mais antigos).

de imoralidade e de sedição e muitas vezes, embora sem chegar às vias de fato, rejeitadas[14].

Alguns exegetas e estudiosos modernos, sobretudo os do século XIX, fizeram especulações no sentido de poderem afirmar que os primeiros grupos cristãos, de fato, podem ter imitado o modelo das associações voluntárias, especialmente os *collegia tenuiorum* comuns ou as sociedades funerárias[15]. Embora essas propostas não tenham conseguido grande apoio na época, recentemente houve novos convites para exame mais cuidadoso das analogias entre as associações e as primeiras igrejas[16]. Esse modelo não seria alternativa exclusiva para a casa, pois sabemos de exemplos em que se formaram associações em íntima união com casas específicas[17].

Realmente há semelhanças importantes entre os grupos paulinos e as associações privadas por nós conhecidas mediante inúmeras inscrições. Ambos eram grupos pequenos, em que intensas interações realizadas face a face eram possíveis e estimuladas. A pertença como membro era estabelecida pela decisão livre de se associar e não por nascimento, embora fatores de conexão étnica, de classe, de ofício e de profissão muitas vezes fossem importantes como contexto para as associações. Tanto os grupos cristãos quanto

---

[14] Plínio, *Ep*, 10.96 – notar, porém, que os cristãos na Bitínia haviam modificado algumas de suas práticas, particularmente as refeições comunitárias, depois que a maldição contra *hetaeriae* foi promulgada. Celso *apud* Orígenes, *C. Celsum*, 1.1; cf. Tertuliano, *Apol*. 38.1-3. Ver Wilken, 1970, 1971; Frend, 1965, 165-168, 191, 243s.

[15] Hatch, 1892, 26-55; Heinrici, 1876 e 1890, 409-417.

[16] Além das observações de Wilken, citadas na nota 14 *acima*, ver Judge, 1960a, 40-48, e Malherbe, 1977a, 87-91, que enfatiza especialmente a importância de ofícios e profissões no cristianismo primitivo e as possíveis conexões com organizações profissionais ou comerciais. Ver também Reicke, 1951a, 320-338; de Robertis, 1973, 1,33s; 2,64-69.

[17] Este é aparentemente o caso ocorrido com o "collegium quod est in domu Sergiae Paullinae" (CIL 6.9148), sobre o qual convém ver *acima*, Capítulo 1, nota 142. A associação de Dionísio fundada por Pompeia Agripinila, *acima* discutida, Capítulo 1, nota 143, é um dos mais famosos exemplos. Em dissertação Ph.D. que está fazendo na Universidade de Yale, L. Michael White argumentará que a associação cúltica de Agdistis *et al.* em Filadélfia era outro exemplo de um grupo baseado na casa-de-família.

as associações frequentemente incorporavam pessoas que se dedicavam a uma profissão ou a um ramo comercial comum.

Os grupos cristãos e as associações tinham lugar mais ou menos importante para os rituais e as atividades cúlticas, e também convidavam os membros para refeições comunitárias e outras atividades "fraternas". As providências relativas ao funeral adequado e à comemoração dos falecidos por ocasião de aniversários posteriores constituíam importante função em muitas associações. Não dispomos de provas sobre as práticas funerárias dos cristãos paulinos – um silêncio que em si serviria de base para duvidarmos da identificação direta dos grupos cristãos com os *collegia tenuiorum* –, porém, dificilmente podemos hesitar em dizer, diante do tipo de sentimento expresso em 1Ts 4.13-5.11 ou da enigmática referência ao "batismo em favor dos mortos" contida em 1Cor 15.29, que esses grupos seguramente providenciavam sepultamento adequado para os cristãos falecidos.

Tanto as associações privadas quanto os grupos cristãos também dependiam, até certo ponto, da beneficência de pessoas mais ricas que agiam como patronas ou protetoras, como já tivemos ocasião de observar em vários contextos. O cliente do *collegium* retribuiria os benefícios recebidos do seu patrono com inscrições encomiásticas, com títulos honorários, com coroas, talvez até com estátua – e com o controle efetivo da vida da associação, uma vez que não havia poderes que contrabalançassem na associação.

A tal propósito, como vimos, a comunidade cristã era bem diferente e os patronos podem ter tido razão de se sentirem um tanto desprestigiados[18]. O próprio Paulo adverte os coríntios, recomendando-lhes que tenham um pouco mais de respeito por tais pessoas, como Estéfanas (1Cor 16.15-18). Por outro lado, os *collegia* preservavam pelo menos a semelhança com o governo interno democrático, imitando a clássica *polis* na organização e nos procedimentos adotados para eleições e tomadas de decisões. É questionável o fato de que esses processos democráticos estivessem também em uso nas

---

[18] Devo este ponto de vista a William Countryman, em uma adotação nacional destinada a um seminário de Humanidades para os professores do colegiado na Universidade de Yale, 1977.

comunidades paulinas, mas a questão complica-se mais por causa das funções carismáticas e da possesão do espírito, que será mais amplamente discutida no próximo capítulo.

Havia também diferenças importantes entre os grupos cristãos e as associações voluntárias típicas. Antes de mais nada, os grupos cristãos eram exclusivistas e totalistas de maneira não igualada por nenhuma associação e nem mesmo por qualquer associação cúltica gentílica. Embora veremos depois que as fronteiras dos grupos paulinos eram um pouco mais abertas do que alguns outros círculos cristãos primitivos, ser "batizado em Cristo Jesus", de qualquer maneira, assinalava para os convertidos paulinos ressocialização de extraordinário alcance e profundidade, mediante a qual a seita pretendia tornar-se virtualmente o grupo primordial para seus membros, suplantando todos os outros tipos de lealdade. O único paralelo convincente na antiguidade era a conversão ao judaísmo, embora a adesão às seitas dos adeptos de Pitágoras ou de Epicuro possa, em alguns casos, ter chegado bem próximo.[19]

Correspondente a essa concepção mais exclusiva e orgânica de pertença como membro era a base motivacional mais profunda para a associação. Os estudantes de associações privadas geralmente concordavam em afirmar que suas metas primordiais eram o companheirismo e a convivência. As associações cúlticas tinham, além disso, certas funções específicas ligadas às festas, procissões e santuários dos deuses. As metas dos cristãos eram menos segmentadas; elas se relacionavam com a "salvação" em sentido abrangente.

De outro lado, os grupos cristãos eram muito mais inclusivos em termos de estratificação social e de outras categorias sociais do que as associações voluntárias. Havia certo cruzamento de fronteiras sociais nas associações, principalmente sob a influência romana no período que nos interessa, de modo que listas de membros e de funcionários, com não pouca frequência, incluem tanto homens quanto mulheres, pessoas livres por nascimento, libertos e escravos.

---

[19] Nock, 1933a, 164-186; ver mais adiante neste capítulo, a Escola Filosófica ou Retórica.

Raramente, porém, há evidência de igualdade de função entre essas categorias, e, na maioria dos casos, as associações tendiam a reunir pessoas socialmente homogêneas[20]. Como vimos no capítulo anterior, foi precisamente a heterogeneidade de *status* que caracterizou os grupos cristãos paulinos.

É evidente, pela quase completa ausência de terminologia comum para os próprios grupos ou para seus líderes, que os grupos cristãos não se pautavam conscientemente de acordo com o modelo das associações. Embora na literatura posterior o grupo cristão seja ocasionalmente chamado *thiasos, factio, curia, corpus*, etc.,[21] em parte alguma nas epístolas paulinas encontramos qualquer dos termos usados e característicos nas associações gregas e romanas[22]. Paulo usa o verbo *synagein* somente uma vez, para referir-se não à fundação de grupo, mas à reunião para finalidade específica (1Cor 5.4), e o substantivo correspondente, *synagoge*, não o usa nunca[23].

Por outro lado, não consigo encontrar um só exemplo de *ekklesia*, nem dos epítetos usados por Paulo no começo das cartas – "os santos", "os chamados" (ou "eleitos"), ou "amados de Deus" – nos títulos das associações[24]. A escolha de *ekklesia* poderia parecer ter paralelo estrutural na linguagem das associações, porque elas

---

[20] Ironicamente, a mistura de homens livres, mulheres, estrangeiros, escravos e libertos era uma das semelhanças entre as associações e as igrejas primitivas citadas por Hatch, 1892, 31. Ele baseou isto grandemente em Foucart, 1873, mas pesquisadores posteriores concluíram que Foucart exagerava a mistura de camadas sociais e principalmente as posições de escravos e mulheres nos *collegia*. Ver especialmente Poland, 1909, 277-329, e Bömer, 1957-1963, 1,17-29, 134-136, 510-514; 2,185 e *passim*; 3,135-137, 145-153, 173-195,358; 4,138-205, 238-241.

[21] Eusébio, *HE* 10.8; Tertuliano, *Apol*. 38-39; sobre o último, ver Wilken, 1971, 283s.

[22] Poland, 1909, Capítulo 1, compilou uma lista muito extensa dos termos gregos; para os latinos, ver de Robertis, 1973, 1,10-21; e Waltzing, 1895-1900, 4,236-242.

[23] A afirmação frequentemente feita, de que ele evita *synagogé* preferindo *ekklesía* por causa das conotações teológicas da primeira, é refutada por K. Berger, 1976.

[24] *Ekklesía* era às vezes usada para reuniões de associações que tratavam de negócios, porém. Tais reuniões raramente são mencionadas em inscrições, de modo que esse uso pode ter sido mais comum do que conhecemos. Poland, 1909, 332, cita dois, possivelmente três exemplos.

geralmente imitavam os termos técnicos usados para a estrutura da cidade republicana, e o uso mais conhecido do termo *ekklesia* se destinava à assembleia de votação dos cidadãos livres em Atenas e em outras cidades livres de constituição grega. Na realidade, porém, o uso cristão parece ter tido como mediação a tradução dos Setentas da frase bíblica *qᵉhal yhwh* e pela extensão desse uso favorecida por escritores judeus gregos[25].

Os nomes de ofícios ou funções municipais, que muitas vezes eram adotados pelas associações, *prytanis*, tesoureiro, secretário, *decuriones*, *quinquennales* etc.[26], acham-se ausentes das epístolas paulinas. Os únicos candidatos a títulos comuns aos grupos paulinos e às associações são *episkopos* (Fl 1.1) e *diakonos* (Fl 1.1; Rm 16.1), que nestas passagens *podem* ter sentido técnico designando "ofício" local, e *prostatis* (Rm 16.2), que quase certamente não tem. *Prostates* é muitas vezes usado em inscrições de associações, ou como designação funcional (presidente do ofício; cf. 1Ts 5.12) ou como título, mas, onde a influência romana é forte, como certamente acontecia em Corinto e Cencreia, muitas vezes serve para traduzir *patronus*[27]. Este é o sentido em que a forma feminina é aplicada ao *diakonos* Febe[28]. Quando *diakonos* aparece em inscrições de associação, parece sempre referir-se a pessoas cuja função envolvia mais ou menos diretamente o serviço às mesas; o uso técnico cristão é bem diferente[29]. Somente *episkopos*, portanto, é provável que tenha sido tirado do uso feito nas associações[30], e dificilmente começou a aparecer na terminologia cristão da época de Paulo.

Finalmente, as associações oferecem pequeno auxílio, semelhante ao dado pela casa para explicar ligações extralocais do movimento cristão. Cada associação, até as que serviam as divindades internacionalmente populares, era fenômeno local contido em si mesmo.

---

[25] Linton, 1959; K. Berger, 1976, 169-183; Schmidt, 1938.
[26] Poland, 1909, 363-366.
[27] Ver *acima*, p. 136.
[28] *Acima*, Capítulo 2, nota 62.
[29] Para exemplos de *diákonos* em inscrições, ver Poland, 1909, 391-393.
[30] Lietzmann, 1914, 96-101.

A sinagoga

Como o cristianismo era ramificação do judaísmo, os grupos cristãos urbanos evidentemente tinham a sinagoga da Diáspora como o modelo mais aproximado e mais natural. Além do mais, a sinagoga incorporava traços dos dois grupos que já analisamos, a associação e a casa. As comunidades judaicas eram construídas legalmente como *collegia* e adotavam muitos aspectos da estrutura colegial[31]. E as características do ritual judaico exigiam que a casa se tornasse, dentro de ambiente gentio, uma comunidade cúltica fechada em si mesma[32]. Ainda mais, os judeus possuíam o que, de modo mais visível, faltava nesses dois modelos comparados com o cristianismo paulino – o senso de pertença a entidade mais ampla: Israel, o Povo de Deus, concretamente representado pela terra de Israel e pelo Templo em Jerusalém[33].

Existem, de fato, numerosas semelhanças entre as comunidades judaicas nas cidades greco-romanas e nos grupos paulinos que se desenvolveram ao lado delas. Como tivemos oportunidade de observar, o termo *ekklesia*, tal como é usado por Paulo, parece pressupor o uso especial dos judeus de língua grega, mesmo sem termos prova alguma de que haja sido aplicado à comunidade judaica em determinado lugar[34].

A prática de reunir-se em casas particulares era provavelmente expediente usado pelos judeus em muitos lugares, como acontecia com os cristãos paulinos, a julgarmos pelas reminiscências de edifícios de sinagogas em Dura-Europos, Estóbio, Delos e alhures, onde residências privadas eram adaptadas para fins de culto[35]. Nas cidades

---

[31] Ver Capítulo 1.
[32] Ver Gülzow, 1974, 198.
[33] Cf. as observações feitas por Bickerman, 1949, 70-73, e o material interessante colecionado por Davies, 1974, 3-158.
[34] Linton, 1959, e K. Berger, 1976. Nenhuma das descrições das reuniões dos judeus aos sábados (ou dos terapeutas) para ouvir as escrituras que eram lidas, extraídas de Filon e Flávio Josefo e citadas por Berger (175) na realidade usa o termo *ekklesía*.
[35] Ver Hengel, 1966, 160-164.

onde Paulo fundava comunidades, porém, os judeus provavelmente já haviam passado para o estágio em que possuíam edifícios usados exclusivamente para as funções de comunidade. Os tipos de atividades realizadas nas reuniões também eram provavelmente semelhantes, incluindo leitura e interpretação da Escritura, orações, refeições comunitárias, mas em caso algum se achavam os sacrifícios característicos dos cultos gentios. As reuniões paulinas também eram marcadas pela profecia, por admoestações, pela leitura de epístolas apostólicas, pela glossolalia e por outros fenômenos de possessão do espírito. É impossível dizer se essas coisas, também, tinham analogias nas sinagogas; à luz da descrição de Filon das vigílias dos terapeutas, seria insensato negar essa possibilidade[36].

Evidentemente, havia rituais peculiares ao cristianismo, embora estes, também, tivessem pelo menos algumas analogias no judaísmo, nas abluções rituais, na iniciação de prosélitos e nas refeições comunitárias[37]. Além disso, a comunidade judaica assumia a responsabilidade de resolver as discórdias internas, e Paulo, no mínimo, esperava que o mesmo fosse feito na *ekklesia*[38]. O mais importante é que os cristãos paulinos tomaram a escritura, partes grandes e básicas do sistema de crença, e boa quantidade de normas e tradições, no todo ou com algumas modificações, das sinagogas de língua grega.

Tendo em vista essas semelhanças e essas conexões palpáveis, é de admirar que haja tão poucas provas de qualquer imitação da organização específica da sinagoga nas epístolas paulinas. Na realidade, temos muito poucas informações sobre a estrutura interna das sinagogas no império antigo, para sentirmos segurança sobre o que deve ser procurado e considerado; a maioria das provas que temos provêm de época posterior[39].

---

[36] *Vit. Cont.* 66-90.
[37] Ver Capítulo 5.
[38] 1Cor 6.1-11, sobre o qual convém ver depois no capítulo 4. Sobre os processos judiciais. judaicos, ver, por exemplo, Flávio Josefo, *Ant.* 14-235.
[39] Hengel, 1971b, 166s, argumenta depois que a sinagoga pode ter tido estrutura mais flexível, menos diferenciada no período mais antigo do que depois que os desastres decorrentes das revoltas do primeiro e do segundo séculos diminuíram a importância do centro palestinense.

Mais uma vez, porém, como no caso dos *collegia*, a terminologia de funções e de títulos de honra é diferente. Não encontramos *archisynagogos* ou algum *archontes* – exceto os imperiais míticos e romanos – nas epístolas de Paulo, nem o termo *synagoge* é usado para a assembleia. Assim sendo, embora haja os que funcionam como patronos ou protetores, eles não recebem títulos honoríficos como *pater* ou *mater synagoges*.

O papel das mulheres no movimento paulino é muito mais amplo e muito mais próximo em igualdade ao dos homens do que no judaísmo contemporâneo[40]. E, naturalmente, as exigências para a pertença como membro são drasticamente diferentes. A comunidade étnica não serve mais de base; Paulo descreve sua própria missão como primordialmente dirigida "aos gentios" (Gl 2.1-10; Rm 1.5.13s; 11.13; 15.14-21), embora a unidade entre judeus e gentios dentro da *ekklesia* fosse assunto de interesse central para ele.

Paulo, explícita e enfaticamente, rejeitava o ritual da circuncisão e as outras observâncias que distinguiam os judeus dos gentios, embora a controvérsia na Galácia mostre que isto não era de forma alguma passo evidente por si mesmo. Nesse conflito, na sua manifestação mais antiga em Antioquia, recordada por Paulo nesse contexto, Gl 2.11-14, possivelmente na rivalidade entre Paulo e outros apóstolos mencionada em 2Cor 10-13, e provavelmente no conflito posterior em Colossas citado por um discípulo de Paulo em nome deste, alguns dirigentes cristãos evidentemente queriam certificar-se de que os meios já provados, tradicional e biblicamente sancionados, mediante os quais os judeus haviam mantido a sua identidade em cultura gentílica, continuariam a servir para a comunidade do Messias Jesus[41]. A veemência com que Paulo e os outros dirigentes

---

[40] Ver Meeks, 1974, 174-179, 197-204; apesar das dúvidas levantadas por Cameron, 1980.

[41] A controvérsia moderna sobre essas discussões antigas floresceu a partir das propostas feitas no século XIX por Ferdinand Christian Baur e não mostra sinal algum de arrefecimento. O espírito de Baur ressurgiu recentemente graças a Betz, 1973, 1979; Lüdemann, 1979; e outros. Acho que a afirmação deles sobre movimento antipaulino, único, unificado, judeu-cristão, no século I é dedução desnecessária supostamente extraída das fontes, e não a maneira mais econômica de levar em conta as poucas provas que temos. Além do mais, o quadro

do seu círculo mais próximo combatem essa posição sugere que, para eles, havia alguma outra concepção da comunidade operante, alguma concepção não diretamente decorrente da experiência das sinagogas.

Escola filosófica ou retórica

Há um quarto modelo da antiguidade com que os grupos cristãos primitivos, e particularmente os paulinos, foram comparados: a escola. A comparação já foi feita no século II, quando Justino, Mártir, apresentou o cristianismo como "a verdadeira filosofia", e depois por outros apologistas dos séculos II e III. ROBERT WILKEN argumentou que essa analogia foi apresentada deliberada e astuciosamente para desfazer a suspeita em que incorrera o movimento de ser associação cúltica nova e ridícula, do tipo que sempre foi encarado com desagrado pela aristocracia e pelos funcionários imperiais encarregados de observar e vigiar os grupos que poderiam tornar-se subversivos.[42] Recentemente, porém, foi proposto que as comunidades de discípulos de mestres conhecidos, tanto filósofos quanto retóricos, que se tornaram tão importantes no alto e tardio Império Romano, eram muito semelhantes em organização à missão paulina.

Por certo, geralmente não é a comunidade local como tal que é descrita, na maioria das vezes, como a "escola de Paulo", porém, com maior frequência o círculo de companheiros de trabalho e de dirigentes. Muitas vezes a expressão tem sido usada mais descuidadamente – ou mais amplamente –, referindo-se apenas a algum tipo de continuidade de pensamento e tradições, que persistiram durante

---

das controvérsias apresentado pela exegese e pelos estudos alemães foi, no meu entender, exclusivamente teológico em grau demasiado. As implicações sociais do fato de continuar ou de abandonar as práticas rituais judaicas podem ter sido pelo menos tão importantes, não só por causa dos vários adversários de Paulo e do próprio Paulo, mas também por causa das crenças teológicas e cristológicas. Para Paulo, naturalmente, os fatores pragmáticos eram inseparáveis da teologia e da cristologia. Ver Dahl, 1977, 95-120.

[42] Wilken, 1971.

um tempo e que puderam ser distinguidas de outras correntes no cristianismo primitivo.

Em 1966, porém, HANS CONZELMANN propôs que havia uma "escola de Paulo" em sentido mais concreto, "uma operação-escolar conscientemente organizada por Paulo – onde metodicamente se buscava a 'sabedoria' ou se desenvolvia a teologia como instrução de sabedoria"[43]. A escola localizava-se, pensava CONZELMANN, em Éfeso, embora a única prova que ele citava fosse a presença lá de Apolo, Áquila e Prisca, e os "diálogos" na *schole* de Tirano mencionada em At 19.9[44]. CONZELMANN contenta-se em discutir a reelaboração de tradições como prova da atividade similar à de escola; não apresenta sugestões sobre a estrutura da suposta escola, nem a relaciona com quaisquer formas sociais contemporâneas, exceto a categoria muito vaga da "sabedoria judaica"[45].

Seis anos antes, E. A. JUDGE fora ainda mais longe, sugerindo que Paulo e sua "comitiva" havia seguido principalmente modelos retóricos, fundando grupos locais que não eram organizados quais comunidades cúlticas, como os antigos entendiam o culto, mas como "comunidades escolásticas", procurando realizar "missão intelectual" por caminhos que muitas vezes se assemelhavam

---

[43] Conzelmann, 1965, 233. Cf. idem, 1966, 307s.

[44] Conzelmann, 1965, 233, n. 7. Em todo caso, Malherbe argumenta que a *schole* pode muito bem ter sido sala de grêmio, o lugar de reunião de associação comercial ou profissional. Sobre a *schole* como local de reunião de *collegium*, ver Jones, 1955, 172; Poland, 1909, 462; D. E. Smith, 1980, 128s. Cf. Heinrici, 1890, 413, nota **.

[45] Pearson, 1975, 51, refutou muitas das provas exegéticas que Conzelmann usou para apoiar sua tese, sem, contudo, rejeitar inteiramente a noção de atividade de escola em Éfeso. Numerosos estudiosos viram dados que evidenciavam a existência de uma escola de Paulo, em certo sentido geral, na produção de cartas pseudônimas escritas em seu nome, inclusive Conzelmann, 1966, 307. John Knox, 1942, 14s, achou que "a continuação no século II de comunidades distintamente paulinas... é a melhor explicação tanto para o próprio Marcião, quanto para a resposta surpreendentemente rápida e difundida dada a ele". Gamble, 1977. 115-126, encontra provas para uma escola paulina na "catolicização" das epístolas paulinas, isto é, na revisão do texto para retirar particularidades, como acontece nas versões dos capítulos 14 e 15 da Epístola aos Romanos. Cf. Dahl, 1965.

a "sociedade para debates"⁴⁶. Os contemporâneos teriam encarado Paulo e seus seguidores como "sofistas", categoria que durante o período romano incluía filósofos bem como retóricos⁴⁷.

O esboço de JUDGE é ousado e impressionante, mais baseado no relato contido nos Atos do que em provas extraídas das cartas, e ignora questões críticas sobre ambos os tipos de fontes. Não obstante, ele provocou considerável discussão, pois levantou questões específicas sobre a maneira como novos grupos nas cidades greco-romanas se sustentavam, encontravam lugares para se reunir, conquistavam auditório, e ele propunha respostas com base em analogias específicas conhecidas em tal ambiente. O próprio JUDGE concorda em dizer que seu modelo sozinho não é adequado, porque o modo de agir de Paulo diferia sob aspectos importantes de modo de agir de sofista típico: "Que outro pregador itinerante estabeleceu um núcleo de sociedades corporativas independentes dele próprio e, não obstante, ligadas a ele por intercâmbio constante de delegações?".⁴⁸

Certamente é verdade que Paulo e os outros dirigentes do seu círculo se dedicaram a atividades de magistério. Os convertidos eram instruídos nas crenças e normas do novo movimento, crenças e normas até certo ponto formuladas e transmitidas como tradições específicas (*paradoseis*)⁴⁹, e essas tradições eram discutidas e analisadas. Além disso, tais crenças e normas eram aplicadas mediante processo contínuo de recomendação e exortação, abundantemente representado nas epístolas e que era da responsabilidade de dirigentes em cada comunidade⁵⁰. Tudo isso correspondia de algum modo à tradição da "direção das almas", que nos períodos helenista e romano foi sendo considerado cada vez mais a província de filósofos e dos pregadores filosóficos populares. Além do mais, os dirigentes do círculo paulino estavam

---
⁴⁶ Judge, 1960b.
⁴⁷ *Ibidem*, 126.
⁴⁸ *Ibidem*, 135.
⁴⁹ Ver adiante neste capítulo.
⁵⁰ Por exemplo, as funções dos que "presidem" em Tessalônica incluem "advertências" feitas às comunidades, 1Ts 5.12.

evidentemente familiarizados com a maior parte dos tópicos vigentes no discurso moral helenista e com alguns aspectos do estilo desse discurso[51].

É verdade que as escolas filosóficas não ofereciam apenas ideias de modelos de linguagem que possam proficuamente ser comparados com formas de discurso cristãs primitivas, mas apresentavam também modelo social. Os estudiosos da filosofia antiga deram relativamente pouca atenção à forma e à organização das escolas em si, mas alguns observaram que, mesmo no período clássico da filosofia grega, a escola não era às vezes organizada como "fraternidade religiosa, *thiasos*, dedicada às deusas da cultura"[52].

Ao fazer essa descrição, MARROU pode ter exagerado a influência dos pitagóricos sobre outras escolas; dificilmente existe alguma coisa no relato de Flávio Arriano sobre as aulas de Epicteto nos escritos existentes de Musônio Rufo e de Sêneca, por exemplo, que sugira uma organização assim fechada de discípulos iniciados. Este, porém, é o quadro dominante não só dos pitagóricos, mas também dos epicureus – as duas escolas sobre as quais nós infelizmente menos conhecemos, sobretudo no período romano.

A maioria das informações de que dispomos sobre os pitagóricos vem da coleção em cinco partes feita pelo entusiasta neoplatônico Iamblico em fins do século III d.C.[53] e da *Vida de Apolônio* escrita por Filostrato, mestre e operador de milagres, pitagórico do século I,

---

[51] Isto efetivamente demonstrou-o Malherbe, que enfatizou especialmente a importância das diversas variedades da tradição cínica e pelos seus alunos; por exemplo, Malherbe, 1968, 1970, 1976, e o artigo in ARW, p. 2, vol. 28; Balch, 1981; Hock, 1978, 1980. A obra de Hans Dieter Betz e de outros participantes atuantes no Corpus Hellenisticum ad Novum Testamentum também mostrou conexões múltiplas entre as epístolas de Paulo e as questões e práticas retóricas da época: Betz, 1972, 1975, 1979. Ver também Judge, 1968, 1972; Wuellner, 1979.

[52] Marrou, 1955, 34.

[53] A coleção é composta de: "The Pythagorean Life" (*Perì tou Pythagorikou bíou*), edição em inglês de L. Deubner (1937), convenientemente apresentada com tradução alemã em Albrecht, 1963, e traduzida para o inglês em Hadas e Smith, 1965, 107-128; "Introduction to Philosophy" (*Lógos protreptikòs eis philosophían*), edição inglesa de H. Pistelli (1888); e três obras sobre matemática, editadas por N. Festa (1891), H. Pistelli (1894) e V. de Falco (1922).

sob o patrocínio de Júlia Domna (mas talvez depois de sua morte, mais ou menos em 217)[54].

A narração de Iamblico contém uma descrição da escola fundada pelo próprio Pitágoras em Crotona, na Itália meridional, na qual os jovens, pessoalmente selecionados por Pitágoras, eram introduzidos depois de um período de três anos de provação e experiência, seguido de noviciado de silêncio com a duração de cinco anos (*Vit. Pyth.* 17.71-74). Eles entravam em fraternidade caracterizada pela comunhão de bens, por regime diário cuidadosamente organizado e por rigorosos tabus relacionados com dieta e vestuário (21.95-100). É impossível sabermos com certeza até que ponto esse quadro é o resultado de idealização e imaginação posteriores ou, infelizmente, se algumas comunidades de (neo)pitagóricos existiam na época do antigo principado romano[55].

Embora muita coisa permaneça misteriosa sobre os epicureos também, pelo menos sabemos que existiam comunidades epicureias prosperando nos tempos romanos e que algumas delas faziam propaganda ativa para conquistar prosélitos[56]. Há muita coisa na vida dessas comunidades que nos lembra as comunidades paulinas. Baseadas nessa "instituição altamente adaptável, e casa helenista"[57], elas se esforçaram por criar a intimidade de família entre os membros, que incluíam homens e mulheres, escravos e livres, unidos pelo amor (*philia*), "o bem imortal"[58]. Não havia hierarquia rígida

---

[54] Constatável na edição Loeb da autoria de F. C. Conybeare (1960). Sobre o difícil problema das fontes para o desenvolvimento mais antigo das tradições de Pitágoras e sobre Pitágoras, ver Thesleff, 1965; Vogel, 1966; Burkert, 1961, 1962.

[55] Discussões sobre a organização da escola Pitagórica podem ser encontradas em von Fritz, 1960; Minar, 1942; Vogel, 1966; 150-159; cf. Burkert, 1962, 166-208.

[56] De Lacy, 1948; cf. Cícero. *De fin.* 1.65: "– que grupos de amigos Epicuro reunia em uma casa pequena e que afeição e simpatia os unia! E isso ainda continua entre os epicuristas".

[57] DeWitt, 1954a, 93.

[58] *Sent. Vat.* 78; cf. *Ibidem*, 52: "A amizade (*philía*) vai dançando em volta do mundo, proclamando para todos nós que devemos despertar para os valores de uma vida feliz". Cf. DeWitt, 1954a, 101-105, 178s, 307-310; Festugière, 1946, 27-50; Baldry, 1965, 147-171. Ver também Diógenes Laércio 10.120b sobre *philía* e *koinonía* no epicurismo e o muitas vezes citado julgamento de Sêneca, *Ep.* 6.6: "Não é a instrução, mas a camaradagem (*contubernium*) que fez grandes homens como Metrodoro, Hermarco e Polieno". Ver depois DeWitt, 1936a.

de ofícios, mas alguma diferenciação funcional, baseada no estágio de progresso no pensamento da escola. O treinamento de recrutas e principalmente a prática regular da admoestação, "arte multifacetada", eram usadas com numerosos pormenores.[59] A unidade e a perseverança da escola atraíam admiração impregnada de inveja ou ciúme na antiguidade. Numênio, por exemplo, disse: "A escola de Epicuro se parece com verdadeira república [politeia], ao mesmo tempo livre de sectarismos, partilhando uma só mente e uma só disposição [hena noun, mian gnomen], de que eles eram, são e, ao que parece, serão de bom grado seguidores"[60].

Além do mais, ficou registrado que Epicuro resolveu manter essa unidade entre os grupos de seus seguidores estabelecidos em diferentes lugares, escrevendo cartas "aos amigos" em tais localidades[61]. Por vários caminhos, pois, os grupos fundados por Paulo e seu círculo e os grupos que traçaram suas bases de acordo com Epicuro parecem ter chegado a soluções semelhantes para numerosas metas e exigências práticas paralelas. As analogias exigiriam investigação mais cuidadosa do que o presente contexto permite[62].

Por meio dessa rápida visão panorâmica das escolas pitagórica e epicureia, porém, o que fica evidente é que elas se parecem com as comunidades paulinas exatamente à medida que tomam a forma de casas modificadas ou de associações voluntárias, ou seja, os outros dois modelos oriundos da antiguidade que, além do caso especial dos judeus, analisamos anteriormente. Este fato introduziria certa cautela em qualquer discussão de uma escola paulina.

---

[59] A organização interna das escolas nos tempos romanos é revelada até certo ponto pelo rolo de papiro do *peri parresías* de Filodemo, descoberto no princípio deste século em sua vila Herculana. Sigo a análise de DeWitt (1936b).

[60] Apud Eusébio *Praep. Ev.* 14.5. Sobre a impressionante continuidade e conservadorismo dos epicuristas, ver também o artigo sobre "autodefinição".

[61] Usener, 1887, 135s: *pròs toùs en Aigýpto phílous, pròs toùs em Asía phílous, pròs toùs en Lampsáko phílous*. Nenhum deles existe hoje.

[62] As propostas um tanto indisciplinadas apresentadas por DeWitt, 1954b, podem ter colaborado mais para deter do que para estimular um estudo sério nessa área, apesar das valiosas observações espalhadas pelo livro. Cf. Malherbe, 1977a, 25-28.

É útil sabermos que havia forte elemento exegético, acadêmico e retórico nas atividades dos grupos paulinos, mas eles não constituirão os elementos essenciais do movimento. São subordinados, secundários. JUDGE, por exemplo, rejeita com demasiada pressa a associação cúltica como analogia para os grupos paulinos. É verdade que o cristianismo não teve um *cultus* do tipo do que praticavam as associações cúlticas mais bem estabelecidas, com sacrifícios públicos ou privados, com procissões públicas e festas. Também diferia de maneira significativa dos mistérios de iniciação. Não obstante, tinha realmente ritual de iniciação, ritual que se apresenta como sendo muito importante nas epístolas paulinas e deuteropaulinas, refeição ritual central na sua vida comunitária e tradições que evoluíram rapidamente para outras tipos de comportamento ritualizado. (Ver Capítulo 5).

O fato é que nenhum dos quatro modelos que examinamos agora abrange em seu todo a *ekklesia* paulina, embora todos ofereçam significativas analogias. Pelo menos, a casa continua sendo o contexto básico dentro do qual a maioria se não a totalidade dos grupos paulinos locais se estabeleceram, e a vida multifacetada das associações voluntárias, a adaptação especial da sinagoga à vida urbana e a organização da instrução e da exortação em escolas filosóficas propiciam exemplos de grupos que resolvem certos problemas que os cristãos, também, tinham que enfrentar. Para conhecermos as estruturas usadas pelo movimento paulino, porém, que afinal de contas foi único, precisamos recorrer às fontes mais antigas que ele nos deixou.

A sociedade e seus limites

Para poder persistir existindo, uma organização social precisa ter limites, precisa manter estabilidade estrutural bem como flexibilidade e precisa criar cultura única[63]. O segundo fator, a estrutura social da organização, está grandemente ligado à liderança, ao exer-

---

[63] Olsen, 1968, 65-70.

cício do poder, à diferenciação de papéis e ao controle do conflito. Todos esses tópicos são adiados para o próximo capítulo.

Saber como os cristãos paulinos desenvolveram "cultura única" é assunto extremamente complicado e teremos que lidar com ele de várias maneiras ao longo deste livro. Por enquanto, quero apenas procurar conhecer os caminhos através dos quais esses grupos se identificaram como grupos ou como movimento, e isto requer que investiguemos principalmente o primeiro fator, os limites traçados entre os grupos e seu ambiente social e parte do que fez sua cultura ser única, isto é, os aspectos da língua, da prática e dos sentimentos e atitudes expressos que davam coesão ao grupo.

Para os nossos objetivos, "coesão social" pode convenientemente ser definida da maneira como Leon Festinger o faz: "O resultado de todas as forças que agem sobre os membros para que permaneçam no grupo"[64]. A coesão interna e a criação de limites contra os que vêm de fora são fatores complementares e é melhor que sejam considerados juntos. A questão dos limites pode prolongar-se mais para ajudar-nos a chegar ao problema mais amplo da "resposta ao mundo" dada pelo grupo, o problema que Brian R. Wilson tomou como elemento para classificar os vários tipos de "seitas"[65].

As categorias que seguem não foram deduzidas sistematicamente de alguma teoria sociológica, mas são adotadas simplesmente como escaninhos convenientes para guardar vestígios de certas espécies de evidência que surgem nas linhas e nas entrelinhas das epístolas paulinas.

A linguagem que exprime a pertença

As cartas do círculo paulino são ricas em palavras e frases que falam dos cristãos como sendo grupo muito especial e das relações entre eles em termos carregados de emoção. Muitas vezes os destinatários das epístolas são chamados "santos" ou "sagrados"

---

[64] Citado por Schachter, 1968, 542, extraído de "Informal Social Communication" in *Psychological Review* 57 (1950), 274.
[65] B. R. Wilson, 1973, especialmente, p. 21.

(*hagioi;* uma vez *hegiasmenoi;* 1Cor 1.2; 2Cor 1.1; Fl 1.1; Rm 1.7; Ef 1.1; Cl 1.2).

O termo é o equivalente funcional de *ekklesia* usado no começo das cartas, como o é também alhures quando empregado na terceira pessoa (Fm 5 e 7; 1Cor 6.1s em contraste aos "injustos" que são as pessoas de fora; Cl 1.4; muitos manuscritos de 1Ts 5.27). Também é usado para designar cristãos em outros lugares, principalmente ao enviar saudações de um lugar para outro (2Cor 13.12; Fl 4.21s; Rm 16.15) e em afirmações sobre a coleta para "os santos" em Jerusalém (Rm 15.25s; 1Cor 16.1,15; 2Cor 8.4; 9.1.12). Observemos também as conclusões práticas tiradas em Rm 16.2: Febe deve ser recebida "como convém a *hagioi*".

O termo *eleito* e seus afins também são importantes (1Ts 1.4; Rm 8.33; Cl 3.12; 1Cor 1.27; Ef 1.4; de um indivíduo em Rm 16.13), assim como o é a posição relacionada com ele, *chamado* (1Cor 1.9; 7.15,17-24; Gl 1.6,15; 5.8,13; 1Ts 2.12; 4.7; 5.24; 2Ts 2.14; Cl 3.15; Ef 4.4; cf. Rm 8.30; 9.24-26; e 2Ts 1.11). As noções segundo os quais os membros são "amados" de modo peculiar por Deus (Rm 1.7; Cl 3.12; 1Ts 1.4; 2Ts 2.13; cf. Rm 5.5,8; 8.35,39; 15.30; 2Cor 5.14; 13.11,13; Ef 2.4; 3.19; 5.2,25; 2Ts 2.16) e de que são "conhecidos" por ele (1Cor 8.3; Gl 4.9) são também impressionantes. Todos esses termos são extraídos da linguagem bíblica que se refere a Israel; o próprio Paulo ainda usa vários deles, aplicados ao povo judeu, em Rm 9-11.

O uso repetitivo desses termos especiais para o grupo e seus membros desempenha um papel no processo de ressocialização pelo qual uma identidade individual é revista e harmonizada com a identidade do grupo, especialmente quando acompanhado de termos peculiares e específicos aplicados "aos de fora", ao "mundo". Por meio desse tipo de conversa os membros aprendem a conceber apenas duas classes de humanidade: a seita e os de fora.

À medida que esse processo é eficiente, cada um deveria pensar de si mesmo em toda atividade, empregando os termos da nova classificação de tipos: "Sou crente" ou "Estou em Cristo". A designação, a título de estigma, feita pelos de fora nos mesmos termos ou em termos equivalentes – "Ele é cristão" –, mas com conotações hostis reforça a autoestigmatização. Este é ponto a que teremos que voltar.

Particularmente impressionante é a linguagem que fala dos membros dos grupos paulinos como se fossem família. São filhos de Deus e também filhos do Apóstolo. São irmãos e irmãs entre si; referem-se uns aos outros usando a palavra "amado(s)". As epístolas paulinas são ricas fora do comum em linguagem emocional: alegria e regozijo, angústia, saudade[66]. Por exemplo, a mais antiga delas, em seus agradecimentos iniciais, dirige-se aos cristãos tessalonicenses como "irmãos amados por Deus" e menciona a "alegria do Espírito Santo" associada à conversão deles (1Ts 1.4,6).

Seguramente, era (e é) comum nas cartas incluirmos bem no começo algumas frases filofronéticas, linguagem destinada a transmitir a estima do escritor ao destinatário e a estimular sentimentos positivos deste último para com o escritor[67], mas tanto o número quanto a intensidade das frases afetivas nas epístolas paulinas são extremamente incomuns. Os apóstolos foram "entre vós tão delicados quanto seria a mãe com os próprios filhos" (1Ts 2.7)[68]. Eles contam que se sentiram "tão afeiçoados a vós que tinham vontade de dar-vos não só o evangelho de Deus, mas também suas próprias almas, porque vós vos tornastes muito amados por nós" (1Ts 2.8).

Em 1Ts 2.17 da mesma epístola, um clichê epistolográfico ("ausente em pessoa mas presente no espírito") é intensificado pelo uso de palavras carregadas de emoção: "Privados [aporphanisthentes] de vós por certo tempo, pessoalmente, mas não de coração, decidimos firmemente, com grande saudade, rever a vossa face". A seção 1Ts 2.17-3.11 é particularmente densa em tal linguagem, enfatizando a grande consideração do autor[69] pelos destinatários, a dor da separação, seu desejo de vê-los, e narrando o suspense que ele experimentou enquanto esperava Timóteo para confirmar que a afeição era

---

[66] Webber, 1971; Olson, 1976.
[67] Ver seção 3 do artigo de Malherbe in ANRW, p. 2, vol. 28.
[68] Malherbe, 1970, mostrou a semelhança dessa linguagem e o contexto inteiro na primeira parte do capítulo 2, com a usada na tradição cínica para distinguir "cínicos ásperos" de "cínicos mansos".
[69] Embora o plural continue e Silvano como coautor não possa ser totalmente esquecido, é principalmente Paulo quem fala aí, como 1Ts 3.1s,6 indica.

mútua e que eles ainda continuavam firmes, o que só fazia aumentar o desejo que Paulo sentia de vê-los pessoalmente.

A expressão "quanto à afeição fraterna" (*peri philadelphia*) é formalmente introduzida em 1Ts 4.9 com a afirmação de que os destinatários já cumprem o mandamento ensinado por Deus de "se amarem uns aos outros" para com "todos os irmãos em toda Macedônia" (1Ts 4.10). A seção escatológica 1Ts 4.13-5.11 focaliza a angústia da separação entre os vivos e os membros da comunidade que morreram, como veremos com mais pormenores, *abaixo* neste capítulo e no capítulo 6.

A série conclusiva de breves admoestações ou recomendações fala, novamente com muitos termos afetivos, de atitudes e sentimentos ou de interações no grupo, começando com o conselho no sentido de terem consideração com os dirigentes locais "no amor" (1Ts 5.13) e terminando com a orientação de "saudar todos os irmãos com ósculo santo" (v. 26).

Uma das últimas epístolas autênticas, a Epístola aos Filipenses, contém, se possível ainda em grau maior, essa linguagem expressando laços pessoais íntimos entre os destinatários e os escritores. Além do mais, nesse exemplo, os cristãos em Filipos reforçaram tais laços enviando um presente a Paulo (1Ts 4.10-20), ato que, segundo 4.15, representa o relacionamento excepcional (cf. 2Cor 11.7-9).

A ligação é também enfatizada pela calorosa linguagem usada tanto pelos mensageiros dos filipenses quanto pelos de Paulo: a descrição que Paulo faz de Epafrodito (e do interesse deste pela sua comunidade doméstica e dos filipenses por ele: 1Ts 2.25-30), que veio de Filipos para estar com Paulo, e de Timóteo, que ele enviará em breve a Filipos (1Ts 2.19-24). Assim sendo, esses intermediários se transformam em mediadores não só de informação, mas também das relações pessoais que os dirigentes têm o cuidado de enfatizar.

Os cristãos primitivos de todos os tipos parecem ter-se chamado uns aos outros de "irmãos" e de "irmãs", mas esses termos ocorrem com muito maior frequência nas epístolas paulinas do que em qualquer outro lugar na literatura cristã mais antiga[70].

---

[70] Ver von Soden, 1933.

O uso mais comum feito pelo próprio Paulo – cerca de metade das ocorrências – está na forma dissertativa de dirigir-se aos destinatários: "Meus irmãos, –". Isto aparece sessenta e cinco vezes nas epístolas indiscutivelmente autênticas e sete vezes na segunda Epístola aos Tessalonicenses, mas não aparece absolutamente na Epístola aos Colossenses, na Epístola aos Efésios nem nas epístolas pastorais, de modo que concluímos poder ser traço peculiar de Paulo. O mesmo é verdade quanto ao uso geral, "um irmão, uma irmã" (vinte vezes nos *homologoumena*, duas vezes na segunda Epístola aos Tessalonicenses), mas isso ocorre somente em certos contextos, como na qualidade de regras formuladas conforme os casos. Referências a pessoas individualmente como "irmão, Fulano", ou "irmã, Fulana", são encontradas tanto nas epístolas de autoria paulina indiscutível (doze vezes), quanto na Epístola aos Colossenses e na Epístola aos Efésios (quatro), e o plural na terceira pessoa é usado para referir-se a cristãos em geral em ambas as epístolas (dezoito e três vezes, respectivamente), bem como nas epístolas pastorais.

Paulo também pode falar dos membros de uma igreja fundada por ele como seus "filhos" (*tekna*: Gl 4.19; 1Cor 4.14s; 2Cor 6.13; 12.14), embora essa expressão possa servir igualmente como metáfora retórica comum para a relação entre mestre e discípulo (como em 1Ts 2.7,11; 1Cor 4.14; 2Cor 6.13)[71]. Em três ocasiões ele se refere a uma pessoa individualmente designando-a como seu filho: uma vez referindo-se a Filemon (Fm 10) e duas vezes a Timóteo (1Cor 4.17; Fl 2.22). Em cada caso Paulo recomenda aos destinatários uma pessoa que vai a eles enviada pelo Apóstolo[72]. Como outros círculos cristãos primitivos, os grupos paulinos podiam também falar dos

---

[71] Cf. Malherbe, 1970. Dirigir-se aos leitores como "filho" ou "filhos" é comum na literatura da sabedoria judaica e em outras orientais, como também na introdução dos tratados morais ou filosóficos romanos, mas provavelmente nada disso influenciou de modo direto o estilo de Paulo. Sobre o primeiro, ver Pearson, 1975, 60, nota 7; sobre o último, ver Layton, 1979, 38.

[72] Como dois dos três exemplos se referem a Timóteo e como Fl 2.29-22 fala de uma relação excepcionalmente estreita entre ele e Paulo, não é de admirar que as epístolas pastorais pseudônimas utilizem o termo (1Tm 1.2,18; 2Tm 1.2; 2.1) e também o usem para Tito (1.4).

membros como "filhos de Deus" (*tekna:* Rm 8.16,21; 9.8; Fl 2.15; Ef 5.1; *hyioi:* Gl 3.26).

O uso de termos de família para referir-se a membros não foi desconhecido nas agremiações gentias e nas associações de culto, particularmente em Roma e em áreas onde os costumes romanos influenciaram as associações gregas[73]. Mais provavelmente, porém, os cristãos primitivos aprenderam o seu uso com os judeus[74]. Não só existiam precedentes bíblicos que justificavam a referência a todos os israelitas como irmãos, uso que continuou na Diáspora de língua grega[75], mas esse uso podia restringir-se a membros de uma seita purista, como sabemos através dos documentos de Qumran[76]. A noção de "irmãos adotivos", que ocorre em várias inscrições de culto sincretista judaico do "Deus Altíssimo" na região de Bósforo nos tempos imperiais romanos[77], é particularmente interessante,

---

[73] O termo *irmão* era raro em associações. Waltzing, 1895-1900, 1,329s, n. 3, cita somente um exemplo de uma associação profissional. De grupos religiosos ele tem mais alguns exemplos. Quanto à influência do conceito romano de fraternidade sobre o uso grego, ver Poland, 1909, 54s, 501. Nock, 1924b, chama a atenção para os adoradores de Júpiter Doliqueno, que aplica aos seus companheiros a designação de *fratres carissimi* (ILS 4316; cf. 4296), e para os adoradores de *theòs hypsistos* na região de Bósforo, que são tomados no sentido de "irmãos, adotivos" (*eispoeitoì adelphoí*). (Ver adiante neste capítulo). Nock, porém, provavelmente vai mais longe quando diz: "A associação de culto é primordialmente uma família" (105). Vários dos exemplos que ele cita do uso de "pai" ou "mãe" feito por associações são honoríficos para patronos ou protetores e não supõem estrutura familiar. Uma das mais antigas e mais conhecidas associações cúlticas romanas era o colégio sacerdotal, os *Fratres Arvales*. Esse uso bastante formal serviria para nos advertir contra a possibilidade de supormos a existência de associação íntima sempre que tais termos aparecem.

[74] Hatch, 1892, 44; von Soden 1933, 145.

[75] Por exemplo, Ex 2.11; Lv 19.17; e principalmente o Deuteronômio. Observemos especialmente Dt 3.18 e 24.7, onde *adelphoí hymon (autou)* funciona como aposto de *uioí Israél*. O segundo Livro dos Macabeus é uma carta de *oi adelphoì oi en Hierosolýmois Ioudaioi to tois adelphois tois kat' Aígypton Ioudaíois*.

[76] 1QS 6,10.22; 1QSa 1,18; CAD 6,20; 7,1; 20,18; in 1QM 13,1 e 15,4 'aiḥim se refere a um círculo menor, os líderes sacerdotais da seita. Cf. CAD 8,6 e 19,18, onde o apóstata é censurado por agir com ódio "cada um junto ao seu irmão".

[77] (e)ispoietoì adelphoí: CIRB 1281, 1283, 1285, 1286. Assunto brevemente discutido por Nock (ver nota 73 *acima*) e por Hengel, 1971b, 174s e nota 76. Poland, de outro lado, argumentava que as associações representadas nessas inscrições

porque a metáfora da adoção desempenha um papel também nas alusões de Paulo ao ritual batismal.

Quando Paulo em Gl 3.26-4.6 (cf. Rm 8.15-17) usa a metáfora da adoção para descrever a iniciação na comunidade cristã, ele evidentemente elabora uma linguagem batismal comum. O ritual simboliza "revestir-se de Cristo", que é o "novo homem" e "o Filho de Deus". A resposta extática do batizado, "Abba! Pai", é ao mesmo tempo um sinal do dom do Espírito e da "filiação" (*hyiothesia*) que o Espírito confere incorporando a pessoa no Filho único de Deus. O fato de ser essa aclamação conservada em aramaico nas comunidades paulinas de língua grega e o de ser familiar também aos grupos romanos não-paulinos mostram que se trata de tradição bem antiga[78].

Independentemente de tudo o mais que aí esteja envolvido, a imagem do iniciado, adotado como filho de Deus, e assim recebe nova família de irmãos e irmãs humanos é uma forma cheia de vida de apresentar o que o sociólogo moderno poderia chamar de ressocialização de conversão. A estrutura de afinidade natural em que a pessoa nasceu e que previamente definiu seu lugar e suas conexões com a sociedade é aí superada por nova posição de relacionamentos.

A segunda maneira de dramatizar o rompimento com o passado e a integração na nova comunidade também se encontra na linguagem do ritual batismal, a que são feitas alusões em Gl 3.28, 1Cor 12.13 e Cl 3.11. Aí ficamos sabendo que aqueles que foram "batizados em Cristo" ou "em seu corpo" "se revestiram de Cristo" ou "do homem novo", em quem divisões como as existentes entre judeu e gentio, grego e bárbaro, escravo e livre, até entre homem e mulher, desapareceram e "todos são um".

Essa fórmula de reunificação batismal, que quase certamente é pré-paulina, tem suas raízes em alguns aspectos das lendas de Adão. Essas lendas falavam da imagem de Deus (Gn 1.26) como

---

eram provavelmente apenas temporárias, para festivais particulares (1909, 72s). Minns, 1913, 620-625, chama a atenção para CIRB 104, em que um membro falecido é designado como *ídios adelphós* dos membros vivos. Um dos funcionários é chamado *patér* (CIRB 105) ou *patér synódou* (ibidem); outro *synagogos* (104).

[78] Ver depois o Capítulo 5.

uma "veste de luz" com que os primeiros seres humanos se envolviam, veste perdida quando pecaram e substituída pelas "vestes de pele" (Gn 3.21) ou pelo corpo físico. Além do mais, as lendas construíram essa imagem como sendo masculina e feminina ao mesmo tempo (Gn 1.27), de modo tal que a separação entre Eva e Adão representava a perda da unidade original.

Silmultaneamente, a imagem da veste e do revestir-se interpreta as ações rituais naturalmente associadas com o batismo com o corpo desnudado. A remoção das vestes para o batismo representa um "despir-se do corpo de carne" (Cl 2.11). Tornar a vestir-se depois representa "revestir-se de Cristo", que é o "homem novo", e começa então o processo de ser "renovado... segundo a imagem do Criador" (Cl 3.10). As antinomias estruturais que estabelecem o lugar social da pessoa, a sua identidade, são dissolvidas e substituídas por unidade paradisíaca: "Todos são um"[79].

Tanto o uso fictício dos termos de parentesco em forte linguagem de afeição, quanto o modelo de reunificação correspondem aos fenômenos encontrados em muitos rituais de iniciação. VICTOR TURNER, ampliando a análise clássica de ARNOLD VAN GENNEP em "The Rites of passage", propôs o termo *liminaridade* para referir-se à qualidade antiestrutural da fase iniciatória entre a separação e a reintegração, e *communitas* para designar o modo fechado e não-diferenciado do relacionamento social que dá início à experiência de reciprocidade (um com o outro)[80].

A liminaridade, como a palavra sugere, é geralmente temporária, é estágio transitório entre dois modos de integração em sociedade estruturada por funções e condições sociais (*status*). No entanto, se os rituais de iniciação são praticados não pela sociedade dominante mas dentro de seita ou de grupo "marginal" que se distingue fortemente da sociedade, tal grupo pode continuar por algum tempo a mostrar traços de *communitas*[81]. O uso regular de termos como *irmão*

---

[79] Ver Meeks, 1974, especialmente pp. 180-189.
[80] V. Turner, 1969 e 1964.
[81] Turner distingue "communitas *existencial* ou *espontânea*", "communitas *normativa*" e "communitas *ideológica*" (1969. 132, grifo de Turner). Falando da segunda, ele cita particularmente "grupos milenaristas" (111s), fenômeno com que o cris-

e *irmã*, a ênfase sobre o amor mútuo, o papel proeminente atribuído ao Espírito e aos seus "dons" (*charismata*), cujo resultado são ações espontâneas realizadas por membros da comunidade, e as lembranças epistolares da experiência de iniciação, tudo isso fortalece a *communitas* dos grupos cristãos. Implicitamente tais elementos estabelecem o contraste entre a vida do grupo e a do "mundo": a sociedade hierárquica, rigidamente estruturada da cidade greco-romana.

Por outro lado, esses grupos, como todo movimento social, estão claramente no processo de desenvolver suas próprias estruturas e, de fato, raramente conseguem escapar das estruturas que os cercam – também nas casas onde eles se reúnem. Assim sendo, a dialética entre "estrutura e antiestrutura" que TURNER descreve volta e meia aparece nas tensões discutidas pelas epístolas paulinas. Por exemplo, Paulo insiste em que os profetas do sexo masculino e do sexo feminino, também os que se acham cheios do "único Espírito", e ainda que em Cristo não exista "homem nem mulher" (como as mulheres devem ter lembrado a Paulo, sem dúvida alguma, embora ele talvez destacadamente *não* o mencione em 1Cor 12.13), devem conservar os estilos diferentes de cabelos e de vestuário, seguindo o costume próprio dos homens e das mulheres (1Cor 11.2-16). Neste exemplo fala de apoio da "estrutura" e estabelece limites para a antecipação da *communitas* escatológica[82].

De modo semelhante, em capítulo posterior da mesma epístola, ele dita as regras para controlar a exuberância do comportamento de quem está possuído pelo Espírito, "porque Deus não é Deus da desordem mas da paz" (1Cor 14.33) e porque os de fora que presenciam a espontaneidade descontrolada do falar em línguas podem pensar que os cristãos são insensatos ou loucos (v. 23). A iniciação na nova família dos filhos de Deus produz grandes forças de coesão, mas aparentemente ela também desprende algumas forças causadoras de cisão que precisam ser dominadas, se os grupos quiserem prosseguir, mediante a imposição de padrões de ordem, inclusive de submissão.

---

tianismo primitivo muitas vezes foi comparado; ver, por exemplo, Gager, 1975, 19-65.

[82] Meeks, 1974, 199-203.

Alguma coisa da mesma dialética pode-se observar no uso que Paulo e seus discípulos fazem da metáfora "o corpo de Cristo"[83]. O uso do corpo humano como metáfora para a sociedade era lugar-comum na retórica antiga, uma das metáforas favoritas dos estoicos tardios, e era prontamente adaptado por escritores judeus para falar de Israel[84]. O que torna o uso paulino extraordinário e o que tem atraído tantos comentários teológicos são o fato de que muitas vezes a frase "o corpo de Cristo" ou uma equivalente são usadas fazendo alusão concreta ao corpo humano de Jesus, crucificado e ressuscitado dos mortos[85].

Esse significado especial foi reforçado pela linguagem dos dois principais rituais, que falavam de morrer e ressuscitar com Cristo no batismo, bem como do batismo em seu "corpo único", e da doação de seu corpo e sangue, representada na ceia. Não é fácil, porém, sabermos se os leitores teriam reconhecido matizes dessa referência particular em trechos das epístolas que soam como o uso figurativo ordinário[86]. Em 1Cor 12.12-30, o uso da metáfora não é muito diferente da encontrada nos moralistas gentios.

As comunidades coríntias experimentaram um processo normal em grupos ou em movimentos sociais: a diferenciação de papéis, com alguns recebendo maior prestígio do que outros, e consequentemente o surgimento da competitividade, da inveja e de outros atritos que ameaçam a vida do grupo. O quadro complica-se pelo fato de que diversos papéis são encarados como dons do Espírito e, portanto, não são avaliados pragmaticamente, mas em termos do grau em que são encarados para demonstrar uma qualidade incomum da pessoa, qualidade de possessão do Espírito ou pelo Espírito.

---

[83] A literatura sobre este uso é vasta. Entre os tratados mais sensíveis temos o de Best, 1955, e J. A. T. Robinson, 1952, igualmente saiu-se bem. Importantes também são Barrett, 1962, e Schweizer, 1961a e 1961b.
[84] Boa quantidade de exemplos coleciona-os Conzelmann, 1969, 211. Sobre o uso judeu helenista, ver Filon, *Spec. leg.* 3.131.
[85] Por exemplo, Tannehill, 1967.
[86] Cf. Schweizer, 1964, 1067. Dificilmente pode ser útil tentar tomar a esmo versículos em que Paulo usa o termo no seu sentido "próprio" (cristológico), separando-o daqueles na mesma passagem em que ele fala de modo figurado, como Conzelmann faz, 1969, 212s.

Paulo usa a imagem do corpo como o fazem os moralistas gentios, para sugerir que a diversificação não deve comprometer, mas promover a unidade do grupo, contanto que a interdependência dos membros seja reconhecida. Tal atitude seguramente não é incompatível com uma rígida estratificação, como o uso comum amplamente mostra, em que o rei é a cabeça, os camponeses os pés etc. E a maneira como prepara a lista de certos papéis, até numerando os três primeiros (v. 28), implica a aceitação de hierarquia de papéis na comunidade, embora talvez não a mesma apreciada pelos glossolalistas de Corinto.

Por outro lado, a ênfase de Paulo no "único Espírito", a ênfase que dá à inversão de prestígio ("honra") na economia divina do corpo (vv. 23s), e, principalmente, a inserção do poema do amor (capítulo 13) no meio da discussão sobre as exibições feitas pelos *pneumatikoi*[87] indicam que estava preocupado com limitar, se possível, a estratificação que se achava em franco desenvolvimento e, sobretudo, fortalecer a coesão do grupo. A ironia da situação assim fica plenamente evidente: o Espírito é o princípio por excelência de *communitas*, de interação espontânea, direta, independente dos papéis e das antinomias do "mundo", mas alguns membros rapidamente afirmam que têm mais Espírito do que outros. Paulo não quer permitir tal afirmação[88].

A Epístola aos Colossenses e a encíclica "aos Efésios" mostram como a escola paulina depois (quanto tempo depois realmente não podemos dizer) ampliou e elaborou melhor a metáfora do corpo. A imagem em si foi articulada de maneira que Cristo seja agora a "cabeça", ao passo que os membros ordinários formam o "corpo" (Cl 1.18; 2.19; cf. 2.10; Ef 1.22; 4.15; cf. 5.23).

---

[87] Apesar das transições um pouco abruptas em 1Cor 12.31 e 14.1, o poema estava provavelmente na epístola original. Sua relação com a discussão em torno do assunto é muito parecida com a relação existente entre os capítulos 9 e 8 e o capítulo 10. Ainda que eles tenham sido acrescentados por algum editor da escola paulina, isso porém, não tocaria muito meu ponto de vista.

[88] Convém comparar o uso sumário da figura em Rm 12.3-8, sugerida provavelmente pela experiência coríntia, com o resto que existe na seção parenética de Rm 12.1-15,13. Aí ela reforça a recomendação de que ninguém deve "ter de si próprio uma ideia mais elevada do que a que é justa" (VRP).

Ainda mais impressionante é a ligação da metáfora do corpo aí com o mito de restauração cósmica. No material tradicional que os dois autores usaram nessas composições, boa parte dele relacionado evidentemente com o ritual do batismo nas comunidades paulinas, Cristo é apresentado como sendo a cabeça não só da igreja, mas também "de todo principado e autoridade" (Cl 2.10); como a primícia de toda a criação, de "tudo o que existe nos céus e na terra" (Cl 1.15s); como aquele cuja exaltação traz a reconciliação do céu com a terra (Cl 1.20)[89]. No entanto, ambos os autores usaram essa figura da reconciliação cósmica a fim de glorificar a unidade da comunidade cristã e apelar aos seus auditórios no sentido de que mantivessem tal unidade[90]. A coesão interna e a harmonia são o objetivo parenético central de ambas as cartas.

Até essas observações superficiais sobre o desenvolvimento da figura do "corpo de Cristo" nos grupos paulinos ilustra outro fator poderoso que agiu no sentido de unir os cristãos primitivos. Um grupo de membros que sustentam firmemente um conjunto de crenças sobre o que é real e válido, divergindo em alguns aspectos salientes das crenças comumente sustentadas na sociedade geral, e que também compartilham os símbolos evocativos de suas crenças, naturalmente acham a comunicação de uns com os outros mais fácil e mais gratificante do que a comunicação com aqueles que não participam do seu modo de ver. Além disso, a menos que alguns fatores adversos ajam no sentido de dividir o grupo, quanto mais frequente e intensamente os membros interagem, tanto mais fortemente esses padrões distintivos comuns de crença se verão fortalecidos[91].

---

[89] O tema da reconciliação macrocósmica também é proposto na Epístola aos Efésios, mas o autor transformou-o um pouco mais profundamente do que o fez o autor da Epístola aos Colossenses. Ver em todo caso Ef 1.3-14 e 2.7-11,14-16.

[90] Ver Meeks, 1977, para mais pormenores.

[91] Ver, por exemplo, Deutsch, e a bibliografia que ele cita. Ele resume dizendo: "– uma das principais funções instrumentais da interação [em pequeno grupo] é ajudar a estabelecer a 'realidade social': promover a validade de opiniões, crenças, habilidades e emoções em termos de consenso social" (273). Para discussão teórica sobre o aparecimento da "realidade social", ver Berger e Luckmann, 1966 e, com particular atenção dispensada às funções das crenças religiosas no processo, P. Berger, 1967. Os ensaios agora clássicos da autoria de Geertz, 1957, 1966, também são pertinentes.

Com toda a certeza, "distintivo" nunca significa "absolutamente único".

Um século de estudos dos historiadores de religiões demonstrou que dificilmente existe uma crença afirmada no Novo Testamento para a qual não possamos encontrar algum paralelo em algum lugar no seu ambiente ou nos seus antecedentes. Mas, mediante um balanço feito, esses estudos também mostraram que tais paralelos, embora muitas vezes imensamente esclarecedores, raramente explicam o sentido e a função das referidas crenças dentro dos seus contextos cristãos.

As primeiras décadas logo depois da morte de Jesus foram aparentemente época de emergência extraordinariamente rápida de novas combinações de símbolos e crenças entre os seguidores de Jesus e os primeiros convertidos póstumos; estes rapidamente deram ao movimento cristão caráter diferente do de qualquer outra seita judaica da época[92]. A função social de algumas dessas constelações de crenças distintivas é o assunto do capítulo 6. Podemos antecipar tal discussão aqui mencionando três exemplos dos modos como as crenças distintivas puderam estimular a coerência do grupo.

Paulo, Silvano e Timóteo lembram aos crentes tessalonicenses a sua conversão recordando "como passastes dos ídolos para Deus, a fim de servir o Deus vivo e verdadeiro" (1Ts 1.9). Eles defendem o seu código de rigorosa moralidade sexual, insistindo com os cristãos para que não sejam "como os gentios que não conhecem a Deus" (1Ts 4.5). Em ambos os casos, a fonte da linguagem nas tradições da sinagoga judaica é palpável. Aos coríntios Paulo escreve: "... embora possa haver os chamados deuses no céu ou na terra – já que na verdade há muitos 'deuses' e muitos 'senhores' –, para nós existe um só Deus, o Pai, de quem procedem todas as coisas e para quem nós existimos, e um só Senhor, Jesus Cristo, por meio de quem todas as coisas existem e nós também existimos" (1Cor 8.5s, VRP).

Na realidade, havia uma antiga tradição que se difundia, procedente do monoteísmo intelectual na cultura helenista, e a série de frase preposicionais acrescentadas ao "um só Deus, o Pai", e ao

---

[92] Hengel, 1972.

"um só Senhor, Jesus Cristo" na afirmação de Paulo sob o cunho de fórmula pode ser encontrada em quase toda forma idêntica nos escritos dos estoicos romanos e de outros[93].

Os judeus nas cidades gregas concentravam-se na tarefa de apresentar suas crenças aos gentios aculturados, muitas vezes com grande êxito[94]. Ao mesmo tempo, a exclusividade do monoteísmo judaico era bem diferente da atitude tolerante dos monoteístas filosóficos, que encaravam as várias divindades adoradas por diferentes povos como muitos nomes aplicados a um só princípio divino, ou como poderes e agentes inferiores, ou manifestações do Deus altíssimo, porém inefável. Eram exatamente sua devoção singular ao Deus Único, seu horror de partilhar seu culto com qualquer outro povo, que dava aos judeus seu sentimento e sua convicção de ser povo único.

Esse monoteísmo exclusivo era parte do próprio estilo de vida dentro do qual os seguidores mais antigos de Jesus cresceram, e era parte em não menor escala, das premissas com que a ala paulina começou.[95] Para os seguidores de Paulo como para os judeus em cidade grega, ele serviu como centro focal de sua diferença dos outros e significou também a base para a unidade entre os crentes.

Havia, contudo, importante diferença. Enquanto as comunidades judaicas nas cidades da Diáspora recebiam bem tanto os prosélitos quanto os "tementes a Deus" que ainda não estavam preparados para assumir o compromisso total expresso pela circuncisão, Paulo e os outros missionários urbanos da nova seita tomavam posição muito mais radical em face dos não-judeus. Eles proclamavam, na morte e na ressurreição do Messias Jesus, o começo de nova era,

---

[93] Marco Aurélio, *Medit.* 4,23, que se dirige à Natureza (muitas vezes equiparada com Zeus por estoicos posteriores): *ek sou pánta, en soì pánta, eis sè pánta*; outros exemplos em Norden, 1912, 240-250 e apêndice 4, 347-354, que chama a forma e "eine Allmachtsformel".

[94] Observemos, por exemplo, a descrição que Estrabão faz da doutrina de Moisés in *Geog.* 16.2.35: "Segundo ele, Deus é a única coisa que sozinha é capaz de envolver-nos todos e de envolver a terra e o mar a coisa que chamamos céu, ou universo, ou a natureza de tudo que existe. Que homem, pois, se tivesse entendimento, poderia ter ousadia suficiente para fabricar uma imagem de Deus representando alguma criatura entre nós?".

[95] Ver Dahl, 1977, 179-191.

em que judeu e gentio deviam estar unidos sem distinção no povo de Deus. Os marcadores rituais que protegiam a identidade dos judeus nas cidades gentias – particularmente a circuncisão, *kashrut*, a observância do sábado – eram agora abandonados (embora não sem divergência).

Paulo argumentava que essa unidade escatológica de judeus e gentios na nova família de Cristo era a implicação lógica do próprio monoteísmo: "Ou é Deus [o Deus] dos judeus apenas? Não é ele também [Deus] dos gentios? Sim, certamente dos gentios, já que Deus é um só, é quem há de justificar a circuncisão da fé e a incircuncisão mediante a fé" (Rm 3.29s)[96]. E outros na escola paulina punham em prática a lição, pois o autor da Epístola aos Efésios faz da união de judeu e gentio em uma só família o exemplo paradigmático e o ponto de partida de reconciliação cósmica, o "resumo de todas as coisas em Cristo"[97].

O segundo exemplo de crenças especiais que promoviam um sentido de identidade distintiva é mais formal: a crença na revelação manifestada exclusivamente aos crentes. Essa crença também era parte da herança judaica, e a forma como ela aparece no cristianismo primitivo está enraizada especialmente nas formas da apocalíptica judaica. Em um apocalipse, coisas que ficaram ocultas das pessoas na terra são reveladas no céu a figura especialmente escolhida (geralmente herói do passado antigo) e, por meio dela, são dadas a conhecer à comunidade fiel. Esse modelo era importante no discurso dos primeiros cristãos e repercute várias vezes nas epístolas paulinas e deuteropaulinas. Em 1Cor 2.6-9, por exemplo:

> No entanto, é da sabedoria que falamos entre os maduros, embora não seja uma sabedoria desta era nem dos legisladores desta era, que são votados a desaparecer. Mas nós ensinamos a sabedoria de Deus, secreta e oculta, que Deus destinou antes dos tempos para a nossa glorificação. Nenhum dos legisladores desta era compreendeu isso; pois, se tivessem compreendido, não teriam crucificado o Senhor da glória. Contudo, como está escrito, "o que olho algum

---

[96] Cf. *ibidem*, 95-120; Bassler, 1979.
[97] Observar especialmente 2.11-22.

viu, nenhum ouvido ouviu, nem o coração do homem concebeu, Deus preparou para os que o amam", a nós Deus o revelou pelo Espírito[98].

Certamente, um grupo que possua informação a que nenhum outro tenha acesso é grupo fortemente consciente das fronteiras existentes entre ele e os que não são membros. O conteúdo do segredo mantido pelos cristãos era maleável; podia expandir-se para incluir toda a constelação de suas combinações especiais de crenças. Para os cristãos paulinos, o cerne do segredo era o significado da morte de Jesus como messias de Deus e da sua ressurreição.

Esse anúncio, o fulcro da cristologia paulina, serve como nosso terceiro exemplo de crenças que fortaleceram a solidariedade do grupo. O messias de Deus – mas crucificado pelos homens. Morto e sepultado – mas ressuscitado ao terceiro dia. Rejeitado pelos judeus e morto pelos romanos – mas revelado como filho de Deus. Aí estavam asserções cheias de paradoxo, carregadas de alusões aos anseios tradicionais de todos os que conheciam as tradições judaicas, e que deixavam transparecer temores e esperanças humanos arquetípicos.

As asserções assumem a forma de afirmações de direito, mas a afirmação não está aberta à verificação nem à falsificação feitas pelos de fora. Ela pertence ao segredo oculto durante tempos, mas agora revelado somente aos crentes. É afirmação de fato, de direito, mas ao mesmo tempo passiva de elaboração em metáforas e analogias complexas.

A afirmação fundamental, "o evangelho", pode ser proclamado em fórmulas extremamente compactas: "Cristo Jesus, que morreu; na verdade, que foi ressuscitado" (Rm 8.34a); "Jesus, nosso Senhor–, que foi entregue pelas nossas transgressões e ressuscitado para nossa justificação" (Rm 4.25)[99] 99. Ela dá origem a modelo de afirmações antitéticas paralelas, que volta-e-meia aparecem nas epístolas de Paulo e de seus seguidores.

---

[98] VRP. Ver Dahl, 1954, 30-33.
[99] Kramer, 1963, m 19-64, chama isso de a "fórmula da pistis [fé]".

O modelo é dramatizado no ritual do batismo, em que os crentes são "sepultados com ele por meio do batismo na [sua] morte, a fim de que, assim como Cristo foi ressuscitado dos mortos pela glória do Pai, também nós possamos caminhar na novidade de vida" (Rm 6.4), e regularmente recordado na Ceia, em que, como Paulo resume, "proclamais a morte do Senhor até que ele venha" (1Cor 11.26).

Paulo e outros líderes deliberadamente desdobram o potencial metafórico dessa crença central em contextos de argumentação, parenéticos e de admoestação, sugerindo constantemente em numerosos trechos pequenos e grandes, mostrando que o comportamento dos membros na comunidade deve de certo modo apresentar o modelo de morrer e ressuscitar. A autoridade apostólica se manifesta em meio a dificuldades e fraquezas, não no poder aberto e evidente, "sempre carregando a morte de Jesus no corpo, a fim de que a vida de Jesus possa manifestar-se em nosso corpo" (2Cor 4.10). As ligações sexuais não são matéria indiferente, como se o corpo fosse apenas transitório e não tivesse importância para o espírito, pois "Deus ressucitou o Senhor e há de ressuscitar-nos pelo seu poder" (1Cor 6.14). Os cristãos de Corinto devem repartir seu dinheiro com os cristãos em Jerusalém quando se lembram da "graça de nosso Senhor Jesus Cristo: ele era rico, mas por vossa causa se fez pobre, para que possais tornar-vos ricos pela sua pobreza" (2Cor 8.9).

Mais adiante, veremos com mais pormenores o uso particular de tais afirmações na vida das comunidades. Por enquanto o que precisamos é mostrar quão prolixas e penetrantes no discurso dos cristãos paulinos eram as afirmações sobre o morrer e ressuscitar de Cristo Jesus. Os que participavam dessa crença, que podia ser proclamada com tão dramática simplicidade, participavam igualmente de símbolo religioso de enorme poder criador.

Como o mostra a discussão anterior, não só o conteúdo compartilhado de crenças, mas também as formas compartilhadas por meio das quais as crenças se expressam são importantes para promover a coesão. Todo grupo bem unido cria o seu próprio jargão, e o uso desse jargão na conversa entre os membros une-os mais intimamente ainda[100].

---

[100] Ver a discussão sobre "sedimentação e tradição" e Berger e Luckmann, 1966, 67-79.

O jargão no grupo emprega variedade de estratégias linguísticas. Palavras comuns são usadas com matizes especiais; o próprio termo *ekklesia*, aplicado à companhia dos cristãos quando reunidos em uma casa, ou compreendendo muitas dessas reuniões em uma cidade ou província ou, ainda, todos os cristãos em toda parte, é exemplo disso. No grego ordinário a palavra se referia à assembleia votante de cidadãos da cidade grega livre.

Por outro lado, as palavras em si podem ser fora do comum ou estrangeiras; por exemplo, os grupos paulinos conservam em contextos litúrgicos os termos aramaicos *Abba* (Gl 4.6; Rm 8.15) e *marana tha* (1Cor 16.22). E, obviamente, o título "Cristo" (*christos*), a tradução literal do hebraico "messias" (*mešiaiḥ*), seria ininteligível para quem falasse a língua grega comum, pois para este o sentido comum e vigente da palavra era "unção"[101].

A estrutura especial de um idioma de grupo não está limitada a palavras isoladas, porém, nem ao vocabulário em geral. Certas frases tendem a fundir-se pela repetição em uma situação de grupo pequeno, de modo tal que elas funcionam como unidades isoladas do discurso, e não tanto para transmitir informação, porém, mais para servir como senhas ou sinais[102].

Vimos também que certos modelos sintáticos podiam tornar-se habituais, como as fórmulas antitéticas sobre a morte e a ressurreição de Jesus. Talvez a série extraordinária de sinônimos e de frases preposicionais na doxologia inicial da Epístola aos Efésios seja exemplo extenso. A linguagem fundida aparece muitas vezes principalmente em contextos rituais; as bênçãos, as doxologias e as fórmulas confessionais que assinalam as epístolas paulinas e até mais ainda as epístolas deuteropaulinas, todas, mostram até certo ponto a influência da linguagem ritual sobre a linguagem epistolar.

A linguagem das epístolas tende a ser altamente convencional em qualquer caso, especialmente no começo e no fim. O estudo moderno das epístolas paulinas comparou-as com antigos manuais

---

[101] LSJ, s.v. Sobre a transformação do termo judeu em uso cristão, ver Dahl, 1974, principalmente o estudo do título (10-36) e "The Messiahship of Jesus in Paul" (37-47).

[102] Ver Bateson, 1974.

retóricos para escritores de cartas e com cartas atuais, tanto literárias quanto privadas, que sobreviveram. Como resultado, ficamos sabendo que Paulo e seus seguidores estavam profundamente familiarizados com os modelos padronizados, mas também que eles os usavam com flexibilidade e lhes impunham seu próprio caráter especial[103].

Em grau significativo, os cristãos herdaram seu jargão do judaísmo. Grande quantidade de palavras e frases incomuns nos documentos cristãos primitivos são tradução grega, ou são tiradas diretamente dos LXX ou influenciadas pelo seu idioma[104]. A liturgia das sinagogas de língua grega também contribuiu com modelos e estilo[105]. Muito rapidamente, porém, os cristãos paulinos desenvolveram seus próprios *lemas* e modelos de discurso que os distinguiam dos outros grupos judaicos, bem como do ambiente geral.

A linguagem de separação

Os grupos paulinos dispõem de termos especiais não só para se referirem a si mesmos, mas também para distinguir os que não pertencem a eles. Estes últimos são simplesmente "os de fora" (*hoi exo:* 1Cor 5.12,13; 1Ts 4.12; Cl 4.5)[106]. Às vezes eles são reunidos sob a designação de "o mundo" ou "este mundo", embora *ho kosmos* muitas vezes seja usado com conotação um tanto neutra nas epístolas paulinas e jamais com cunho tão negativo como o que recebe no círculo joanino e em textos gnósticos posteriores[107].

No entanto, as pessoas de fora podem ser posteriormente estigmatizadas não só ocasionalmente como "não-crentes" (*apistoi*)[108], mas também como "injustos" (*adikoi:* 1Cor 6.1,9), "os desprezados na igreja" (1Cor 6.4), "os que não conhecem Deus" (1Ts 4.5; Gl 4.8;

---

[103] Schubert, 193a, 1939b. A bibliografia posterior em Dahl, 1976, Doty, 1973.
[104] Nock, 1933; Malherbe, 1977a, 35-41.
[105] Por exemplo, J. M. Robinson, 1964; Dahl, 1951, 262-264.
[106] O termo *idiótes* em 1Cor 14.23s, provavelmente é equivalente.
[107] 1Cor 1.20-28; 2.12; 3.19; 5.10; 6.2; 7.31,33s; 11.32; Gl 4.3; 6.14; Ef 2.2; Cl 2.8,20.
 Sobre o uso neutro ou até positivo, ver, por exemplo, Rm 11.12,15; 2Cor 5.19.
[108] 1Cor 6.6; 7.12-15; 10.27; 14.22-24; 2Cor 4.4; 6.14.

2Ts 1.8). Eles são caracterizados, como foi caracterizada a sociedade gentílica nas tradições apologéticas judaicas, por catálogos de vícios (como em 1Cor 5.10; 6.9-11), que se originam do pecado primordial de idolatria (Rm 1.18-32; comparar com a Sabedoria 13-15).

A linguagem que fala dos de dentro e dos de fora invariavelmente supõe percepção negativa da sociedade exterior, também quando a função imediata das expressões dualistas deve reforçar a ordem interna do grupo. Quando Paulo se refere ao começo do grupo cristão em Tessalônica, ele distingue os crentes dos membros restantes da sociedade, como se os primeiros fossem "convertidos dos ídolos para Deus" (1Ts 1.9). Essa é a linguagem herdada da Diáspora, mas é imediatamente reforçada por cláusula escatológica com conteúdo cristão distintivo: "E esperassem dos céus seu Filho, que ressuscitou dos mortos, Jesus que nos livra da ira futura" (v. 10).

Na Epístola aos Filipenses ecoa a mesma nota, e as consequências sociais são candidamente expressas. Em contraste com os "inimigos da cruz de Cristo" (Fl 3.18s), quer gentios, quer mais provavelmente, cristãos que se desviaram, Paulo descreve ele mesmo e seus leitores como sendo aqueles cujo *politeuma* está no céu. Esta é interessante distorção no uso de termo que habitualmente descrevia a organização corporativa de grupo de residentes estrangeiros, especialmente as comunidades judaicas em cidades gregas[109]. Aí, também, existe sanção escatológica acrescentada no contexto imediato.

O *politeuma* celeste e o Salvador celeste correspondem a transformação futura tanto da existência corpórea dos cristãos individualmente, quanto da sua vida social, quando "todas as coisas" serão submetidas a Cristo e a Deus. Essa crença apocalíptica típica aí é apresentada para reforçar atitudes de lealdade e de confiança dentro dos grupos cristãos (Fl 3.17; 4.1). Em outras passagens, apesar da insistência de Paulo em que "não há mais distinção" entre judeu e gentio, o termo *gentios* é usado de modo pejorativo para indicar os de fora (1Cor 5.1; 12.2; Ef 4.17).

---

[109] Ver Capítulo 1, Judaísmo urbano e cristianismo paulino.

Vários modelos repetidos, que evidentemente caracterizavam a pregação cristã primitiva fortalecem essa consciência de diferença qualitativa entre os de fora e os de dentro. Por exemplo, o "modelo de contraste soteriológico" recorda aos cristãos que "outrora" sua vida foi caracterizada por vícios e falta de esperança, "outrora" é caracterizada pela segurança escatológica e pela vida de virtude[110]. Gl 4.1-11 é exemplo vivo do uso desse esquema para sancionar modelo de crença e de prática dentro do grupo. Anteriormente os cristãos gálatas eram "escravizados a coisas que eram não-deuses por natureza", a saber, os "elementos do mundo" (*stoicheia tou kosmou*). Sua vida pois era caracterizada por "não conhecerem Deus" (v. 8), sua nova vida é caracterizada por "conhecerem Deus, ou melhor, serem conhecidos por ele" (v. 9). Essa, mais uma vez, é a linguagem extraída do judaísmo[111], mas Paulo colocou os judeus também entre os de fora, por causa do problema especial aí incluído: antes da vinda de Cristo e da fé, os judeus estavam "escravizados" pela Lei, assim como os gentios estavam escravizados pelos *stoicheia* ("elementos"). Para os judeus gálatas, aceitar as práticas judeu-cristãs impostas pelos adversários de Paulo equivaleria a cair novamente sob a esfera de poder dos *stoicheia*. Assim, Paulo ataca uma interpretação rival do cristianismo associando-a com o "exterior" ("os de fora"), com o mal e com o mundo perigoso do qual os cristãos ficaram "livres" pela conversão (Gl 1.4)[112].

---

[110] Gl 4.8s; cf. 3.23ss; Ef 2.11-22; Rm 6.17-22; 7.5s; 11.30; Cl 1.21s; 1Pd 1.14s. Ver Dahl, 1954, 33s.

[111] Cf. 1Ts 4.5; 2Ts 1.8. A frase: "os que não conhecem a Deus" provavelmente é derivada do Sl 78.6; cf. Jr 10.25; Is 55,5. Ver Aus, 1971, 85-88.

[112] Gl 1.4 pertence a outro tipo bem representado da pregação cristã primitiva, "o modelo teológico" (Dahl, 1954, 35s). A finalidade do autossacrifício de Cristo, conforme se diz aí, é a de "resgatar-nos do presente mundo mau". Nas outras fórmulas desse tipo, tal dualismo agudo não aparece diretamente, mas os que definem o objetivo da ação salvífica como "purificação" ou "santificação" dos crentes supõem uma visão da macrossociedade como sendo esta impura e profana (por exemplo, Ef 5.25b-26). Mas a meta da salvação também pode ser formulada em termos mais positivos, provavelmente moldados pela propaganda tradicional da sinagoga helenista: a formação de um "novo povo" ou expressões similares, como ocorre em Tt 2.14; cf. Barn. 5,7 e Inácio, Esmirn. 1,2, que pode apresentar-se distintamente como eco da tradição paulina: é o que vemos no NT em Ef 2.12-22.

Existem alguns trechos nas epístolas paulinas, todos em contextos parenéticos, em que os cristãos são fortemente incentivados a se separarem como "filhos da luz" dos "filhos das trevas" no resto da sociedade – linguagem que é mais conhecida nos escritos essênios encontrados em Qumran[113]. Como veremos, porém, os cristãos paulinos não imitavam o afastamento da sociedade praticado pelo grupo de Qumran.

Quando uma seita acha que a sociedade mais ampla é hostil para com ela e se a sociedade se mostra hostil atacando a seita, a experiência tem como resultado grande fortalecimento dos limites e das fronteiras do grupo[114]. Sofrimentos e perseguição formam um conjunto de noções nas epístolas paulinas e nas deuteropaulinas, e estas noções se acham ligadas às crenças teológicas e cristológicas mais fundamentais de Paulo. Alguns aspectos desse conjunto são discutidos no capítulo final deste livro.

É claro, porém, que uma das funções do discurso sobre o sofrimento é a de fortalecer a solidariedade do grupo, enfatizando os perigos da sua ausência. O lembrete parenético contido em 1Ts 3.3s mostra que a instrução de novos convertidos bem cedo incluiu advertências no sentido de que o sofrimento devia ser esperado. Numa época de pressão real, Timóteo foi enviado para recordar à comunidade que, "quando estávamos convosco, nós vos falamos de antemão que devíamos sofrer aflição" (1Ts 3.4, VRP)[115].

Além disso, ao convertido são apresentados poderosos modelos de como suportar o sofrimento. O próprio Apóstolo e seus colaboradores experimentaram grande hostilidade e grandes

---

[113] 1Ts 5.4-11; Ef 5.7-14; 2Cor 6.14-7.1. O último é comumente encarado como interpolação. Se ele realmente é, o uso original da passagem, que consistia grandemente de uma corrente de citações escriturísticas, pode ter sido bem diferente, talvez advertir contra o casamento fora da seita. Para diversos enfoques bastante diferentes do texto, ver Fitzmyer, 1961; Dahl, 1977, 62-69; Betz, 1973; Rensberger, 1978.

[114] Cf. Coser, 1956, 33-38.

[115] Comparar as advertências feitas dos prosélitos judeus, que provavelmente datam do tempo de Adriano, bYeb 47I. Cf. Hill, 1976, que toma e modifica uma sugestão feita por E. Selwyn, segundo o qual existia uma "Torá da perseguição" incluída na instrução batismal primitiva.

perigos, que Paulo muitas vezes menciona, como é o caso dos chamados catálogos *peristasis* da correspondência coríntia[116]. Também pode ser citado o exemplo de outras comunidades cristãs, como em 1Ts 2.14[117]. Todos esses exemplos estão relacionados, em última análise, com a imagem abrangente dos sofrimentos e da morte de Cristo.

Que outra sorte poderiam esperar os crentes enquanto viverem no mundo que crucificou o Filho de Deus? O motivo parenético comum de imitação permite a Paulo vincular entre si os vários modelos: "Vós vos tornastes imitadores tanto de nós quanto do Senhor, recebendo a palavra em grande aflição com alegria [inspirados pelo] Espírito Santo, de modo tal que vós [por vossa vez] vos tornastes modelo *[typon]* para todos os crentes na Macedônia e na Acaia" (1Ts 1.6; cf. 2.14). O resultado é uma série de exemplos estruturalmente análogos que se harmonizam para apresentar figura compulsiva de mundo hostil às intenções de Deus e aos seus agentes escolhidos. O convertido, que eventualmente experimenta de fato hostilidade, ainda que sob formas suaves como talvez os apelidos dados e os gracejos feitos por amigos e parentes, prontamente a interpreta como confirmação do quadro com que a seita mostra como o mundo é.

O quadro pode ser posteriormente reforçado por dois elementos místicos. À oposição antidivina pode ser atribuído o fato de ser ela instigada pelo diabo ou por forças demoníacas (como vemos

---

[116] 1Cor 4.11-13; 2Cor 4.8-12; 6.4-10; 11.23-29. Um estudo deste e de modelos relacionados com ele está começando a ser feito em uma dissertação para a Universidade de Yale por John Fitzgerald.

[117] Pearson, 1971, argumentou que toda a passagem 1Ts 2.13-16 é interpolação posterior, que se refere à destruição do Templo em 70 d.C. A despeito de seu cuidadoso argumento, não estou convencido de que esta seja solução atraente para velho problema. Pelo contrário, sinto-me inclinado a ver nos versículos 15s uma reinterpretação da referência original de Paulo aos "judaizantes", compreendidos pelo interpolador como os judeus em geral. Tanto em um caso quanto no outro, temos provas que evidenciariam o desenvolvimento, dentro do círculo paulino, de um sentimento antijudeu como reforço das fronteiras do grupo – desenvolvimento que é muito mais evidente na comunidade que produziu o quarto evangelho.

em 1Cor 2.6-8; 2Cor 4.4; Ef 6.11-18). Na realidade, "o deus deste mundo" pode ser pintado como alguém que se opõe ao verdadeiro Deus (2Cor 4.4). E esta oposição pode ser integrada a dualismo em dois tempos, característico da literatura apocalíptica judaica e cristã. Os sofrimentos presentes farão desejar a "glória" futura (2Cor 4.17; Rm 8.18). Haverá recompensa escatológica, quando a teofania do julgamento der castigo aos adversários e conforto aos fiéis aflitos (2Ts 1.3-12)[118].

Pureza e limites

"O corpo humano", escreve MARY DOUGLAS, "é sempre tratado como uma imagem da sociedade"[119]. Onde os limites sociais são cuidadosamente respeitados, podemos esperar encontrar interesse pelos limites do corpo. Este princípio é facilmente ilustrado pelas funções das normas de pureza em outras seitas do judaísmo contemporâneo ao cristianismo primitivo. Os fariseus se distinguiam da população comum, a *'amme ha-'areṣ*, mediante a observância escrupulosa das regras de pureza que, nos tempos bíblicos, haviam sido aplicadas ao sacerdócio e aos outros somente quando entravam nos recintos sagrados do Templo[120]. A comunidade hierocrática e monástica em Qumran usava práticas ainda mais rigorosas para assegurar sua pureza e fortalecer sua separação, já realizada no espaço pelo retiro ao deserto, fugindo do mundo do Príncipe e dos filhos das Trevas.

O domínio e a pureza do corpo supõem estreitos limites sociais não só para os judeus que mantinham fidelidades sectárias especiais e que por isso se isolavam dos outros, judeus latitudinários,

---

[118] Ver Aus, 1971. Também vemos em 1Ts 4.13-18 como a experiência da morte natural dos membros do grupo pode transformar-se em oportunidade para propagar as crenças na parusia e na ressurreição, para fortalecer o sentido de coesão dentro do grupo. Sua solidariedade deve ser eterna: "Assim estaremos para sempre com o Senhor" (v. 17). Observar a justaposição em 1Ts 5.1-11 da terminologia apocalíptica, dualista, para a mesma finalidade.

[119] Douglas, 1973, 98.

[120] Neusner, 1971, 1973a, 1977.

mas também até certo ponto para todos os judeus que desejam preservar sua identidade em cidades de Diáspora. Filon expõe sucintamente a situação deles em sua interpretação (citada anteriormente no Capítulo 1) da profecia de Balaão: Israel não poderá ser prejudicado pelos seus adversários enquanto for "um povo que habita sozinho" (Nm 23.9), "porque, em virtude da distinção decorrente de seus costumes peculiares, eles não se misturam com outros, evitando afastar-se dos caminhos de seus pais"[121]. Os mais importantes "costumes peculiares" eram a circuncisão, *kashrut*, a observância do sábado e a proibição de rituais cívicos que implicassem o reconhecimento de deuses gentios.

A escola paulina aboliu a circuncisão dos prosélitos e outras regras que distinguiam o judeu do gentio dentro da nova comunidade. No novo tempo inaugurado pela morte e ressurreição de Jesus, o Messias, "não há mais distinção" (Rm 3.22; 10.12) entre judeu e gentio. No entanto, ao abandonarem essas regras, os cristãos paulinos abriram mão dos meios mais eficientes pelos quais a comunidade judaica conseguira manter sua identidade separada na sociedade gentílica.

Era esse o problema prático em discussão entre Paulo e seus adversários na Galácia, embora a complexidade dos argumentos teológicos e midráshicos de Paulo tenha muitas vezes levado intérpretes posteriores a esquecer essa questão simples. Significaria a abolição dos limites simbólicos entre judeu e gentio *dentro* dos grupos cristãos também o enfraquecimento dos limites entre a seita cristã e o mundo? Os cristãos paulinos respondiam a essa pergunta com significativa ambivalência, ilustrada por dois casos discutidos nas epístolas paulinas: o problema da idolatria e as normas para casamento e sexo.

A interação entre os membros da seita e os não-cristãos está diretamente em jogo na questão levantada pelos cristãos coríntios: eles queriam saber se tinham ou não permissão para comer "carne oferecida aos ídolos" (1Cor 8.1). A delicadeza do problema e sua

---

[121] Mos. 1.278. Ver Capítulo 1, Judaísmo urbano e cristianismo paulino, e cf. Aristeas, 139.

importância são evidentes na réplica complexa e longe de ser unívoca, pois compreende três capítulos da forma atual da primeira Epístola aos Coríntios[122], e no fato de que Paulo repete suas recomendações de maneira mais geral em Rm 14.1-23. A carta vinda de Corinto expusera esse problema a Paulo, porque havia divisão de opiniões entre os próprios coríntios. Paulo censura os dois lados, "os fortes" e "os fracos". "Os fortes" adotam posição pouco definida: não necessitam de tabus contra a idolatria a fim de proteger sua fé cristã, porque sabem que os ídolos não são reais; sentem orgulho tanto do seu conhecimento (*gnosis*), quanto do poder (*exousia*) e da liberdade (*eleutheria*) que esse conhecimento – a graça que receberam como crentes em Cristo – lhes confere. "Os fracos", por outro lado, estão acostumados a associar o consumo de carne com a participação nos cultos de deuses gentios; para eles, a "idolatria" é realmente perigosa.

Assim, os membros do grupo percebem os limites deste de modos bem diferentes. Muitos comentadores afirmaram que a divisão deve ter ocorrido entre cristãos judeus e cristãos gentios, mas a passagem desafia a interpretação com base em tal asserção[123]. A verdade que está por trás dessa tentativa de interpretação é que a simbolização da identidade e da lealdade religiosa mediante a exclusividade absoluta de culto era especificamente judaica; por isso, os termos por meio dos quais a idolatria é definida na controvérsia cristã de Corinto são herdados do judaísmo.

De fato, nada existe no texto que nos leve a afirmar que linha estava traçada entre duas facções autoconscientes. É mais provável, como GERD THEISSEN argumentou, que o problema de comer carne tendesse a dividir os membros de acordo com seu *status* social. Eram os membros mais opulentos, "os fortes", cujos negócios e cujos relacionamentos sociais podiam ser gravemente prejudicados se a proibição de "comer carne oferecida aos ídolos" fosse reforçada; as classes mais pobres seriam menos atingidas. Além do mais, os mais pobres comiam carne tão raramente, que poderiam tender

---

[122] A integridade do argumento nesses três capítulos foi conclusivamente demonstrada por von Soden, 1931.
[123] Ver, por exemplo, Conzelmann, 1969 *ad loc.*

a associá-la com ocasiões e situações cúlticas. O problema complica-se pelo fato de que os poucos ricos eram patronos ou protetores da igreja em Corinto[124].

A resposta de Paulo é dirigida aos "fortes", aos "fracos" só indiretamente, e afirma a posição intelectual dos primeiros. Os ídolos não existem (1Cor 8.4) – embora esta afirmação seja qualificada em 1Cor 8.5s e 10.19s. Comer e não comer são, em última instância, questões indiferentes; como o moralista estoico poderia dizer, são *adiaphora* (1Cor 8.8).

Por conseguinte, o cristão pode comer qualquer coisa vendida no *macellum* sem problema algum de consciência, "pois a terra e tudo o que nela existe são do Senhor" (1Cor 10.25). E o crente pode aceitar convites feitos por gentios e comer qualquer coisa servida por eles, contanto que o comer não seja explicitamente designado como ato cúltico por alguém (1Cor 10.27s). Entretanto, o crente esclarecido deve estar preparado para sacrificar essa liberdade a fim de evitar fazer mal ao irmão "fraco", para quem a associação da carne com sacrifícios gentios ainda é problema sério (1Cor 8.7-13; 10.24,28s).

A principal dificuldade na compreensão da passagem é a de que essa regra de caráter mais pragmático, orientada para a responsabilidade entre as pessoas, se apresenta como proibição absoluta da "idolatria" em 1Cor 10.1-22, apoiada em exemplo bíblico (vv. 1-3) e em dedução extraída do ritual cristão da Ceia do Senhor (vv. 16-22). Alguns comentadores supuseram que Paulo estivesse vacilando, ora tomando a posição dos "fortes", ora a posição dos "fracos". Outros afirmaram que a situação discutida em 1Cor 10.1-22 é diferente da situação existentes nos capítulos 8 e 10.23-11.1; alguns levantaram a hipótese de que esses trechos eram parte de cartas originalmente separadas.

As transições são abruptas, mas há, apesar de tudo, uma lógica na sequência de argumentos na forma atual dos capítulos 8-10. O capítulo 8 delineia o problema e a resposta dialética de Paulo em estilo vivo e crítico, usando *lemas* e frases extraídos da discussão

---

[124] Theissem, 1975c.

interna dos coríntios. Os capítulos 9 e 10.1-22 apoiam a resposta de Paulo com exemplos tirados de sua própria prática missionária (capítulo 9), do relato bíblico de Israel no deserto (1Cor 10.1-13), e, à luz do mesmo relato, de uma exposição sobre a eucaristia (1Cor 10.16-22). Finalmente, Paulo resume tudo em uma série de regras, formuladas sob a forma de imperativos e introduzidas pela modificação que faz de um *lema* coríntio (1Cor 9.23-11.1).

O primeiro dos dois principais exemplos harmoniza-se admiravelmente com a regra geral de Paulo. Os direitos (*exousia*) do Apóstolo – o de ser acompanhado por uma mulher ou o de aceitar ajuda financeira – não são absolutamente abolidos pela sua decisão de não os confirmar. Ele não deixou de ser livre (*eleutheros*) pelo fato de se "escravizar" livremente aos outros. Assim também "os fortes" não estarão abdicando da sua liberdade de consciência se, ocasionalmente, renunciarem aos seus direitos por causa dos "fracos"; pelo contrário, tornar-se-ão "meus imitadores como eu o sou de Cristo" (1Cor 11.1).

O segundo principal exemplo, porém, não se adapta tão bem ao contexto. Na verdade, 1Cor 10.1-13 dá toda a impressão de ter sido composto independentemente do seu contexto atual.[125] O trecho é homilia midráshica, baseada no versículo da Escritura citado no versículo 7, tirado de Ex 32.6: "O povo sentou-se para comer e beber, e depois levantou-se para se divertir". Cada elemento desse versículo é explicado. "Comer e beber" é explicado como comer e beber o "alimento espiritual" (maná) e a "bebida espiritual" (a água do rochedo). "Divertir-se" é interpretado de acordo com os vários matizes que o verbo traduzido, "divertir-se", podia ter e ilustrado por outras passagens extraídas da narração bíblica do período passado no deserto: "cometer idolatria", "fornicar", "tentar o Senhor [ou Cristo]", "murmurar".

Depois das advertências explícitas, recomendando não cometer tais pecados, existe uma palavra que deve incutir segurança e

---

[125] Numerosos comentadores reconheceram elementos tradicionais, por exemplo, Le Déaut, 1965, 320s; Borgen, 1965, 21s, 91s; Gärtner, 1959, 15-18; Ellis, 1957. A estrutura da homilia, todavia, não foi satisfatoriamente explicada. Eu trato este assunto em artigo publicado no Journal for the Study of the New Testament.

tranquilidade: Deus sempre concede aos fiéis os meios para escapar da tentação. A homilia, que se não fosse isso seria apropriada para qualquer sinagoga, foi cristianizada, identificando Cristo com a rocha lendária que acompanhou os israelitas e que lhes deu água (v. 4b) e encontrando na travessia do Mar Vermelho um elemento equivalente ao batismo (v. 2). O tema da homilia permanece um tanto geral: até a geração do deserto, para quem Deus realizou grandes milagres, não escapou da tentação; cada um de nós, portanto, deve estar vigilante.

Paulo extraiu da homilia a advertência central contra a idolatria, que – é claro – decorre naturalmente do versículo citado, pois Ex 32.6 se refere ao episódio do bezerro de ouro, o exemplo clássico na tradição judaica da idolatria de Israel[126]. Ele a afirmou primeiro em uma regra geral, que evidentemente era muito usada no cristianismo primitivo.[127] Em seguida defende essa regra vinculando uma interpretação da Ceia do Senhor (conhecida dos coríntios) com dedição posterior do episódio do bezerro de ouro. O cálice de bênção e o pão partido representam a "união" com Cristo. Em Israel, também, aqueles que comiam os sacrifícios eram "participantes do altar", mas, pelo mesmo princípio, os que participavam dos sacrifícios imolados ao Bezerro de Ouro cometiam a autocontradição de se tornarem "parceiros dos demônios" (vv. 18-20).

Observemos que a pergunta crítica que Paulo insere no versículo 19 revela que ele se mostra atento no sentido de não parecer que esteja contradizendo sua afirmação feita aos "fortes" em 1Cor 8.4, a saber, a de que os ídolos não são reais. (Esta é prova razoavelmente clara da integridade dos três capítulos, apesar da flexibilidade dos conectivos.) Evidentemente ele quer dizer que os deuses gentios não são o que seus adoradores pensam que são; "não são deuses por natureza" (Gl 4.8). Não obstante, eles possuem alguma realidade, como "demônios" e qualquer participação nos seus cultos

---

[126] Ver, por exemplo, as passagens citadas por Ginzberg, 1909-1938, 6,51, nota 163.
[127] Ver o "decreto apostólico", At 15.20,29; 21.25; posteriormente 1Jo 5.21; também as regras e as listas de vícios citados no *corpus* paulino: Gl 5.20; 1Cor 5.10s; 6.9; Cl 3.5; Ef 5.5.

é absolutamente excluída para aqueles que pertencem ao Deus Único e ao Único Senhor.

O efeito do argumento consiste em deixar o problema dos limites do grupo cristão um tanto ambíguo. De um lado, o intercâmbio social com externos não é desestimulado. O simples ato de comer carne é dessacralizado, a fim de remover um tabu que impediria tal intercâmbio[128]. Não se trata, pois, de idolatria. De outro lado, qualquer atividade que implique participação real em outro culto é rigorosamente proibida. Assim sendo, a exclusividade de culto, fora uma marca específica do judaísmo difícil de os gentios nas cidades helenistas entenderem, permaneceria como característica também das comunidades paulinas[129]. A ênfase dada à parênese de Paulo, porém, não se situa sobre a manutenção de limites, mas sobre a coesão interna: a responsabilidade mútua dos membros, especialmente a dos fortes pelos fracos, e a inabalável lealdade de todos ao Deus Único e ao Único Senhor.

Há ambiguidades semelhantes nas regras sobre sexo. As passagens chave são 1Ts 4.1-8 e 1Cor 7.1-16. A primeira é particularmente importante porque é especificada como tradição: ela é parte da instrução catequética que os novos cristãos recebiam antes ou depois do batismo (1Ts 4.1-2). Em 1Cor 7.2-5 Paulo se detém na mesma regra citada em 1Ts 4.4-6, mas procura elaborá-la e reinterpretá-la[130].

Em 1Ts 4 a categoria de controle é "santidade"[131]. Seu oposto é "impureza" (1Ts 4.7), entendida aí como metáfora usada com o

---

[128] Theissem, 1975c, 280.
[129] Este ponto é bem estudade por Walter, 1979, especialmente pp. 425-436.
[130] Ele passa do discurso metafórico para o direto: em vez de "vaso" (*skenos*), "marido" e "mulher", ele torna a regra, claramente androcêntrica na forma citada na primeira Epístola aos Tessalonicenses, recíproca: marido/mulher, mulher/marido. Esta observação, acidentalmente, confirma a maioria das opiniões sobre o sentido de *skenos* em 1Ts 4.4. É o mesmo que acontece em 1Pd 3.7 e em seu equivalente nos textos rabínicos posteriores, como bPes 112a: "Akiba diz: 'A panela em que vosso companheiro fez a sua comida não deve servir para vós cozinhardes'".
[131] Carrington, 1940, argumenta que a tradição é decorrente de Lv 18 e chama-a de "código de santidade cristã".

intuito de proibir ligações sexuais. "Santidade" supõe separação; contrasta com paixões atribuídas aos "gentios que não conhecem a Deus" (1Ts 4.5). As advertências e recomendações contidas em 1Cor 5 e 6 também pressupõem concepção da comunidade como espaço puro e santo, e do mundo exterior como impuro e profano. Como vimos acima, a vida dos de fora é caracterizada não só por práticas sexuais reprováveis, mas também pela variedade de outros vícios. Na iniciação batismal, o crente foi purificado – "lavado" e "tornado santo" – dessas corrupções (1Cor 6.11).

A regra sobre o matrimônio em 1Ts 4.3-8 e 1Cor 7.2 inclui-se sob a rubrica geral de *"porneia* proibida", termo usado para todas as espécies de ligações ou relações sexuais ilícitas. A advertência geral aparece em diversas formulações tradicionais que eram parte das instruções ou parêneses cristãs primitivas[132]. A repulsa judaica pela homossexualidade e a equiparação do sexo irregular com a idolatria eram conservadas pelos cristãos paulinos[133]. Na verdade, a maneira como a regra geral sobre o casamento era formulada, com a frase "não como gentios que não conhecem a Deus", sugere firmemente que toda essa tradição tem suas origens na sinagoga da Diáspora. A regra mostra que a monogamia era interpretada pelos cristãos paulinos, como o fora pelos judeus nos períodos helenista e romano, qual elemento normativo e como o meio normal para evitar *porneia.*

As regras e normas para organizar as casa (*Haustafeln*) incorporadas às epístolas deuteropaulinas aos Colossenses e aos Efésios (bem como a outros documentos contemporâneos e cristãos posteriores, inclusive a primeira Epístola de Pedro, as Epístolas Pastorais e a Epístola de Policarpo) mostram que a monogamia continuava a ser a expectativa normal na principal corrente do pensamento paulino[134]. A monogamia como tal, porém, dificilmente pode ser

---

[132] 1Cor 6.18; At 15.20,29; 21.25; cf. Gl 5.19; Ef 5.3; Cl 3.5; 1Cor 10.8; 5.9; 6.9; Ef 5.5.
[133] 1Cor 6.9; Rm 1.26s. Sobre a questão geral ver Pope, 1976. Sexo ilícito e idolatria são justapostos nas listas de vícios de 1Cor 6.9 e Gl 5.19s e causalmente ligados em Rm 1.23-27.
[134] Rigorosa rejeição do casamento constitui parte central do ensinamento encratita atribuído a Paulo nos Atos de Paulo e Tecla, obra do século II. Para conhecer

apontada como o elemento que distinguia os cristãos paulinos dos "gentios que não conhecem a Deus", porque ela foi por longo tempo a norma aprovada na lei e no sentimento gregos e romanos bem como no judaico[135].

A asserção segundo a qual os "gentios" consentem na "paixão da luxúria" não constitui descrição objetiva da sociedade gentílica, mas é também outro exemplo da censura aos de fora como sendo viciados, prática que já tivemos oportunidade de encontrar. Disto há numerosos paralelos não só nos apologistas judeus, mas também nos satíricos e nos moralistas gentios. De fato, geralmente os moralistas pagãos denunciam a "paixão" (*epithymia*) e o "prazer" (*hedone*); o sábio aceita o sexo, mas não o faz por nenhum dos dois motivos: aceita-o exclusivamente a fim de gerar filhos. Os autores judeus de língua grega concordam com isso[136].

---

a interessante proposta de MacDonald sobre esses Atos e sobre as epístolas pastorais, ver *acima*, Capítulo 2, nota 111.

[135] Nas novelas gregas do período Romano, o enredo geralmente depende da casta devoção dos parceiros de um casal, devoção que um dedica ao outro, preservada apesar das mais bizarras ameaças. No *Ephesiaca* de Xenofonte de Éfeso, por exemplo, Habrocomes e Ântia fazem o seguinte voto: "tu permanecerás casta para mim e jamais hás de tolerar outro homem, e eu nunca me casarei com outra mulher" (1.11.3-5). Que tais sentimentos eram grandemente apreciados sugere-o não só a popularidade dessas novelas, que dificilmente chamariam a atenção das pessoas cultas, mas também a existência de muitos epitáfios elogiando mulheres que eram *mónandros* ou *univira*. Exemplos de sepulturas judaicas encontram-se em Leon, 1960, 129s.

[136] Ver, por exemplo, Musônio Rufo, "Sobre a indulgência sexual", "Qual a principal finalidade do matrimônio?" e "Será que o casamento prejudica a busca da filosofia?" acessível em Lutz, 1947, 84-97). Iamblico, *Vit. Pyth.* 31.2-9-211, afirma que Pitágoras proibia até o intercâmbio natural e prudente, exceto com o objetivo consciente de gerar filhos legítimos. Para exemplos adicionais, ver Preisker, 1927, 19s. Essa atitude é adotada e defendida por escritores judeus igualmente. Flávio Josefo não só atribui isso à orientação para o casamento dos essênios, *GJ* 2.161, mas também afirma que, para todos os judeus, "a Lei não reconhece relações sexuais, com exceção da união natural de um homem e uma mulher, e isto somente para a procriação de filhos" (C. Ap. 2.199). Filon concorda inteiramente; por exemplo, *Spec. leg.* 3.113 e 3.34-36; *Mois.* 1.28; *Abr.* 137; *Jos.* 43; *Virt.* 107. Ver a discussão em I. Heinemann, 1929-1932, 231-329. Observar também a oração de Tobias em Tb 8.5-8.

O que é de admirar, em face da ampla afirmação dessa atitude, é que nem a regra que Paulo cita nem sua própria discussão sobre as normas sexuais mencionam a procriação. Muito provavelmente suas expectativas escatológicas fizeram a questão da procriação parecer definida, mas, nesse evento, o fato de que ele ainda permite relações sexuais normais seria o mais digno de nota. No conjunto, entretanto, a pureza sexual pela qual os cristãos paulinos lutavam em um mundo impuro se define principalmente em termos de valores amplamente afirmados pela sociedade maior.

Há duas exceções possíveis. Primeiro, sabemos, por meio de 1Cor 7.10, que o dito de Jesus rejeitando o divórcio, formas do qual são também conhecidas nos evangelhos sinóticos, era usado no círculo paulino como regra[137]. Em comparação tanto com a prática judaica quanto com a gentílica na época, essa norma teria parecido bastante fora do comum. Ela podia ser encarada como radicalização da norma da monogamia e, assim, como traço distintivo dos grupos cristãos.

No entanto, vemos que Paulo aplicava a norma um tanto livremente (1Cor 7.11-16), principalmente em casos de casamento entre cristãos e não-cristãos. A discussão desses casos chama a atenção para segunda maneira pela qual as regras paulinas sobre o matrimônio se desviam das normas da sociedade mais ampla. É claro que Paulo prefere que os crentes se casem "no Senhor", que se casem com outros crentes. Muito provavelmente esse desejo era em geral conhecido entre as igrejas do círculo, pois isso ajudaria a explicar por que o problema de manter ou interromper o casamento entre esposos cristãos e não-cristãos surgiu em Corinto. A frase "uma irmã como mulher" contida em 1Cor 9.5 pressupõe a norma.

Observemos que Paulo *não* defende a separação; a regra do divórcio deixa prioridade para a preferência por endogamia de grupo. Enquanto o crente desejar viver "em paz" como crente, a esfera de "santidade" se amplia realmente para incluir o esposo(a) gentio bem como os filhos (1Cor 7.14). O limite da regra do divórcio aparece quando o não-crente deseja separar-se; neste caso, o irmão ou

---

[137] Nos sinóticos, Mc 10.2-12; Lc 16.18; Mt 5.31s; 19.3-12. Ver Dingan, 1971, 100s.

irmã crente não está "escravizado" (v. 15). A maioria dos comentadores toma o versículo 16 como referência à esperança prática e razoável de que, se o casamento se mantiver, o parceiro gentio poderá ser conquistado para a fé.

Segundo, a correspondência coríntia também mostra que a noção de pureza sexual podia ser radicalizada de outra maneira: pelo ascetismo. Por isso, alguns dos cristãos coríntios raciocinam que "é bom para o homem não tocar mulher", ainda que sejam casados. O celibato poderia ser poderoso símbolo, bem como meio prático de separação das conexões e responsabilidades da sociedade ordinária. Podemos ver que essa era uma das principais funções do celibato no cristianismo posterior observando alguns dos ditos atribuídos a Jesus no Evangelho de Tomé, nas narrativas e nos discursos de vários Atos dos Apóstolos apócrifos – principalmente os Atos de Tomé – e em grande parte da literatura e do ritual do cristianismo siríaco primitivo[138].

Nos Atos de Paulo e Tecla do século II, vemos que tal ideologia podia ser atribuída a Paulo. E podia muito bem sê-lo já que ele e Barnabé e provavelmente vários dos outros destacados itinerantes de sua escola eram celibatários, e concorda com seus interlocutores coríntios que o celibato é preferível. No entanto, as razões que dá para apoiar o celibato, para aqueles que, como ele, receberam o *charisma* para abraçá-lo, são pragmáticas: habilita-os a dar atenção indivisa à obra do Senhor, em vista do fim iminente de todas as coisas (1Cor 7.25-40). O argumento de Paulo, junto com sua citação da regra da monogamia "sobre o assunto da *porneia*" e sua cuidadosa reafirmação dela em termos das obrigações sexuais recíprocas do homem e da mulher (1Cor 7.2-5), tende mais a minimizar o uso do ascetismo como meio para estabelecer limites sociais.

A pureza é muitas vezes associada ao ritual, e isso vale também para as comunidades paulinas. Reservarei discussão completa sobre as funções sociais dos rituais cristãos para mais adiante no capítulo 5; contudo, algumas observações precisam ser feitas aqui.

---

[138] Para abordagem geral, ver Vööbus, 1958-1960.

Já vimos que algumas das ações e a linguagem da iniciação batismal enfatizam a coesão interna da comunidade. O reverso disso é a ênfase dada à separação do mundo exterior. O fato de o banho de água servir não só como rito preparatório, tal como acontecia em iniciações contemporâneas, mas como o ato central de toda a cerimônia mostra vivamente que a vida anterior ao evento – e fora da seita – era impura. Todos os que ingressam na comunidade pura devem fazê-lo, permitindo serem "lavados" e "santificados" e "justificados" (1Cor 6.11).

Além do mais, o ritual inteiro representa um morrer e ressuscitar com Cristo. Supõe o morrer no que diz respeito às estruturas e aos poderes do mundo (ver Cl 2.20), "despindo-se" do "velho homem" com seus vícios, divisões e embaraços, e o revestir-se de nova vida em Cristo, o "homem novo", que se distingue pela unidade de nova família de irmãos e irmãs, filhos de Deus. Notamos claramente, pois, que o batismo é ritual que estabelece limites.

O outro grande ritual – dos dois mais importantes – dos grupos cristãos, a Ceia do Senhor, também favoreceu a expressão simbólica da solidariedade de grupo e seus limites. Dois exemplos mostram como eram importantes as refeições comunitárias para definir a fraternidade. Em Antioquia era decisão de alguns cristãos judeus parar de comer com companheiros cristãos incircuncisos, fato que levou ao confronto entre Paulo e Pedro e, aparentemente, ao rompimento entre Paulo e Barnabé e até entre Paulo e a igreja de Antioquia (Gl 2.11-14).

Segundo, uma forma de disciplina para infratores graves das normas morais da comunidade é sua exclusão das reuniões e a advertência de que outros membros "não devem comer com tal pessoa" (1Cor 5.11; ver também 2Ts 3.14). Outras refeições além da eucaristia podem bem estar incluídas nesta sanção, mas seguramente a eucaristia seria a ocasião por excelência para impor à pessoa a disciplina. Alguma das obrigações da refeição ritual provavelmente se acha refletida no anátema pronunciado na conclusão da primeira Epístola aos Coríntios: "Se alguém não ama o Senhor, seja expulso. *Marana tha*" (1Cor 16.22). A marcante semelhança entre esse anátema e a linha adotada no ritual eucarístico por prescrição da Didaqué (o mais antigo "manual sobre a ordem na igreja" existente ainda hoje, oriundo talvez do começo do século II) convenceu numerosos comentadores modernos de que esse pronunciamento solene já se achava em uso nas reuniões dos grupos paulinos.[139] Já vimos que Paulo interpretou a "comunhão" com Cristo representada no comer o pão e no beber o vinho de maneira tal que impedia a participação cristã em qualquer refeição reconhecidamente cúltica em ambiente gentio (1Cor 10.15-22).

Esses exemplos indicam que os grupos paulinos tinham que descobrir meios plausíveis para delinear os limites em torno deles. A escola paulina autoconscientemente abandonara as regras de pureza que ajudavam a manter os limites sociais das comunidades judaicas, porque em uma comunidade em grande parte composta de antigos gentios essas regras não funcionavam, e, para Paulo, elas pareciam negar a novidade do evangelho do Messias crucificado e ressuscitado. Assim, toda uma segunda ordem ou segundo sistema simbólico para mapear o sagrado e o profano eram descartados.

Não havia mais alimentos particulares ou eventos ou ações rigorosamente definidos que tornassem alguém "impuro", e não havia rituais nem ocasiões novos que estabelecessem a "santidade" ou a "pureza". Era necessário, portanto, definir a pureza da comunidade mais diretamente em termos sociais. Por exemplo, Paulo declara que a Ceia tem certos efeitos mágicos, inclusive doença física ou até morte, sobre as pessoas que violam as normas apropriadas à ocasião sagrada (1Cor 11.29s). Contudo, essas violações não são erros rituais no sentido estrito, mas ofensas contra a coesão social do grupo causados por tensões entre membros de posições socio-econômicas mais elevadas e mais baixas. Desse modo, também, o excluído do convívio fraterno pela maldição contida em 1Cor 16.22 não é estigmatizado por falha ritual, mas como alguém que "não ama o Senhor"[140].

---

[139] Did. 10,6; Bornkamm, 1963.
[140] Barrett, 1968, 397, sugere que até os de fora (os externos) não batizados, que haviam sido levados pela profecia a confessar a presença de Deus (1Cor 14.25), não deviam ser impedidos por esta fórmula de participar da refeição.

Instituições autônomas

Um dos meios de promover o isolamento do grupo era a criação de instituições para prestar serviços que, de outra feita, teriam de ficar a cargo de organizações municipais ou de outras entidades externas. O termo instituição é usado aqui em sentido lato e não envolve alto grau de formalidade ou de complexidade nas atividades organizadas em questão. As refeições comunitárias seriam exemplo disso.

Para muitos membros, especialmente para os das camadas sociais mais humildes, as assembleias e as refeições cristãs proporcionavam substitutivo mais do que adequado para benefícios, tanto físicos quanto sociais, que, não sendo aí, eles poderiam obter pela filiação em *collegia* de vários tipos ou nas diversas festas municipais[141].

Um exemplo ainda mais claro aparece nas recomendações de 1Cor 6.1-11. Os versículos 2-5 supõe que Paulo espere que a igreja estabeleça procedimentos internos para julgar divergências civis entre cristãos, com "sábios" escolhidos no meio deles para agirem como árbitros. O fato de a segunda metade do trecho (vv. 6-11) os censurar por causa dos litígios existentes e os incentivar no sentido de adotarem ética diferente que elimine tal competição[142] não anula as diretrizes práticas. Os cristãos, destinados como são a participar do julgamento escatológico do mundo inteiro, dos homens bem como dos anjos, certamente têm competência para estabelecer um critério de arbitragem para assuntos da vida cotidiana (*biótika pragmata*) entre eles mesmos. Não devem cometer o absurdo de deixar os de fora ("injustos", "descrentes", "os desprezados na assembleia") decidir conflitos internos[143].

---

[141] Ver Theissem, 1975c, 281.
[142] Ver Dinkler, 1952.
[143] Os tribunais dentro das congregações judaicas para resolver divergências internas incluíram-se entre as instituições mais importante das comunidades da Diáspora. Ver, por exemplo, o decreto de Lúcio Antônio sobre os judeus de Sardes, Flávio Josefo, *Ant.* 14.235, citado *acima*, pp. 82s. Sobre Alexandria ver Goodenough, 1929. Há também paralelos gentios. Poland, 1909, 601, cita um

Há outras maneiras, menos específicas, porém mais abrangentes, mediante as quais a vida dos grupos estreitamente coesos tende a afastar a dependência de um membro em face de outros grupos e da cultura da sociedade mais ampla. Um dos serviços fundamentais que esses grupos prestam a seus membros em nossa sociedade moderna, altamente complexa e diferenciada é o de propiciar espaço social limitado, dentro do qual se possa chegar a consenso em relação a uma realidade percebida e suas exigências.[144]

Essa função foi, por certo, muito estimulada em grupo religioso ou ideológico, onde a adesão de recrutas foi focalizada com base em proposta peculiar de imagens ou de explicações das coisas que deviam ser cridas, sentidas e correspondidas. A sociedade urbana no Império Romano primitivo era bem pouco menos complicada do que a nossa, em proporção à escala de conhecimentos alcançados pelo indivíduo e das exigências a ele feitas. Sua complexidade – sua falta de vinculação com a mente – pode bem ter sido sentida com especial agudeza pelos que ficavam à margem ou eram transeuntes, física ou socialmente ou sob ambos os aspectos, como muitos dos membros identificáveis das igrejas paulinas parecem ter sido.

Em todo caso, Paulo e os outros fundadores e dirigentes desses grupos se empenharam ostensivamente no esforço de criar nova realidade social. Eles elaboraram e defenderam uma posição distintiva de crenças, algumas das quais expressas em afirmações dramáticas enfatizadas pela metáfora: "Jesus, o Messias, e ele crucificado". Prepararam normas e modelos de advertência e recomendação morais e de controle social, que, apesar de muitos lugares-comuns tirados do discurso moral da cultura mais ampla que pudessem conter, ainda assim no conjunto constituíam *ethos* distintivo.

---

grupo ateniense de *Iobacchoi* (ca. 178 d.C.) que exigia que os membros trouxessem as divergências (*máche*) e as acusações de comportamento indecoroso à presença dos funcionários da associação (SIG 3, n. 1109, linhas 72-95). Observar principalmente as linhas 90-95: "Seja a mesma penalidade (imposta contra) quem é injuriado e não recorre ao sacerdote ou ao *Archibacchos*, mas faz uma acusação pública". Ver também D. E. Smith, 1980, 149.

[144] Ver a bibliografia citada na nota 91 *acima*.

Recebiam, praticavam e explicavam ações rituais distintas. Nenhuma dessas era feita *ex nihilo*. Todas se baseavam na linguagem e na cultura comuns das cidades provinciais romanas de língua grega, bem como na subcultura especial do judaísmo, que há várias gerações já vinham adaptando-se a tais cidades. O resultado, entretanto, era o aparecimento da definição de subcultura nova, visivelmente diferente. Cada um desses três principais componentes da nova subcultura será objeto de capítulo posterior.

Portas nas fronteiras

O sentimento de pertença, forte e íntimo, dos grupos paulinos, suas crenças e normas especiais, a percepção que tinham de sua própria discrição e distinção do "mundo" não os levaram a se retirarem para o deserto, como os essênios de Qumran. Permaneciam nas cidades e seus membros continuavam levando vida ordinária nas ruas e nos arredores, nas oficinas e na ágora. Paulo e os outros dirigentes não só permitiam essa interação continuada como algo inevitável; em diversas circunstâncias a estimularam positivamente.

A afirmação mais direta sobre esse ponto está em 1Cor 5.9-13, em que Paulo corrige a interpretação errada de uma recomendação anterior:

> Eu vos escrevi na carta [anterior] que não vos misturásseis com *pornoi* [violadores das várias normas de comportamento sexual], mas não de todo [ou, talvez, "não no sentido absoluto"][145], [referindo-me] aos *pornoi* deste mundo ou aos avarentos e ladrões ou idólatras, pois neste caso seríeis obrigados a sair deste mundo. Pelo contrário, escrevi que "não vos misturásseis", se alguém chamado irmão fosse *pornos* ou avarento ou idólatra ou injurioso, ou fosse beberrão ou ladrão, pois com alguém assim nem deveríeis comer. Porventura é problema meu julgar os de fora? Não são antes os de dentro que vós julgais? Os de fora Deus há de julgar.

---

[145] Segundo Barrett, 1958, 130.

Nesse contexto, em que ele orienta a expulsão de um membro que violou o tabu do incesto, a pureza da comunidade é a preocupação central de Paulo. No entanto, sente dificuldade para mostrar com clareza que essa pureza só é contaminada por quem se acha dentro, não pelo contato com os de fora, ainda que estes sejam considerados tipicamente imorais. Em algumas formas ascéticas posteriores do cristianismo, inclusive as que recorriam a Paulo como exemplo, "sair do mundo" era a principal preocupação do cristão. No trecho em questão, ela é tratada como impossibilidade dentro de argumento de *reductio ad absurdum*.

Já vimos que semelhantes sentimentos estavam em jogo na discussão sobre comer "carne oferecida aos ídolos" em 1Cor 8-10. Embora Paulo defenda com firmeza a consciência dos cristãos "fracos", para os quais a carne sacrificial parecia ameaça real à pureza, e embora proíba qualquer ação que possa ser considerada como participação real em culto gentílico, tem o cuidado de preservar a liberdade dos cristãos de usar a carne dos mercados gentílicos e de aceitar convites para refeições em casas gentílicas.

Nós também vimos que, apesar da preferência afirmada por casamentos realizados somente entre cristãos, Paulo incentivou a preservação de casamentos existentes com esposos gentios sempre que possível (1Cor 7.12-16). Tanto a missão quanto a autodefesa da igreja são razões para estimular a abertura ao mundo nesses exemplos. Paulo afirma com candura o motivo missionário no caso de casamentos com gentios: "Como sabes, ó mulher, que não podes salvar teu marido? Como sabes, ó homem, que não podes salvar tua mulher?"[146]

Posteriormente, a organização da vida interna da seita não ocorre em completo isolamento, mas com o olhar voltado para os de fora a fim de ver como eles encaram os cristãos, que impressão

---

[146] A forma das perguntas é simplista e devemos traduzi-las com sentido oposto, expressando ceticismo diante da possibilidade de salvar o parceiro e de suportar com resignação a separação querida pelo gentio do versículo 15. É melhor, porém, tomar essas perguntas junto com a cláusula anterior: "Mas Deus vos chamou para a paz", como que para voltar ao sentimento do versículo 14. Cf. Barrett, 1968 *ad loc*.

têm destes. A ética do artesão de "vida tranquila" (*hesychia*), sustentada pelo trabalho árduo e pela preocupação com o próprio ofício, tem como objetivo que "vosso comportamento seja decente diante dos olhos dos que estão fora" (1Ts 4.11s).

As demonstrações extáticas nas assembleias da igreja devem ser controladas para evitar que os não-crentes que chegam (é de supor com isso que eles tenham livre acesso a tais reuniões) pensem que os cristãos estejam possessos ou loucos (1Cor 14.23). Os cristãos coríntios recebem a recomendação de não se tornarem pedra de escândalo diante dos "judeus e gregos e da assembleia de Deus" (1Cor 10.32), e Paulo aí demonstra novamente a sua flexibilidade missionária (v. 33; cf. 1Cor 9.19-23).

O mesmo modelo persiste nas epístolas posteriores da escola paulina e em outros grupos de cristãos que viveram depois[147]. Cl 4.5 estabelece a regra geral, paralela à já apresentada em 1Ts 4.12: "Comportai-vos sabiamente diante dos de fora, e tereis a vossa oportunidade". Comportar-se sabiamente significa aí comportar-se de maneira que esteja de acordo não só com as normas morais da comunidade, que são "a vontade de Deus" (comparar o paralelo em Ef 5.15s), mas também com os padrões que os de fora reconhecem como bons[148].

Cada vez de modo mais nítido, a parênese deuteropaulina traça a estrutura básica dos grupos cristãos em termos da casa hierarquicamente organizada, encarada como fundamental para toda sociedade greco-romana. A enfatização nessa ordem ou organização, por meio da chamada *Haustafeln* (como vemos em Cl 3.18-4.1; Ef 5.21-6.9), serve como defesa contra a objeção típica que os escritores greco-romanos faziam contra novos cultos: corrompem as famílias e com isso ameaçam a base de todo o edifício social[149].

Somente em uma passagem das epístolas paulinas autênticas a atenção é explicitamente dirigida às autoridades políticas. As interações e as dificuldades dos grupos cristãos com a sociedade mais ampla parecem ter-se originado, nesse estágio primitivo, das

---

[147] Ver van Unnik, 1964.
[148] *Ibidem*, 228.
[149] Ver a bibliografia citada no Capítulo 2, nota 79.

estruturas sociais menos formais. Em geral reconhece-se que em Rm 13.1-7 Paulo usa uma forma de parênese formulada pelas comunidades judaicas da Diáspora. As "autoridades" a que os cristãos aí são estimulados a serem submissos são os funcionários do governo imperial de preferência aos magistrados municipais. Os judeus nas cidades provinciais habitualmente dependiam de boas relações com a corte imperial e seus delegados, principalmente quando surgia oposição local[150].

A figura do Estado é idealizada nesse contexto, mas a experiência dos judeus urbanos em numerosas ocasiões reinvindicava a defesa desse ideal como a melhor política, e os cristãos paulinos seguiam seu exemplo. É significativo que a linguagem dualista que os grupos paulinos às vezes usavam nas suas parêneses (também depois no mesmo capítulo, Rm 13.11-14) não se aplicava ao poder romano. Os "governantes" (*archontes*) demoníacos não eram identificados como sendo o poder real que se escudava por trás dos poderes humanos, como acontecia, por exemplo, na ideologia da seita judaica de Qumran ou no Apocalipse[151].

Além desses interesses práticos que levaram os cristãos paulinos a manterem sua participação na vida mais ampla de suas cidades, sua linguagem especial continha numerosos conjuntos metafóricos e simbólicos que podiam ser utilizados para favorecer maior união entre todos. O ritual de iniciação do batismo, embora fosse evidentemente cerimônia destinada a estabelecer limites, ao acentuar a unidade liminar dos iniciados como distintiva das estruturas de divisão ou cisão do "velho homem", não obstante também representava essa unidade sectária com imagens de alcance universal.

O Cristo, com que o batizando se "revestia" ao receber a veste depois do batismo, era o "homem novo", o "último Adão", a "imagem do Criador". Pelo menos alguns dos cristãos paulinos falavam, em suas recordações do batismo, de reconciliação cósmica entre poderes sobre-humanos e humanos. Esse tipo de imagens é particularmente evidente nas epístolas deuteropaulinas aos

---

[150] Ver o Capítulo 1, Judaísmo urbano e cristianismo de Paulo.
[151] Para conhecer um ponto de vista contrário, ver Cullmann, 1963, 51s.

Efésios e aos Colossenses[152]. Para o próprio Paulo e para seu discípulo que escreveu a Epístola aos Efésios, a unidade da humanidade realiza-se dramaticamente na igualdade entre judeu e gentio dentro da igreja.

A união na mesma casa dos que antes viviam na inimizade ou como estranhos entre si é, na Epístola aos Efésios, o principal exemplo do plano secreto de Deus de, "na plenitude dos tempos, restaurar o universo em Cristo, as coisas que existem no céu e as que existem na terra" (Ef 1.9s; 2.11-22). Na conclusão de seu longo discurso aos cristãos romanos sobre o problema de os judeus haverem rejeitado principalmente Jesus como Messias, Paulo fala de extraordinária visão do tempo "em que a plenitude dos gentios virá, e assim todo Israel será salvo" (Rm 11.25s).

O alcance desse conjunto de imagens universais é ambíguo. Uma seita, que afirma ser a única dona do que faz torna-se valor universalmente desejável – monopólio sobre a salvação –, necessariamente não pode aceitar bem o livre intercâmbio com os de fora; na maioria das vezes acontece o contrário. As imagens cósmicas da linguagem batismal da escola paulina era usada nas recomendações feitas aos colossenses e aos efésios especificamente para fortalecer a coesão interna dos grupos cristãos[153].

No entanto, um dos fatos mais evidentes relacionados ao movimento associado a Paulo e seus companheiros era o vigor da sua orientação missionária, que via no de fora um de dentro em potencial e que não queria interceptar a comunicação com ele. Sob este aspecto, o *ethos* do cristianismo paulino é significativamente mais aberto, dizem, do que o dos introvertidos grupos joaninos[154]. Existe tensão na literatura dos grupos paulinos entre medidas necessárias para promover uma forte coesão interna, inclusive limites mais claros que separem cada um deles da sociedade mais ampla, e a intenção de continuar mantendo as interações normais e geralmente aceitáveis com os de fora.

---

[152] Meeks, 1977.
[153] *Ibidem*.
[154] Meeks, 1972.

Um povo com dimensão mundial

Os grupos locais de cristãos não só contavam com alto grau de coesão e de identidade de grupo, mas também eram mantidos atentos à consciência de que pertenciam a movimento maior, "junto com todos os que invocam o nome de nosso Senhor Jesus Cristo em todos os lugares" (1Cor 1.2)[155]. No momento oportuno, eles criariam rede única de instituições para incorporar e proteger essa conexão, e a combinação resultante de comunidades locais, disciplinadas e íntimas, com organização supralocal, era o principal fator no sucesso social e político do cristianismo na época de Constantino.

As fontes mais antigas mostram ambos os aspectos dessa dupla identidade já em ação. De acordo com ADOLF VON HARNACK, "foi isso, e não qualquer dos evangelistas, que demonstrou ser o missionário mais eficiente"[156].

A natureza incomum da afirmação sobre a identidade dos crentes no Messias Jesus evidencia-se pela maneira como Paulo e seus associados usavam o termo *ekklesia*, palavra que geralmente traduzimos por "igreja". Empregamos esse anacronismo, que não pode deixar de induzir a engano, porque os cristãos urbanos parecem desde cedo ter começado a usar o termo de modo peculiar, que devia intrigar qualquer grego comum.

O uso mais comum de *ekklesia* consistia em referir-se à reunião dos cidadãos livres do sexo masculino que existiam na cidade de constituição grega, e a palavra continuou a ser empregada mesmo depois que as monarquias helenistas primeiro e em seguida as romanas tiraram das assembleias votantes grande parte do seu poder[157]. Há passagens nas epístolas paulinas que parecem quase que imitar ou parodiar esse uso, como quando os destinatários são "a

---

[155] Por vezes, contudo, houve quem sugerisse que esta frase em 1Cor 1.2 foi acrescentada posteriormente a fim de "catolicizar" a coleção das epístolas de Paulo, numa ocasião em que as epístolas coríntias encabeçavam a lista. Ver mais recentemente Becker, 1980, 26.
[156] Harnack, 1906, 1,434.
[157] Brandis, 1905.

ekklesia dos tessalonicenses" ou dos laodicenses (1Ts 1.1; 2Ts 1.1; Cl 4.16)[158], ou quando todos em determinada cidade "se reúnem em *ekklesia*" (1Cor 11.18; cf. 14.19,23,28,35)[159].

O termo, contudo, também é usado para a célula menor do movimento, a assembleia da casa (*he kat'oikon ekklesia*)[160]. Esse uso superficialmente se assemelha à designação dada por algumas associações gregas às suas reuniões para tratar de negócios[161], mas o contexto epistolar mostra que a palavra "reunião" não seria tradução adequada, a menos que pensemos, talvez, na "reunião de amigos da Nova-cidade". *Ekklesia* designa não só a reunião ocasional, mas o próprio grupo.

Além disso, a palavra designa todos os grupos cristãos em toda parte, considerados separadamente ou como um todo. Paulo pode falar das *ekklesiai* (no plural, portanto) de uma província – Galácia, Ásia, Macedônia, Judeia (1Cor 16.1; 16.19; Gl 1.2; 2Cor 8.1; 1Ts 2.14) –, mas também de "todas as *ekklesiai* dos gentios" (Rm 16.4) e de "todas as *ekklesiai* de Cristo" (Rm 16.16) ou "de Deus" (1Cor 11.16,22; 2Ts 1.4)[162]. Ele porém, e mais vezes ainda seus discípulos que escreveram a Epístola aos Efésios e a Epístola aos Colossenses podem usar o singular não só em regras gerais que se aplicam a qualquer assembleia local, mas também em frases que abrangem o movimento cristão inteiro[163].

A mais impressionante entre essas passagens é a frase ou expressão "a *ekklesia* de Deus", que se encontra ao lado de "judeus e gregos" (1Cor 10.32), mas que também era usada para

---

[158] Cf. Dahl, 1941, 240s, que se refere a argumentos apresentados por Erich Peterson.
[159] Lembrança ainda mais característica de função da clássica "reunião de cidade" está em 1Cor 5.4s, onde uma assembleia formal deve ser convocada para expulsar um membro. Todavia, a palavra em si não aparece nesse contexto. Outros exemplos de *ekklesía* usados para a reunião cristã em cidade particular ocorrem em Rm 16.1 (Cencreia); 1Cor 1.2; 2Cor 1.1 (Corinto); Fl 4.15.
[160] Rm 16.5,19; Fm 2; Cl 4.15.
[161] Poland, 1909, 332.
[162] Também "*ekklesíai* dos santos", 1Cor 14.33s; ou simplesmente "toda a *ekklesía*", 1Cor 4.17; "todas as *ekklesíai*", 1Cor 7.17; 2Cor 8.18; 11.28; cf. 12.13.
[163] 1Cor 6.4; 10.32; 12.28; 14.4,5,12; 15.9; Gl 1.13; Fl 3.6; Ef 1.22; 3.10,21; 5.23,24,25,27,29,32; Cl 1.18,24. Cf. Linton, 1959, col. 912.

mencionar uma comunidade local, como no caso da *"ekklesía* de Deus que está em Corinto" (1Cor 1.2)[164]. As raízes desse uso estão certamente na expressão bíblica "assembleia do Senhor" (*ekklesía tou kyríou*, que traduzia *qᵉhal yhwh*), a qual se referia a uma reunião formal de todas as tribos do Israel antigo ou de seus representantes[165].

Os escritores judeus próximos da época de Paulo repetem esse uso bíblico com pequenas modificações, e a comunidade de Qumran usava a frase "assembleia de Deus" para designar assembleia cúltica de fiéis no fim dos tempos, para a guerra final ou para refeição solene com o sacerdote e o príncipe ungidos[166]. A ligação precisa entre tal uso e o que Paulo fazia nos escapa, mas podemos ter menos dúvidas sobre o fato de que o conceito de pertença a um povo de Deus, único e universal, que distinguia de modo tão acentuado os cristãos paulinos das outras associações e cultos, veio diretamente do judaísmo.

É evidente, também, que Paulo e os outros dirigentes da missão trabalhavam ativamente para inculcar a noção de uma fraternidade universal dos crentes no Messias Jesus. As próprias epístolas, os mensageiros que as levavam e as visitas repetidas às comunidades locais feitas por Paulo e seus associados, todos enfatizam essa inter-relação. Convém notar que os lugares onde as assembleias domésticas são mencionadas estão no contexto de saudações no começo ou no fim (é o caso de Filemon) das epístolas.

---

[164] Ver também Gl 1.13 e 1Cor 15.9.
[165] Observar especialmente Dt 23.2,3,4 e Jz 20.2: *en Ekklesía tou laou tou theou*; Ne 13.1: *en ekklesía theou* (v. 1. *kyríou*); Eclo 24.2: *en ekklesía hypsístou*; 50.13: *énanti páses ekklesías Israél*. Convém conhecer a visão panorâmica da evidência em Schmidt, 1938, 527-529.
[166] Para Filon como para o Deuteronômio, a assembleia do Sinai era a *ekklesía theou* (ou *kyríou*) por excelência: *Virt.* 108; *Ebr.* 213; *Som.* 2.187; *Quis her.* 251; *Decal.* 32. Um dos padrões de batalha na Guerra dos Filhos da Luz com os Filhos das Trevas devia ter a inscrição *qᵉhal'el*, 1QM 4,10; exclusão se membro indigno da *qᵉhal'elah* (parafrase de Dt 23.1-3), 1QSa 2.3; cf. 1QSa 1,25s; CAD 7,17; 11,22; 12,6. Cf. Linton, 1959, colunas 907-911. Observar também o uso em Hb 12.23, onde a conexão com a assembleia do Sinai é muito mais direta do que no uso paulino.

A menor unidade do movimento encontra-se precisamente no contexto epistolar que recorda aos leitores a fraternidade mais ampla, mencionando nomes e grupos de outros lugares. As saudações e os cumprimentos às vezes servem para unir os destinatários a todos os cristãos na sua província ou alhures, dizem, não só Corinto mas também "todos os santos que estão na Acaia inteira" (2Cor 1.1), "todos os que invocam o nome de nosso Senhor Jesus Cristo em todos os lugares" (1Cor 1.2).

Na Epístola aos Colossenses, 4.13, as igrejas do vale do Lico são associadas, e Laodiceia e Colossas estão especialmente ligadas pela orientação contida em Cl 4.16, de que a carta dirigida a cada uma deveria ser lida pelas outras[167]. O fecho da primeira Epístola aos Coríntios também é sugestivo: "As *ekklesiai* da Ásia vos saúdam; Áquila e Prisca e sua *ekklesia* doméstica saúdam-vos muito no Senhor. Todos os irmãos vos saúdam. Saudai-vos uns aos outros com ósculo santo. Eu, Paulo, vos saúdo de minha própria mão" (1Cor 16.19-21). O ósculo ritual – a mais íntima expressão da *communitas* experimentada na reunião local – é assim inserido no contexto de lembranças de fraternidade muito mais ampla. A linguagem é simultaneamente formal e pessoal.

Se as epístolas eram recordações de vinculações que extrapolavam o cenário local, as visitas apostólicas, de que as epístolas eram substitutivos temporários, intermediários, provisórios[168], tinham cunho ainda mais direto. O número de viagens dos dirigentes da missão paulina muitas vezes surpreenderam leitores antigos e modernos. Inseridos nas epístolas estão diversos trechos que servem como cartas de recomendação, pedindo hospitalidade para os viajantes[169]. Mais tarde, essas cartas de

---

[167] Como a Epístola aos Colossenses é provavelmente pseudônima, o grande número – e fora do comum – de saudações pessoais em Cl 4.7-15 (mais do que em qualquer outra epístola do *corpus* paulino além da Epístola aos Romanos) pode ser parcial ou totalmente fruto de ficção (cf. 2 Timóteo). Se isto é verdade, é mais do que evidente que tais conexões pessoais e de grupo eram reconhecidas não só por Paulo, mas também pelos seus seguidores como sendo de máxima importância para manter a amizade interurbana dos crentes.
[168] Ver Funk, 1967.
[169] Rm 16.1s; 1Cor 16.10-12; cf. Fl 2.25-30; Cl 4.7-9; Ef 6.21s. Paulo também pode requerer hospitalidade para ele próprio, Fm 22; Rm 15.24.

recomendação beneficiariam todos os cristãos que viajavam, e não apenas os dirigentes.[170]

Há indícios nas epístolas paulinas e em outros lugares no Novo Testamento de que os cristãos comuns que estivessem viajando para outra cidade podiam esperar encontrar acomodação com os "irmãos", muito provavelmente seguindo costume estabelecido entre os judeus da Diáspora[171]. Assim sendo, a hospitalidade já se inclui entre as virtudes da vida comum cristã, enfatizada nas tradicionais recomendações que Paulo introduz na sua Epístola aos Romanos (12.13). Posteriormente, a Epístola aos Hebreus e a carta que a igreja romana envia a Corinto acrescentariam, como judeus contemporâneos, o exemplo de Abraão (Hb 13.2; 1Clem. 10.7), e a hospitalidade acaba sendo virtude particularmente exigida dos bispos.[172] Os comentários de E. A. JUDGE sobre a prática posterior podem com algum exagero ser aplicados já ao século I:

> Segurança e hospitalidade quando se viajava tradicionalmente fora o privilégio dos poderosos, que tinham confiado em uma rede de patrocínio e de amizade, criada pela riqueza. As cartas de recomendação revelam o fato de que essas vantagens domésticas agora se estendiam a toda a família de fé, cujos membros são aceitos na base da confiança, apesar de completamente estranhos[173].

Aí havia recordação mais concreta do que significava pertencer à *ekklesia* de Deus que podia acolher a pessoa como "irmão" ou "irmã" em Laodiceia, Éfeso, Corinto ou Roma.

Tipo bem diferente de lembrança das obrigações dos cristãos uns para com os outros através das fronteiras geográficas é a coleta de dinheiro para "os pobres entre os santos de Jerusalém", à qual Paulo parece ter dedicado grande parte de sua energia durante os

---

[170] Ver as epístolas dos séculos III e IV colecionadas por Treu, 1973.
[171] Sobre a acomodação para viajantes nas sinagogas, ver *acima*, Capítulo 1, nota 63.
[172] Cf. *I Clem*, 1,2; 11,1; 12,1; 35,5. Observar também 1Pd 4.9. Sobre a exigência de os bispos serem hospitaleiros, ver 1Tm 3.2; Tt 1.8; sobre a questão completa, ver Malherbe, 1977a, 65-68, que salienta o interesse especial pela hospitalidade em Lucas-Atos.
[173] Judge, 1980a, 7; Hatch, 1892, 44s.

anos finais de sua carreira. Na reunião em Jerusalém entre os representantes de Antioquia e as "colunas" (ou "pilares") de Jerusalém, Paulo e Barnabé assumiram a obrigação formal de "lembrar-se dos pobres" (Gl 2.10) e Paulo, evidentemente, encarava essa obrigação como algo que recaía não só sobre os cristãos antioquenos, mas também sobre os convertidos posteriores da Ásia Menor e da Grécia. A despeito de alguma resistência e desconfiança entre os últimos, ele conseguiu mobilizar grande esforço, com a ajuda de Tito e certos delegados não mencionados pelo nome, indicados pelas igrejas, para recolher o dinheiro e enviá-lo, acompanhado de toda uma comitiva de representantes dos grupos locais, a Jerusalém[174].

Os motivos e as razões teológicas de Paulo para essa decisão foram objeto de várias pesquisas nos últimos anos,[175] mas como KLAUS BERGER e BENGT HOLMBERG disseram lamentando o fato, não foi dada atenção suficiente à maneira como a coleta foi entendida pelas comunidades paulinas locais e pelos cristãos judeus e os judeus em Jerusalém[176].

Cada um deles pode ter tido visão ou ponto de vista bem diferente, como BERGER sugere: para o grupo de Jerusalém, a coleta proporcionava recursos para legitimar a missão paulina em termos familiares ao judaísmo, à medida que isto interessasse aos judeus, os grupos paulinos eram gentios, mas suas esmolas podiam demonstrar simpatia e união com Israel. Para as próprias comunidades paulinas, "as esmolas para os judeu-cristãos pobres significavam nada menos do que sua união com a comunidade de Jerusalém; elas têm caráter demonstrativo e sua aceitação pela

---

[174] 1Cor 16.1-4; 2Cor 8-9; Rm 15.25-28; cf. At 19.21; 20.1-6.
[175] Nickle, 1966; Georgi, 1965; K. Berger, 1977.
[176] Berger, 1977, argumenta, de maneira convincente, que o autor do livro dos Atos dos Apóstolos (que evita qualquer menção à coleta, exceto em At 24.17) encarou tal coleta como demonstração de piedade e de lealdade a Israel por alguém que se encontrava às margens da comunidade judaica, como Cornélio (At 10.2). Nós observamos a prova inscricional segundo a qual as doações feitas por patronos ou protetores gentios às vezes eram comemoradas nas sinagogas da Diáspora (Capítulo 1 *acima*, nota 257). Holmberg, 1978, 35-43, aceita o argumento de Berger, mas enfatiza mais a obrigação legal do ponto de vista do grupo de Jerusalém.

comunidade de Jerusalém confirma o próprio *status* de seus grupos...[177].

O esforço feito para a coleta mostrou-se desastroso. Se ela foi aceita pura e simplesmente pelo grupo de Jerusalém, deve ter sido de maneira tal que fez supor o *status* de segunda classe dos cristãos gentios[178]. Mesmo assim, a presença de Paulo com os representantes das igrejas gentias era até certo ponto provocação para algumas facções na comunidade judaica, fato que levaria à prisão de Paulo e ao fim da sua carreira. Não obstante, esses resultados não chegariam a obscurecer o fato de que as comunidades paulinas conseguiram unir-se em trabalho extraordinário para demonstrar sua convicção de que elas, "como ramos de oliveira selvagem, contrariando a natureza", haviam sido enxertadas no único povo de Deus. Muito tempo depois que a comunidade de Jerusalém deixou de existir, esse conceito ainda continuaria, de diversas maneiras, atingido a autocompreensão do movimento cristão.

---

[177] K. Berger, 1977, 198.
[178] É o que pensa Holmberg, 1978, 43.

Capítulo 4

Governo

No capítulo anterior, consideramos alguns dos elementos que davam aos cristãos paulinos sentido de pertença, coesão tanto nos grupos domésticos íntimos existentes em cidades particulares, quanto conhecimento que tinham de que pertenciam a movimento maior, a "*ekklesia* de Deus". Agora precisamos examinar a dimensão organizacional de sua solidariedade.

Nenhum grupo pode subsistir por tempo apreciável sem desenvolver alguns padrões ou modelos de liderança, alguma diversificação de papéis ou funções entre seus membros, alguns meios de solucionar os conflitos, algumas vias de articulação para os valores e normas adotados e algumas sanções que assegurem níveis aceitáveis de conformidade com tais normas.

Gostaríamos de conhecer que tipos de homens eram aptos a dar ordens ou a fazer recomendações que seriam ordinariamente aceitas pelos membros das igrejas que Paulo e seus associados haviam fundado. E queremos saber por que os seguidores obedeciam. Essas questões nos introduzem no obscuro território da estrutura da autoridade, que felizmente foi explorada com alguns pormenores em duas monografias recentes feitas por SCHÜTZ (1975) e HOLMBERG (1978). A discussão seguinte deve muito a esses dois autores.

A propósito do conflito

Uma boa maneira de começarmos nossa pesquisa consiste em considerar vários exemplos específicos de conflitos refletidos nas epístolas, para vermos quem detém ou exerce a autoridade, que espécie de normas são ditadas ou supostas, que sanções são usadas e com que resultados. Aqui estamos interessados não tanto nos problemas substanciais que eram alvo de conflito e sobre os quais muito foi escrito nos últimos anos, porém bem mais nas suas formas e nos processos mediante os quais eram encarados e solucionados.

Jerusalém e Antioquia

A questão de saber em que termos os gentios seriam admitidos ao movimento cristão estava dividida, como já vimos. O primeiro problema surgiu em Antioquia e Barnabé e Paulo, como representantes da comunidade cristã local, subiram a Jerusalém para consultar os dirigentes da comunidade original. Segundo Paulo, a decisão de ir a Jerusalém foi tomada "por revelação" (Gl 2.2). Esta afirmação não contradiz necessariamente o relato contido em At 15.2 segundo o qual a assembleia de Antioquia "ordenou" que eles fossem, porque a revelação pode bem ter ocorrido através de um profeta da comunidade, do expediente de tirar sortes ou de algum outro meio de decisão inspirada.

Não podemos resolver com a mesma facilidade algumas das outras diferenças entre os dois relatos, mas não há necessidade aqui de reavivarmos a longa discussão já travada sobre eles[1]. O autor dos Atos usava uma fonte ou fontes que, sob alguns aspectos, contradiziam o que Paulo narra aos gálatas, e os objetivos didáticos dos Atos ainda podem ter obscurecido ainda mais os acontecimentos. Paulo, até de maneira mais óbvia, tem objetivo apologético na Epístola aos Gálatas, mas como participante, que escreve no máximo uma década depois dos eventos, ele é o primeiro a ter o direito ao nosso crédito. Felizmente, os fatos mais importantes para nossa pesquisa são razoavelmente claros.

---

[1] Ver Haenchen, 1959, Betz, 1979, e a abundante bibliografia que citam.

A discussão era sobre a circuncisão,[2] isto é, sobre o fato de saber se os gentios que se haviam unido aos seguidores de Jesus em Antioquia deviam ou não submeter-se agora ao rito normal de incorporação na comunidade judaica. Não obstante, a discussão se processava dentro do movimento cristão. Não foram membros da comunidade judaica mais ampla que levantaram o problema, mas "irmãos", embora, com toda certeza, Paulo os estigmatize com a designação de "falsos irmãos".

Assim sendo, na tentativa de solucionar o problema, a comunidade não recorre aos *archontes* ou à *gerousia* dos judeus antioquenos, e sim aos eminentes *(hoi dokountes)* ou "colunas" da igreja de Jerusalém. O autor do livro dos Atos supõe a existência de organização mais complexa em Jerusalém: como outras associações religiosas, a comunidade inteira, dirigida por conselho de anciãos *(gerousia)*, reúne-se para tomar importantes decisões com os doze apóstolos, que talvez constituam uma espécie de comissão executiva *(prytania* ou *decania)*. Tal organização, não mencionada por Paulo, pode de fato ter existido, mas também é possível que o livro dos Atos a delineie de acordo com estilo posterior de organização, que ele projeta para o passado.

Ambos os relatos falam de pleno acordo entre os principais: os convertidos gentios não têm obrigação de se circuncidar. Além daí, as fontes divergem sobre o estilo e o escopo da decisão. Nos Atos um decreto solene é emitido pela autoridade "dos apóstolos e dos anciãos com toda a assembleia" (At 15.22)[3], estabelecendo o ritual bem como as regras morais para os cristãos gentios. O autor dos

---

[2] Paulo fala da decisão de subir a Jerusalém e conferir "o evangelho que eu pregava entre os gentios" antes de mencionar os "falsos irmãos" que forçam a imposição da circuncisão, de modo que podemos supor que os últimos tenham aparecido primeiro em Jerusalém. No entanto, a sequência provavelmente depende mais da estrutura do argumento de Paulo do que da ordem dos acontecimentos, pois todo o contexto mostra que o problema central era a circuncisão dos convertidos gentios, e Tito foi tirado de Antioquia como experiência. Cf. Betz, 1979 *ad loc*. No caso desse pormenor, então, o relato do livro dos Atos é mais claro.

[3] O estilo, novamente, é o de ações praticadas por *collegium*, imitando decisões tomadas pelo "conselho e corpo de cidadãos" de uma cidade. Comparar, por exemplo, Flávio Josefo, *Ant*. 14.259-261, discutido, *acima*, pp. 83ss.

Atos não era o primeiro a acreditar que Jerusalém havia prescrito essa regulamentação formal, pois Paulo julga necessário insistir em que os dirigentes "nada acrescentaram para mim", a não ser "que eu me lembrasse dos pobres" (Gl 2.6,10)[4]. E Paulo não fala em edito, mas em acordo entre partes iguais, com os "notáveis" Cefas, Tiago e João de um lado, Paulo e Barnabé do outro, selado pela "mão direita do companheirismo"[5].

O acordo teve vida curta. Durante algum tempo a solidariedade entre judeus e gentios nos grupos de Antioquia foi celebrada com refeições comunitárias, de que até Pedro, que havia chegado de Jerusalém, participava[6]. No entanto, quando "certas pessoas vindas da parte de Tiago" apareceram, Pedro e todos os outros cristãos judeus com exceção de Paulo – até Barnabé, seu associado mais íntimo – passaram a esquivar-se de tais refeições, e Paulo foi deixado isolado (Gl 2.11-13).

Não incluirá o acordo de Jerusalém a questão da comensalidade entre os que observavam e os que não observavam *kashrut*? Ou a situação em Jerusalém havia mudado bruscamente quando a partida de Pedro interrompeu o triunvirato e deixou Tiago, por ser "o irmão do Senhor", no controle efetivo? Não sabemos. Vemos apenas que nessa época a discussão recomeçou com risco de divisão entre os cristãos em Antioquia – uma clara derrota de Paulo, embora efetivamente, em sua defesa junto aos gálatas, ele compare sua consistência com a inconsistência dos outros. Depois do desentendimento com Pedro, as atividades de Paulo

---

[4] Quanto à sugestão de que o livro dos Atos incorpora uma tradição sobre o concílio muito semelhante à interpretação que os adversários de Paulo veicularam na Galácia, ver Linton, 1949.

[5] Sampley, 1980, 21-50. Alguém sugeriu que o próprio Paulo cita algum documento formal ou alude a ele em Gl 2.7-9, já que o nome de Pedro ocorre aí, ao passo que alhures Paulo o chama de Cefas, junto com as frases um tanto não-paulinas "evangelho da incircuncisão – da circuncisão" (comparar com Gl 1.7-9), mas a evidência não é conclusiva. Ver a discussão em Betz, 1979 *ad loc*.

[6] Isto mostra que o acordo descrito em Gl 2.7-9 não estabeleceu duas missões separadas, como muitas vezes afirmou-se. Nem Paulo pensou, portanto, em proibir o proselitismo de companheiros judeus (1Cor 9.20). O problema das cláusulas paralelas em Gl 2.7s,9b não é exclusividade, mas a igualdade.

se transferiram para a Ásia Menor e as principais cidades da Grécia[7].

O que esse episódio, ou o que sabemos a respeito dele nos ensinam sobre o desenvolvimento da organização entre os primeiros cristãos? Em primeiro lugar, vemos que duas décadas depois da morte de Jesus a comunidade dos que acreditavam em sua messianidade e em sua ressurreição se haviam tornado seita distinta no meio dos judeus, não só em Jerusalém, mas em diversos lugares fora da Palestina, inclusive a metrópole de Antioquia. Seus próprios dirigentes haviam surgido, embora seus relacionamentos ainda fossem frágeis, e eles estabeleceram suas discussões dentro do seu próprio movimento. Além do mais, a seita, por conta própria, já ultrapassara a comunidade judaica para converter os gentios, embora saber precisamente o que isto significava constituísse o assunto exatamente em discussão.

Em segundo lugar, vemos interesse pela unidade e pela conformidade. O que acontecia entre os cristãos em Antioquia repercutia sobre os cristãos de Jerusalém e vice-versa. O movimento livre de personalidades de uma "igreja" para outra, algumas como delegados *(apostoloi ekklesion)*, outras sem nenhuma autorização ou legitimação a não ser a sua convicção de que o Espírito as chamara, era fato constante da vida cristã primitiva, e essas personalidades ou figuras intervinham para "corrigir" as crenças ou práticas das comunidades que elas visitavam.

Em terceiro lugar, os principais meios para resolver os conflitos parecem ter sido o encontro pessoal ou reunião e a conversa. Mais tarde, como veremos, a carta apostólica passa a ser um substitutivo para a discussão face a face, quando a viagem não é conveniente. Nenhum meio formal para organizar as discussões fora estabelecido, mas alguns dirigentes tinham surgido tanto em Jerusalém quanto em Antioquia, e o próprio processo de lidar com as divergências levava à consolidação da autoridade e à descoberta ou invenção de meios mais formais de tomar decisões.

---

[7] Ver *acima*, pp. 84, 85, e para subsequentes desdobramentos em Antioquia, Meeks-Wilken, 1978, 13,52.

Nada disso nos diz muito a propósito da organização específica do cristianismo paulino. Na verdade, há razões para tomarmos a derrota de Paulo em Antioquia como o ponto de partida para sua formação de uma organização missionária mais claramente distinta e autoconsciente, por conta própria[8]. Isso não significou, naturalmente, que ele tenha deixado de se manter interessado pela continuidade com as tradições de Israel ou pela unidade com os cristãos judeus de Jerusalém. Mas ele e os associados que ele agora reunia à sua volta desenvolveram suas próprias técnicas para manter contato entre as novas comunidades que fundavam.

Cartas e visitas

Pioneiras entre as técnicas que a missão paulina inventou eram as visitas posteriores feitas pelos missionários dos grupos que eles haviam implantado e, quando não era possível a visita, cartas ou epístolas. Já tivemos oportunidade de observar no capítulo 3 a importância desses contatos para o desenvolvimento de percepções e atitudes, para o sentido de solidariedade que transcende os grupos locais. Mas essas comunicações também propiciavam os meios necessários para tentativas mais diretas e específicas de controle social. Havia instruções que precisavam ser dadas, muitas vezes em resposta a relatos feitos sobre problemas locais específicos; havia recomendações gerais sobre o modo de vida julgado apropriado para a nova fé; havia argumentos contra pontos de vista que Paulo considerava inaceitáveis; havia até diretrizes para ações bastante específicas, tais como a disciplina dos que se desviavam e procedimentos a serem adotados na coleta para Jerusalém.

Recomendação para Tessalônica

A importância dos emissários e o potencial da carta ou epístola como meio de controle social já se evidenciaram na carta cristã

---

[8] Holmberg, 1978, chama o incidente de "algo semelhante a uma divisória no desenvolvimento de Paulo" (13). Ver também Ollrog, 1979, 11-13.

mais antiga que sobreviveu e chegou até nós, a de Paulo, Silvano e Timóteo aos cristãos de Tessalônica. Depois de estabelecer células cristãs nas cidades macedônias, Paulo e seus companheiros se haviam dirigido para o sul rumo à Grécia (a província romana da Acaia). Em Atenas ficou preocupado com os últimos convertidos em Tessalônica, aparentemente tendo ouvido que estavam experimentando certa pressão hostil dos seus vizinhos[9], e enviou Timóteo para "fortalecê-los e exortá-los" e saber como passavam (1Ts 3.1-5). Quando Timóteo voltou com boas notícias, Paulo remeteu a carta que temos, cujo objetivo era também "fortalecer e exortar"[10].

Muito pouco coisa na primeira Epístola aos Tessalonicenses é apresentada como nova instrução. Com exceção das palavras de conforto em 1Ts 4.13-18, da cena apocalíptica da iminente volta de Jesus, as recomendações da epístola consistem de lembretes de coisas que "vós mesmos sabeis". Tais lembretes são típicos, como MALHERBE mostrou[11], da retórica moral helenista chamada parênese e o tipo de moralidade defendida na primeira epístola aos Tessalonicenses não é muito diferente, em termos do comportamento recomendado, pelo que pudemos ouvir de um Epicteto ou de um Dio Crisóstomo. Não obstante, os escritores citam alguns exemplos específicos de regras ensinadas aos convertidos antes, nas quais vemos os inícios de linguagem especial cristã de obrigação religiosa. Como as exortações em si, as ordens que devem ser cumpridas também assumem a forma de lembretes.

---

[9] Viajantes cristãos de Filipos ajudaram o trabalho de Paulo na Acaia trazendo notícias do sucesso em Tessalônica (1Ts 1.7-10) e, um pouco mais tarde, trouxeram dinheiro para auxiliar a missão coríntia (2Cor 11.9) (ver *acima*, p. 69). Presumivelmente Paulo ouviu falar das dificuldades em Tessalônica de maneira semelhante.

[10] Convém observar os votos que constituem a transição do longo agradecimento inicial para o resto da carta (1Ts 3.11-13) e o período *parakalo* que segue (1Ts 4.1). O último também interrompe de novo a lembrança contida em 1Ts 2.12 das admoestações que eram parte da instrução inicial dos novos convertidos. Malherbe demonstrou que a meta parenética afirmada aqui pertence a toda a carta, não apenas a uma "secção parenética" (pormenores no seu artigo em ANRW; cf. 1970; 1977a, 22-27).

[11] Malherbe, artigo em ANRW.

Formalmente, o traço mais impressionante da carta é o agradecimento inicial, desproporcionalmente longo. Como vimos no capítulo anterior, ele é feito com linguagem rica e afetiva, baseada em ligações pessoais entre os autores e os destinatários. Como tal, supera as expressões padronizadas de sentimentos de amizade nas cartas privadas comuns[12], primeiro estendendo as linhas de amizade a outros grupos de cristãos alhures na Macedônia, na Acaia e na Judeia[13], e, segundo, inserindo tudo em contexto cristológico e teológico. E essa recordação complexa das relações previamente estabelecidas se transforma na base das exortações e no contexto em que se inserirão.

Assim, as ordens referentes ao comportamento não são dadas aqui de maneira tão simples quanto o seriam em situações de conflito, mas estão implícitas no intuito da epístola. Modelos de autoridade são citados e apontados para imitação – os apóstolos, o próprio Cristo e outros grupos de cristãos. E os próprios cristãos tessalonicenses são cumprimentados por terem servido de modelo (*typoi:* 1.7) para outros, com a suposição de que os olhos desses outros ainda estejam abertos para eles. Enfatizou-se bom começo repetidas vezes; eles devem continuar no mesmo caminho, só que "abundantemente".

Essas obrigações humanas, porém, são inseridas dentro do contexto da ação escatológica de Deus.[14] Os tessalonicenses são aconselhados a se comportarem "de maneira digna do Deus que vos chama para o seu reino e para a sua glória" (1Ts 2.12). O prazer da afeição existente entre o Apóstolo e a comunidade está em si relacionado com a alegria que será experimentada na vinda (*parousia*) de Jesus e por ocasião do juízo e da recompensa finais (1Ts 2.19s), e as tribulações que sofreram são definidas como específicas dos que a elas foram "destinados" no plano escatológico (1Ts 3.2-4).

A primeira Epístola aos Tessalonicenses mostra-nos como Paulo transforma a carta em instrumento para estender no tempo e no espaço sua instrução dirigida aos convertidos. Neste exemplo,

---

[12] Koester, 1979, 36s.
[13] *Pace* Pearson, 1971; ver *acima*, Capítulo 3, nota 117.
[14] Koester, 1979.

em que não há conflito algum que exija atenção específica, a carta parenética serve para reforçar a instrução prévia e, enfatizando a rede pessoal a que pertecem os destinatários e a base e o contexto teológico dessa rede, contribui para delinear os caminhos adotados pela comunidade quanto ao seu pensamento e à linguagem sobre si mesma que criarão um *ethos* distintivo do grupo. Quando os conflitos irromperam nos grupos paulinos, Paulo e seus companheiros missionários se achavam prontos para adaptar a epístola ou carta, com bastante coragem, à abordagem dos novos problemas.

Reformadores na Galácia

A carta que, de modo mais claro, constitui resposta a conflito particular é a Epístola aos Gálatas. Na ausência de Paulo, outros missionários cristãos apareceram nas cidades da Anatólia, procurando persuadir os convertidos de Paulo de que sua fé era imperfeita e de que sua salvação estava em perigo, a menos que se circuncidassem e observassem no mínimo o preceito do sábado e as festas judaicas (o *kashrut* não é mencionado especificamente).

Paulo encara isso como agressão direta à sua autoridade de apóstolo e fundador das igrejas gálatas e como perversão do evangelho único. Por isso, elabora um contra ataque por meio dessa epístola cuidadosamente composta. Resolve persuadir os cristãos gálatas de que ele é apóstolo verdadeiro e confiável. Abandonar a forma do evangelho que ele proclamou para eles não significaria avanço para a perfeição, mas fuga de Cristo, voltando à escravidão que não seria melhor do que o gentilismo. A liberdade em face da lei judaica que ele anunciara aos gentios convertidos não era mera estratégia, mas a vontade de Deus para a era messiânica, consistentemente ensinada por Paulo em toda a parte, solenemente reconhecida pelos dirigentes cristãos de Jerusalém e defendida com grande esforço e sofrimento por Paulo quando outros se mostraram inconstantes[15].

---

[15] Minha interpretação da Epístola aos Gálatas deve muito a Dahl, 1973.

O argumento é por demais intrincado para ser analisado aqui, mas é importante para nossos objetivos vermos que espécies de apelos ele contém.[16] Primeiro, há um apelo à revelação. Paulo insiste em dizer que o evangelho que os gálatas ouviram dele não estava baseado na tradição e no ensinamento humanos, mas era "revelação de Jesus Cristo" (1Ts 1.12). Presumivelmente, não quer dizer que não recebeu nem utilizou certas formas tradicionais de pregação, afirmações de credo, modelos rituais e elementos semelhantes, pois alhures declara francamente que o fez (1Cor 15.1-8; 11.2,23-26) e, ainda, porque algumas dessas tradições, especialmente as que integram o ritual batismal, são importantes para a questão dos gálatas. E mais: é a maneira de Paulo pregar o evangelho que ele aí defende como "revelada". A revelação especial que ele recebeu constituía dever, compromisso, como o dos profetas clássicos das Escrituras, o de "pregar [o Filho de Deus] entre os gentios" (Gl 1.16); era o seu apostolado que "não procedia dos homens nem se fazia através de meios humanos" (Gl 1.1).

O apelo à revelação ocorre dentro da apologia autobiográfica que ocupa a primeira parte da argumentação de Paulo. A experiência pessoal do Apóstolo constitui, assim, a segunda base do apelo. Ele insiste em afirmar que a sua radicalidade em dispensar os prosélitos gentios da Lei não é ideia *dele*. Pelo contrário, ele fora "zelota" quanto às "tradições dos pais" antes de Deus intervir e colocá-lo em caminho diferente (Gl 1.13-16). Mais tarde, suas ações depois dessa revelação mostraram sua indiferença, desde então, para com as autoridades humanas (Gl 1.16-2.14). As "colunas" em Jerusalém nada puderam acrescentar à sua autoridade e, embora se sentisse feliz de poder relatar a aprovação que deram à sua missão e a união com eles no companheirismo enquanto foi possível, também estivera pronto a resistir sozinho até a Pedro e a todos os judeu- cristãos de Antioquia quando viu que "não caminhavam com retidão para a verdade do evangelho" (Gl 2.14).

Assim, a narrativa de Paulo sobre suas experiências serve para refutar os rumores que circulavam na Galácia de que ele pregava

---

[16] Comparar a discussão encontrada em Betz, 1979, 30-33.

a circuncisão em outros lugares (Gl 5.11), mas omitia a exigência na Galácia "para agradar a seres humanos" (Gl 1.10). Ao mesmo tempo mostra que sua consistência, que chega ao nível da obstinação, está enraizada em revelação única. Por conseguinte, os dois primeiros apelos são apresentados de maneira tal que se reforçam mutuamente.

O terceiro apelo também se refere à experiência – a experiência que os próprios cristãos gálatas tiveram. Este apelo, outrossim, está parcialmente entrelaçado com a apologia que ele faz de si mesmo, pois os destinatários participam dessa narrativa, e a extraordinária confiança e afeição que eles demostraram a Paulo quando ele apareceu pela primeira vez em suas cidades (Gl 4.12-14) agora são citadas para recordar o tipo de relacionamento que estava ameaçado (Gl 4.15-20). Em parte, a lembrança se refere a benefícios que os convertidos receberam, sem a assistência dada pela Lei: o Espírito, os milagres (Gl 3.1-5), a liberdade em face dos poderes demoníacos do gentilismo (Gl 4.8s).

Uma riqueza de artifícios retóricos envolve esse apelo: maldições e ameaças de um lado, lembranças de bênçãos do outro, repreensões irônicas, humilhação e sarcasmo. Todas elas são maneiras de sugerir aos destinatários que se acham em perigo de cometer uma loucura irreparável e de recordar-lhes seu criterioso modo de julgar anterior.

Muito provavelmente, as advertências introduzidas no fim da carta, a propósito das quais alguns comentadores levantaram hipóteses tão improváveis como "uma segunda frente" e "libertinismo gnóstico na Galácia", também são extensão dos lembretes; a série de imperativos já começa em Gl 4.12: "Tornai-vos como eu, pois eu (me tornei) como vós, irmãos", introduzindo a lembrança da primeira chegada de Paulo. A parênese que segue, introduzida pela alegoria de Sara e Agar, convida os destinatários a uma vida de liberdade, conduzida pelo Espírito e não pela Lei; esta vida gera cuidado e responsabilidade recíprocos, afasta os vícios e produz virtudes como "o fruto do Espírito". Como em geral acontece em parêneses, estas não são novidades, mas lembranças da vida de que os cristãos já usufruiram depois de terem sido iniciados por Paulo, pois "corriam bem" (Gl 5.7).

O quarto grande apelo, central para a construção da carta, é dirigido à Escritura. Aí Paulo não cita simplesmente textos que sirvam de prova, mas em Gl 3.1-4.11 elabora argumento extremamente sutil em que um jogo engenhoso feito com vários textos serve como ordem fundamental. As técnicas são semelhantes às encontradas comumente nas coleções posteriores de *midrásh* rabínico.

Além disso, a compreensão do assunto requer não só conhecimento dos textos citados e aos quais foi feita alguma alusão, mas também de certas tradições de interpretação, algumas das quais só se tornaram reconhecíveis para nós a partir da descoberta das ruínas do Mar Morto[17]. Em estilo bem diferente, em Gl 4.21-31, Paulo introduz a narrativa de Sara e Agar como um modelo homilético de apoio para as admoestações que seguem[18].

Confusão em Corinto

A extensa correspondência entre Paulo e os cristãos coríntios deixou-nos uma imagem do conflito em diversos níveis, sobre vários problemas. Já examinamos alguns aspectos dessa situação nos capítulos 2 e 3. As palavras *poder* e *autoridade* e seus derivados ocorrem frequentemente nessas cartas[19], muitas vezes em contexto de ironia, isto é, em contexto que requer a inversão do seu sentido ordinário. O uso da ironia sugere seja que o poder era importante para os destinatários, seja que os escritores queriam alterar a maneira como o poder era concebido. Os conflitos são em larga escala diretamente ligados a problemas *sobre* autoridade; são perguntas sobre quem toma decisões e sobre quem tem que obedecer, e ainda por quê. Além do mais, as epístolas em si são instrumentos usados

---

[17] A análise mais completa do argumento acha-se em Dahl, 1973, 52-67; ver também Dahl, 1969.
[18] Sobre esta parte, ver Barrett, 1976.
[19] Por exemplo, *dúnamis* na primeira e na segunda epístolas aos Coríntios vinte e quatro vezes, em todo o resto das epístolas indubitáveis de Paulo, dez; *dunatós*, quatro e seis vezes, respectivamente; *energein* quatro e cinco vezes; *enérgema*, duas vezes e nenhuma; *energés*, uma vez cada; *éxestin*, cinco vezes e nenhuma; *exousía*, doze e cinco; *exousiázein*, três vezes e nenhuma, respectivamente.

intencionalmente para exercer a autoridade; elas, portanto, mostram as estratégias de influência que Paulo e seus colaboradores pensavam fossem eficientes.

Uma das maneiras de provar o poder em um grupo consiste em identificar a pessoa com figura encarada pelo grupo como poderosa. Essa tendência foi pelo menos um dos motivos latentes em meio às facções que Paulo ouvira, sem importar o que estivesse contido nos lemas enigmáticos que ele atribui aos coríntios em 1Cor 1.10-13: "Eu sou de Paulo, eu sou de Apolo, eu sou de Cefas, eu sou de Cristo". Não obstante o título do famoso artigo de F. C. BAUR publicado um século atrás[20], é duvidoso que houvesse um "partido de Cristo" em Corinto, ou mesmo um "partido de Cefas".

O assunto contido em 1Cor 1-4 realmente só trata de Paulo e Apolo, mencionados em seu epílogo um tanto escondido: "Essas coisas, irmãos, eu tomei como exemplo para falar de mim e de Apolo, por vossa causa, para que não aprendais 'nada além do que está escrito' e para que não vos ensoberbeçais, ficando um contra o outro" (1Cor 4.6). O ciúme entre os partidários dos dois grandes mestres que essa advertência supõe evidentemente provinham em parte de comparações invejosas entre as habilidades retóricas de Apolo (chamado *aner logios*, "homem de retórica", em At 18.24) e as de Paulo, pois a apologia de Paulo nesses quatro capítulos contém alguns comentários um tanto afrontosos sobre retórica. Havia ainda mais comentários sobre a divisão do que sobre isso, porém; o trecho também se referia ao ser batizado por uma ou outra personalidade ou em nome de uma ou de outra, de modo tal que Paulo reluta em admitir que tenha batizado alguém em Corinto (1Cor 1.14-17).

Pelo menos para alguns cristãos coríntios, o batismo significava iniciação no reino espiritual, para usufruir desde já os benefícios do mundo que há de vir: posse do Espírito, conhecimento celeste e sabedoria. "Evidentemente alguns sentiam que haviam recebido do *seu* apóstolo dons mais ricos do que os que outros receberam,

---

[20] "Die Christuspartei in der korinthischen Gemeinde, der Gegensatz des petrinischen und paulinischen Christenthums in der ältesten Kirche, der Apostel Petrus in Rom", *Tübinger Zeitschrift für Theologie* 4 (1831): 61-206.

enquanto outros, talvez, se sentissem independentes de ambos, julgando-se eles próprios de Cristo". Em alguns casos, certos dirigentes, dos quais Estéfanas era provavelmente o principal, persuadiram a igreja a enviar carta formal a Paulo, por intermédio de uma delegação oficial, a fim de pedir seu conselho sobre toda uma série de problemas (1Cor 7.1,25; 8.1; 12.1; 16.1,18).

NILS DAHL, perspicazmente, sugeriu que a decisão de enviar essa delegação pode em si ter precipitado o aparecimento das facções, com alguns querendo consultar Apolo em vez de Paulo, outros o famoso Cefas (embora não haja prova alguma de que este tenha visitado Corinto), ao passo que outros, afirmando estarem possuídos do espírito de Cristo, não viam necessidade de qualquer auxílio vindo de fora.[21]

Certamente havia alguns em Corinto que tinham suas dúvidas e não sabiam se seria mesmo um passo ditado pela sabedoria pedir o conselho de Paulo, pois não esperavam mais vê-lo de novo (1Cor 4.18). E não foi pela carta oficial que Paulo ficou sabendo da existência de facções, mas por intermédio dos membros da casa de Cloé que por acaso foram a Éfeso (1Cor 1.11).

A carta de Paulo deve ter atingido alguns dos seus objetivos, porque nada ouvimos falar, na segunda Epístola aos Coríntios, sobre as facções citadas em 1Cor 1.12, nem sobre comparações de Paulo com Apolo, nem sobre problemas específicos tratados em 1Cor 7-15[22]. A carta, porém, não acalmara o descontentamento com a autoridade de Paulo, nem desfez o desejo de alguns cristãos coríntios de se apegarem aos dirigentes de maior projeção.

Algum tempo depois, novos apóstolos viajantes, não provenientes do círculo de Paulo, chegaram a Corinto. Classificando Paulo como "fraco" e sua habilidade retórica como "desprezível", rapidamente encontraram seguidores entusiastas. Podemos bem imaginar até que ponto Paulo ficou magoado e como deduziu a gravidade do perigo pela violência do seu sarcasmo em 2Cor 10-13. Também conseguimos captar alguns traços dos "super-apóstolos"

---

[21] Dahl, 1967.
[22] *Ibidem*, 334.

(como Paulo desdenhosamente os rotula) que conquistaram a admiração dos seus partidários coríntios: ascendência judaica (2Cor 11.22); presença física impressionante (2Cor 10.7,10); talvez cartas de recomendação (2Cor 3.1-3); e, sobretudo, capacidade retórica (2Cor 10.10; 11.6), inclusive domínio da ostentação retórica para mostrar por meio de *síncrise* sua superioridade em face de outros que exercem a arte (2Cor 10.12-18)[23] e atitude "profissional" diante do apoio financeiro oferecido pelos seus admiradores (2Cor 11.7-11; 12.14-18)[24]; provavelmente também relatos de revelações místicas ou apocalípticas (2Cor 12.1-10); possivelmente realização de milagres (2Cor 12.12).

Paulo procura, por meio da sua ironia, lembrar aos cristãos coríntios que ele, também, podia reclamar para si muitas dessas mesmas normas de legitimidade, se esta fosse competição digna de ser disputada. Interrompendo essas afirmações com a declaração talvez contraditória de que tudo é "loucura", passa simultaneamente a demonstrar sua própria capacidade retórica e a denegrir os esforços retóricos geralmente feitos, mas ele parece igualmente tentar transmitir visão diferente da autoridade[25]. Examinaremos esta visão abaixo.

Com exceção das alianças com importantes homens de fora, havia outros homens nos grupos coríntios que podiam ser chamados fortes com pleno direito. No capítulo 2 encontramos razões para concluir que bom número deles devia seu poder à riqueza e à posição em que se achavam situados na cidade. Não queria dizer que pertencessem à aristocracia coríntia – somente Erasto pode ter tido essa distinção –, mas, sim, que sua relativa opulência lhes dava possibilidade de fazer coisas para os grupos cristãos que a maioria dos membros não podia fazer e ainda lhes propiciava o estabelecimento de relações na cidade em grau tal que atingia a percepção que tinham de suas obrigações e direitos sociais.

Não é de admirar que tenham surgido tensões entre tais indivíduos e os membros mais pobres da igreja, que sem dúvida alguma

---

[23] Cf. Judge, 1968.
[24] Hock, 1980, 50-65.
[25] Schütz, 1975, *passim*.

constituíam a maioria. Vinculadas pelo menos com dois problemas as tensões provocaram conflitos abertos: a questão de saber se deviam ou não aceitar convites para comer com gentios (1Cor 8-10) e a humilhação dos pobres nas reuniões para a Ceia do Senhor (1Cor 11.17-34)[26].

Em ambos os casos Paulo lamenta a exibição de vantagens sociais e financeiras de maneira que ofendia os pobres ou os que tinham consciência "fraca". Apesar disso, dirige suas advertências principalmente aos "fortes" e fala como se fosse um deles. Os três que Paulo batizou pessoalmente em Corinto, Crispo, Gaio e "a casa de Estéfanas" (1Cor 1.14-16), todos pertencem a esta categoria. Crispo fora chefe da sinagoga (At 18.8); Gaio era "hospedeiro de toda a assembleia" e do próprio Paulo (Rm 16.23); Estéfanas era provavelmente o líder da delegação que trouxe a carta dos coríntios a Paulo.

Paulo destaca a casa de Estéfanas com elogio particular, porque eram os primeiros convertidos na Acaia e porque tinham sido patronos ou protetores dos grupos cristãos em Corinto (1Cor 16.15). Aconselha a comunidade a "obedecer a tais pessoas e a todos os colaboradores e agentes" e a "reconhecê-los" juntamente com os outros mensageiros, Fortunato e Acaico (1Cor 16.16-18).

Havia um terceiro meio de obter e usar prestígio e influência na igreja coríntia: era pelo comportamento que os cristãos paulinos reconheciam que o Espírito de Deus se manifestava diretamente. O sinal do Espírito mais apreciado pelas comunidades coríntias era "falar em línguas". Se o fenômeno era como o que muitas vezes é exibido nos grupos modernos e que, adotando o termo grego de Paulo, chamamos de glossolalia – e há boas razões para pensarmos que era[27] –, então podemos compreender bem por

---

[26] Capítulo 2, Evidência indireta.
[27] Não só essas pessoas que falam em línguas, que estão historicamente relacionadas com a tradição cristã, afirmam ser o mesmo, porém os estudos linguísticos de cultura comparada feitos por Felicitas Goodman e a observação direta mostraram um modelo consistente de comportamento físico, até em pessoas de diferentes famílias linguísticas e nas que aparentemente não foram influenciadas pelas crenças cristãs. Ela conclui que essa consistência e coerência têm base neurofisiológica (Goodman, 1972).

que ela pareceu ser o primeiro exemplo de possessão do Espírito ou pelo Espírito.

A glossolalia ocorre em transe que demonstra mais plenamente a perda de controle da consciência e ao mesmo tempo níveis extraordinários de energia, extravazados em expressões involuntárias e em movimentos corporais rápidos e repentinos, sudorese abundante, salivação etc. Os órgãos da palavra parecem ser ativados, com enorme força, por algo que supera a vontade do sujeito. É por isso que a linguista e etnógrafa FELICITAS GOODMAN chama a condição de "estado de dissociação", em que "o glossolalista se debate fora do controle cortical" e então "estabelece uma conexão entre seu centro da palavra e alguma estrutura subcortical"[28]. Ou, conforme Paulo se expressa, "se eu oro em uma língua, meu espírito ora, mas minha mente acha-se árida" (1Cor 14.14). Os grupos que praticam a glossolalia não falam do poder que controla o centro da palavra como sendo "alguma estrutura subcortical", mas, sim, como sendo poder ou espírito não-humano. Para os cristãos em Corinto, inclusive Paulo, era o Espírito Santo de Deus.

Agora que alguém pudesse demonstrar assim tão visivelmente, na assembleia dos cristãos, que o Espírito de Deus falava através dele ou dela certamente encontraria certa facilidade em ganhar poder social. A questão difícil reside em sabermos até que ponto essa facilidade relacionava-se com os outros meios, mais ordinários, de intercâmbio social – ascendência de autoridade sobre outros e acesso ao dinheiro e ao *status*. Há algumas razões para crermos que as diferentes formas de poder entraram em conflito direto. Que a glossolalia era fonte de alguma espécie de conflito é evidente pela extensão que Paulo dá a ela em sua carta – três capítulos em nossas versões modernas.

Nem todos na igreja falavam em línguas (1Cor 12.30) e os que falavam – ou seus seguidores – olhavam com desprezo os que não falavam. Mas, entre os que não falavam em línguas incluir-se-iam

---

[28] *Ibidem*, 124. Goodman distingue o transe dos glossolalistas, que ela chama "hiperarrebatamento", por causa do elevado nível de energia somática, de uma espécie meditativa de dissociação, como a de uma yoga, que ela denomina "hipoarrebatamento" (59s).

alguns que exerciam outras espécies de poder? É plausível. O Espírito não deve reverência a pessoas. A glossolalia é, baseando-nos na frase de PETER BROWN, uma espécie de "poder inarticulado"[29]; tal poder geralmente não flui apenas pelos canais normais de autoridade criados pela sociedade, com seus papéis e seus tipos de *status*. Uma experiência característica no decorrer do transe é o abandono de inibições; os conflitos entre o comportamento de pessoas possuídas e formas mais estruturadas de poder não seriam de surpreender. O argumento de Paulo para o controle da glossolalia e de outros carismas caminha de certo modo no sentido de confirmar nossa desconfiança, pois ele insiste em dizer que tudo nas assembleias deveria ser feito "com decoro e com ordem" (1Cor 14.40), adverte que os de fora podem pensar que os cristãos que falam línguas estão loucos (1Cor 14.23), reitera a recomendação de que os profetas de ambos os sexos deviam observar os códigos costumeiros referentes ao modo de vestir e ao estilo de cabelo específicos de cada sexo (1Cor 11.2-16) e dá apoio à autoridade de chefes de família e patronos ou protetores como Estéfanas (1Cor 16.15-18).

Por outro lado, há razões para sermos prudentes e cautelosos e não formarmos ideia demasiadamente simples dos modos estruturais e anti-estruturais do poder em Corinto. Extenso conjunto de estudos sobre os fenômenos de possessão feitos pelos antropólogos modernos mostrou que tal comportamento não deixa de ter sua estrutura e está longe de ser independente de seus ambientes social e cultural[30].

GOODMAN mostrou a mesma coisa para o caso da glossolalia. A glossolalia é habilidade aprendida, embora seu mecanismo seja inconsciente. As ocasiões em que ela se manifesta dependem em larga escala das expectativas de grupo específico, expressas em parte mediante procedimentos ritualizados. Até os movimentos corporais característicos que acompanham a dissociação e alguns aspectos de modulações na voz e nas expressões são específicos de grupo particular e até do dirigente que "ensinou" a glossolalia ao

---

[29] Brown, 1971.
[30] Ver, por exemplo, Lewis, 1971; S. S. Walker, 1972 (bibliografia). Para aplicação à profecia do AT, veja R. R. Wilson, 1979.

que a põe em prática. E a interpretação dada à glossolalia depende do sistema de crenças do grupo.[31]

É significativo que Paulo não rejeite de todo a avaliação positiva que os coríntios davam ao falar em línguas, como facilmente devia ter feito, quando a julgava como o resultado da possessão por Satanás e não pelo Espírito Santo. Parece, ao invés, que todo o interesse gira em torno do esquema geral de interpretação, dentro do qual está o Espírito de Deus que atua na glossolalia.

É dentro desse esquema que Paulo tenta reduzir a importância da glossolalia em comparação com outros dons. Mais tarde, quando a distância social entre os membros mais pobres e os mais ricos da comunidade nos leva a esperar que as formas mais articuladas de poder sejam exercidas pelos últimos e as menos articuladas pelos primeiros, será recordado, com base no capítulo 2, que os membros proeminentes das comunidades paulinas não gozavam sem ambiguidade de *status* elevado, mas mostravam ao contrário muitos sinais de inconsistência de *status*.

Tais pessoas podiam bem ser candidatas às experiências mais dissociativas do Espírito. Por isso, também, os dirigentes de comunidade em que o entusiasmo pela glossolalia era tão elevado como evidentemente acontecia em Corinto achariam difícil continuar como dirigentes, fosse qual fosse a sua plataforma original, a menos que conseguissem exibir sinais equivalentes do Espírito. Não nos admiremos de Paulo ter o cuidado de dizer: "Agradeço a Deus porque falo em línguas mais do que todos vós" (1Cor 14.18).

Essa afirmação propõe a seguinte questão: não terá sido o próprio Paulo quem ensinou aos cristãos coríntios a valorizarem tanto a experiência de falar "no Espírito", por mais infeliz se tenha sentido com a direção em que a tomaram? "Receber o Espírito" está intimamente ligado ao batismo nos ensinamentos do círculo paulino (e provavelmente na maioria dos círculos do cristianismo primitivo), e Paulo muitas vezes volta a falar dessa experiência – na sua advertência aos gálatas, como vimos, e aí em 1Cor 12[32].

---

[31] Goodman, 1972, *passim*.
[32] Lull, 1980, 53-95, tentou reverter esta opinião comumente aceita, a meu ver sem sucesso.

Não só o momento do batismo era cercado de símbolos de mudança radical de vida – morte e renascimento, mudança de corpo, destruição de antinomias e restauração da unidade[33] –, mas também temos pelo menos algumas provas de que o batizando comumente experimentava uma dissociação suave. "Deus enviou o espírito de seu Filho aos nossos corações, clamando *"Abba*! Pai" " (Gl 4.6)[34]. Clamar, em se tratando da palavra aramaica Abba, presumivelmente expressa nível mais baixo de arrebatamento do que a glossolalia[35], mas ainda assim é sinal de estado dissociativo – de controle pelo Espírito.

Paulo ensinou seus convertidos a esperarem outras espécies de experiência do Espírito, como milagres (Gl 3.5; 1Cor 12.10; 2.4; 2Cor 12.12). Seria um pequeno passo para a descoberta, com ou sem o exemplo de Paulo, do transe mais profundo e emocionalmente mais forte da glossolalia. Não podemos ter certeza, todavia, se tal progressão ocorria realmente.

Difícil é também a questão de sabermos se as facções a que o autor se refere nos quatro primeiros capítulos da primeira Epístola aos Coríntios tinham algo a ver com o problema de "dons espirituais" discutidos nos capítulos 12-14. Como vimos, as facções estavam ligadas à compreensão especial do batismo e com a "sabedoria" e o "conhecimento" conferidos aos "espirituais", mas não a outros.

A *communis opinio* vigente entre os exegetas e estudiosos do Novo Testamento é a que todos os problemas discutidos na primeira Epístola aos Coríntios estão de algum modo vinculados com as crenças sobre a ressurreição mencionada no capítulo 15. De acordo com esse ponto de vista, não era que os coríntios que "não acreditavam na ressurreição dos mortos" se mostrassem simplesmente céticos em face de uma vida futura ou que rejeitassem a noção "judaica" da ressurreição do corpo em favor da concepção "grega" da fuga da alma do corpo por ocasião da morte. Pelo contrário, eles

---

[33] Mais sobre o assunto teremos no Capítulo 5.
[34] Não só os cristãos paulinos tinham essa experiência no batismo, pois Paulo esperava que os cristãos romanos também conhecessem isso: Rm 8.15s.
[35] Comparar Goodman, 1972, sobre o nível mais baixo de arrebatamento em indivíduos que "interpretam" a glossolalia e que falam em linguagem natural ainda que até certo ponto dissociadas (146s, 159).

achavam que espiritualmente *já* haviam ressuscitado com Cristo e "entronizados com ele nos lugares celestes", provavelmente como afirmava a liturgia batismal (Ef 2.6; cf. 1Cor 4.8). Se perguntarmos como podiam imaginar e continuar acreditando durante algum tempo que sua vida física era irreal ou sem consequência alguma, e que sua vida real era espiritual e transcendente, teremos que admitir que as experiências de transe do tipo das que produzem a glossolalia *podiam* ter servido como grande reforço para essa crença. Mas isso é apenas conjectura. A epístola não se refere explicitamente a qualquer conexão existente entre a escatologia tal como os cristãos coríntios a entendiam e sua glossolalia.

Ficamos, afinal de contas, com mais desconfianças do que com provas positivas sobre as interações entre a autoridade dos apóstolos e seus adeptos leais, a autoridade da riqueza e a da posição, e a autoridade dos que possuíam o Espírito em Corinto. Provavelmente havia conflitos e atritos não só entre pessoas, mas também entre diferentes espécies de autoridade. Indubitavelmente os delineamentos reais eram mais complexos do que qualquer imagem que possamos elaborar.

A resposta de Paulo também era complexa. Os meios que usou eram os que já haviam sido experimentados: visitas feitas por ele mesmo e por emissários, e cartas. Nenhum deles obteve um êxito comopleto. Os conflitos continuaram por algum tempo e, embora alguns problemas ficassem resolvidos, outros surgiam com a chegada dos super-apóstolos, com uma visita de Paulo durante a qual foi insultado e uma dolorosa reação a uma carta (agora perdida) que escreveu depois.

Reconstituição da sequência precisa desses acontecimentos e de sua solução final, se é que houve, depende do encaminhamento que demos aos problemas literários existentes na segunda Epístola aos Coríntios, que não podemos analisar aqui. Como antes, devemos contentar-nos com catalogar as principais espécies de apelo que Paulo faz.

JOHN SCHÜTZ, em sua importante monografia sobre a autoridade de Paulo, mostra que autoridade é "a interpretação do poder"[36].

---

[36] Schütz, 1975, 9-14, citação da p. 14.

Quem exerce a autoridade concentra e dirige o poder dos que reconhecem sua autoridade, não sob a imposição da força, mas pelo reconhecimento que dão às suas diretrizes por julgá-las "corretas". A autoridade é, pois, "qualidade de comunicação", que acarreta a convicção de que a "correção" ou "justiça" da comunicação poderia ser demonstrada se houvesse necessidade[37].

As Epístolas aos Coríntios demonstram amplamente a tentativa de exercer a autoridade como empreendimento interpretativo. Paulo (com Sóstenes e Timóteo) decide reformar a percepção de poder dos cristãos coríntios e assim persuadi-los a modificar seu comportamento. A linguagem que Paulo usa parece escolhida para convencer os receptores de que as crenças, atitudes e comportamento que ele advoga estão de acordo com o que os próprios coríntios conhecem ou podem conhecer. Ele alude a coisas que aprenderam com ele antes, ao que agora lhes é relatado e às experiências que tiveram.

Assim sendo, há nessas epístolas extenso uso de modos indiretos de discurso, especialmente de ironia, sarcasmo e metáfora. O estilo diatribal, usado pelos mestres para captar seus auditórios e introduzi-los nos primeiros passos do raciocínio filosófico, é mais empregado por Paulo nessas cartas do que em qualquer outro lugar exceto a Epístola aos Romanos, onde serve para começar a apresentar o evangelho de Paulo a estrangeiros[38].

Grande parte do discurso aqui é também corretiva, discursos de segunda ordem, isto é, ele toma linguagem específica ou experiências específicas conhecidas dos leitores e reinterpreta-as. Parte da linguagem citada provém das tradições cristãs primitivas, incluindo fórmulas tradicionais que o próprio Paulo ensinou aos coríntios cristãos, algumas das quais interpretaram de maneiras que o Apóstolo julga insatisfatórias[39]. Além disso, parodia, modifica ou refuta lemas que alguns usam:

---

[37] Friedrich, 1958, 35s. Friedrich insiste em que o potencial para "elaboração raciocinada" deve estar presente, mas Schütz, 1975, 13, com razão objeta que precisa ser deixado espaço para elaboração irracional, como quando o que é comunicado representa acesso direto ao poder.
[38] Stowers, 1981.
[39] Schütz, 1975, 90-112; idem, 1974.

"Tudo me é permitido" – mas nem tudo ajuda.
"Tudo me é permitido" – mas não serei dominado por coisa alguma.
"O alimento é para o ventre e o ventre para o alimento, e Deus destruirá tanto um quanto o outro". Mas o corpo não é para a prostituição, porém para o Senhor, e o Senhor para o corpo, e Deus ressuscitou o Senhor e também há de ressuscitar-nos pelo seu poder. [1Cor 6.12-14]
"Todos nós temos *gnose*". A *gnose* incha; o amor edifica. Se alguém pensa que sabe alguma coisa, ele ainda não sabe como deveria saber, mas, se alguém ama a Deus, é conhecido por ele. [1Cor 8.1-3]

Da reinterpretação de experiências os comentários de Paulo sobre a glossolalia são um exemplo particularmente vivo. Insiste na igualdade de todos os carismas espirituais, mas coloca o carisma favorito dos coríntios, "línguas", no começo de sua lista (1Cor 12.8-10,28,29s). Ele inclui na sua lista de dons funções que não envolvem qualquer estado mental extraordinário, como "assistência" e "direção", provavelmente com patronos como Estéfanas e Gaio em mente. Entre os que envolvem dissociação mental, destaca os que funcionam em níveis mais baixos de arrebatamento, principalmente a profecia, pois "quem fala em uma língua edifica a si próprio, mas quem profetiza edifica a igreja" (1Cor 14.4). Destitui a experiência de dissociação em si da admiração que possa causar, declarando: "Na assembleia preferiria dizer cinco palavras com minha mente, a fim de instruir os outros, do que falar dez mil palavras em língua" (1Cor 14.19). Minimiza a exótica natureza da palavra em si comparando-a com flauta ou lira mal tocadas, ou com a trombeta de som confuso na batalha (1Cor 14. 6-10). O valor dos dons espirituais, portanto, decorre estritamente de sua utilidade para consolidar e "edificar" o grupo. "Edificar" é entendido como agir através de meios racionais. O mais elevado de todos os dons é, de acordo com tal critério, o amor recíproco (capítulo 13).

Pelo próprio fato de escrever como escreve, Paulo afirma sua autoridade como apóstolo e, em grau menor, a autoridade dos colaboradores que se unem a ele nas saudações formais que dão início às cartas. Além desse exercício implícito da autoridade, também faz alusões explícitas à autoridade pessoal de diversas maneiras. Primeiro, afirma a existência de relacionamento pessoal único dele com os grupos coríntios, como seu fundador: "Pois, embora possais ter dezenas de milhares de pedagogos em Cristo, não tendes muitos pais – porque em Cristo Jesus, mediante o evangelho, eu vos gerei" (1Cor 4.15). É este direito do fundador que ele defende contra os "super-apóstolos", que descreve como intrusos (2Cor 10.12-18).

A recordação narrativa dos primórdios não aparece aqui de maneira tão proeminente como na primeira Epístola aos Tessalonicenses e na Epístola aos Gálatas; ela, porém, desempenha algum papel, como em 1Cor 1.26-3.17. Há também um extenso relato das experiências, das viagens e dos planos do Apóstolo nos primeiros capítulos da segunda Epístola aos Coríntios.

O tema de receber consolo divino no meio da aflição, introduzido na doxologia de abertura (2Cor 1.3-7), continua ao longo dos sete primeiros capítulos. Paulo traça paralelos entre suas experiências de aflição e as da comunidade. Esta referência é particularmente destacada, já que a aflição deles era em parte causada por uma de suas cartas (2Cor 7.8-11). Vincula esse tema com afirmações repetidas de confiança, que dominam essa parte da correspondência[40].

Esses paralelos entre as experiências dos coríntios e a consideração que o Apóstolo faz das suas – modo mais fundamental de Paulo relatar as próprias experiências – servem para mostrar a sua interpretação do poder. São narradas frequentemente na correspondência coríntia como breves catálogos de dificuldades (1Cor 4.11-13; 2Cor 6.4-10; 11.23-29) e como irônica ostentação contra os super-apóstolos.

O que têm em comum é a estrutura dialética de fraqueza e força. Paulo enfatiza sua fraqueza visível; diz que, apesar de tudo, não só sobrevive, mas até floresce em suas realizações "em favor do evangelho"; ele declara ser testemunha da força oculta de Deus.

---

[40] Ver Olson, 1976. A unidade temática desses capítulos dificulta a aceitação da solução para a sua desigualdade literária que muitas vezes é proposta, quando tomamos 2Cor 2.14-7.4 (omitindo 6.14-7.1), supondo que seja parte de epístola diferente.

Mais adiante, essa dialética passa a ser homóloga com sua afirmação central sobre Cristo: foi crucificado, mas ressuscitado dos mortos por Deus. Mediante o esquema de Paulo de dupla imitação, a carreira apostólica se torna imitação de Cristo e, assim, paradigma adequado, por meio do qual é possível testar o que deve ser a forma autêntica de autoridade na igreja[41].

Contudo, essas epístolas também contêm algumas asserções não tão dialéticas do poder. Se há "inchados" em Corinto que pensam que Paulo não voltará, ele voltará em breve e "tomará conhecimento não da conversa desses inchados, mas do seu poder" (1Cor 4.18s). Ameaça ir "com vara" (v. 21), porém não esclarece qual será a forma prática que esta ameaça assumirá, já que se trata apenas do recurso retórico para falar do "amor e do espírito de humildade" desejáveis (ibidem).

Mais seriamente expressa é a ameaça em 2Cor 13.1-4. Junto àqueles que procuram "provas do Cristo que fala em mim", Paulo não usará "meias medidas"; fora de sua fraqueza, mostrará a "força de Deus". Como? Aparentemente mediante algum processo judicial, pois acabou de citar Dt 19.15; "pela palavra de duas ou três testemunhas tudo ficará resolvido" (v. 1).

No entanto, a ameaça só poderia realizar-se se o problema fosse resolvido em favor de Paulo, isto é, se os coríntios concordassem com sua autoridade, de modo que seu julgamento obtivesse o consenso da assembleia. No processo judicial anterior contra o desviado citado em 1Cor 5, pôde considerar tal consenso como concedido e, assim, anunciar a decisão antecipadamente. Já que ele conhecia qual era a vontade do Espírito no caso, pôde ter a certeza de que a assembleia guiada pelo Espírito confirmá-la-ia. A mesma certeza interior pode ser suposta em 2Cor 13, mas a situação é muito diferente, pois foi sua própria autoridade carismática que seus rivais desafiaram.

---

[41] Esse tema central na teologia de Paulo foi muitíssimas vezes analisado, por exemplo, como fez Güttgemanns, 1966. A discussão mais proveitosa para a compreensão sociológica, porém, é a de Schütz, 1975, 187-203, 214-221, 226-248. Importante crítica de Güttgemanns encontra-se em Adams, 1979, 217, junto com uma correção limitada também feita a Schütz (209).

Alhures, também, Paulo pode afirmar que manifesta diretamente a vontade de Deus, ao dar a sua "opinião, como alguém que, graças à misericórdia de Deus, é fiel" (1Cor 7.25), pois "acho que eu também tenho o Espírito de Deus" (7.40). Contudo, tem o cuidado de distinguir tais afirmações dos "mandamentos do Senhor" que conhece pela tradição (1Cor 7.10,12,25).

Paulo apela para a autoridade da tradição de várias maneiras. O longo capítulo sobre a ressurreição é, na verdade, exposição elaborada da fórmula citada no começo, que inicia com o lembrete de que se trata da tradição que recebeu e que os coríntios aceitaram dele. É exposição muito sutil que visa a modificar a interpretação que os "espirituais" na comunidade deram das mesmas crenças.

Assim, existe dialética entre o aval da tradição para a sua própria posição como apóstolo que, embora "o último de todos, como aborto", está em pé de igualdade com todos os outros apóstolos como testemunha da ressurreição (vv. 8-11), e, de outro lado, uma interpretação abalizada que dá a essa tradição[42]. O mesmo tipo de dialética pode ser visto, ainda que não de forma tão extensa, no uso que faz de outros trechos da tradição: o mandamento do Senhor sobre o divórcio (1Cor 7.10), a regra para evitar a *porneia* no casamento monogâmico (1Cor 7.1-5; cf. 1Ts 4.3-8), as "palavras da instituição" da Ceia do Senhor (1Cor 11.23-55).

De maneira mais ampla, ele pode apelar para o "costume". Assim, se alguém em dúvida não consegue ser persuadido pelos seus argumentos sobre o vestuário dos profetas do sexo masculino e feminino, a última palavra é: "Não temos este costume, nem as assembleias de Deus têm" (1Cor 11.16). Mais tarde ele, ou com maior probabilidade um interpolador posterior, afirmou que era costume, "como em todas as assembleias dos santos", as mulheres "ficarem em silêncio nas assembleias" (1Cor 14.33s). Timóteo fora enviado a Corinto para "recordar-vos minhas normas em Cristo Jesus, como ensinei em toda parte e em todas as assembleias" (1Cor 4.17).

A regra segundo a qual cada um devia permanecer no *status* que tinha quando foi "chamado" ao cristianismo é apoiada pela

---

[42] Schütz, 1975, 84-113.

observação: "E assim eu prescrevo em todas as assembleias" (1Cor 7.17). Não é de admirar, já que nenhuma seita consegue isolar-se completamente da cultura mais ampla, que costumes da macrossociedade também tenham algum peso para Paulo, embora raramente isto se mostre explícito. A maneira como os externos encarariam a glossolalia é golpe contra ela (1Cor 14.23); a violação da regra do incesto é uma espécie de *porneia* que não deve ser encontrada "sequer entre os gentios" (1Cor 5.1); e apelo à "natureza" em 11.14 é com certeza realmente apelo ao costume: Paulo não foi o primeiro nem o último moralista a querer harmonizar os dois.

Um discípulo usa o nome de Paulo

A Epístola aos Colossenses apresenta valioso exemplo da extensão da autoridade apostólica de Paulo pelo uso pseudônimo de seu instrumento favorito, a carta. WALTER BUJAR faz análise estilística profunda[43] que deve acalmar a longa discussão para saber se o próprio Paulo teria escrito a carta: é certo que ele não há escreveu. Isso não resolve completamente a questão da autoridade de Paulo com relação à carta, pois esta deve ter sido escrita por algum associado muito íntimo.

WOLF-HENNING OLLROG, por exemplo, apresenta argumento particularmente lúcido, mas não absolutamente convincente, de que ela foi escrita por Timóteo, que, afinal de contas, aparece como coautor na introdução da carta[44]. Se isto fosse verdade, então a saudação acrescentada (1Cor 4.18), que diz ter sido redigida por Paulo de próprio punho (cf. Gl 6.11; 1Cor 16.21; mas também o discutido trecho de 2Ts 3.17), podia bem ser autêntica, e a carta ter sido escrita por sugestão de Paulo.

Por outro lado, embora as grandes semelhanças entre as saudações no fim da Epístola de Filemon e em Cl 4.7-14 possa sugerir que as duas cartas foram remetidas mais ou menos na mesma época (OLLROG), o que se diz sobre Onésimo (Cl 4.9) é mais facilmente compreendido com base na suposição de que o autor tanto usa e

---

[43] Bujard, 1973.
[44] Ollrog, 1979, 219s, e excurso 1, 236-242.

imita conscientemente a Epístola a Filemon, quanto também sabe que o caso do escravo teve final feliz. Com certeza, esse assunto podia ter sido resolvido rapidamente e a informação trazida de volta a Éfeso (supondo que era aí que Paulo se achava preso) em tempo para Timóteo compor a Epístola aos Colossenses e Paulo aprovar a sua remessa. No entanto, ela também podia ter sido escrita depois, dependendo do conhecimento local ou até das tradições sobre Onésimo, por Timóteo ou Epafras ou Tíquico, ou algum discípulo de Paulo totalmente desconhecido para nós[45].

Seja qual for o autor, a situação é real. Não há razão para duvidarmos de que a carta se dirige a Colossas, dando atenção a outras comunidades situadas nas cidades do vale de Lico (Cl 4.13,15s), nem de que seja verídico o conflito específico que ocasionou a redação da epístola. Embora seja ainda mais difícil do que no caso da Epístola aos Gálatas e da primeira Epístola aos Coríntios descobrirmos os contornos preciosos da *philosophia* (Cl 2.8) aqui contestada, é certo que havia, novamente, conflito sobre autoridade.

Havia pessoas na comunidade colossense que tinham arrogado a si o direito de desqualificar os que não compartilhavam seus pontos de vista e suas práticas (Cl 2.14-19) e de derrubar dogmas que exigiam práticas rituais relacionadas com o judaísmo (Cl 2.16; cf. 2.11?) e com tabus ascéticos (Cl 2.20-23). Elas baseavam a sua autoridade em "tradições" até certo ponto relacionadas com "os elementos do mundo" (Cl 2.8) e em visões um tanto vinculadas com "a religião dos anjos" e "a humildade" (Cl 2.18). Provavelmente a "humildade" significava para eles jejuar e entregar-se a outros exercícios ascéticos (Cl 2.23).[46]

Contra essas inovações acéticas e místicas o autor afirma a autoridade de Paulo. É particularmente interessante vermos como idealizou e generalizou a autobiografia apostólica (Cl 1.24-2.5). Vimos que a menção que Paulo faz a seus sofrimentos muitas vezes servia como meio tanto para identificar sua experiência com os sofrimentos dos seus seguidores, quanto para vincular sua auto-

---

[45] Cf. Stuhlmacher, 1975, 53s, e *acima*, Capítulo 2, nota 55.
[46] A bibliografia é extensa; a discussão não chegou a conclusão satisfatória. Para amostragem, ver Francis e Meeks, 1975.

ridade, dialeticamente construída, com o paradigma fundamental da crucifixão de Cristo. Aqui, porém, seu discípulo adota corajosa interpretação nova. Os sofrimentos do Apóstolo "completam, em minha carne, o que falta nas aflições de Cristo, por causa de seu corpo, que é a igreja" (Cl 1.24).

Os esforços do Apóstolo se tornam universais no seu objetivo: "advertir todos os seres humanos [panta anthropon] e ensinar a todos os homens em toda sabedoria, para que eu possa apresentar cada um perfeito em Cristo" (Cl 1.28). O cliclê epistolar, "ausente na carne, mas convosco no espírito" (Cl 2.5) talvez assuma matiz especial nesse contexto pois a carta é endereçada não só aos cristãos colossenses e laodicenses, mas talvez também a outros "que não viram minha face na carne" (Cl 2.1).

O escritor pseudônimo quer tornar a autoridade apostólica e o exemplo pessoal válidos para auditório maior. Assim, aciona uma maneira de empregar a memória de Paulo para finalidades institucionais que são altamente importantes para gerações futuras, começando com a carta pseudônima que imita diretamente a dele próprio: a encíclica, que a maioria dos manuscritos bíblicos erradamente endereça "aos santos que estão em Éfeso"[47].

Ainda mais impressionante é a maneira como a Epístola aos Colossenses usa a tradição. Paulo, como vimos, dera o exemplo para isso. Nenhuma das epístolas autênticas está tão repleta de citações tiradas do material tradicional e de alusões feitas a ele como a Epístola aos Colossenses. No entanto, o autor da Epístola aos Colossenses não argumenta contra as tradições humanas do "culto angélico" em Colossas usando exposição sistemática das tradições mais antigas.

Aliás, existem poucos argumentos progressivos de qualquer espécie na Epístola aos Colossenses, nem sequência lógica rigorosa caracteriza seu estilo gramatical[48]. Ao invés disso, a epístola como um todo é parenética; aos leitores são recordadas as verdades e as práticas que já conhecem. As advertências para "estarem atentos" contra os falsos "filósofos" e de não se lhes submeterem são do mesmo

---

[47] Ver principalmente Dahl, 1951.
[48] Bujard, 1973, 71-76, 79-100.

tipo das advertências sobre como comportar-se⁴⁹. A epístola em seu conjunto é "recordação do batismo"⁵⁰ ou, antes, de todo o processo que inclui a recepção da instrução e a entrada na comunidade cristã, o qual culmina no batismo. O tema da carta é apresentado em Cl 2.6s: "Assim como recebestes Cristo Jesus, o Senhor, andai nele, arraigados e edificados nele e confirmados na fé que vos foi ensinada, transbordando em ação de graças".

A ênfase dada a elementos que promovem a coesão do grupo e sua harmonia interna é ainda maior na Epístola aos Colossenses do que nas cartas autênticas de Paulo. O autor adapta o rico conjunto de imagens sobre a reconciliação cósmica, que provavelmente é tirado da linguagem do ritual batismal, para falar da unidade da comunidade . Faz o mesmo com a linguagem tradicional sobre a missão cristã. Os colossenses não são aconselhados a se comprometerem na missão ativa junto ao mundo no mesmo grau que são estimulados a cultivar a paz interna e a lealdade da sua comunidade, que é parte de "corpo" que cresce e aperfeiçoa no meio do mundo⁵¹.

É dentro do mesmo conceito e com a mesma finalidade que o autor emprega o *topos* "Sobre o governo da casa" (*peri oikonomias*, ou que Lutero chamava de *Die Haustafel*, 3,18-4,1). Esse destaque hierárquico dos deveres que recaem sobre cada um de acordo com seu papel, ora governando ora sendo governado, na casa, microcosmo da sociedade, era bem apreciado pelos moralistas helenistas e prontamente foram adaptados pelas autodescrições apologéticas judaicas ao ambiente helenista⁵². Aqui é usado para enfatizar a estabilidade e a harmonia da família cristã, em contraste com as preocupações místicas e o ascetismo sexual dos adversários.

As "coisas lá de cima", a vida "oculta com Cristo em Deus" devem ser entendidas, ao que parece, de maneira um tanto mundana. Aí há curiosa ironia. O autor usa as imagens batismais em Cl 2.20-3.4 de maneira quase exatamente oposta à polêmica de Paulo em 1Cor 4 e 15; com efeito, essa descrição que o autor faz da exaltação

---

⁴⁹ *Ibidem*, 118s; Meeks, 1977, 209s.
⁵⁰ Dahl, 1947; comparar sua discussão sobre a Epístola aos Efésios, 1944.
⁵¹ Meeks, 1977, 210-214.
⁵² Ver a bibliografia citada no Capítulo 2, nota 79.

pós-batismal do cristão parece muito semelhante à posição a que Paulo se opõe. Não obstante, procura defender um comportamento comunitário, que na prática não é muito diferente do que Paulo incentivava a ser adotado por meio da sua ênfase sobre o estado não terminado, da salvação do cristão.

Controlar o desvio individual

Atualmente ouve-se falar da conduta sexual errada [*porneia*] que existe entre vós – e tal conduta errada não deve ser encontrada sequer entre os gentios – e há quem viva com a mulher de seu pai. E estais inchados! Vós nem ao menos vos entristecestes, [orando] para que aquele que cometeu esse ato fosse afastado de vosso meio? Bem, quanto a mim, ausente no corpo, mas presente em espírito, já decidi o caso de quem agiu assim, como se de fato eu estivesse presente, quando em nome de nosso Senhor Jesus vós e meu espírito se reuniram, com o poder de nosso Senhor Jesus a fim de entregarmos tal pessoa a Satanás, para a destruição de [sua] carne, a fim de que [seu] espírito possa ser salvo no Dia do Senhor. Não é justa a vossa ostentação! [1Cor 5.1-6a]

Esta passagem é muito importante, por causa dos lampejos que ela nos permite vislumbrar tanto sobre os procedimentos referentes à disciplina em pelo menos uma comunidade paulina e sobre alguns aspectos dos pontos sensíveis desses grupos. Traduzi-a de maneira um tanto rude com o intuito de salientar algumas das dificuldades existentes no texto, bem como algumas das conjunções geralmente eliminadas por versões mais elaboradas. Mesmo assim, tive que tomar diversas decisões exegéticas, que não serão discutidas aqui; quanto às outras opções, o leitor pode consultar os comentários padronizados[53].

Apesar da moderna divisão em parágrafos e das divisões, do capítulo, mais antigas, a passagem citada não deve ser separada

---

[53] Heinrici, 1888, Weiss, 1910, Lietzmann, 1931, Héring, 1959, Conzelmann, 1969, Barrett, 1968. Barrett é o mais útil de todos eles. Para análise de todo o caso e tentativa de inseri-lo no contexto da prática contemporânea nas seitas judaicas e do cristianismo primitivo, ver Forkman, 1972.

completamente dos problemas de que Paulo trata nos capítulos 1-4. A exclamação irônica: "E estais inchados!" (v. 2a) lembra 4.6,18,19. O verbo ocorre duas vezes mais adiante, em 1Cor 8.1 e 13.4, e em mais lugar nenhum nas epístolas autênticas[54]. Evidentemente, Paulo acha a imagem dos *pneumatikoi* "inchados" muito apropriada. O assunto, mas não a imagem, ainda é destacado nas litotes do v. 6a: "Não é justa a vossa ostentação!" Assim, a discussão direta do caso é colocada entre aspas, que servem para relacioná-la com o interesse de Paulo pelos membros do grupo coríntio, "inchados" com seu sentimento de poder espiritual, de conhecimento e de sabedoria, e que acreditam achar-se livres da interferência de Paulo porque este não mais voltará a Corinto (1Cor 4.18s).

Dentro desse contexto podemos ter possibilidade de captar melhor o sentido da maneira peculiar com que Paulo descreve o procedimento judicial. De um lado, apresenta um fato consumado: "Já decidi". De outro lado, dá diretrizes seguras para a assembleia solene de toda a comunidade para expulsar a pessoa que cometeu o erro e "entregá-la a Satanás". Paulo considera dado admitido o de que tal reunião plenária é a maneira como uma decisão solene deve ser tomada. Mateus lembra procedimento semelhante (Mt 18.15-18); seus antecedentes estavam provavelmente no autogoverno da comunidade judaica.

No entanto, as diretrizes de Paulo sobre a assembleia dificilmente constituem limitação da sua autoridade apostólica em benefício de política mais democrática[55]. É mais provável o oposto. Na decisão da assembleia, sobre a qual ele não admite dúvida alguma, ficará evidente para os coríntios que duvidam que a ausência física do Apóstolo não faz diferença nenhuma. A frase *hós parón* (v. 3b) não deve ser traduzida por "como *se* presente". É no cunho efetivo da sua presença real ("em espírito") que Paulo insiste na frase impressionante: "vós e meu espírito" (v. 4).

O que se acha em jogo não é somente caso importante de relaxamento moral, mas também a tensão entre a autoridade carismá-

---

[54] Mas o autor da Epístola aos Colossenses usa-o de modo semelhante em Cl 2.18.
[55] Como Barrett. 1968, 124s, parece sugerir.

tica local e o governo supralocal de unidade exercido pelo Apóstolo e seus associados itinerantes. Paulo não diminui essa tensão. Os dirigentes locais já deveriam ter resolvido esse problema; mas, como não o fizeram, ele está plenamente decidido a chamá-los ao cumprimento do seu dever.

Uma vez que vemos que 1Cor 5 se refere não só ao caso particular, mas também à formação da compreensão da comunidade de sua responsabilidade em face da autodisciplina e da relação entre autodisciplina e formas mais amplas de autoridade, podemos igualmente entender do que se segue. A ordem dos tópicos nos capítulos 5 e 6 pareceu sem sequência lógica para a maioria dos comentadores. Paulo salta do caso que acaba de descrever para a queixa sobre litígios entre cristãos, depois volta ao tópico da *porneia* em 1Cor 6.12-20. De que modo estão ligados entre si?

Depois de usar a metáfora de purificar-se do velho fermento antes da Páscoa (1Cor 5.6b-8) para apoiar sua decisão de expulsar o desviado, Paulo revela que escreveu uma carta anterior falando sobre a necessidade de se conservarem separados dos pecadores, e afirma que os coríntios a interpretaram mal. Tomaram-na como sendo uma advertência sobre os limites do grupo, achando que deviam manter-se separados dos fracos do "mundo". Insensatez, diz Paulo agora; só se poderia fazer isso saindo deste munto (v. 10)[56]. Se eles houvessem entendido a primeira carta, presumivelmente já teriam tomado a decisão necessária no caso, pois que haviam solicitado "julgarem eles próprios os membros internos", deixando os externos para Deus (vv. 12s). Depois volta à questão dos litígios, não só porque o tópico do julgamento surgiu[57], mas também porque novamente esclarece a confusão deles sobre as linhas que dividem o "interior" do "exterior". Eles não apenas deixaram sem julgamento um chocante erro cometido no seu meio; para resolver discussões triviais sobre finanças entre membros da comunidade procuraram juízes

---

[56] Convém observar que Paulo nem sempre aprova a possibilidade do tipo de expusão praticado por alguns grupos "puros", principalmente os essênios de Qumran e os terapeutas que Filon descreve em sua *Vit. cont.*
[57] Barrett, 1968, 134.

externos, presumivelmente magistrados coloniais (1Cor 6.1-11). Embora Paulo julgue lamentável que tais discussões possam surgir (vv. 7-11), ainda é claro que ele espera que os cristãos encontrem um mecanismo dentro da comunidade para solucioná-las quando aparecem, da mesma forma como a assembleia deve lidar com o pecado ainda mais deplorável da *porneia*.

Mas então a citação no versículo 12 do lema dos pneumáticos – "Tudo me é permitido" – parece ser outra mudança abrupta. Paulo volta ao assunto do capítulo 5, a *porneia*, porém a transição começa nos vv. 9-11, onde menciona a regra catequética: "Aqueles que fazem [x,y, – e n; uma lista variável de vícios] não herdarão o Reino de Deus". Aludiu a essa regra em 1Cor 5.9-11; evidentemente ela parecia grande na carta anterior. Como a *porneia* figura com destaque na regra, ele reintroduz o tópico, agora não encarado no sentido geral, comum no Novo Testamento, "imoralidade sexual", mas no seu sentido mais antigo, específico, o de "prostituição". Também prepara o caminho para sua resposta no capítulo 7 à primeira pergunta da carta aos coríntios, onde interpretará a outra regra tradicional: "Evitai a *porneia*" (1Cor 7.2; também em 6.18). Além do mais, a citação contida em 6.12s sobre os lemas dos pneumáticos dá maior ênfase à "ostentação" e à "inchação" mencionadas em 1Cor 4.6,18,19; e em 5.2.6.

A autoconfiança dos carismáticos é desafiada – e se apresenta contestada – pelos desvios mais flagrantes das normas sexuais da comunidade – e das normas da macrossociedade igualmente. Temos a tentação de dizer que eles "se ostentam" exatamente *porque* essas violações demonstram sua transcendência espiritual em face das normas que se referem ao corpo; Paulo, porém, não os acusa disso explicitamente. Frequentariam alguns dos *pneumatikoi* realmente prostíbulos? Talvez. Mas talvez isto seja apenas a *reductio ad absurdum* que Paulo faz da liberdade que eles propalam.

É impressionante que não exista aí nenhuma ameaça de ação jurídica, mas somente argumento teológico e cristológico cuidadoso e retoricamente poderoso, apoiado por norma tradicional, por exegese escriturística e pela metáfora da comunidade como templo (1Cor 6.14-20). A discussão assim levou de simples asserção a apelo em favor da submissão às normas divinas, passando pela insistência de encontrar órgãos internos de disciplina. O fio que corre em meio a tudo é o interesse pela pureza da comunidade.

Voltemos a falar resumidamente sobre o homem que vivia com a mulher do seu pai, para vermos que sanções lhe foram impostas. O ponto central é que ele deve ser "afastado" da comunidade (1Cor 5.2). Paulo conclui a discussão sobre o assunto citando a sentença que ocorre muitas vezes no código deuteronômico (mudando, porém, o verbo para o plural): "Afastai o mau do meio de vós" (v. 13). Não apresenta a ação primordialmente como sanção contra o ofensor, mas como forma de purificar a comunidade. Que ela, não obstante, evidentemente funcionará como sanção é mais evidente quando Paulo cita a fórmula de sua carta anterior que foi mal interpretada, fórmula que ordenava: "Não vos mistureis com alguém que se diga irmão se for fornicador ou avarento ou idólatra ou injurioso ou beberrão ou ladrão; com alguém assim nem deveis comer" (1Cor 5.11).

Excluir o ofensor, especialmente das refeições comunitárias – a Ceia do Senhor e outras – seria o meio de fazê-lo perceber que não tinha mais acesso a essa amizade especial indicada pelo uso do termo *irmão* (cf. 2Ts 3.14s e Gl 6.1). Há mais, porém. Ele deve ser formalmente entregue à esfera de Satanás, talvez mediante maldição, "para a destruição da carne" (v. 5). Alguns comentadores, na antiguidade e mais recentemente, quiseram considerar "carne" aí no sentido metafórico, específico de Paulo, de vida na revolta contra Deus, mas o sentido próprio deve ser preferido. A noção segundo a qual más ações podiam ser castigadas pela doença ou pela morte é uma das noções que Paulo expõe igualmente alhures (1Cor 11.29s). Nem tudo estava perdido para o ofensor, pois a expulsão e o castigo diabólico tinham como finalidade que "[seu] espírito pudesse ser salvo no Dia do Senhor" (1Cor 5.5-7; cf. 2Ts 3.15).

A observância do procedimento disciplinar aparece em 2Cor 2.5-11, onde Paulo incentiva a recuperação de ofensor que fora castigado e agora está arrependido. Os pormenores desse caso são obscuros. Embora muitos comentadores tenham identificado o ofensor com o homem de 1Cor 5[58], as ofensas são descritas

---

[58] Por exemplo, Lampe, 1967a.

de modo um tanto diferente. O episódio a que se fez alusão em 2Cor 2 envolve insulto pessoal a Paulo (vv. 5,10; cf. 2Cor 7.8-12). Uma conjectura plausível é a de que aquele cujo nome não é mencionado era dirigente da facção local que rejeitava a autoridade de Paulo, preferindo a dos super-apóstolos (capítulos 10-13) – se esses capítulos são de carta anterior a todos ou a parte dos capítulos 1-8.

Somente dois pontos são suficientemente firmes para permitir-nos introspecção no processo disciplinar, e ambos sugerem a mesma espécie de procedimento aplicada ao caso anterior de incesto. A pessoa foi censurada pela "maioria" ou pelo "corpo principal" *(hoi pleiones)*[59]. O termo, traduzido de maneiras diferentes, como "castigo", "penalidade" ou "reprovação" *(epitimia,* v. 6), não consegue mostrar-nos até que ponto a sanção era severa; censura verbal talvez seja mais provável do que penalidade mais forte[60], porém, esta última não pode ser excluída. Devemos supor que a decisão foi tomada formalmente por "toda a assembleia" dos cristãos coríntios, e não apenas por uma das assembleias domésticas, já que é a todas que as palavras de Paulo são dirigidas. Além disso, tal decisão, como a requerida em 1Cor 5, foi tomada em resposta à carta do Apóstolo que "criticava" toda a comunidade bem como a pessoa repreendida (2Cor 7.8-12). Assim sendo, Paulo agora tem o cuidado de identificar seu ato de restabelecimento das relações com seu próprio perdão (2Cor 2.10). Justamente como o veredito foi dado em 1Cor 5.4 pela assembleia "em nome do Senhor Jesus", aqui o perdão é conferido "na presença *(en prosopo)* de Cristo" (v. 10).

Deduções

Dos exemplos de conflito e das epístolas enviadas para tratar deles, que modelos emergem? Quem exerce a autoridade? Ou, então,

---

[59] Ver Barrett, 1973, 91.
[60] Assim argumenta Barrett *ad loc.*

que espécies de pessoas estão em posição de dar ordens efetivas? E que respostas explícitas ou implícitas são dadas à pergunta: "Por que eu devia obedecer?".

Dirigentes

Apóstolos. Pode parecer demasiado óbvio mencionar que a principal figura incluída nos registros que temos desses pequenos grupos, espalhados da Anatólia até Corinto, é Paulo. Naturalmente, pode-se dizer: é porque nossos registros de primeira mão são suas epístolas e as escritas por outros muito ligados a ele. Mas essa afirmação pode inverter-se: é por causa da extraordinária autoridade exercida por esse homem que possuímos suas cartas e as consideramos como os escritos cristãos mais antigos existentes. A forma das epístolas reforça essa observação.

Como qualquer bom moralista helenista, Paulo apresenta sua própria vida como modelo a ser imitado, mas pela sua "biografia da adversidade"[61] e pela aplicação que faz da cruz como uma metáfora de suas desventuras e sofrimentos, o Apóstolo transforma esse lugar-comum em algo novo. Além do mais, em suas cartas surgem não só exemplos, mas também ordens diretas: "Já decidi"; "Eu ordeno – não eu, mas o Senhor –", quando tem um dito de Jesus que se aplica ao caso; "Eu vos digo – não o Senhor –", quando não há tal dito aplicável ao assunto. Ele se vê como o "pai" da comunidade que fundou. "Que quereis? Deverei ir a vós com vara ou com amor e espírito de delicadeza?"

O título de "Apóstolo" era importante para Paulo. Nem todos no movimento cristão do seu tempo queriam reconhecer-lhe o direito a ele. Aos coríntios Paulo escreve: "Se para outros não sou Apóstolo, pelo menos para vós eu sou" (1Cor 9.2). Suas primeiras palavras na epístola às conturbadas comunidades gálatas são as seguintes: "Paulo, Apóstolo não da parte dos homens nem por intermédio de um homem, mas por meio de Jesus Cristo e de Deus Pai" (Gl 1.1). Entretando, seu primeiro biógrafo, anos mais tarde, evita

---

[61] Schütz, 1975, 133.

usar o termo para ele ou para qualquer além dos Doze de Jerusalém, exceto em uma passagem (At 14.4,14).

Agora é geralmente reconhecido que o termo não representava ofício algum no tempo de Paulo, mas devia referir-se a funções que envolviam autoridade nas atividades missionárias dos cristãos. Não precisamos entrar na longa discussão dos exegetas modernos sobre as origens da noção e seu desenvolvimento histórico.

A palavra grega que transliteramos como *apóstolo* significava em seu estágio mais simples "agente" ou "enviado" e Paulo podia usar a palavra *embaixador* ou seu verbo como sinônimo: "Para Cristo, então, nós agimos como embaixadores, como Deus faz a sua exortação por meio de nós" (2Cor 5.20)[62]. Essa analogia aproxima-se da afirmação de serem mensageiros de Deus, característica dos profetas clássicos de Israel. Na verdade, Paulo podia aludir às palavras de Jeremias referindo-se à sua própria revelação (Gl 1.15s) e tacitamente comparar-se com Moisés (2Cor 3; Rm 9.3; 10.1)[63].

Para Paulo, o apostolado supunha compromisso, tarefa ou missão conferida de certa maneira diretamente em revelação do Cristo ressuscitado, de "pregar entre os gentios" e, além disso, de reunir os convertidos em comunidades – "fazer fundações", "edificar" e "plantar" são as metáforas favoritas. Aliás, na sua concepção do apostolado essas eram *novas* fundações, onde nenhum outro Apóstolo havia trabalhado. Nem todos compartilhavam esse ponto de vista, porém.

Havia, de fato, um bom número de Apóstolos no movimento cristão primitivo, e alguns deles cruzaram em seus caminhos com Paulo e exerceram alguma influência sobre o modo como esses modelos de autoridade tomavam forma na área de missão dele. Primeiramente, havia apóstolos em Jerusalém, "os apóstolos antes de mim" (Gl 1.17), mas eles só aparecem na literatura paulina de modo negativo e indireto. Paulo declara, sob juramento, que nada tem a ver com eles (Gl 1.17,19).

---

[62] Cf. Fm 9, onde *presbytes* pode significar "embaixador" em vez de "ancião", o mesmo sem isto ser uma pronúncia errada de *presbeutés* (Lightfoot, 1879, 338s; Lohse, 1968, 199; *contra*, Dibelius-Greeven, 1953, 104). Ver tambén Jewett, 1982.
[63] Meeks, 1976, 605.

Os reformadores que acompanharam Paulo à Galácia também devem ter sido independentes de Jerusalém, do contrário, a contra-argumentação dele em Gl 1-2 teria pouco sentido. Por outro lado, os dirigentes de Jerusalém estavam muito mais envolvidos na crise anterior em Antioquia, mas no relato de Paulo sobre essa série de acontecimentos nada é dito a propósito nem dos apóstolos nem dos Doze, porém somente a respeito das três "colunas" subsequentemente suplantadas por Tiago. Não sabemos o que os coríntios queriam dizer quando se afirmavam "de Cefas" (1Cor 1.12; 3.21s), mas não há evidência de tentativa alguma de Pedro ou dos seus agentes no sentido de reclamar autoridade sobre as comunidades paulinas. Assim sendo, parece que os apóstolos originais de Jerusalém devem ter tido pouca ou nenhuma autoridade direta sobre as igrejas paulinas.

Os apóstolos mais antigos, nos termos de Paulo, eram de fato – à medida que podemos captar – grupo grande, porém não bem definido. Sua lista de testemunhas da ressurreição cita, em ordem, Cefas, os Doze, "mais de quinhentos irmãos", Tiago, "todos os apóstolos" e, depois, ele próprio, "o último de todos – o menor dos apóstolos" (1Cor 15.5-9). Há também Andrônico e (sua mulher?) Júnia (se este for o texto correto), que provavelmente eram companheiros tarsenses ou companheiros cilicianos[64], que se tornaram cristãos antes de Paulo se tornar e que eram "notáveis entre os apóstolos". A última frase, contudo, absolutamente não precisa significar que eles próprios eram apóstolos (Rm 16.7).

Os rivais que apareceram em Corinto na ausência de Paulo e conquistaram alguns seguidores consideráveis aí com seus apelos à autoridade superior também eram "apóstolos", como é claro pelo ataque de Paulo contra eles (2Cor 11.5,13). Não sabemos de onde vieram, pois nada há no texto que os vincule a Jerusalém. Os possíveis reformadores do cristianismo gálata eram semelhantes e provavelmente deviam ser identificados como apóstolos no mesmo sentido, embora a Epístola aos Gálatas não dê indicação alguma de que eram chamados assim.

---

[64] É o que ocorre com Judge (ver *acima*, Capítulo 2, nota 29).

Além desses carismáticos itinerantes, que, como Paulo, ninguém mais representavam senão Cristo, ouvimos falar uma vez de *apostoloi ekklesion*, "delegados de igrejas" (2Cor 8.23). São designados para acompanhar a coleta a Jerusalém. Ouvimos falar inúmeras vezes nas cartas de mensageiros que vão de uma igreja a outra ou que servem de intermediários entre as igrejas e Paulo, com várias funções. Um destes, Epafrodito, que trouxe dinheiro dos cristãos filipenses a Paulo na prisão, também é chamado "vosso apóstolo" (Fl 2.25).

Não era fora de propósito usar o termo no mesmo sentido para pessoas como Estéfanas, Fortunato e Acaico, que trouxeram a carta de Corinto a Paulo[65]. A sua autoridade parece ser delegada e limitada. Nos séculos posteriores tanto fontes rabínicas quanto não-judaicas falariam de "apóstolos" (*slihim*) do tribunal rabínico, que recolhiam dinheiro e estabeleciam regras sobre festas e coisas similares. Funcionalmente, os "apóstolos de igrejas" cristãos se assemelhavam muito mais a eles do que a Paulo e aos outros apóstolos carismáticos itinerantes[66].

Colaboradores. Além dos apostólos, que se distinguem pela sua convicção de que receberam encargo, delegação divina direta (com exceção, talvez, do caso dos "apóstolos de igrejas"), repetidas vezes encontramos nas epístolas e nos Atos outros dirigentes mais ou menos intimamente associados a Paulo e mais ou menos dependentes dele. E. A. Judge certa vez chamou estes de "comititva" de Paulo[67].

Desde o princípio a missão de Paulo foi empreendimento coletivo, com algo que em sentido lato pode ser chamado corpo.

---

[65] Ollrog, 1979, 79-84, tem uma boa discussão sobre esses delegados, mas sua insistência em dizer que sua função real era sempre a de ajudar Paulo na obra missionária (96-99) requer exegese duvidosa e improvável para evitar o sentido simples de 1Cor 16.17s e de Fl 2.29s. Sobre a última passagem, ver ao invés, Sampley, 1980, 52-60. É verdade que a Epístola a Filemon contribui para admitirmos um pedido indireto e não abertamente sutil de que Onésimo seja enviado de volta para auxiliar Paulo. No entanto, o fato de que a "assembleia em tua casa" é a destinatária não justifica a dedução feita por Ollrog de que o escravo deve retornar como "Gemeindegesandter" e missionário. Ollrog ignora os serviços práticos requeridos para o tipo de atividade que Paulo e os "Mitarbeiter" desenvolviam, e ele afirma com demasiada pressa a existência de instituições e ofícios.

[66] Ollrog, 1979, 81.
[67] Judge, 1960b, 131.

Sua natureza corporativa era um dos elementos mais eficientes na adaptação bem sucedida da missão a que GERD THEISSEN dá o nome de "fatores socioecológicos" de seu território urbano[68]. Esse trabalho de organização para implantar, orientar e unir as células domésticas cristãs provavelmente não era invenção de Paulo, mas decorria de algo que ele aprendeu em Antioquia. Na verdade, OLLROG argumenta perspicazmente que a carreira missionária de Paulo começou como "colaborador" de Barnabé[69]. Quando Barnabé e Paulo romperam um com o outro, depois do confronto descrito em Gl 2.11-14, cada um deles ficou com um ou mais parceiros. Nos relatos do Novo Testamento, nenhum dos outros apóstolos, como Pedro, Apolo ou Filipe, parece ter feito isso[70].

Os associados paulinos assumiam ampla gama de funções. Silvano, Timóteo e Sóstenes aparecem como coautores de algumas espístolas. Timóteo pôde ser enviado de Atenas a Tessalônica para verificar como estava o grupo aí recentemente fundado e fortalecê-los de várias maneiras (1Ts 3.2,6). Com Paulo e Silvano participou no establecimento do cristianismo em Corinto (2Cor 1.19) e foi, mais tarde, enviado de Éfeso aos coríntios com a tarefa apostólica de lhes recordar algumas coisas (2Cor 4.17; 16.10). Quando Paulo escreveu aos Filipenses (Fl 2.19), Timóteo estava com ele (em Roma? em Éfeso?), porém, aparentemente, não preso.

Tito, mencionado menos vezes, teve papel mais importante nas relações embaraçosas entre Paulo e os grupos coríntios (2Cor 2.13; 7.6-16) e nas negociações para a participação deles na coleta de Jerusalém (2Cor 8.6,16-24)[71]. Os papéis desempenhados por Prisca e Áquila são

---

[68] Theissem, 1975, 205s.
[69] Ollrog, 1979, 9-13, embora este talvez dê peso demais ao quadro apresentado pelo livro dos Atos sobre a partida de Paulo como missionário. Ver Lüdemann, 1980a, 23s; e Jewett, 1979, 84.
[70] Ollrog, 1979, 13. Schille, 1967, por outro lado, tenta mostrar que *toda* a obra missionária cristã primitiva era organizada nas *Arbeitsgemeinschaften* locais ou *collegia* com cinco a sete *Mitarbeiter*. Seu argumento é mistura curiosa de ingenuidade e fantasia. Qualquer lista de cinco ou sete nomes, ou de objetos como pães, peixes ou cestas, ou de números diferentes que possam ter arbitrariamente emendados para conseguir números mágicos, conta como sendo prova. E ele não chega a definir o que quer dizer com *Kollegien* e *Kollegium*.
[71] O argumento de Ollrog segundo o qual Tito era independente de Paulo, interessado quase inteiramente pela coleta, e tinha papel "simultaneamente diferente"

diferentes; eles serviam como patronos e protetores do próprio Paulo e de assembleias domésticas locais, mas se mudaram várias vezes e eram evidentemente evangelizadores, bem como, segundo At 18.26, instrutores teológicos de consideráveis poder e força.

Havia muitos outros "colaboradores", "companheiros auxiliadores", "trabalhadores" etc., a respeito dos quais pouco mais sabemos do que lugar e nome, e isto por intermédio das saudações e de eventuais advertências incluídas nas epístolas[72]. Pelos contextos em que são mencionados, alguns parecem ter sido dirigentes locais; outros eram itinerantes. Parece não ter havido distinção rigorosa[73]. Os dirigentes locais podiam transformar-se em "fundadores" missionários, também, como Epafras de Colossas (Cl 1.7s; 4.12). Os "apóstolos de igrejas" podiam – é admissível supô-lo – concebivelmene concluir "colaboradores" ou transformar-se neles, como é o caso de Epafrodito de Filipos (Fl 2.25-29; 4.18).

Existem também ordem e disposição de relacionamentos entre esses colaboradores e Paulo. De um lado, existe a independência, mas com alguma comunicação mantida, de um Barnabé (depois do rompimento de Antioquia) e de um Apolo, uma vez que os inclui na lista dos apóstolos. De outro lado, há a dependência muito íntima de Timóteo em relação à direção e à autoridade de Paulo, embora isto não signifique que ele ou Tito não possam ter demonstrado considerável discrição em desempenhar encargos delicados.

Mais tarde, o relacionamento pôde estender-se por longo período – Timóteo e Tito de novo, e Prisca e Áquila – ou pôde ficar limitado a tempo e lugar particulares, como aconteceu com alguns

---

do papel de Timóteo (1979, 33-37) requer leitura peculiar dos textos. Para uma exploração mais profunda do papel de Tito, ver Barrett, 1969.

[72] Ver as observações prosopográficas *acima*, Capítulo 2, e as listas e discussões em Redlich, 1913, Judge, 1960, Ellis, 1971, e Ollrog, 1979.

[73] A tentativa que Ollrog faz para mostrar que a grande maioria dos colaboradores eram *apóstoloi ekklesion*, porém, não é apoiada pela evidência (ver também nota 65, *acima*). Ellis, 1971, tenta usar a terminologia variada de Paulo para salientar classes funcionais distintas que caminham, "desde o princípio" para se tornarem ofícios. A divisão é demasiado frágil, como Ollrog mostra (74, nota 64). Particularmente não convincente é a tentativa de Ellis (13-21) de fazer da expressão "os irmãos" termo técnico usado para designar uma espécie de posição.

daqueles cujo trabalho se desenvolvia principalmente em uma cidade, ou alguns dos que Paulo chama de "companheiros de prisão" ou "companheiros cativos". Realmente, o que talvez seja mais impressionantes são a complexidade e a flexibilidade da rede de dirigentes que mantinha as *ekklesiai* juntas.

Dirigentes locais. O livro dos Atos e as epístolas paulinas não fazem menção alguma dos ofícios formais nas comunidades paulinas primitivas. Este fato impressiona-nos quando comparamos esses grupos com a típica associação privada grega ou romana. As inscrições de associações mostram exuberância positiva no controle e na manutenção de ofícios, que, como vimos acima, em geral imitavam os do governo da cidade[74].

Nada de comparável encontramos quando são mencionados papéis de liderança nas comunidades paulinas. Os escritores do Novo Testamento não usam a palavra *arche* no sentido de "ofício", nem seus sinônimos. Realmente constatamos, porém, que os papéis começaram a diferenciar-se e que suas respectivas importâncias eram discutidas na época das primeiras informações que chegaram até nós. A primeira epístola aconselha os cristãos tessalonicenses a reconhecerem "os que se afadigam entre vós, estão acima de vós no Senhor e vos advertem" (1Ts 5.12, VRP).

Os três verbos paralelos empregados não designam três papéis, mas três funções de um papel. Os "que se afadigam" *(kopiontes)* é bem geral, é o verbo habitual de Paulo para todos os tipos de trabalho no empreendimento missionário e na "edificação" das comunidades. Os "que vos advertem" *(nouthetountes)* supõe disciplina (verbal) em questões morais. *Proistamenoi* (os "que estão acima de vós") é mais problemático, pois o verbo pode significar "presidir" ou "agir como patrono ou protetor"[75]. O último sentido é mais apro-

---

[74] Poland, 1909, 337-423; Waltzing, 1895-1900, 1,357-446; Schultz-Falkenthal, 1970.

[75] Os principais comentários modernos (von Dobschütz, 1909; Dibelius, 1937; Best, 1972) defendem o sentido de "patrono"; cf. Greeven, 1952, 346, nota 74. Em Rm 12.8 existe a mesma ambiguidade, mas os dois termos paralelos, *metadidoús* e *eleon*, levam mais facilmente a tomar decisão favorável a "protetor, patrono". O advérbio *spoude* também serviria para o papel de patrono; cf. Gl 2.10, onde *espoúdasa* descreve os esforços de

priado aqui, mas, se o patrono pode também advertir, então quer dizer que a ele certamente é conferida alguma autoridade para governar[76]. A correspondência coríntia oferece elementos para estabelecermos a mesma relação: posição de autoridade emerge dos benefícios que membros de riqueza ou *status* relativamente elevados possam propiciar à comunidade. Os três verbos, portanto, designam mais funções do que ofícios. A passagem não oferece evidência alguma de processo formal para a seleção de dirigentes.

O mesmo ocorre nas listas mais longas de dirigentes e de funções em 1Cor 12.8-10.28-30; Rm 12.6-8; Ef 4.11:

1Cor 12.28-30	1Cor 12.8-10	Rm 12.6-8	Ef 4.11
apóstolo (primeiro)	sabedoria	profecia	apóstolos
profetas (segundo)	gnose	diaconia	profetas
mestres (terceiro)	fé	o mestre	evangelistas
milagres	dons de curar	o exortador	pastores
dons de curar	operar milagres	o doador[77]	mestres
assistência	profecia	o patrono	
orientação	discernimento de espíritos	aquele que mostra	
várias línguas	várias linguas	misericórdia	
(intérprete: 30)	interpretação de línguas		

Paulo em benefício dos pobres. Nas epístolas pastorais, o verbo é claramente usado no sentido de "presidir" ou "governar" (uma família: 1Tm 3.4,5,12; presbíteros que governam *[proestotes]* bem que devem receber pagamento duplo: 1Tm 5.17).

[76] Esta ambiguidade existe também no domínio divino. Quando os cidadãos de Amastris honram Zeus e Hera como *hoi pátrioi theoì kaì proestotes tes póleos*, eles presumivelmente acham que os deuses "presidem" bem como "protegendo" a cidade (Le Bas-Waddington, 519s, citado por MacMullen, 1981, 142, n. 17). MacMullem dá outros exemplos como: Zeus e Hecates em Panamara, Dionísio em Teos, Ártemis em Perge, e os *dii patrii et Mauri conservatores* in CIL 8.21486.

[77] Minha tradução resolve a ambiguidade do grego tomando os três exemplos finais, que diferem fortemente em sintaxe e escolha de palavra da lista anterior de quatro, como paralelo no sentido de referir-se ao apoio concreto e prático dado pelos superiores aos inferiores. Van Unnik, 1974, propõe outra construção igualmente diferente. Ele toma os três exemplos assindédicos para reunir as quatro atividades anteriores sob perspectiva diferente. Já que o verbo *metadidónai* sozinho, como ele demonstra, não é termo técnico para significar "dar esmolas", mas sempre extrai seu sentido específico de objeto expresso ou implícito – se se quiser igualmente em Rm 12.8 –, ele sugere "aquele que comunica (as riquezas do evangelho")" (183)

Essas passagens têm em comum a concepção dos principais papéis nas comunidades locais como sendo dons *(charismata)* – concedidos por Deus, por Cristo e pelo Espírito. A variedade entre as listas mostra que há diversificação local e considerável liberdade para o exercício da liderança carismática. Nas listas coríntias a curiosa mistura de substantivos ou de verbos designando pessoas e de substantivos abstratos designando atividades chama a atenção para as funções em si, mais do que para o *status* dos que as exercem. No entanto, precisamos lembrar-nos de que é Paulo quem tenta desfazer as diferenças de *status* e enfatizar a coesão do grupo, ainda que deixando lugar para a diversidade de poderes individuais. Para os cristãos coríntios o *status* já era importante.

Além do mais, os poucos papéis comuns a todas as listas são sinais de que algum grau de formalização já havia ocorrido. Assim é a classificação que Paulo faz de apóstolos, profetas e mestres em 1Cor 12.28. E, embora alguns dirigentes fossem benfeitores financeiros das comunidades, outros tipos de dirigentes eram mantidos e apoiados pelas comunidades desde época remota. Esse é mais provavelmente o sentido de Gl 6.6: "Quem é instruído na Palavra deve compartilhar todas as coisas boas com o instrutor"[78].

O princípio é o mesmo geralmente aplicado aos ministros itinerantes (apoiado por um dito de Jesus e por outros argumentos em 1Cor 9.4-14), aqui aplicado aos mestres locais. Na lista da Epístola aos Efésios e no começo da Epístola aos Filipenses, há possível evidência de algum avanço no processo de formalização de ofícios. Os papéis não são plenamente institucionalizados, porém, a não ser com a mudança do século e depois, como vemos na carta de Clemente de Roma, nas cartas de Inácio e nas epístolas pastorais. Nenhuma delas representa, de modo inambíguo a continuação da organização paulina como tal. Enquanto isso, as qualificações necessárias para o exercício dos ofícios vão sendo definidas, as regras para seleção estabelecidas e os ofícios começam a integrar a boa ordem[79].

---

[78] Betz, 1979, 304-306, acha que isto "pode indicar uma espécie de instituição educacional como parte da vida das igrejas gálatas".

[79] A evolução dos ofícios na igreja primitiva foi assunto de longo e vigoroso debate. Para boa introdução, ver a coleção de ensaios editada por Kertelge, 1977.

ADOLF VON HARNACK resolveu tentar distinguir várias funções locais e, depois, os ofícios das três grandes vocações universais: apóstolos, profetas e mestres[80]. Esse esquema não foi adotado pela pesquisa posterior[81] e nós, também, vimos que as linhas são muitas vezes difíceis de serem demarcadas entre funções locais e funções mais amplas, entre autoridade carismática e autoridade de outras espécies. Em vez dessa, propuz uma classificação tripartida, mais simples e mais flexível, dos modos de autoridade exercidos por vários nas comunidades locais: manifestações visíveis de possessão do Espírito, posição, e associação com apóstolos e outros detentores supralocais de autoridade. Estes modos de autoridade não eram mutuamente exclusivos, mas entre eles podiam surgir tensões e conflitos.

Poderes para a autoridade

Na base de nossa análise de numerosos casos exemplares de conflito e controle e de nossa tentativa de expor a estrutura das afirmações e contradições, podemos agora elencar os recursos mais gerais e os mais específicos que encontramos para fundamentar as asserções de poder.

Ethos comum. Os modos informais de controle predominam. Os encontros pessoais – face a face –, os emissários e as cartas são os meios usados para responder às dificuldades. Conselho, persuasão e argumentos enchem as epístolas; só podem ser eficientes quando escritores e destinatários participam de convicções, crenças, metas e relações comuns. As seções filofronéticas das cartas são elaboradas e frequentemente muito longas: a relação entre escritor e leitores é fundamental para a tentativa de persuadir. Esse relacionamento é descrito de maneira a enfatizar a experiência comum, a biografia compartilhada do apóstolo e da comunidade.

Recordações do início – a primeira pregação, a instrução antiga, a conversão, o batismo – se tornam a base para apelos em favor

---

[80] Harnack, 1906, 1,319-368.
[81] Ver principalmente Greeven, 1952.

do comportamento apropriado. Além do mais, essas recordações são inseridas em contexto teológico. Elas são descritas de modo tal que as experiências dos cristãos estabelecidos no local a que a carta se dirige devem ser vistas não só como paralelas às de cristãos residentes em outros lugares e principalmente às do Apóstolo, mas também como homólogas às ações de Deus. As espécies de comportamento recomendadas são assim articuladas com um conjunto de símbolos sagrados e com um *ethos* histórico único para os cristãos.

No entanto, vimos que Paulo e seus colaboradores consideram supostas muitas normas compartilhadas pela seita e pela sociedade com liberdade. Isto dificilmente nos surpreende. Quando tais normas se expressam, acontece muitas vezes sob formas que eram particularmente comuns nas comunidades judaicas de língua grega das cidades do Mediterrâneo, mas com frequência elas encontram paralelos também em obras dos filósofos e sofistas gentios contemporâneos. Os cristãos podiam ser estrangeiros residentes no mundo, tendo seu *politeuma* no céu (Fl 3.20), no entanto não fugiam do mundo (1Cor 5.10), nem negavam completamente as suas realidades e os seus valores.

Autoridades especiais. O conjunto flexível mas detectável de crenças, atitudes e disposições que constituíam o *ethos* comum dos grupos paulinos tendiam a produzir certo nível de consenso sobre a maioria dos comportamentos desejados nessas comunidades. Quando as coisas corriam serenamente, havia necessidade de falar sobre autoridade e, no caso, os observadores externos teriam dificuldade de discernir os meios ocultos de controle. Foi por isso que observamos especialmente situações de conflito, em que a pergunta: "Por que eu devo ou deveria obedecer?" com maior probabilidade era feita abertamente.

A autoridade se distingue do puro e simples poder pela sua capacidade de dar respostas adequadas a tal pergunta[82]. Certamente, só podemos conhecer algumas das respostas que Paulo e outros dirigentes davam; raramente temos condições de dizer se os segui-

---

[82] Ver *acima*, nota 37.

dores as aceitavam. Possuímos indícios de que os problemas em Corinto e na Galácia diminuíam com o tempo (o fato de as epístolas terem sido preservadas e de que Paulo ainda era prestigiado parece justificar tal dedução); e o fato de algumas recomendações serem repetidas em situações diferentes, não só por Paulo mas ainda por alguns que o imitavam, indica que sabiam o que faziam.

Vimos que a posição de alguns indivíduos provocava recomendação no sentido de terem os outros cuidado com eles. Paulo espera obediência porque é apóstolo. Estéfanas devia ser reconhecido por ser o primeiro convertido da província e por ser benfeitor da igreja. O mestre devia ser sustentado por ser mestre. Este tipo de asserção, porém, demonstra ser bem difundida. Ou ela se transforma em uma ou mais das outras determinações – ao Apóstolo deve-se obediência porque recebeu revelação, porque possui o Espírito de Deus, porque os leitores o conhecem e o julgaram confiável etc. – ou passa a ser questão de legitimidade.

O apostolado se torna papel institucionalizado, e o problema é saber se quem reivindica a autoridade apostólica apresenta as qualidades requeridas de quem desempenha tal papel – normas de legitimidade. SCHÜTZ mostrou que o próprio conceito de autoridade que Paulo adotava impedia que recorrese às normas de legitimidade, mas sugere que os apóstolos rivais em Corinto introduzissem esse tipo de solução[83]. À medida que a institucionalização progredia, a legitimação tornar-se-ia assunto cada vez mais central.

Entre as outras recomendações enfatizando imperativos entre dirigentes e os cristãos paulinos, o recurso à revelação é um dos utilizados com grande frequência. As crenças centrais sobre Jesus são "mistério", oculto durante séculos e séculos, mas que "Deus nos revelou" – modelo comum na pregação cristão primitiva[84]. Uma revelação também autorizava a missão peculiar de Paulo junto aos gentios (Gl 1.15s). As revelações feitas por profetas nas assembleias congregacionais propiciavam instrução e orientação; uma "palavra do Senhor" obtida por esse meio ou mediante a tradição vinda dos

---

[83] Schütz, 1975, 184.
[84] Dahl, 1954, 32.

ditos de Jesus podiam valer como ordem ou recomendação para o comportamento dos membros.

Afirmações e diretrizes também podiam ser autorizadas pela Escritura, de maneiras bem variadas. Paulo cita frequentemente a Escritura, embora de forma alguma com a mesma frequência ou do mesmo modo em todas as cartas. Ele também aproveita às vezes exegeses pormenorizadas de textos. Aliás, para uma compreensão plena e total, suas interpretações às vezes exigem conhecimento de certas tradições exegéticas judaicas. Isto nos deixa às voltas com a bela questão de sabermos se as comunidades predominantemente gentílicas que reuniu receberam instrução especial sobre as escrituras e tradições do judaísmo. Se assim foi, a instrução as interpretava dentro da perspectiva particular dos que criam no Messias Jesus crucificado. Como os seguidores do Mestre de Justiça em Qumran, Paulo acreditava que as coisas recordadas na Bíblia "aconteceram como modelos [*typikos*], mas foram escritas para nossa advertência, pois para nós o fim dos tempos chegou" (1Cor 10.11; ver também Rm 15.4).

Também vimos Paulo apelar para a tradição cristã. Ao citar tradições explícitas que ele havia recebido e transmitido, podia reforçar seus argumentos enfatizando a solidariedade entre ele e os outros apóstolos, como acontece em 1Cor 15.3-11, podia chamar a atenção dos coríntios pelo comportamento que não estava de acordo com a tradição da Ceia do Senhor etc. No entanto, ele interpreta a tradição com considerável liberdade, e discute com ambivalência tanto a tradição quanto a concordância entre os apóstolos (especialmente em Gl 1-2). Relacionado com isso está o apelo ao costume de "todas as igrejas de Deus". Os imitadores de Paulo, nas epístolas que escreveram em seu nome, usavam a tradição ainda mais extensamente, mas um pouco menos dialeticamente.

O Espírito era considerado a autoridade por excelência nas comunidades paulinas. O conselho de Paulo deve ser seguido, quando alguma diretriz específica falta na tradição dos ditos de Jesus, porque "julgo que também possuo o Espírito de Deus" (1Cor 7.40). Não é a lei mas o Espírito o guia para o comportamento correto. Mas qual era a prova de que o Espírito estava presente? Vimos os *pneumatikoi* coríntios valorizarem manifestações visíveis, dramáticas, especialmente a glossolalia. Paulo tentou arrefecer o seu entusiasmo e interpretar todas as funções importantes da vida da comunidade como dons do Espírito. Contudo não negou os sinais visíveis; dizia não só que falava em línguas, mas também que operava milagres, como faziam outros nas comunidades que fundou. Podia até falar de milagres como sendo "sinais de apóstolo" (2Cor 12.12; cf. Rm 15.19), porém incoerente com sua teologia profunda, e mais do que nos possa parecer.

A forma mais característica de expressão da autoridade para Paulo, entretanto, é o modelo dialético, às vezes até paradoxal, mediante o qual tenta empregar a proclamação fundamental da morte e ressurreição de Cristo como paradigma de poder autêntico. É o centro, por exemplo, de seu argumento fortemente irônico contra os "super-apóstolos" em 2Cor 10-13. Esse paradigma, frequentemente repetido, é um dos que precisamos considerar de novo no capítulo final, que examina o padrão de crenças discutidas. Não podemos saber com certeza se o paradoxo impressionou seus leitores originais tanto quanto impressionou os teólogos modernos.

A "biografia da adversidade" (como SCHÜTZ a chama) encontrou eco, embora mais simples e destituído de matizes, nos escritores que usaram o nome de Paulo mais tarde. O "menor dos apóstolos" (1Cor 15.8s) se transforma para o autor da Epístola aos Efésios em "o menor de todos os santos" (Ef 3.8), para o autor das epístolas pastorais em o "primeiro dos pecadores", que recebeu misericórdia, mas como paradigma da paciência de Cristo (1Tm 1.12-16).

Normas. Nas epístolas as normas das comunidades paulinas só raramente são afirmadas como regras. Podemos sentir-nos tentados a vincular esse fato com a polêmica de Paulo contra as pessoas que queriam adotar aspectos do *halakah* judaico como exigências a serem impostas aos gentios que aderiam à comunidade de salvação, mas devemos ter cuidado com distorções criadas por perspectivas anacrónicas[85].

---

[85] Tentei evitar o duplo anacronismo que obscureceu as interpretações modernas. De um lado, o sentido da "Lei" para o judaísmo é geralmente identificado com a ideologia da Torá que veio a prevalecer no círculo acadêmico reunido em

De fato havia regras, e eventualmente encontramos Paulo citando algumas delas, que vigoravam como tradições que ele recebera e transmitira às comunidades que fundara. A instrução sobre o comportamento apropriado seguramente integrava o do processo de ressocialização que acompanhava o batismo (antes, depois, ou antes e depois – não sabemos). Todavia, a maioria dos fragmentos que podemos extrair das seções parenéticas das epístolas são um tanto gerais quanto ao objetivo, são mais sugestivas do que prescriptivas.

"Evitai a fornicação". "Nem os fornicadores, nem os idólatras, nem os adúlteros, nem os prostitutos, nem os sodomitas, nem os ladrões, nem os corruptos, nem os beberrões, nem os desviados, nem os assaltantes [a lista pode variar] herdarão o Reino de Deus.

Algumas recomendações são mais específicas: "Cada um tome sua própria esposa em santidade e honra –", ou o "mandamento do Senhor" diz que não deve haver divórcio. Mesmo assim, os traços mais impressionantes da aplicação que Paulo faz dessas regras e normas é a grande liberdade de sua interpretação e a flexibilidade de decisão aparentemente requerida de seus leitores[86].

Grande número das normas são consideradas supostas: Paulo não define *porneia*, porque é de esperar que qualquer pessoa no

---

torno do rabino Judá, o Príncipe, por volta do fim do século II. Não sabemos que repercussão tinham os escritos desses rabinos na sua época, nem até que ponto sua construção era, como argumenta Neusner, um mundo idealizado e utópico. Acima de tudo, não é plausível que, em termos práticos, suas leis e instituições fossem imutáveis, nas cidades da Diáspora bem como nas cidades palestinenses, durante dois séculos marcadas por três revoluções e por mudanças radicais no ambiente social e político. De outro lado, o revisionismo de Paulo é inevitavelmente distorcido pelo antijudaísmo que se desenvolveu na igreja depois do seu tempo, pelas polêmicas antipelagianas de Agostinho, pelo sistema penitencial no Ocidente e pela revolta de Lutero contra ele, pelo antissemitismo moderno, pelo antinomianismo psicológico moderno e pela teologia existencialista. Entre as tentativas mais recentes de avançar para uma perspectiva mais histórica, Sanders, 1977, é importante, embora não igualmente bem sucedido. Para conhecimento rápido da sua interpretação de Paulo, ver Dahl, 1978, quando interpreta as tradições judaicas, Neusner, 1978. O historiador jurídico B. S. Jackson fez algumas observações sensatas sobre o problema (1979).

[86] Ver *acima*, Capítulo 3.

pleno gozo de suas faculdades mentais e com bom senso, sabe que viver com a mulher do pai é coisa inaceitável. É de esperar que a comunidade capte por intuição ou reflexão que tipos de comportamento são "dignos" da maneira como seus membros "receberam Cristo". Do contrário, profetas e apóstolos que vivem no seio dela recebem "no espírito" revelações que guiarão as decisões a serem tomadas. A impressão que temos é de grande flexibilidade, de processo complexo, multipolar, dotado de suficiente abertura quanto à disciplina mútua. Talvez, essa estrutura flexível e fluida de autoridade até certo ponto expressasse a percepção, pelo menos para o próprio Paulo, de que a crucifixão do Messias marcava o fim do tempo em que "a Lei" determinava os limites ou fronteiras do povo de Deus e o começo da nova era que em breve levaria ao seu Reino.

Capítulo 5
Ritual

O cristianismo primitivo era religião? Absolutamente não, declara E. A. JUDGE. Para os observadores do século I,

> os círculos falantes, apaixonados e por vezes permeados de altercações que se reuniam para ler as epístolas de Paulo depois de sua refeição à tardinha em casas particulares, ou os conclaves antes do amanhecer realizados por rigoristas éticos que alarmavam Plínio, eram desconcertante novidade. Sem templo, sem culto a estátuas e sem ritual, eles não tinham rotina de sacrifício que honrasse o tempo e desse segurança, como teria sido necessário para vinculá-los à religião[1].

Usar a religião como modelo para descrever grupos primitivos contribuiria, segundo o ponto de vista de JUDGE, para "situá-los mal sob – rubrica não-histórica"[2]. Esta é advertência útil, principalmente diante do aparato de formas visíveis mediante as quais os cultos no Império Romano se exibiam publicamente. RAMSAY MACMULLEN reuniu exemplos dessas formas no primeiro capítulo do seu livro recente sobre o gentilismo. E não só os cristãos do século I não tinham santuários, templos, culto a estátuas e sacrifícios; eles não promoviam festas públicas, danças, apresentações musicais, peregrinações e, pelo que sabemos, não usavam inscrições[3].

---

[1] Judge, 1980b, 212.
[2] *Ibidem*.
[3] MacMullen, 1981, 1-48, com abundante documentação, pp. 141-167.

A diferença entre o cristianismo e os outros cultos não deveria ser exagerada, contudo. A afirmação de Judge segundo a qual as comunidades cristãs primitivas eram "destituídas... de ritual" é obviamente falsa. Não só Plínio descreve alguns dos seus rituais escrevendo a Trajano, mas é certamente ingênuo descrever os cristãos de sessenta anos antes como se encontrando simplesmente "para ler as epístolas de Paulo no fim da sua refeição vespertina", como se sua reunião e essa refeição não fossem organizadas com ritual desde o princípio.

Na verdade, Plínio não pensou no cristianismo como sendo constituído por "conclaves de rigoristas éticos", mas, sim, como "superstição perversa e descontrolada"[4]. É difícil compreendermos por que não só Plínio, mas também Tácito e Suetônio[5] aplicariam o termo *superstitio* a uma sociedade que debatia assuntos éticos e que não possuía ritual algum[6]. Usa-se este termo para caracterizar rituais praticados por alguém de quem não se gosta. Se os cristãos primitivos não eram "perversos e descontrolados" ou, como Judge descreve, "uma novidade desconcertante", eles podiam ter sido chamados *religio*.

O movimento cristão primitivo também se situa razoavelmente bem sob a rubrica de religião como esta é descrita por alguns cientistas sociais modernos. O antropólogo Melford E. Spiro, por exemplo, define religião como "instituição que consiste na interação culturalmente padronizada com seres que se julgam culturalmente sobre-humanos"[7].

---

[4] *Ep.* 10.96.8: "Nihil aliud inveni quam superstitionem pravam, immodicam".
[5] Tácito, *Ann.* 15.44.3; Suetônio, *Nero* 16.3.
[6] Celso, que fizera pesquisa mais profunda sobre o assunto em fins do século, acusava os cristãos de não terem ritos, mas de realizá-los secretamente (Orígenes, *C. Cels.* 1.3). Morton Smith argumentou que os cristãos não eram apenas apontados como supersticiosos pelos de fora, mas muitas vezes eram acusados de praticar magia (1978, 1980). Seu argumento ultrapassa a evidência em muitos lugares; por exemplo, *maleficia* bem pode ter incluído a magia entre outras espécies de "malefícios", mas a palavra sozinha dificilmente pode denotar essa acusação específica em todos os casos. Não obstante, a acusação era feita às vezes e dificilmente teria algum sentido se os acusadores não pensassem que os cristãos realizavam alguns rituais pelo menos. Sobre *religio* e *superstitio* nos historiadores romanos, ver Momigliano, 1972.
[7] Spiro, 1966, 96.

Dificilmente podemos duvidar de que os cristãos paulinos acreditassem em seres sobre-humanos; examinaremos algumas dessas crenças mais profundamente no próximo capítulo. Para Spiro, as interações com esses seres incluem tanto o comportamento ritual quanto o comportamento moral, acreditando que comportamento esteja de acordo com a "vontade ou desejo de seres ou poderes sobrenaturais"[8]. Os grupos paulinos apresentavam ambos os traços. No capítulo anterior discutimos algumas das maneiras como os grupos moldavam e orientavam o comportamento para que este se harmonizasse com o que eles consideravam ser "a vontade ou o desejo de" Deus e Cristo. Aqui examinaremos o que podemos saber e conseguimos ver a respeito do seu sistema ritual.

Grande e crescente número de cientistas sociais definem o ritual como sendo uma forma de comunicação. Ele não só inclui certos padrões de linguagem; ele próprio é uma espécie de discurso, de palavra. Interpretar o ritual é, "com efeito, tentar descobrir as regras de gramática e a sintaxe de uma língua desconhecida"[9].

Muitos dos estudiosos que adotam essa perspectiva diriam que o ritual comunica as crenças e os valores fundamentais de uma sociedade ou de um grupo. Muitas vezes se diz que o ritual é ação simbólica, representando o que a sociedade considera ser de primordial importância, ou até a própria estrutura da sociedade. No entanto, há inúmeros problemas com esse ponto de vista, consistindo um deles, não o menor, na dificuldade de distinguir claramente o que está representado na mente do autor e o que está representado na mente do observador externo[10]. Quando se trata deste último caso, a definição não distingue ritual de outro comportamento social. Além do mais, as deduções do observador provavelmente devem ser circulares, como Jack Goody salientou:

> Pois é possível dizer, em sentido importante, que toda ação social [e não apenas um comportamento mágico-religioso] é "expressiva"

---
[8] *Ibidem*, 97.
[9] Leach, 1968, 524.
[10] Ver a discussão clássica sobre as funções "evidentes" e "latentes" em Merton, 1967, 73-138.

ou "simbólica" da estrutura social, porque o conceito mais geral é simplesmente abstração do mais específico. Não é "expressiva", porém, da maneira como muitos sociológos implicitamente afirmam, isto é, ela não expressa os principais princípios do comportamento social. De fato, tal consideração simplesmente envolve a concretização de abstração organizativa em fator causal[11].

Para EMILE DURKHEIM, que com ROBERTSON SMITH iniciou a discussão moderna sobre o ritual, a relação entre ritual e linguagem é mais intrínseca. O ritual não se limitava a codificar ideias que poderiam ser expressas de outra maneira; ele *criava* as categorias essenciais do pensamento humano. Para DURKHEIM, o ritual resolvia o problema kantiano da origem dos conceitos necessários. "O ritual e a religião faziam publicamente", diz ERNEST GELLNER, "o que o ego transcendental kantiano só fazia por trás da cortina de ferro indevassável do numeral"[12].

Assim, MARY DOUGLAS, uma das mais imaginativas antropológas durkheimianas, trata as "formas rituais como formas da palavra, como transmissoras de cultura", mas insiste em que elas criam bem como refletem a realidade social. Ela acrescenta: "O ritual vale mais para a sociedade do que as palavras para o pensamento. Pois é bem possível conhecermos algo e depois encontrarmos palavras para expressá-lo. Mas é impossível ter relações sociais sem atos simbólicos"[13].

Outros estudiosos do ritual orientados para comunicações assumem posição semelhante com variações mais ou menos importantes. BERGER e LUCKMANN, por exemplo, descrevem "a construção social da realidade", e CLIFFORD GEERTZ propõe que os "símbolos sagrados" servem para sintetizar a "visão do mundo" e o *"ethos"* de uma comunidade[14].

Existem inúmeros problemas com a perspectiva durkheimiana. Para DURKHEIM, o ritual era capaz de realizar sua obra unicamente cometendo fraude benigna. O ator em um rito falava de "Deus" ou

---

[11] Goody, 1961, 157.
[12] Durkheim, 1912, 22; Gellner, 1962, 119s.
[13] Douglas, 1973, 42,78.
[14] Berger-Luckmann, 1966; Geertz, 1957,1966.

dos "deuses", mas DURKHEIM sabia que ele realmente queria dizer "sociedade". Não obstante, os seguidores de DURKHEIM preservam a visão muitas vezes esquecida nas interpretações modernas de mito e de ritual: o ritual não transmite somente nem primordialmente informação. Ele faz algo. Se quisermos pensar em ritual como sendo uma espécie de palavra ou discurso, então talvez tenhamos que admitir preeminentemente a espécie que J. L. AUSTIN chamava "performativa"[15]. A pergunta apropriada, quando resolvemos descrever os rituais mencionados nas epístolas paulinas, é: "Que *fazem* eles?".

Rituais menores

O ponto de partida óbvio para nossa pesquisa deveria ser, ao que parece, os dois grandes conjuntos rituais, o batismo e a Ceia do Senhor, que eram de importância autoevidente nas comunidades cristãs mais antigas. No entanto, o próprio fato de que essas cerimônias continuavam a ser centrais para o culto cristão nos séculos seguintes as fazia acrescentar ações e significados cada vez mais complexos. O acréscimo dificulta livrar esses rituais da "teologia dos sacramentos" acumulada e evitar o anacronismo na realização do ato de imaginação histórica de que se tem necessidade.

Quando os cristãos da missão paulina batizavam os convertidos e se reuniam para refeições comunitárias em memória de Jesus, estruturavam essas ocasiões especiais com sistema de pequenas ações ritualizadas muito flexível e que se desenvolvia rapidamente. Por meio desses gestos, fórmulas e modelos de linguagem, descobriam, e expressavam sua identidade como "irmãos e irmãs em Cristo", "a assembleia de Deus", "os santos e eleitos", "o corpo de Cristo" etc.

---

[15] Austin, 1976. Ventilo aqui um problema mais filosófico do que tenho espaço ou competência para ventilar. Para uma coisa, o ritual, ou pelo menos a convenção, há uma condição necessária requerida por uma expressão 'performativa' a ser posta em ação. Posteriormente, Austin mostrou que não se podia em absoluto separar "constatativo" de "performativo" quando se trata do discurso. Virtualmente todo ato de falar possui forças "locucionárias", "ilocucionárias" e "perlocucionárias" – todas as três.

Infelizmente nenhuma descrição escrita desses pequenos ritos sobreviveu, mas encontramos elementos sobre bom número deles nas epístolas. Esses elementos podem ajudar a corrigir nossa perspectiva sobre os sacramentos maiores e mais familiares.

Reunir-se

A reunião regular de grupo em tempo e local familiares, em si, acaba tornando-se ritual, no sentido lato da palavra que adotamos. E a reunião requer rituais para definir e enfatizar suas atividades, para assinalar seu começo e seu fim, para separar o encontro amistoso e a conversa despreocupada da parte mais séria, para chamar a atenção sobre os pronunciamentos abalizados dos dirigentes investidos de autoridade.

"Quando vos reunis" é uma expressão que Paulo *usa* diversas vezes em sua correspondência com os santos coríntios. O verbo *synerchesthai*, que quer dizer pura e simplesmente "reunir-se", ocorre em 1Cor 11.17,18,20,33,34 – todas as citações se referem a reuniões para "comer a Ceia do Senhor" (pois a observação negativa de Paulo no v. 20 mostra que este era o objetivo suposto das reuniões) – e em 1Cor 14.23.26.

Duas frases sublinham o cunho comunitário da reunião: *en ekklesia* (em *synerchomenon hymon en ekklesia*) em 1Cor 11.18 e *epi to auto* (em *synerchomenon – epi to auto*) em 1Cor 11.20. Essas frases aparecem combinadas em 1Cor 14.23, os regulamentos aí estabelecidos para as comunicações dos possuídos de espírito quando "toda a *ekklesia*" se reúne provavelmente também se refere a ocasiões em que a refeição comunitária é o ritual central. Paulo usa o verbo alternativo, *synagein*, "concentrar-se", que é justamente frequente nos Atos dos Apóstolos, somente em 1Cor 5.4, onde foi ordenada a realização de assembleia solene como o objetivo de expulsar um membro que violou os tabus sexuais (assunto discutido *acima*, Capítulo 4).

A epístola mais antiga existente especifica que a carta deve ser lida "para todos os irmãos" (1Ts 5.27). Na Epístola aos Colossenses, o delegado de Paulo supõe que a leitura desta carta seja feita na assembleia e dá instruções no sentido de que seja lida também em Laodiceia, e que a epístola aos de Laodiceia o seja em Colossas (Cl 4.16).

A forma de todas as cartas paulinas supõe que elas serão lidas em reunião regular da *ekklesia*[16], mas não necessariamente para todos os grupos de determinada cidade imediatamente. A Epístola aos Gálatas propicia o exemplo especial de destinatários que pertencem a área maior do que a da cidade, e o plural usado na comunicação com os destinatários torna claro que várias assembleias deviam receber a carta, ou por meio de múltiplas cópias ou em sucessivas reuniões à medida que o mensageiro de Paulo vai levando-a de um lugar para outro.

Também podia acontecer que em algumas cidades as epístolas fossem lidas sucessivamente em assembleias domésticas separadas de preferência a serem lidas para "toda a assembleia" reunida em um lugar como a casa de Gaio em Corinto. A *ekklesia* que se reúne na casa de Ninfas em Laodiceia (Cl 4.15) provavelmente não abrange a totalidade da *Laodikeon ekklesia* (v. 16), como é a reunião na casa de Filemon e Ápia não é a única no gênero em Colossas (Fm 2).

Assim, também em Roma há diversas assembleias domésticas (Rm 16), e não podemos saber com certeza se existia um local para reunião comum a todas elas[17]. A prática, sem dúvida alguma, dependia do problema prático de encontrar espaço adequado para uma assembleia com dimensão de cidade em determinado lugar[18]. A contribuição de Gaio era bastante importante para merecer ser destacada em uma nota identificando-o (Rm 16.23); ela era provavelmente incomum naquela data remota.

Com que frequência os grupos se reúnem? Não sabemos. No tempo de Plínio os cristãos na Bitínia reuniam-se semanalmente,

---

[16] Isto se acha implícito nas fórmulas iniciais das epístolas: *te ekklesía*: 1Ts 1.1; 2Ts 1.1; 1Cor 1.2; 2Cor 1.1; *tais ekklesíais* (em uma região): Gl 1.2; *tois hagíois*: Fl 1.1; *kletois hagíois*: Rm 1.7; *hagíos kaì pistois adelphois*: Cl 1.2; *hagíois kaì pistois*: Ef 1.1.

[17] O termo *ekklesia* não aparece no endereço, mas também não aparece em Fl 1.1, Cl 1.2 nem Ef 1.1. Judge e Thomas, 1966, tiram algumas conclusões improváveis desse fato.

[18] Cf. as observações de MacMullen sobre a dificuldade de encontrar espaço para um grande jantar (1981,36).

em "dia estabelecido" *(stato die)*[19]. Por volta do ano 150, Justino confirma que esse dia era o domingo[20]. At 20.7 e Inácio, Carta aos magnésios 9.1, apresenta prova anterior. Poderíamos supor que as reuniões para as refeições comunitárias tenham sido semanais desde o começo, já que a "família" cristã seguia o exemplo da observância do sábado judaico, porém, nenhum texto confirma esta suposição.

Um ritmo semanal para a vida da comunidade e a atribuição de alguma importância ao domingo são sugeridas pelas diretrizes de Paulo aos coríntios e aos gálatas sobre a coleta para os pobres de Jerusalém: "No primeiro dia de toda semana, cada um de vós ponha de lado privadamente e guarde o que sua prosperidade permita; assim, não haverá necessidade de coletas quando eu chegar" (1Cor 16.2). Todavia, como a orientação é dada no sentido de que "cada um" ponha de lado o dinheiro em casa *(par' heauto)*, o trecho não oferece prova alguma de que a assembleia também se realizasse no "primeiro dia de toda semana"[21].

Na Ekklesia

Que acontecia nas assembleias? O que temos de mais seguro nas epístolas para justificar uma descrição é a série de recomendações contidas em 1Cor 11 e 14. Algumas das ações aí mencionadas são confirmadas para outros lugares mediante a alusão em outras cartas. "Quando vos reunis", escreve Paulo, "cada um tenha um salmo para cantar, uma instrução ou revelação para transmitir, uma língua para falar, uma interpretação para dar" (1Cor 14.26). Como BARRETT observa, "as reuniões da igreja em Corinto dificilmente experimentaram a estagnação ou a monotonia"[22].

---

[19] *Ep.* 10.96.7.
[20] *I Apol.* 67; ver também Barn. 15,9, provavelmente anterior, mas não datada com precisão.
[21] Além dos comentários padrões, ver Bacchiocchi, 1977, 90-101, e a bibliografia que ele cita. Bacchiocchi, adventista do sétimo dia, sente-se feliz de expor o cunho tendencioso de argumentos sobre a observância do domingo em 1Cor 16.1-3. Sua leitura de Plínio, porém, pode errar na outra direção.
[22] Barrett, 1968, 327.

Comecemos pelo salmo. Há numerosos indícios para afirmar que a melodia e o canto normalmente eram parte das reuniões cristãs. Tanto Cl 3.16s quanto o texto paralelo, Ef 5.18-20 – ambos provavelmente adaptando linguagem tradicional – falam de "salmos, hinos e cânticos espirituais". Não adianta muito tentarmos estabelecer distinção entre os três sinônimos, embora alguns comentadores antigos e modernos tenham tentado fazê-lo. Gregório de Nissa, por exemplo, pensou em salmos acompanhados por instrumentos[23].

Os salmos podem ter incluído alguns tirados do saltério bíblico[24], que era muito importante na interpretação e na apologética cristãs primitivas[25]; mas o fato de todos os três elementos serem vistos como manifestações da presença do Espírito ou do *logos* de Cristo (Cl 3.16) indica que a maioria deles eram provavelmente composições ou adaptações cristãs originais. A probabilidade de que muitos deles seguissem modelos judaicos é confirmada por alguns fragmentos captados das cartas.

Como Lightfoot observou, "a salmodia e a hinodia eram altamente desenvolvidas nos serviços religiosos dos judeus nessa época"[26]. Às referências que faz a Filon podemos agora acrescentar a importante evidência extraída de Qumran, que inclui o manuscrito de "hinos" ou "ação de graças" encontrados na Gruta 1[27]. Isso não exclui a influência helenista geral também, pois hinos às divindades e sobre as divindades eram proeminentes em cultos de todos os tipos, e, por vezes, as formas não eram diferentes dos judaicos[28].

---

[23] Dibelius-Greeven, 1953, e Lohse, 1968, são exemplos típicos dos que não veem distinção clara. Lightfoot, 1879, cita Gregório de Nissa, in Psalm. 100.3. Com minha discussão abaixo comparar agora as observações esclarecedoras feitas por Hengel, 1980, artigo que só consegui obter depois que meu manuscrito estava completo.

[24] Lightfoot, 1879, 225.

[25] Por exemplo, Dodd, 1952, Lindars, 1961, Hay, 1973.

[26] Lightfoot, 1879, 225, citando o relato de Filon sobre os hinos ação de graças em Alexandria depois de se verem livres de massacre (Flacc. 121-124), e sobre a prática regular dos terapeutas (*Vit. cont.* 80s, 83-89).

[27] 1QH. Ver Vermes, 1978, 56-65, e a bibliografia posterior ali citada.

[28] Ver MacMullen, 1981, 15-24. Dibelius-Greeven, 1953 *ad loc.*, chama a atenção para Epicteto, *Diss.* 1.15-21, que declara que quem reconhece a intervenção da providência deve constantemente expressar sua gratidão, também enquanto

Talvez tenhamos alguns exemplos desses salmos, hinos e cânticos espirituais. É largamente aceita a hipótese de que Paulo tenha citado um deles em Fl 2.6-11, trecho que originalmente deve ter sido mais ou menos assim:

> [Dai graças a Cristo]
> que, sendo na forma de Deus,
> não considerou sua grande felicidade
> ser igual a Deus,
> mas esvaziou-se,
> tomando a forma de escravo,
> tomando a semelhança humana
> e, achado em figura de homem,
> humilhou-se
> e foi obediente até a morte.
> Essa é a razão por que Deus o exaltou tanto
> e lhe deu o nome
> mais elevado do que qualquer nome,
> para que no nome de Jesus
> "todo joelho se dobre",
> no céu, na terra e no abismo,
> "e toda língua confesse":
> "O Senhor é Jesus Cristo"
> – para a glória de Deus Pai.

Os analistas do estilo da epístola paulina identificaram muitos outros "hinos" ou "poemas confessionais" ou fragmentos deles, inclusive Cl 1.15-20, Ef 1.3-14 e 1Tm 3.16. Nem todos são igualmente convincentes. Em sua forma atual Ef 1.3-14, por exemplo, como 2Cor 1.3-7, é uma "bênção" literária que integra estilo epistolar formal, mas provavelmente também incorpora elementos de bênçãos litúrgicas usadas no batismo. Não é a mesma coisa que hino, porém[29].

---

cava, ara a terra, come, mediante "hino a Deus". Ele dá exemplos que devem ter sido de estilo familiar, como: "Grande é Deus, que nos forneceu estes instrumentos". O estilo também se encontra na tradução grega dos Salmos bíblicos, por exemplo, 47,2; 88,8; 94,3; 95,4; 98,2; 144,3; 145,5. Ver *abaixo*, nota 53.

[29] Dahl, 1951. Entre os que tentaram reconstruir um hino está incluído Schille, 1952, 16-24; 1962, 65s.

São também desconcertantes o imenso cuidado e a enorme ingenuidade revelados por muitos exegetas que restauram as estrofes "originais", estíquios, e a métrica desses fragmentos litúrgicos que jamais obteve o consenso entre ao menos dois exegetas. É razoável deduzirmos que amplo fator subjetivo aí se ache envolvido.

Podemos também admirar-nos de que os cânticos dos primeiros cristãos fossem um pouco mais regulares do que a forma atual dos supostos fragmentos. Se eles houvessem sido precisamente equilibrados e metricamente corretos como se apresentam algumas reconstituições, então teríamos que supor que os escritores da carta que os editaram na sua atual forma alterada não deviam ter bom ouvido para música[30]. Mais provavelmente, os cânticos "espirituais" eram compostos livremente de acordo com o sentido das linhas, dotados de ritmo, mas não ritimados com precisão. Provavelmente seguiam alguns modelos comuns e usavam repetições estereotipadas de frases (inclusive linhas escriturísticas, como em Fl 2.11, bem como fórmulas cristãs). Neste caso, não deviam ser exatamente os mesmos para duas ocasiões diferentes.

Há um detalhe surpreendente nos versículos que acabamos de citar, extraídos da Epístola aos Colossenses e da Epístola aos Efésios. Embora o cântico seja dirigido ao "Senhor" (Ef 5.19) ou a "Deus" (Cl 3.16), ele é também o meio utilizado para "falar uns com os outros" (Epístola aos Efésios) ou, mais especificamente,

---

[30] O primeiro a identificar Fl 2.6-11 como hino foi Lohmeyer, 1927, seguido de muitos outros, inclusive Käsemann, 1950; Georgi, 1964b; Braumann, 1962, 56-61; e Strecker, 1964, para apontarmos apenas uma pequena amostra. O clássico Eduard Norden, 1912, 250, 263, já descrevera Cl 1.12-20 e diversas outras passagens nas epístolas paulinas como sendo "litúrgicas". Lohmeyer, 1930, via em Cl 1.15-20 um hino. A tentativa de Käsemann, 1949, de mostrar que um hino pré-cristão havia sido introduzido em uma "liturgia batismal", começando com o versículo 13, não conseguiu convencer a muitos. Outras análises diferentes são feitas por J. M. Robinson, 1957; Hegermann, 1961; Schweizer, 1961b; Pöhlmann, 1973; Vawter, 1971; Meeks, 1977, 211s. A tentativa de maior alcance para recuperar "hinos cristãos primitivos" contidos nos textos paulinos e em outros textos cristãos antigos é a de Schille, 1962, mas seu método é muitas vezes arbitrário. Outras obras de literatura sobre o problema incluem Deichgräber, 1967, J. M. Robinson, 1964, Martin, 1967, Wengst, 1972, Hengel, 1980.

para se "instruírem e admoestarem uns aos outros" (Epístola aos Colossenses)[31].

Essa função orientada para a comunidade é coerente com a razão para a preferência de Paulo pela profecia em palavras claras em vez da glossolalia: o glossolalista só fala a Deus; o profeta fala aos homem (1Cor 14.2s). O ponto que serve de teste é saber se o discurso na assembleia "edifica" ou não a *ekklesia* (vv. 3-5); esta é a regra sumária que Paulo aplica no versículo com que começamos, 1Cor 14.26: "Seja tudo [salmo, instrução, revelação, línguas, interpretação] para a edificação *[oikodome]*.

No conselho acima temos a cândida afirmação da função social que Paulo e seus associados atribuem aos diferentes tipos de canto e de linguagem que ocorrem nas reuniões cheias do Espírito. Cantando salmos, hinos e cânticos a Deus (ou ao Senhor), entre outras coisas a assembleia também "instruía" e "admoestava" os seus membros e "edificava" a comunidade. Um dos grandes papéis do discurso ou linguagem e da música rituais é o de promover a coesão do grupo, como enfatizamos no Capítulo 2. *Oikodome*, porém, é mais do que uma coesão social[32]. Ela inclui, por meio da "instrução e da admoestação", a formação do *ethos* da comunidade.

Mediante as imagens da linguagem especial do grupo, a repetição poética de afirmações e metáforas de crenças fundamentais, reforçada por ritmos musicais e impregnadas do alto nível emocional induzido pela interação cumulativa nas reuniões, o "conhecimento" peculiar do grupo cresce. Com ele, atitudes e disposições tomam forma; as espécies de comportamento "digno da maneira como recebestes Cristo" são aprendidas.

"Instrução" e "admoestações" em Cl 3.16 são funções de toda a assembleia – por meio dos cantos ou cânticos. Alhures, outrossim, as epístolas pedem aos destinatários que "admoestem" ou "exortem" uns aos outros (como acontece em 1Ts 4.18; 5.11,14; 1Cor 14.31; Rm 15.14). Isto não significa que tais funções não fossem desempenhadas por pessoas individualmente ou por indivíduos em

---

[31] Literalmente "vos" em ambas as passagens, mas o reflexivo aí é equivalente ao recíproco, como Cl 3.13 mostra; Lightfoot, 1879 *ad loc.*, e BDF § 287.
[32] Vielhauer, 1939.

favor da assembleia. "Cada um" podia apresentar "um salmo, uma instrução" etc. Instrução, exortação e consolação deviam ser esperadas principalmente dos profetas (1Cor 14.3,19), embora a admoestação também fosse função dos dirigentes locais que "se esforçam" e "protegem/presidem"[33] (1Ts 5.12). Todos esses são carismas individuais (1Cor 12.8-10.28-30; Rm 12.8), porém dados ao "único corpo"; assim quer Paulo que eles sejam compreendidos, e assim seus discípulos, que escreveram a Epístola aos Colossenses e a Epístola aos Gálatas, os empregaram.

Historiadores de liturgia geralmente afirmam que as reuniões cristãs incluíam, desde o princípio, a leitura e a exposição da Escritura, isto é, do que a igreja do século II começaria a chamar de Antigo Testamento. A razão primordial para essa afirmação é o suposto exemplo da sinagoga judaica. Precisamos ter cuidado, porém, para não querermos explicar número desconhecido em termos diferentes, igualmente desconhecidos. O fato é que as descrições do culto e das cerimônias da sinagoga existentes procedem do próprio Novo Testamento ou de fontes muito posteriores. Somente por meio de pequenas alusões contidas nos escritos de Filon, de Flávio Josefo e de outros poucos escritores, e de deduções mais ou menos plausíveis baseadas no estilo delas e de outros textos da literatura judaica torna-se possível perceber o que as liturgias da sinagoga no século I podiam incluir[34].

Na verdade, parece bem admissível que textos da Escritura fossem lidos e que as homilias se baseassem neles, mas os pormenores são bastante incertos. Existe, porventura, alguma coisa nas epístolas paulinas que sugira houvesse leitura e exposição da Escritura nas assembleias cristãs, talvez como parte da atividade indicada por

---

[33] Sobre a ambiguidade de *proistaménoi* ver *acima*, p. 283.

[34] A reconstituição, pelo erudito pastor protestante Paul Billerbeck, de "cerimônia da sinagoga no tempo de Jesus", publicada como obra póstuma sem referências a fontes (1964), esclarece e ilustra o perigo. Ela reúne provas extraídas da literatura rabínica de ampla série de datas e proveniências, todas posteriores ao Novo Testamento, sem qualquer princípio claro de seleção ou atenção aos problemas de redação ou história de tradição. Para discussão mais cuidadosa, ver Schürer, 1973-, 2.447-454.

"instrução", "ensinamento", "admoestação", "consolação", "palavras de sabedoria", "palavras de conhecimento"? Nada há de explícito. No entanto, as ricas alusões a isso e os argumentos extraídos da Escritura que Paulo às vezes inclui nas suas epístolas, prática igualmente visível na obra de seu discípulo em Ef 2.11-22; 4.8-12; 5.21-33, pressupõe *alguns* meios para aprender tanto o texto quanto as tradições de interpretação. Leituras regulares e homilias nas assembleias são o mais plausível.

Além da exposição da Escritura, a pregação nas assembleias deve ter incluído outras coisas, principalmente afirmações sobre Jesus Cristo e conclusões, apelo, advertências e expressões similares, ligados lógica ou retoricamente com tais afirmações. Examinando alguns dos modelos de linguagem repetidos no *corpus* paulino e em outras epístolas cristãs primitivas, Rudolf Bultmann e, mais sistematicamente, Nils Dahl sugeriram que vários deles reproduzem a retórica típica dos pregadores. Dahl descreve cinco modelos, como veremos a seguir.

O "modelo da revelação" mostra que aquilo que os cristãos agora sabem (sobre Cristo) é "segredo, oculto há séculos", "mas agora revelado" aos eleitos. O "modelo do contraste soteriológico" apresenta a vida da pré-conversão dos cristãos ("Antes éreis..."), contrapondo-a com seu novo *status*, que devem viver de agora em diante ("mas agora sois..."). O "modelos da conformidade" é exortativo: "Assim como o Senhor vos perdoou, também vós [deveis perdoar-vos uns aos outros]". O "modelo teleológico" permite ampla série de implicações a serem tiradas das afirmações cristológicas, como acontece em 2Cor 8.9: "Vós conheceis a graça de nosso Senhor Jesus Cristo, que, rico como era, se tornou pobre por vossa causa, para que vós pudésseis enriquecer-vos com sua pobreza [e, portanto, deveis estar prontos para enviar dinheiro aos pobres em Jerusalém]". Finalmente, há a simples introdução de exortações ou conselhos por meio de "eu vos peço em nome do Senhor Jesus", ou "– no Senhor", ou expressões semelhantes[35]. Algumas delas tinham aplicação mais ampla do que a pregação. Também podiam servir

---

[35] Dahl, 1954; cf. Bultmann, 1948-1953, 1, 105s.

para criar fórmulas litúrgicas em sentido mais estrito, como a doxologia acrescentada na maioria dos manuscritos a um dos últimos capítulos da Epístola aos Romanos[36].

Além do mais, podemos afirmar que as seções parenéticas das epístolas paulinas estão muito ligadas ao tipo de exortações que teriam sido feitas oralmente nas reuniões regulares. Considerando que as epístolas não incluem apenas formas especificamente cristãs, mas também muitos dos tópicos, formas de argumento e figuras comuns à retórica popular, não resta dúvida de que a exortação oral as utilizava também.

Supondo que estivéssemos presentes na reunião na sala de jantar superlotada de Gaio, poderíamos ter ouvido, junto com as recordações sobre a nossa vida antes do batismo e nossa vida agora, revelações de "palavras do Senhor", profecias relativas a coisas que hão de vir, admoestações no sentido de nos amarmos uns aos outros como Cristo nos amou, bem como discursos sobre o assunto "matrimônio" ou "amor fraterno". Seríamos estimulados a exercitar o corpo e a mente no grande contexto da vida, correndo para a meta, não temendo o sofrimento nem as dificuldades, que haveriam de experimentar nosso caráter[37].

Os profetas e os exortadores cristãos não falavam apenas novidades, uma "linguagem do Espírito Santo". Os de fora não-instruídos *(idiotes)*, que ficavam na rua para ouvir esse tipo de pregação, não pensariam que ouviam a gíria de algum louco ou frenético, mas, de qualquer maneira, achariam a coisa um tanto estranha, talvez numinosa (1Cor 14.23-25). O que era estranho era exatamente a mistura do familiar com a novidade. Naturalmente as assembleias incluíam oração. Até que ponto era formal? O fato de se poder orar "em línguas" ou "racionalmente" ("com a mente", 1Cor 14.13-15) sugere certa mistura do espontâneo com o habitual, embora posteriormente a reflexão possa mostrar que a linha divisória entre oração racional e oração espiritual não fosse idêntica à dicotomia entre oração formal e informal (ver mais *abaixo*).

---

[36] Rm 16.25-27; ver Gamble, 1977.
[37] Ver *acima*, Capítulo 3, nota 51.

A forma mais conhecida de oração judaica é do estilo: "Bendito és tu, Senhor nosso Deus, Rei do Universo [ou outros epítetos adequados], que fizeste – [ou "porque fizeste –"]". Este é o estilo da oração diária padronizada que se encontra entre as partes mais antigas da liturgia da sinagoga, o *Tefillah* ("*a* Oração").

Numerosos vestígios nas formas epistolares sugerem que os grupos paulinos primitivos adaptaram esse modelo de oração aproveitando-o, como tivemos oportunidade de observar em algumas delas, por exemplo: "Bendito seja Deus e Pai de nosso Senhor Jesus Cristo, Pai de misericórdia e Deus de toda consolação, que nos conforta em todas as nossas aflições" (2Cor 1.3s). A formulação em terceira pessoa, em vez da segunda, realmente se harmoniza com estilo mais antigo de oração, mas seu aparecimento nas epístolas é ditado pela situação do epistolário. No culto os cristãos bem que podiam dizer: "Bendito sois vós, Deus e Pai de nosso Senhor Jesus, –"[38].

Muitas outras formas pequenas, "aclamações", "doxologias" e similares inseridas nas cartas provavelmente também refletem a linguagem comum da oração: "Graças sejam dadas a Deus que nos concedeu a vitória por meio de nosso Senhor Jesus Cristo" (1Cor 15.57; cf. Rm 7.25; 2Cor 2.14; posteriormente adaptada, Rm 6.17; 2Cor 8.16; 9.15); "Deus – a quem seja dada glória pelos séculos dos séculos. Amém" (Gl 1.5; Rm 11.36; 16.27; mais elaborada, Ef 3.21; ainda em uso, 2Tm 4.18; elaborada, 1Tm 1.17)[39]. O "amém" que acompanha a doxologia em muitas circunstâncias também era litúrgico, seguindo modelo judaico (1Cor 14.16) de resposta comunitária a uma oração[40].

A fórmula "em nome de Jesus" ou frases similares também devem ter permeado o culto cristão com grande frequência, porque a advertência sobre o canto comunitário em Cl 3.17 conclui dizendo: "E tudo o que fazeis em palavras ou em atos, (fazei) tudo em nome do Senhor Jesus, dando graças a Deus Pai por intermédio dele" (ver

---

[38] Sobre o *b^erakah*, Audet, 1958; Bickerman, 1962; J. Heinemann, 1964, 77-103; sobre a mudança de terceira pessoa para segunda, Towner, 1968.
[39] Dibelius, 1931; Dahl, 1947, 1951, Rese, 1970; e muitos outros.
[40] Schlier, 1933.

outrossim Ef 5.20). Na verdade, os cristãos primitivos, inclusive Paulo, tiraram de Jl 3.5 e adaptaram a frase: "todo aquele que invocar o nome do Senhor", supondo que "Senhor" signifique "nosso Senhor Jesus Cristo" (1Cor 1.2 e muitas vezes).

Além do mais, o "hino" que Paulo cita em Fl 2.6-11 descreve a entronização celeste de Cristo, quando todos se ajoelham ao ouvirem o sinal de: "em Nome de Jesus". Os que prestam obediência no quadro mítico são poderes sobre-humanos; provavelmente não estaríamos muito errados se imaginássemos que os cristãos filipenses estivessem acostumados, ao ouvirem a mesma fórmula em algum momento durante o seu culto, possivelmente em conexão com o batismo[41], a dobrarem *os* joelhos e confessarem: "O Senhor é Jesus Cristo". O que é feito na terra é confirmado no céu – ou antes, o inverso.

Falamos de "formas", "ritos", "costumes ou práticas de tipo formal"[42] 42. No entanto, uma das atividades com maior vivacidade (e mais ruidosa) nas assembleias paulinas era a glossolalia – pelo menos era o caso que ocorria em Corinto, e a fonte usada pelo autor do livro dos Atos dos Apóstolos para a sua narração de Pentecostes provavelmente pressupõe fenômeno largamente difundido nas igrejas primitivas. Porventura a glossolalia e o ritual são pólos opostos? Paulo certamente via tensão perigosa entre a extravagância de falar em línguas em Corinto e o comportamento racional que ele preferia – entre um entusiasmo descontrolado e "decoro e ordem".

Nós formaríamos, contudo, uma ideia seriamente distorcida dessas reuniões, se afirmássemos que a glossolalia e outras manifestações da possessão de Espírito eram destituídas de forma, ao passo que o comportamento ritual era pura forma. Nenhuma das duas hipóteses é verdadeira. O procedimento formal, o modelo conhecido, era a estrutura dentro da qual o cristão individual, mais ou menos espontaneamente, cantava "seu" salmo ou rezava "sua" oração. Qualquer pessoa que assista hoje às cerimônias das tradições

---

[41] Ver *abaixo*, neste capítulo.
[42] Oxford *English Dictionary* s.v., "rite".

da igreja livre conhecerá como é grande a proporção de orações supostamente espontâneas que consistem em modelos linguísticos interminavelmente repetidos.

Além disso, até a forma extrema de comportamento antiestrutural, a glossolalia, também tem suas formas próprias e suas oportunidades, algumas delas bem específicas e rígidas, como fica evidente por meio das descobertas de Felicitas Goodman, mencionadas no capítulo anterior. A glossolalia nos grupos modernos não só ocorre em momentos previamente determinados na cerimônia, articulados por procedimentos rituais claramente definidos, mas há também fórmulas verbais e ações físicas bem específicas que, até certo ponto, canalizam e limitam o comportamento extático. Para os adeptos, existem inclusive "palavras-grampo" que induzem ou terminam o transe[43].

Paulo, pelo menos, pensava que o mesmo estivesse acontecendo em Corinto, pois ele dá orientações explícitas sobre o número de glossolalistas que têm permissão de falar e claramente espera que o *carisma* possa ser controlado dentro do esquema dos outros procedimentos rituais que procuramos descrever. Assim, somos levados a conclusão que à primeira vista poderia parecer paradoxal: a de que esse comportamento exótico e presumivelmente espontâneo, como o de falar em línguas, era também ritual.

Tal comportamento ocorria dentro do esquema da assembleia, realizado por meio de pessoas de quem já se esperava que o fizessem. Verificava-se em momentos previamente determinados, acompanhados por movimentos corporais distintivos, talvez introduzidos e acompanhados por frases características em linguagem natural. Fazia o que os rituais faziam: estimulava sentimentos de solidariedade grupal (exceto, como em Corinto, porque os que não falavam em línguas deviam sentir-se excluídos); aumentava o prestígio das pessoas, criando ou acentuando seus papéis e assinalavam a ocasião como momento de solenidade (no sentido mais antigo, e não no sentido que agora é comum de ser tolo ou de não ter senso de humor).

---

[43] Goodman, 1972.

Outros inúmeros indícios de rituais devem ser encontrados nas cartas, mas é impossível termos certeza de como podem ter sido seus contextos. Haveria fórmulas para começar e terminar uma reunião? Em 1Cor 5.4 ouvem dizer o que devem fazer quando "se reúnem em nome do Senhor Jesus", uma fórmula que já encontramos em outros contextos. Porventura isto significaria que tal fórmula era pronunciada em alguma sentença específica para chamar a assembleia à ordem? Novamente, sabemos que o uso do *Shema* ("Ouve, ó Israel, o Senhor nosso Deus é o único Senhor...", Dt 6.4s) tinha lugar importante desde cedo na liturgia da sinagoga. Seria a familiaridade com ele devido a uso semelhante nas reuniões cristãs pressuposta por Paulo nas alusões destacadas em 1Ts 1.9 e Rm 3.30?

O "ósculo santo" é mencionado nas conclusões de quatro das epístolas de Paulo e também na primeira Epístola de Pedro (1Ts 5.26; Rm 16.16; 1Cor 16.20; 2Cor 13.12; 1Pd 5.14). Seria demonstração ritual que assinalava o fim de reunião? Ou, como em algumas liturgias posteriores, marcava a transição para a Ceia? O mesmo tipo de pergunta muitas vezes surge quando se trata do *anathema* pronunciado contra alguém que "não ama o Senhor" e da oração aramaica, *marana tha*, de 1Cor 16.22. Para essas perguntas não encontramos respostas definitivas.

Já encontramos numerosas pequenas ações e de fórmulas verbais, bem como referências a atividades mais amplas e mais gerais que ocorriam, ao que parece, com certa regularidade nas comunidades paulinas. Embora a maioria de nossas evidências venha de algumas referências ocasionais, particularmente na correspondência coríntia, temos condições para afirmar que muitas, se não todas, eram comuns. A epístola mais antiga nos assegura que a coisa era assim, porque ela já fala de instrução, admoestação, oração, ação de graças, profecia e talvez outras demonstrações "extáticas" (o *pneuma* não deve ser "extinto"), o ósculo santo e a leitura da carta apostólica (1Ts 5.12-27); e termina, como devia terminar uma reunião, com a bênção (v. 28). Descobrimos ordem carismática muito livre, mas de qualquer maneira ordem: existem formas costumeiras. Essas assembleias, marcadas por tais formas, constituíam também o ambiente adequado para os dois principais complexos rituais, o batismo e a Ceia do Senhor.

Batismo: ritual de iniciação

Exatamente o que deve ter feito e dito Paulo quando batizou a família de Estéfanas? A que ação simbólica ele e o autor da Epístola aos Colossenses se referem quando falam de "ser sepultados com [Cristo] no batismo"? Em parte alguma das epístolas encontramos descrição completa do ritual. Aqueles aos quais Paulo e seus discípulos escreviam sabiam como a coisa se processava; eram as implicações do evento que os dirigentes tinham que interpretar e reinterpretar. Consequentemente, estamos bem supridos com interpretações do batismo, com exemplos do que ele significava pelo menos em um sentido, ou do que Paulo e seus colaboradores queriam que ele significasse.

No entanto, dependemos da dedução para responder a perguntas mais simples sobre o que acontecia, e continuaremos ignorando, apesar de nossa análise perspicaz, muitos pormenores que poderiam, se os conhecêssemos, alterar nosso quadro completo do ritual. Não obstante, não é impossível nem inútil apontarmos o que *realmente* sabemos e o que podemos com justa probabilidade deduzir do batismo paulino, seguindo as linhas que o etnógrafo usaria para descrever a iniciação em alguma seita moderna. Nossa tarefa tornou-se mais fácil por causa dos esforços de numerosos estudiosos neste século para detectar, mediante análise estilística, fórmulas citadas ou parafraseadas pelos escritores das cartas[44]. Já tivemos oportunidade de observar várias dessas formas e notamos, de passagem, que diversas delas provavelmente eram familiares no ritual do batismo. Examimemo-las mais sistematicamente.

---

[44] Ver *acima*, notas 29,30,38,39. Braumann, 1962, resolveu pesquisar os principais motivos na liturgia batismal pressupostos por Paulo, mas sua exegese é superficial. Schille, 1952, 1962, tem muitas sugestões imaginativas, mas não dispõe de maneira para testá-las. Mais confiáveis são as propostas de Dahl, 1944, 1947, 1951. Outros estudos das tradições batismais incluem Dinkler, 1962b, Grail, 1951, Schlier, 1938, Bornkamm, 1939, Downing, 1964, Fascher, 1955. Existe, além disso, bibliografia muito ampla sobre a teologia do batismo no Novo Testamento e outra grande quantidade de obras sobre o batismo cristão na história das religiões. Para boa revisão dos últimos, ver Dahl, 1955. Dinkler, 1962a, e Puniet, 1907, oferecem excelentes visões gerais.

O centro do ritual, como os termos *baptizein* e *baptisma* indicam, era simplesmente um banho de água. Em uma das recordações de Paulo, a conversão dos cristãos coríntios de sua antiga vida de vício é assim resumida: "Mas fostes lavados, vós vos tornastes santos, fostes justificados no [ou: pelo] nome de nosso Senhor Jesus Cristo e no [ou: pelo] Espírito de nosso Deus" (1Cor 6.11). O fato de o batismo poder ser realizado como sepultamento simbólico com Cristo (Rm 6.4; Cl 2.12) sugere imersão completa na água. Esse era o caso do rito judaico normal de purificação, o *t^ebilah*, que foi provavelmente, com a devida distância, o primeiro antecedente do batismo cristão.

A primeira descrição completa do rito cristão, na *Tradição apostólica* de Hipólito, que com toda probabilidade representa uma prática romana do fim do século II, atesta tríplice imersão[45]. Entretanto, o pequeno manual da ordem da igreja chamado *Didaqué* ("Ensinamento dos doze apóstolos"), que pode representar tradições até de um século anteriores a Hipólito, provavelmente na Síria, recomenda que se derrame água três vezes sobre a cabeça, caso não se disponha de água suficiente para a imersão (7.3).

A maioria dos desenhos artísticos do batismo, nas catacumbas e nos sarcófagos romanos do século III e dos séculos seguintes, mostram o candidato (geralmente representado por uma criança) em pé na água, com o oficiante derramando água sobre a sua cabeça. A casa de reuniões cristãs mais antiga identificável, descoberta por arqueólogos em Dura-Europos às margens do Eufrates, continha uma bacia que dificilmente poderia ter sido suficiente para imersão[46]. Talvez os grupos paulinos, também, tivessem tido que adaptar o simbolismo à necessidade física.

Onde eles *realmente* batizavam? Na "água viva" de uma corrente? Isto era o que a *Didaqué* preferia, sem dúvida baseada no modelo de algumas prescrições bíblicas de purificação[47]. Muitas vezes, porém, as normas levíticas mencionam apenas "água", sem especificar "água viva" e, na época dos primórdios do cris-

---

[45] Hipólito, Trad. apost. 21; texto in Botte, 1963, 48-50; Dix, 1937, 36s.
[46] Ver Kraeling, 1967.
[47] Lv 14.51s; 15,13; Nm 19.17; e alhures.

tianismo, os sábios fariseus, ao que parece, já tinham inventado o *mikveh*, um poço para imersão considerado puro se tivesse dimensões adequadas e a construção prescrita, ainda que sua água fosse parada⁴⁸.

No entanto, não podemos imaginar muito bem os funcionários da sinagoga em uma cidade oriental admitindo que entrasse no seu *mikveh* alguém dos grupos de Paulo de gentios incircuncisos, cantando um messias igual a Deus, crucificado, ressuscitado e reinando no céu. É apenas um pouco menos fantasioso descrevê-los alugando ou tomando emprestada uma sala em uma casa pública de banhos⁴⁹. E até um Gaio ou um Erasto provavelmente não tinham banheira privada. O rio parece ser nossa melhor ideia, ou então bacia ou vaso.

Os cristãos convertidos eram batizados nus. A analogia com os ritos judaicos podia sugeri-lo; o fato se acha explícito na prática romana descrita por Hipólito e indicada em todas as representações do batismo na arte cristã. O que confirma o fato para os grupos paulinos é a variedade de alusões metafóricas ao despir e vestir a roupa, que encontramos nessas partes das cartas que se referem ao batismo. Tais alusões são de dois tipos, como veremos: a noção mítica de despir-se do corpo, do "velho homem", e de revestir-se ao invés de Cristo, o "novo homem"; e a figura ética mais comum de tirar de si os maus hábitos para revestir-se dos hábitos virtuosos. A convergência de ambos os tipos nas recordações batismais das parêneses paulinas é mais facilmente explicada pela suposição de que os candidatos desde o princípio tiraram a roupa para serem

---

⁴⁸ Neusner, 1977, 57s, 83-87. Não estou de forma alguma equiparando a função do *tᵉbilah*, em seu conjunto, com o batismo cristão, embora o primeiro mais provavelmente tenha fornecido alguns procedimentos fundamentais para o último. A nota de Neusner à p. 87 vem a propósito: "... a concepção mishnáica do poço de imersão não tem relação alguma com o batismo para a remissão dos pecados...".

⁴⁹ Talvez não completamente inadmissível, porém: os sacerdotes de Ísis em Cencreia faziam uso do "local de banho mais próximo" (*ad proximas balneas*) para "a ablução costumeira" de iniciado, de acordo com Apuleu, Met. 11.23. At 8.36; 16.13-15.33 supõem que qualquer água disponível poderia servir.

batizados e depois a revestiram, e de que a essas ações naturais era dado significado metafórico⁵⁰.

A unção, que desempenharia papel importante nas liturgias batismais posteriores⁵¹, só é mencionada uma vez no *corpus* paulino, 2Cor 1.21. O contexto, que remonta à conversão dos cristãos coríntios, sugere que ela já estava vinculada ao batismo⁵². O dom do Espírito Santo, mencionado na mesma passagem e frequentemente em outras, também estava associado com o batismo, mas nada existe nas epístolas que indique como esse dom era simbolizado.

Vimos que alguns dos pneumáticos em Corinto tomaram a glossolalia como sendo o sinal por excelência de possessão do (ou: pelo) Espírito, e que essa crença ainda era conhecida quando o livro dos Atos dos Apóstolos foi escrito (At 10.44-46). Dificilmente podemos acreditar que todo convertido ao sair da água do batismo entrasse em transe e começasse a falar em línguas, a não ser pelo motivo de que teríamos dificuldade em entender, quer as divisões a propósito da prática em Corinto, quer os argumentos de Paulo ao tentar mantê-la sob controle.

A passagem dos Atos que há pouco citamos sugere um sinal alternativo, pois os membros da casa de Cornélio tanto "falavam em línguas" quanto "exaltavam a Deus" (VRP) – mais precisamente, "engrandecendo [*megalynon*] a Deus". Isto significa que eles clamavam em voz alta o tipo de aclamação encontrado também em contextos gentios: "Grande [*megas*] é Deus!"⁵³. A resposta nos grupos paulinos pode ter sido mais simples: Gl 4.6 e Rm 8.15s sugerem que o neobatizado clamava em voz alta a palavra aramaica *Abba* ("Pai") e que esta era interpretada como sendo o Espírito que falava

---

⁵⁰ Bem cedo ocorreu a alguém que seria mais adequado fazer o batizado usar roupas novas e brancas depois da imersão. Ver Klijn, 1954, e J. Z. Smith, 1965 (com extensa bibliografia). Mas nada há nos textos paulinos que nos faça supor que essa prática já estivesse em uso.

⁵¹ Já bem elaborado em Hipólito, Trad. *apost.* 21.

⁵² Lampe, 1967, 61s.

⁵³ At 19.28, de Ártemis; ver os exemplos citados por Epicteto, mencionado *acima*, nota 28; Aélio Aristides, Sacr. *serm.* 2.7,21 (de Asclépio); Minúcio Félix, *Octav.* 18.11.

através dele, indicando ao mesmo tempo sua adoção como "filho de Deus".

É discutível se nas comunidades paulinas havia credo formal, ou confissão de fé, por ocasião do batismo[54]. O batismo é o ambiente mais provável para a simples confissão mencionado por Paulo em Rm 10.9: "O Senhor é Jesus!" *(kyrios Iesous)*. Isso corresponde, como vimos anteriormente, à aclamação de Jesus exaltado pelos poderes cósmicos, descrita no hino citado em Fl 2.10s. Declaração assim era no mínimo referência à interpretação cristã primitiva da passagem de Joel: "Todo aquele que invocar o nome do Senhor será salvo" (como, por exemplo, em Rm 10.13); o biógrafo de Paulo ainda associa isto com o batismo na sua descrição da conversão de Paulo (At 22.16).

Além disso, a conexão com Fl 2.10s sugere que o batismo era o *Sitz im Leben* para este e para poemas ou cânticos similares que descrevem a quenose ou a humilhação de Jesus seguida pela exaltação cósmica. "Cantar a Cristo como a Deus", que Plínio descobriu os cristãos da Bitínia fazendo nas suas reuniões vespertinas para votos ou juramentos (de iniciação?), pode assim ter sido a prática de sessenta anos antes entre os cristãos da Ásia e da Macedônia[55].

Até agora examinamos elementos das epístolas paulinas e deuteropaulinas sobre o que as comunidades faziam concretamente quando iniciavam novos membros. Alguns desses elementos podem tornar-se um pouco mais claros quando passamos a ver de que maneira as cartas *interpretam* o batismo. Antes, porém, de utilizarmos essas aplicações de motivos batismais, consideremos o que deve ter significado para os participantes o fato de seu ritual de iniciação ser rito de purificação. Ele não era precedido por banho; o batismo *era* o banho[56].

---

[54] Por exemplo, Cullmann, 1949; Neufeld, 1963, 19-128; Campenhausen, 1972.
[55] Há lugar para dúvida: não sabemos se o "voto" ou "juramento" mencionado por Plínio se referia ao batismo, mas a maioria dos interprétes acharam isso, por motivos aceitáveis. Ver, por exemplo, Nock, 1924a; R. M. Grant, 1948, 56.
[56] Assim Justino podia referir-se a ele muito simplesmente como *tò – loutron* (1 Apol. 66.1); Paulo havia usado o verbo cognato em 1Cor 6.11.

A significação desse fato começa a emergir quando compararmos o batismo com atividades que tanto observadores antigos quanto modernos encararam como sendo suas analogias mais próximas, a imersão judaica de prosélitos e as iniciações nos mistérios gentios. Nos mistérios, alguma cerimônia de banho ou de aspersão muitas vezes preparava os candidatos para a admissão aos mistérios propriamente ditos. Nos mistérios eleusíacos, por exemplo, havia um funcionário encarregado de tais ritos, chamado *hydranos*. Um relevo em mármore do século IV a.C. reproduz uma deusa, provavelmente Perséfone, nesse papel, derramando água de uma vasilha sobre um jovem nu; ele não deixa de nos lembrar os quadros mais antigos do batismo cristão, seis anos mais tarde[57]. Essas ilustrações, e talvez também o banho do rio Ilissos, incluíam-se entre os ritos preparatórios dos mistérios menores celebrados em Angra, que eram em seu conjunto uma purificação preparatória para os mistérios maiores celebrados mais tarde no ano em Elêusis[58].

No segundo dia de Elêusis (16 de Boedromion), ouvia-se o grito: "Ao mar, ó *mystai!*"; toda a companhia, cada iniciado e seu porco, se banhavam e, depois, os porcos eram sacrificados. Mas tudo isso ocorria em Atenas, três dias antes da grande procissão a Elêusis. Tudo era público e bem conhecido, nada havia da secreta *telete*[59]. De modo semelhante, os iniciados de Ísis primeiro tomavam um banho, depois jejuavam durante dez dias antes da iniciação propriamente dita[60]. A pessoa precisava estar pura para entrar no espaço e no tempo sagrados.

O mesmo se podia dizer dos ritos de água do judaísmo, que, no antigo Israel, eram intimamente associados com o templo e o culto. A extensão e a democratização do conceito de pureza e os meios para alcançá-la e restabelecê-la eram elementos da revolução religiosa dos fariseus. Em larga escala elas parecem ter transfor-

---

[57] Mylonas, 1961, 194 e fig. 70; Kereenyi, 1967, fig. 14.
[58] Clemente de Alexandria, *Strom.* 4.3.1, citado por Mylonas, 1961, 241.
[59] Mylonas, 1961, 224-285.
[60] Apuleu, *Met.* 11.23; sem mencionarmos o banho repetido sete vezes, que Lúcio se sentiu inspirado a tomar antes de orar à deusa, quando ainda era asno (11.1).

mado a noção do sagrado associando-a – e associando a pureza que o representava – com o grupo que se conserva puro e leal aos mandamentos, não apenas nos recintos do templo em época de festa, mas diariamente em casa, no meio do mundo impuro. O poço de imersão era uma das inovações da concepção revista de pureza e de seus usos[61].

Não obstante, entre os fariseus não havia implícita, até o ponto em que consigo perceber, transição alguma permanente do mundo impuro para a comunidade pura. A linha entre ambos está em fluxo constante; a pureza devia ser continuamente restabelecida como resposta a ações voluntárias ou involuntárias do membro da seita, ou a acidentes que lhe sobrevinham. Assim, a fronteira entre a seita e o mundo é flutuante e porosa, e o fariseu, por isso, não representa sua seita como o único Israel "real", nem a imersão no *mikveh* se transforma em iniciação. Até a imersão exigida dos prosélitos é apenas caso especial das purificações ordinárias e não iniciação em si, apesar das tentativas de alguns estudiosos no sentido de fazerem dela o antecedente direto do batismo cristão[62].

---

[61] Neusner, 1977; cf. idem, 1973a.
[62] Destacadamente Moore, 1927, 1: 323-353; 3: nota 102; Rowley, 1940; Jeremias, 1949; Dix, 1937, xl; Cullmann, 1948, 9, 56 *e passim*. Crítica: Dahl, 1955; Michaelis, 1951. É verdade que na compilação tardia das normas sobre os prosélitos, Gerim 2.4, *t^ebilah* é tratado como um dos procedimentos indispensáveis mediante o qual o prosélito "entra na aliança", junto com a circuncisão. Argumentou-se, com base em certas afirmações de Filon, QE 2.2, *Virt.* 175-186, em observações de Epicteto, *Diss.* 2.9.19-21, e no debate entre o rabino Eliezer e o rabino Joshua no *baraita* de bYeb. 46a, que os prosélitos (do sexo masculino) às vezes eram recebidos apenas pelo batismo, sem circuncisão. Penso em cada caso que super--interpreta o que os textos dizem ou, no caso das fontes gregas, o que *não* dizem. O espaço de que disponho não me permite discutir o problema aqui. A chave para compreensão correta da imersão dos prosélitos (o termo batismo de *prosélito,* inventado por estudiosos modernos, faz-se desentendido, ao que parece) deve ser encontrada em MPes. 8,8: "A Escola de Schammai diz: "Se um homem se tornou prosélito um dia antes da Páscoa, ele pode imergir e comer sua oferta pascal à tardinha". E a Escola de Hillel diz: "Quem se separa de sua incircuncisão é semelhante a quem se afasta de uma sepultura". Esse texto é muito importante para Jeremias, 1949, mas atualmente um tanto indesejável pela sua interpretação, pois fala da ablução de um homem que "se tornou prosélito na vigília da Páscoa" [gr *šntgyyr b'rb psḥ*]. Isto significa que o ato de se

Ao fazerem o rito de purificação sozinho concentrar em si toda a função de iniciação e ao fazerem da iniciação o ponto decisivo da entrada em comunidade exclusiva, os grupos cristãos criaram algo novo. Para eles o banho se torna limiar permanente entre o grupo "limpo" e o mundo "sujo", entre os que foram iniciados e todos os que não o foram. É este o sentido óbvio do rito, separando o puro do impuro, que Paulo utiliza como base para suas admoestações em 1Cor 5-6, que já examinamos no capítulo anterior. Aí ele considera como autoevidente que puro/impuro pode ser metáfora aplicada a moral/imoral e, assim, pode passar para a figura de "purificar-se do fermento", como o fazia cada família judia antes da Páscoa, passar à ordem de afastar um desviado sexual do grupo.

É plausível que os cristãos coríntios, ou alguns deles, tenham compreendido as normas que aprenderam, e que Paulo haja escrito antes a eles a fim de explicar que deviam evitar a contaminação pelo mundo poluidor, mas que a própria pureza do grupo era inatingível. Paulo tenta mudar essa compreensão (1Cor 5.9-13). O mundo é impuro, mas isto não lhes interessa; o que os polui é o mau comportamento interno. Eles não devem procurar fugir do mundo. Certamente, citar o próximo aos tribunais pagãos é transgressão das fronteiras, dos limites, que atemoriza, mas o que polui realmente é que suas implicações supõem o desejo de litígio com o "irmão", que é comportamento típico do que eles eram, como os de fora, antes que "fôsseis lavados, santificados, justificados..." (1Cor 6.1-11).

Essa alusão ao batismo, como vimos, levou o assunto de Paulo a versar novamente sobre matéria sexual, agora em termos

---

tornar prosélito, longe de ser identificado com o batismo, como Jeremias queria, é explicitamente distinto dele. Beth Shammai e Beth Hillel discordam sobre a questão do período antes da purificação ritual: seria necessário que durasse um ou sete dias, não para completar seu processo de fazer-se prosélito, mas para poder comer a Páscoa. Este é também o sentido da sentença: "Depois de mergulhar e reerguer-se, ele passa a ser israelita sob todos os aspectos" (bYeb. 47b no começo). A equiparação da purificação do prosélito com a purificação do cadáver feita por Beth Hillel parece-me refutar a insistência de Moore (1927, 1: 334) segundo o qual o banho do prosélito nada tinha a ver com a purificação. A equivalência de diferentes usos de $t^e bilah$ também enfatiza a série de normas existente em bYeb. 45b.

da pureza do corpo individual: unido com Cristo como se estivesse (espiritualmente) desposado com ele, o corpo (como a comunidade: 3.16) é "templo do Espírito Santo dentro de vós" (1Cor 6.12-20). Como veremos, esses motivos também estão intimamente ligados ao batismo. O argumento de Paulo depende do reconhecimento comum segundo o qual o batismo estabelece uma linha entre o mundo não-lavado e os cristãos que se lavaram, e segundo o qual a palavra "puro/purificar" corresponde a uma metáfora aplicada a "comportar-se adequadamente". No século II, a igreja enfatizaria a dimensão do limiar entre fora e dentro por meio de dramática série de exorcismos precedendo o batismo[63], mas não há provas desse procedimento nas comunidades paulinas.

Alusões ao batismo ocorrem principalmente em passagens em que Paulo tenta corrigir mal-entendidos ou argumentar com base em um ponto de partida comum, como acontece na passagem que acabamos de mencionar e em Rm 6; 8.12-17; Gl 3.26-4.6; 1Cor 1-4; 12, e nas recordações parenéticas que constituem a maior parte da Epístola aos Colossenses e da Epístola aos Efésios.

As recordações parenéticas são apelos para lembrar o que acontecia quando os destinatários se tornaram cristãos, o ritual do batismo e a instrução que o acompanhava, e para mostrar de que maneira era preciso comportar-se para corresponder a essa memória[64]. Essas passagens muitas vezes têm sido analisadas por causa do seu conteúdo de ideias e dos seus paralelos, conexões e possíveis antecedentes na história das religiões.

Nosso propósito é diferente; tentamos ver o que o batismo fazia com cristãos comuns, sem levarmos em conta a questão de saber de onde seus elementos podem ter vindo e até mesmo as crenças teológicas mais profundas que Paulo e alguns dos outros líderes associados com ele, a menos que tenhamos a certeza de que tais elementos constituíam parte integrante da compreensão comumente vigente. Começarei mencionando os motivos mais importantes e,

---

[63] Hipólito, *Trad. apost.* 20.
[64] Ver Dahl, 1947.

em seguida, tentarei determinar algumas das suas interrelações no modelo da ação ritual.

O primeiro entre os motivos que Paulo supõe existir, conhecido não só dos membros dos grupos que ele fundou, mas também dos cristãos em Roma, é a imagem do morrer e ressuscitar com Cristo. Isto se expressa não só na linguagem de analogia ("Assim como Cristo ressuscitou dos mortos... também nós..."), mas também na linguagem de participação ("Fomos batizados na sua morte...", Rm 6.3s), bem como por verbos compostos com o prefixo *syn-*, "com" (Rm 6.4,8; Cl 2.12s; Ef 2.5s). Uma variação desse tema é a de que o estado do convertido antes do seu batismo equivale em si à morte; o batismo é morte da morte, o começo da vida (Cl 2.13; Ef 2.1,5).

Porventura a morte e a ressurreição seriam de certo modo imitados no ritual? Em liturgias da igreja posterior, às vezes a posição usual de oração, em pé com os braços erguidos e a palma das mãos voltada para a frente, era tida como destinada a representar a crucifixão[65], mas não sinal de algo semelhante na literatura paulina. As tentativas no sentido de encontrar, na referência que Paulo faz as "marcas de Jesus" que ele carregou (Gl 6.17), provas que a pessoa era assinalada ou até tatuada com a cruz no batismo não foram convincentes[66].

A descida e introdução na água evidentemente não imita a morte de Jesus, mas poderia representar o "ser sepultado com Cristo" (Rm 6.4; Cl 2.12), e a saída da água poderia muito bem significar o "ser ressuscitado com Cristo" (Cl 2.12; 3.1; Ef 2.6). Para a morte em si, seria preciso encontrar alguma outra ação; os cristãos paulinos acharam-na na remoção da roupa antes de entrar na água. Isto passou a significar "despir-se do corpo" ou do "velho homem". Vestir-se de novo em seguida podia, pois, representar a nova vida da ressurreição.

As imagens de roupas – despi-las e vesti-las – compreende um conjunto elaborado de metáforas. O que é despido é constituído de modo variado como "o velho homem", "o corpo de carne" e

---

[65] Por exemplo, *Odes Sal.* 27; Tertuliano, *De orat.* 14; Minucius Felix, *Octav.* 29.8.
[66] Dinkler, 1954, 125s; *contra:* Güttgemanns, 1966, 126-135; Adams, 1979, 221; indeciso: Betz, 1979, 324s.

os vícios a eles associados. Essa "remoção do corpo de carne" é "a circuncisão de Cristo", isto é, o equivalente cristão da circuncisão judaica de prosélitos (Cl 2.11). O que é "vestido" é o próprio Cristo, como "o novo homem", que está "sendo renovado... de acordo com a imagem do seu criador" (Cl 3.10). A característica do "novo homem" é a unidade, a abolição de contrastes de papéis que determinavam o tipo do "velho homem": judeu/grego, escravo/livre, homem/mulher (Gl 3.28; 1Cor 12.13; Cl 3.10s; cf. Inácio, Ep. aos Efésios 6.8).

Nessa linguagem são patentes numerosas alusões ao relato bíblico da criação do homem e a expansão desse relato na doutrina judaica. Entre as últimas estava uma leitura de Gn 1.27 como sendo a criação de um ser humano andrógino original à imagem de Deus, depois dividido (Gn 2.21s) em duas metades, uma masculina e outra feminina. Além disso, as "vestes de pele" feitas por Deus para o casal decaído nada mais eram do que os corpos físicos, necessários para substituir as "vestes de luz" (um jogo de palavras em hebraico) que haviam sido a "imagem de Deus".

Tendo em vista esses elementos, o batismo sugere restauração ou restabelecimento de motivos paradisíacos: a unidade perdida, a imagem perdida, a glória perdida[67]. As recordações parenéticas do batismo nas epístolas misturam esses motivos míticos com o uso mais do tipo lugar-comum de imagens de vestes que aparecem frequentemente na retórica dos moralistas helenistas, inclusive escritores judeus helenistas e escritores cristãos posteriores, tanto ortodoxos quanto gnósticos. Eles aconselham os leitores a se despirem dos vícios e, em lugar deles, a se revestirem das virtudes[68].

Há algumas provas, principalmente na Epístola aos Efésios, de que o batizado e agora o revestido era em seguida "entronizado

---

[67] Muitas provas acham-se colecionadas em Meeks, 1974.
[68] Por exemplo, Dio Cris., *Or.* 60.8: Filóstrato, *V. Ap.* 4,20; Filon, *Som.* 1.224s; Atos de Tomé, 58; Silv. 105, 13-17; Astério, *in Ps. 8, Hom. 2.* Uma variante desse tema é a investidura da couraça para a luta da vida, já encontrada no livro da Sabedoria de Salomão 5,18-20, que também aparece na parênese paulina, 1Ts 5.8; Rm 13.12; Ef 6.10-17, mas não relacionada com o batismo.

com Cristo nos lugares celestes"[69]. Podemos talvez imaginar como isso pode ter sido imitado, mas os textos nada mais nos falam a respeito[70]. Talvez esse elemento estivesse presente na prática batismal das comunidades paulinas desde data bem antiga, pois a polêmica de Paulo em 1Cor 15 e sua ironia em 1Cor 4.8 podem ser compreendidas como atitude de oposição à utilização demasiadamente entusiástica de tal noção. Se os poemas celebrando a exaltação do Senhor que havia descido do céu (Fl 2.6-11; cf. Cl 1.15-20) fossem cantados nesse ponto da cerimônia, como sugeri anteriormente, uma elevação do crente ao mesmo tempo ficaria bem apropriada.

Como os poderes invisíveis mencionados no poema, o neófito muito provavelmente então exclamava: "O Senhor é Jesus!". Esta confissão poderia, com propriedade, significar a mudança de domínio por que ele passou agora, ou seja, do mundo governado por forças demoníacas, dos "elementos do mundo", para o reino em que o "Deus vivo" e seu Cristo reinam. De seu novo Senhor ele recebia certos dons: o Espírito, a adoção como filho de Deus, e o poder de Deus. Ele respondia com o brado: "Abba. Pai!".

Muitos desses temas aparecem classificados como pares de opostos:

morte, morrer	vida, ressuscitar
descida	ascenção
sepultamento	entronização
velho *anthropos*, corpo de carne	novo *anthropos*, corpo de Cristo
oposições	unidade
despir	vestir
vícios	virtudes
ídolos, demônios, governantes deste mundo	Deus vivo, Cristo Jesus como Senhor

Além do mais, se ordenarmos esses opostos de acordo com os estágios temporais do ritual, teremos como resultado dois movi-

---

[69] Ef 2.4-7; cf. 1.3 e Cl 1.5,12,20; 3.1-4.
[70] Para exemplos posteriores, ver as observações abrangentes de Widengren, 1968; sobre cerimônias mandeanas de "ressuscitar" (ou: "reerguer-se"), que podem refletir influência de ritos cristãos sírios, ver Segelberg, 1958, 66s, 89-91. A coroação com grinaldas era importante em certo ritos batismais cristãos sírios, armênios, coptas e etíopes, segundo Bernard, 1912, 45s.

mentos quase simétricos. O primeiro, caracterizado por ação descendente, cujo clímax é atingido com o "sepultamento" na água; ele significa a separação do batizado do mundo exterior. O segundo, uma ação ascendente, assinala a integração do batizado em outro mundo, a seita em um plano, a realidade celeste em outro. A Figura 1 mostra a progressão verbal e conceitual.

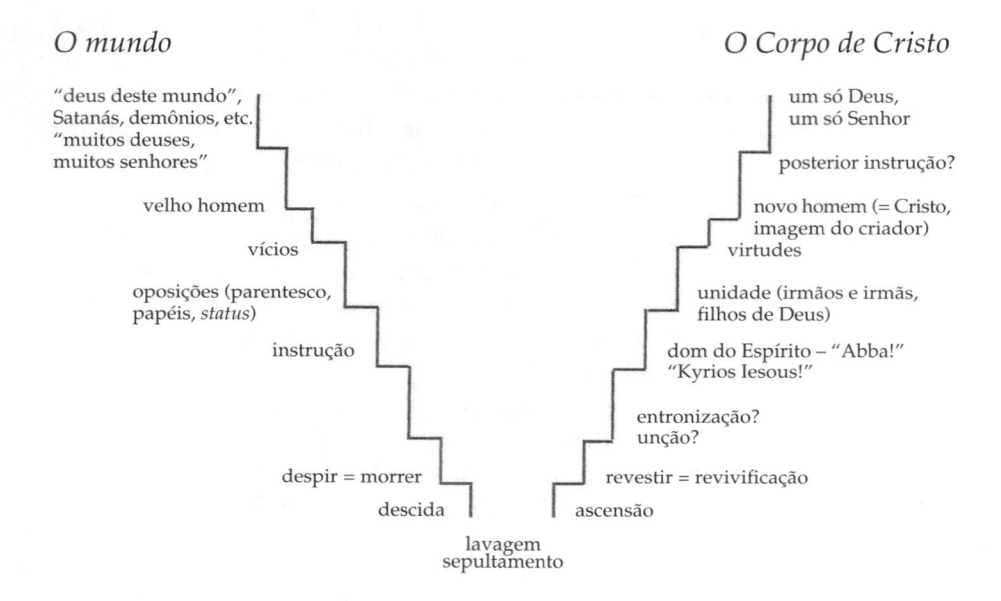

O mundo   *O Corpo de Cristo*

"deus deste mundo",   um só Deus,
Satanás, demônios, etc.   um só Senhor
"muitos deuses,
muitos senhores"
                                                             posterior instrução?
        velho homem   novo homem (= Cristo,
                                                             imagem do criador)
                vícios   virtudes
        oposições (parentesco,   unidade (irmãos e irmãs,
        papéis, *status*)   filhos de Deus)
                instrução   dom do Espírito – "Abba!"
                                                             "Kyrios Iesous!"
                                                             entronização?
                                                             unção?
        despir = morrer   revestir = revivificação
                descida   ascensão
                           lavagem
                           sepultamento

Essa progressão corresponde às fases de toda iniciação ou rito de passagem: separação, transição e reagregação[71]. Nudez, morte simbólica, renascimento como criança e filho/filha, abolição de distinções de papel ou *status* – todas estas são coisas típicas da fase transicional ou liminar em iniciações. A figura mais comum dos ritos de passagem, porém, é abstraída das cerimônias que assinalam transição de um *status* para outro dentro de uma sociedade pequena e homogênea: da criança para o homem, do filho maior para o chefe da família.

---

[71] Van Gennep, 1909; V. Turner, 1969, 94-130.

O batismo no cristianismo primitivo era diferente disso, quer dizer, diferente da confirmação ou da primeira comunhão em uma paróquia católica irlandesa, porque o grupo em que o iniciado entra não compartilha inteiramente o mesmo universo simbólico como a sociedade de onde ele vem. Ele se vê, como um todo, distinto do "mundo" mesmo que, como vimos em diversos pontos, a fronteira real entre os dois seja mais ambígua do que a simples afirmação possa sugerir. A extensão de Victor Turner do conceito de liminaridade para incluir um componente "antiestrutural" em situações sociais mais complexas, colocando a condição de grupos marginais dentro de situações complexas, ajuda-nos a relacionar os ritos cristãos primitivos com a teoria do ritual.

A diferença é evidente na Figura 1, em que alguns elementos liminares deviam ser colocados, não no perigeu da parábola, mas no alto, no lado da "reagregação". Dizem do corpo de Cristo que "aí não há judeu nem grego, escravo nem livre, homem nem mulher". A própria *ekklesia*, e não exatamente os iniciados durante o período da sua indução, é tida como marcada pela sacralidade, pela homogeneidade, pela unidade, pelo amor, pela igualdade, pela humildade, etc. – como Turner diria: pela *communitas*.

No entanto, nós vimos abundantes provas (capítulos 3 e 4), de que os grupos paulinos passavam por alguma tensão entre esse modo de socialização, que se opõe às estruturas normais da macrossociedade, e as antigas estruturas. Das últimas eles não conseguem escapar completamente, porque os cristãos continuavam vivendo na cidade e interagindo com suas instituições e, além disso, eles ainda conservam algumas de suas estruturas nas mentes deles e nas casas onde se reúnem.

Assim sendo, as parêneses das últimas epístolas da escola paulina, a Epístola aos Colossenses e a Epístola aos Efésios, as recordações das novas relações "antimundanas" introduzidas no batismo figuram ao lado de recomendações sobre o comportamento adequado em papéis hierarquicamente estruturados: maridos/mulheres, pais/filhos, senhores/escravos. Essas tensões também aparecem nas reuniões para celebrar a Ceia do Senhor.

A ceia do Senhor: ritual de solidariedade

As epístolas paulinas fornecem muito menos informação sobre os outros grandes rituais do cristianismo primitivo, a *kyriakon deipnon* (1Cor 11.20). As únicas referências explícitas a ela se acham em 1Cor 11.17-34 e 10.14-22, e aí é mais fácil vermos as implicações sociais que Paulo defende do que o processo social ordinário do ritual.

Paulo, contudo, cita uma fórmula sagrada usada na celebração[72], que difere levemente das versões encontradas nos últimos evangelhos sinóticos, e sua polêmica contra aspectos da prática coríntia permite-nos algumas deduções sobre o procedimento e a interpretação usuais. Antes de mais nada, o ato básico reside em tomar refeição comunitária, à qual é possível que "alguém chegue com fome e outro embriagado" (1Cor 11.21). É "a mesa do Senhor" (10.21).

As refeições festivas eram traço comum da vida de associações voluntárias de todos os tipos, e a ceia dos cristãos ainda era interpretada dessa maneira por Plínio, que bem cedo no século II na Bitínia proibiu tais refeições, de acordo com o decreto de Trajano contra as associações (Ep. 10.97.7).

A existência de uma sala de refeições também era "traço distintivo e generalizado dos centros de culto" na antiguidade, e os convites para jantar "no divã de Hélios, o Grande Serapião" bem como coisas semelhantes constituíam parte familiar da vida social urbana[73]. Para os cristãos reunirem-se a intervalos regulares para uma refeição assim com o seu Senhor Jesus não pareceria algo fora do comum.

Em segundo lugar, a ação ritual imita a refeição de Jesus com seus discípulos "na noite em que foi entregue" (1Cor 11.23). O rito focaliza dois momentos: o partir e a distribuição do pão no começo da refeição, acompanhados de ação de graças e da fórmula: "Isto

---

[72] O cetismo de Barrett sobre este ponto (1968, 264) parece exagerado.
[73] MacMullen, 1981, 36-42 (citação da p. 36). Broneer, 1973, 33-46, descreve duas interessantes serviços subterrâneos, cada uma com duas salas de jantar contendo ao todo onze divãs, em baixo do teatro e do templo de Poseidon em Istmia. Dennis Smith, 1980, colecionou grande quantidade de provas desse tipo. Sobre a possível influência das refeições de associações exercida sobre a prática cristã primitiva, ver Reicke, 1951a, 320-338.

é meu corpo, que é para vós; fazei isto em minha memória"; e a passagem do cálice de vinho depois da refeição, com uma fórmula paralela: "Este cálice é a nova aliança em meu sangue; fazei isto, todas as vezes que o beberdes, em minha memória" (1Cor 11.24s)[74].

A recomendação repetida: "Fazei isto em minha memória" (não encontrada na versão de Marcos e de Mateus), mostra que, na tradição paulina e até pré-paulina, a celebração é compreendida como uma comemoração cúltica de Jesus. De modo mais destacado, ela é reapresentação de sua morte, como enfatiza o comentário acrescentado por Paulo no versículo 26. Este conceito, também, teria sido bastante familiar no ambiente dos grupos cristãos primitivos, pois, como Bo Reicke diz, "a conexão do conceito *anamnésis* ['memorial'] com a morte é bem típico para os homens na antiguidade"[75].

Também era traço típico o fato de refeição, tomada pela família, pelos amigos, ou pelos companheiros membros de associação de sepultamento a que pertencia o falecido, servir como meio de comemoração[76]. No entanto, para entendermos a função específica do memorial de Jesus talvez seja mais interessante observarmos que ele repete, sob imagens diferentes, um dos motivos centrais do batismo. Isto significa que o sacramento repetido da Ceia reapresenta este conteúdo central do rito de iniciação. Ambos os rituais imprimem nas mentes dos crentes o relato fundamental da morte do Senhor. Começando com essa tradição pré-paulina (antioquena?), motivo da comemoração dominaria a maneira como

---

[74] Tradução para o inglês de Barrett, 1968 *ad loc.*
[75] Reicke, 1951a, 257. Ele defende esta afirmação citando inscrições da época imperial, por exemplo, uma de Niceia em que certo Aurélio deixa dinheiro para a vila dos racelianos, "para que eles façam o meu memorial" *(polein autoùs aná[m]ne[s]in mou)* (MDAI[A] 12 [1887], 169, citado por Reicke, 1951, 259; outros exemplos às páginas 258-260).
[76] Reicke, 1951a, 257-264; refeições cristãs posteriores pelos mortos, 101-149; antecendentes no paganismo e no judaísmo, 104-118. Embora Reicke ache que o culto dos mortos era "fundamentalmente estrangeiro" para o "judaísmo normal", ele admite que haja boa quantidade de provas que atestem refeições memoriais (263, 104-118). Charles A. Kennedy também colecionou valiosas provas sobre as refeições memoriais no ambiente do cristianismo primitivo, em um estudo sobre o culto dos mortos em Corinto.

a Eucaristia seria interpretada e entendida pelo menos durante o século III[77].

Em terceiro lugar, a fórmula contém uma alusão ao sentido vicário da morte na expressão "meu corpo que é para vós". Isto lembra expressões similares em muitas fórmulas compactas encontradas nas epístolas, que muitas vezes, conforme se pensa, reproduziriam sumários do credo cristão ou ditos de pregação[78].

Em quarto lugar, existe elemento escatológico: "até que ele venha". Certamente, esta frase pertence a comentário que Paulo acrescenta à tradição, mas alguma conexão com a vinda escatológica de Jesus se encontra em todas as versões da tradição eucarística anterior, embora em formulações verbais variadas. A frase aramaica que Paulo cita na conclusão dessa carta, *marana tha* (1Cor 16.22), muito provavelmente também pertence ao ambiente, do clima, da Ceia do Senhor, como acontece na *Didaqué* (1Cor 10.6).

Paulo cita as tradições eucarísticas apenas a fim de tratar de certos conflitos que surgiram na comunidade coríntia. De maneira esclarecedora, GERD THEISSEN resolveu reconstituir as condições sociais enfatizando os distúrbios censurados por Paulo em 1Cor 11.17-34 e analisar a "intenção social" de Paulo em sua interpretação da Ceia nessa passagem[79].

Já adotei muita coisa da reconstituição de THEISSEN, com algumas críticas, no capítulo 2. Pode ser útil relembrarmos aqui o perfil principal. As divisões no grupo (1Cor 11.18) são primordialmente entre ricos e pobres. Os membros mais ricos da igreja dão acolhida às reuniões e assembleias e, provavelmente, fornecem alimento para todos. Bem de acordo com as expectativas em muitas associações antigas e com a prática muitas vezes adotada em banquetes quando os dependentes de um patrono eram convidados, os hospedeiros ofereciam quantidade maior e qualidade melhor de alimento e de bebida aos que eram iguais a ele em *status* social, do que aos participantes de *status* inferior.

---

[77] Dahl, 1947, 21s, e a bibliografia citada em sua nota 49.
[78] Por exemplo, Rm 5.6,8; 14.15; 1Cor 15.3; 2Cor 5.15,21; Gl 1.4; 2.20; 3.13; Ef 5.2,25.
[79] Theissem, 1974b.

O conflito era, portanto, entre "diferentes padrões de comportamento", entre as "expectativas de um *status* específico e as normas de uma comunidade de amor"[80]. A resposta de Paulo, sugere THEISSEN, é compromisso, que requer que os ricos tenham sua refeição privada *(idion deipnon)* em casa, de modo que na Ceia do Senhor *(kyriakon deipnon)* a norma de igualdade possa prevalecer.

Ao mesmo tempo, Paulo situa as tensões sociais dentro de universo simbólico maior, fazendo delas parte de um "drama escatológico". O sacramento é "zona sob tabu, em que a violação das normas tem como consequência desastre incalculável"[81]. Paulo sublinha esta noção ao reprovar doenças e mortes que ocorreram na comunidade com tais violações (1Cor 11.30).

A intenção social de Paulo em tudo é a revelada em 10.16: a transformação de multiplicidade de indivíduos em unidade[82]. Outra maneira de propor isto seria dizer que a *communitas* experimentada no batismo, em que as divisões de papel e *status* são substituídas pela união de irmãos e irmãs no novo ser humano – o homem novo –, deve ficar visível na Ceia, segundo a intenção de Paulo.

Para Paulo e seus colaboradores, o corolário de unidade no corpo de Cristo é exclusão estrita de todas as outras conexões religiosas, o que significa que a solidariedade de grupo acarreta fortes fronteiras. Consequentemente Paulo usa linguagem tradicional do ritual da Ceia[83], que fala do pão como "comunhão do corpo de Cristo" e do "cálice de bênção" como "comunhão do sangue de Cristo", para advertir que qualquer participação nas refeições cúlticas gentias seria idolatria. O pão único usado no ritual simboliza a união de Cristo e dos crentes com Cristo e, consequentemente, a união da comunidade em sua participação em Cristo (1Cor 10.17).

Assim como em 1Cor 6.12-20 Paulo argumenta que a união com o corpo de Cristo exclui qualquer união com prostituta, também aqui ele insiste em dizer que a unidade apresentada na Ceia é exclusiva: "Não podeis beber o cálice do Senhor e o cálice de demônios;

---

[80] *Ibidem* 309.
[81] *Ibidem*, 312.
[82] *Ibidem*, 313s.
[83] Käsemann, 1947, 12s.

não podeis participar da mesa do Senhor e da mesa de demônios" (1Cor 10.21). Talvez fosse esta exclusividade do culto que parecesse a característica mais estranha do cristianismo, como do judaísmo, aos olhos dos gentios comuns. Nesse contexto, o ritual da Ceia do Senhor acarreta para Paulo uma visão do mundo que pode ser diagramada como veremos na Figura 2.

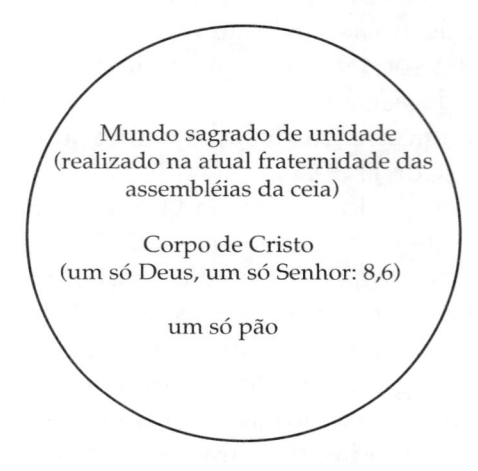

Mundo sagrado de unidade
(realizado na atual fraternidade das assembléias da ceia)

Corpo de Cristo
(um só Deus, um só Senhor: 8,6)

um só pão

Mundo caótico de multiplicidade,
em oposição a Deus

"este mundo"
(demônios, muitos deuses, muitos senhores: 8,5)

"ofertas a ídolos"

Assim, Paulo usa o simbolismo do ritual da Ceia não só para estimular a coerência interna, a unidade e a igualdade do grupo cristão, mas também para proteger suas fronteiras em face de outros tipos de associação cúltica.

Convém enfatizarmos, porém, que esse simbolismo de exclusividade é apenas uma dimensão do complicado argumento existente em 1Cor 8.10 sobre a "carne oferecida aos ídolos". Enquanto a passagem que acabamos de discutir exclui de modo absoluto, como sendo idólatra, qualquer participação em refeição cúltica gentia, Paulo também sente dificuldade em mostrar que a comida não-simbólica de carne comprada em mercados gentios é questão indiferente (1Cor 10.25-27). Somente quando a carne é deliberadamente transformada em símbolo – ou devido a uma localização pública, em um *eidoleion* (1Cor 8.10), ou por causa da crença mal enformada dos cristãos "fracos" de que os ídolos são reais (8.10; cf. v.7), ou porque deliberadamente se procurou chamar a atenção para o caráter religioso (sacrificial) da carne (1Cor 10.28) –, é que ela é proibida para o cristão.

Assim sendo, Paulo aceita e aprova a *gnosis* dessacralizadora dos cristãos "fortes" em Corinto, confirmando o direito e a liberdade de cristãos participarem da macrossociedade contanto que essa participação não perturbe a harmonia interna e o desenvolvimento da comunidade cristã. A complexidade da interpretação de Paulo supõe que o simbolismo intrínseco do ritual seja maleável; ele é passivo de múltiplas interpretações.

A unidade simbolizada pela Ceia do Senhor, que sugeri, pode ser vista como recordação ou reapresentação da transcendência liminar de oposições societárias que foi declarada no batismo. Agora é comumente afirmado que essa unidade batismal e esse igualitarismo são "meramente sacramentais", isto é, como nivelamentos puramente simbólicos, significam estado ideal, talvez estado escatológico futuro, mas não têm efeito algum sobre os papéis sociais atuais[84].

Na verdade, esta é a maneira como os ritos de passagem ordinariamente agem em situações em que os limites da associação religiosa são mais ou menos coincidentes com a sociedade. A suspensão temporária de classificações hierárquicas no período liminar reforça seu poder no mundo ordinário em que o iniciado é então reintegrado. Contudo, no caso de grupo que mantém forte identidade distinta da sociedade mais ampla, alguns aspectos da liminaridade podem entrar em sua vida diária. As comunidades paulinas primitivas, compreensivelmente, não eram em absoluto unânimes, ou seja, não estavam plenamente de acordo quanto às implicações de todos serem, depois do batismo, irmãos e irmãs em um só corpo.

Para Paulo, era ponto de grande interesse o fato de que pelo menos um dos exemplos típicos de reunificação declarados na "fórmula de reunificação batismal"[85] devesse ter consequências sociais concretas. Que agora não havia mais distinção entre judeu e gentio era para ele (e para seu discípulo instruído que escreveu a Epístola aos Efésios) a mais dramática expressão da justificação realizada por Deus mediante Cristo Jesus.

---

[84] Este ponto de vista foi vigorosamente manifestado por STE. CROIX, 1975, 19s, entre outros.
[85] Meeks, 1974, 180-183.

Quando, pois, Cefas, Barnabé e os outros judeu-cristãos em Antioquia foram persuadidos a parar de participar das refeições comunitárias com cristãos incircuncisos, não era simplesmente unidade puramente espiritual na refeição ritual que se achava em jogo, mas também a unidade social da igreja[86]. Esta unidade realça a vida do "homem novo", que agora deve manifestar-se na vida das comunidades e, no futuro de Deus, no mundo. A ideia se acha expressa na refeição ritual e talvez também em outras refeições, pois Gl 2.12 não restringe sua referência à Ceia do Senhor.

Não obstante, o resultado era uma situação ambígua e as epístolas revelam certa confusão sobre as implicações dos símbolos de unidade, não só na prática dos grupos paulinos, mas até na mente de Paulo. Assim ele deve dizer que o escravo com a conversão se tornou "o liberto do Senhor" e que "o livre" se tornou "escravo de Cristo" (1Cor 7.22) e pode pedir a Filemon que receba seu fugitivo de volta, "não já como escravo, porém como mais do que escravo, como irmão amado" (Fm 16), mas em lugar algum ele estimula Filemon ou outros proprietários a libertar seus escravos. E os autores das epístolas posteriores escritas em nome dele citam normas de famílias cristianizadas, as quais exigem que os escravos obedeçam rigorosamente aos seus senhores.

De outro lado, as mulheres exercem alguns papéis sociais na atividade missionária paulina e na vida comunitária que equivalem aos dos homens, e o próprio Paulo enfatiza a equivalência de direitos e deveres no casamento (1Cor 7). E mais: ele argumenta contra uma *simbólica* falta de atenção às diferenças sexuais no vestuário de profetas e profetisas (1Cor 11.2-16). A relação entre a realidade simbólica apresentada nos rituais e a realidade cotidiana, tanto na vida interna do grupo quanto na interação com a sociedade maior, continuou sendo área de controvérsia e de ambiguidade. E, naturalmente, essa ambiguidade permanece no cerne de nossa própria perplexidade hermenêutica quando tentamos compreender o que os rituais representavam para as pessoas.

---

[86] Dahl, 1977, 109s.

Rituais desconhecidos e controvertidos

Exploramos ao máximo todas as informações que pudemos obter por meio das citações e alusões encontradas na literatura. Ainda conjeturamos que os cristãos paulinos usariam também outras cerimônias a propósito das quais virtualmente nada conhecemos. Sabemos, por exemplo, que alguns deles morreram durante o período de tempo que as epístolas abrangem, e que os rituais funerais tinham imensa importância para os homens na sociedade grega e romana. Grande quantidade das associações que mencionamos eram formadas primordialmente para assegurar aos associados sepultamento e memorial decorosos.

Podemos estar certos de que as comunidades que Paulo fundou ofereciam serviços equivalentes aos seus membros, mas, com execeção de uma observação enigmática explícita, as epístolas nada dizem absolutamente sobre o que era feito por aqueles que, conforme se dizia, "haviam adormecido". Provavelmente os cristãos sepultavam seus mortos nos mesmos lugares e do mesmo modo que seus vizinhos. Os que tinham recursos para fazê-lo provavelmente preparavam inscrições lembrando os pontos altos da vida do falecido, indicando títulos significativos de *status* ou profissão e citando as datas; no entanto, se isto aconteceu, ou as inscrições continuam perdidas ou nada existe de abertamente cristão que as distinga das outras que já foram encontradas.

O rito memorial mais comum era a refeição em honra do falecido, muitas vezes tomada em torno de uma mesa de pedra no cemitério, em diversos aniversários específicos do dia da morte. Em séculos posteriores, esta prática era tão comum entre os cristãos quanto entre os gentios – a primeira prova clara disso está em Tertuliano[87]. Nada pareceria mais natural para os cristãos dos grupos de Paulo, para quem as refeições comunitárias já eram tão importantes, do que promover refeições funerárias pelos irmãos falecidos também – ou separadamente, ou como parte da Ceia do Senhor, que

---

[87] De monog. 10; De cor. 3; Reicke, 1951, 120-131. O Martirológio de Policarpo 18,3 mostra que pelo menos para os mártires a prática já era conhecida anteriormente.

já era uma anamnese da morte do Senhor. Entretanto, não existe uma só palavra sobre tais refeições, nem mesmo nas demonstrações de conforto que Paulo dá aos cristãos tessalonicenses (1Ts 4.13-18), onde poderíamos esperar que aparecesse algo. Talvez os costumes fossem muito bem conhecidos para precisarem ser mencionados.

Paradoxalmente, a única prática mencionada, em 1Cor 15.29, é mistificadora para nós. Paulo argumenta com os *pneumatikoi* em Corinto que a ressurreição não significa apenas exaltação espiritual agora, mas uma ressurreição futura e real do corpo que morreu. "Do contrário", pergunta ele, "que fazem os que se batizam em favor dos mortos? Se os mortos não ressuscitam de forma alguma, por que se batizam em favor deles?". Que *fazem*? Os coríntios presumivelmente sabiam o que era, mas nós não, apesar de interessantes e infindas especulações.

Os cristãos paulinos também se casavam. E, se uma viúva decidia casar-se de novo (embora Paulo preferisse que ela permanecesse sozinha), ela deveria fazê-lo "somente no Senhor" (1Cor 7.39). Presumivelmente isto significa que ela deveria casar-se com companheiro cristão, e – igualmente segundo o que presumimos – a mesma regra deveria aplicar-se também aos solteiros. Mas, casar-se "no Senhor" também implicaria cerimônia cristã? Não sabemos.

Além das reuniões regulares dos cristãos, que provavelmente, mas não com certeza ocorriam semanalmente, observariam também calendário anual de estações ou de algumas festas especiais? Alguns judeu-cristãos sim, e tanto os missionários que tentavam reformar as igrejas paulinas da Galácia quanto o culto sincretista que se desenvolvia entre os cristãos em Colossas tentaram introduzir a celebração de "dias, meses, estações e anos" (Gl 4.10; Cl 2.16: "festas ou lua nova ou sábado"). Paulo resistia contra essa inovação energicamente e o mesmo fazia seu discípulo, o autor da Epístola aos Colossenses. Todavia, alguns comentadores encontraram em 1Cor 5.6-8 e 16.8 razão para crer que o próprio Paulo e suas igrejas celebravam tanto uma Páscoa cristianizada quanto um Pentecostes judeu *(Shabuoth)*[88]. Esta, porém, é conclusão que está longe de poder ser considerada necessária.

---

[88] Ver Jeremias, 1954, 900-904, e bibliografia posterior aí citada.

Os Atos dos Apóstolos e as epístolas paulinas só apresentam vislumbres – rápidos, mas capazes de aguçar muito o desejo de conhecer de fato a realidade – a propósito dos rituais praticados pelos grupos paulinos; contudo esses vislumbres são suficientes para vermos que eles adotaram ou criaram rica variedade de formas cerimoniais.

Há impressionante mescla do livre com costumeiro ou habitual, de familiar com novidade, de simples com complexo, no que podemos ver a respeito das reuniões deles. O *idiotes* ou descrente, entrando em uma dessas reuniões, poderia achá-las um tanto estranhas, mas reconheceria que se tratava de comunidade cúltica de algum tipo. Se a chamaria de superstição perigosa ou de religião estranha dependeria da simpatia pessoal ou da falta desta.

Capítulo 6
Modelos de crença e modelos de vida

Os estudos da teologia paulina, que são inúmeros, deixaram todos eles universalmente de dar atenção ao contexto e às funções sociais da doutrina. Esse descuido levou a sérias distorções. A força de uma afirmação de fé é determinada por toda a matriz de modelos sociais dentro dos quais a crença surge e se expressa. A matriz inclui convenções de linguagem mas não se limita a elas. Abstraída desse contexto ou colocada em outro diferente, é de esperar que a crença afirmada signifique algo bem diferente – um fato feliz para as comunidades religiosas que tiveram de reinterpretar textos canônicos em todas as espécies de novos ambientes e ocasiões, mas uma terrível armadilha para o historiador. Foi por isso que reservei para este capítulo final uma discussão sistemática sobre as crenças dos cristãos paulinos. Primeiro era necessário descrever, do modo mais completo possível, tanto o ambiente social quanto as formas sociais internas das comunidades, de maneira que possamos ter em mente com nitidez tal contexto, já que agora tentaremos apresentar as linhas e as sombras da doutrina.

A discussão que segue evita as hipóteses marcadamente teóricas. Perguntar-nos-emos se podemos descobrir correlações entre crenças manifestadas e formas sociais, mas não apresentaremos a hipótese de uma *causa* a outra; também, quando determinada crença parecer logicamente implicar certa espécie de comportamento, não afirmaremos que tal comportamento realmente aconteceu como consequência, a menos que tenhamos prova específica para isso.

É evidente que qualquer outra tentativa de delinear a teologia de Paulo, ainda que o espaço e os testemunhos o permitissem, contribuiria pouco para a nossa finalidade. Realmente, nosso objetivo requer de nós que deixemos de lado algumas das mais interessantes ideias de Paulo e até, na maioria dos casos, sua epístola mais longa e teologicamente mais impressionante, que é a dirigida aos cristãos de Roma.

No momento estamos interessados na força social daquilo em que o membro típico das igrejas paulinas acreditava. Esta informação é muito difícil de alcançar, pois o cristão típico não fala em nossas fontes e é apenas por deduções que conseguimos imaginar alguns traços das crenças comuns. De outro lado, certamente não quero admitir que as crenças afirmadas por Paulo e pelos outros escritores de epístolas de sua escola não tivessem efeito sobre seus seguidores. Às vezes, os escritores tiram das suas doutrinas conclusões diretas para a vida das igrejas. Essas deduções constituem evidência importante de que devemos considerar, ainda que precisando ser cautelosos, que as coisas realmente aconteciam de acordo com o que os dirigentes esperavam e afirmavam.

Um só Deus, um só Senhor, um só corpo

A afirmação segundo a qual "Deus é um só" é tão básica para o cristianismo paulino como o era para todo o judaísmo (1Ts 1.9; Gl 3.20; Rm 3.30; Ef 4.6; 1Cor 8.4,6; cf. 1Cor 11.12; 15.28; 2Cor 5.18). Seguramente, as afirmações da unidade de Deus não eram infrequentes nos escritores gentios, a começar com o cosmopolitanismo dos estoicos. Este monoteísmo helenista parece ter permanecido como propriedade particular de certos intelectuais, sem nunca, porém, se tornar crença difundida ou popular[1]. Além disso, seus elementos correlatos sociais eram bem diferentes do monoteísmo exclusivo do judaísmo.

Os estoicos e os médio-platônicos, com a concepção que desenvolviam de uma divindade suprema sintetizando e incorporando os

---

[1] MacMullen, 1981, 83-94.

inúmeros deuses da crença popular e tradicional, elaboraram uma ideologia favorável ao pluralismo e à tolerância geniais na vida cúltica, que era característica do gentilismo na época imperial[2]. Já que todos os deuses eram, em última análise, aspectos do Uno, o sábio podia reconhecê-los todos e tirar quaisquer proveitos que pudesse de tantos cultos quantos escolhesse.

Para os judeus da cidade greco-romana, as pressões para estimular bem como para aproveitar essa tolerância geral eram consideráveis. Sua posição habitual, porém, consistia em harmonizar sua crença no Deus único, em contraste com todos os "ídolos" das "nações", com as práticas específicas e distintivas que preservavam sua integridade comunitária como povo único.

Filon assimilou muita coisa dos programas do platonismo médio e do estoicismo e concordou plenamente com a maioria dos aspectos de um *ethos* helenista e das ambições deste. No entanto, ele explica dramaticamente como o monoteísmo judaico podia continuar existindo de modo exclusivo, mesmo quando era apresentado quase que inteiramente nos termos da alta cultura dominante. Por exemplo, os LXX traduziram Ex 22.27 como: "Não injuriarás os deuses", e Filon toma isto como advertência no sentido de que os judeus não deviam falar insultando as imagens gentias[3]. A razão que ele apresenta, contudo, nada tem a ver com o cultivo da tolerância (que pode ter motivado a tradução e sua aplicação comum). Pelo contrário, a lei tinha como intuito evitar que os judeus, que se tivessem habituado a injuriar os "ídolos", estendessem este hábito ao único Deus verdadeiro.

Observando o contexto do texto do Êxodo, Filon vê isso como problema especial para os prosélitos (o "estrangeiro" de Ex 22.20 havia-se transformado em "prosélito" na tradução dos LXX e no judaísmo palestinense também). Os prosélitos deviam ser alvo de "especial amizade", insiste ele, porque "deixaram – seu país, seus

---

[2] *Ibidem*; cf. Vogt, 1939, 34-45.
[3] *Spec. leg.* 1.53; Mos.1.203-205 (baseada antes em Lv 24.15s). Flávio Josefo repete a mesma interpretação, talvez dependendo de Filon, talvez refletindo uma interpretação comum, *C. Ap.* 2.237; *Ant.* 4.207; cf. Tcherikover, 1961, 352. Orígenes adotou a mesma posição, *C. Cels.* 8.38.

parentes e seus amigos em busca da virtude e da religião – Pois o verdadeiro amor, o elo que une indissoluvelmente a boa vontade que faz de nós uma só coisa, é honrar o Deus único"[4].

O cristianismo mudou completamente a posição judaica. O mundo era dividido entre os que serviam ao "Deus vivo e verdadeiro" e os adoradores dos ídolos (1Ts 1.9). Os gentios têm "muitos deuses e muitos senhores", os cristãos têm "um só Deus, o Pai, – e um só Senhor, Jesus Cristo" (1Cor 8.4-6). "Os gentios que não conhecem a Deus" (1Ts 4.5) e estão, portanto, escravizados aos não-deuses" (Gl 4.8) contrastam com os que "conhecem a Deus e são conhecidos por ele" (Gl 4.9). A linguagem pode ser até mais dualista, como quando "o deus deste mundo" se opõe ao Deus cuja imagem é Cristo (2Cor 4.4).

Para o círculo de Paulo, como para Filon, a desejada expressão social de fé no Deus único constitui a exclusiva unidade dos adoradores. As recomendações de Paulo aos cristãos filipenses começam dizendo: "Somente seja vossa vida comum de modo digno do evangelho de Cristo", e prossegue com longa série de apelos em favor da unidade e da reciprocidade: "mantende-vos unidos em um só espírito, esforçando-vos com uma só alma –; pensai do mesmo modo; tende o mesmo amor; uni-vos na alma; tende uma só visão –"[5].

Assim, também, quando Paulo teve que enfrentar incipientes divisões, invejas e elitismo espiritual entre os carismáticos de Corinto, foi para a unidade do Senhor (Cristo) e do Espírito que ele apelou (1Cor 12). O começo desta passagem foi obscurecido pela fascinação peculiar que os estudiosos modernos sentiam diante da

---

[4] *Spec. leg.* 1.52.
[5] Nikolaus Walter, 1977, argumenta que esta concepção de uma vida comum (*politeúesthai*) não tinha contrapartida real na religião greco-romana a não ser no judaísmo: "De qualquer maneira muitos podem caracterizar a época helenista tardia como tempo de incerteza e de questionamento religioso; o fato é que não se via a religião como força vinculante, capaz de determinar a realidade cotidiana ao oferecer apoio, normas ambientais e formas de comunidade... Somente em um lugar [o homem helenista] podia observar tal relacionamento com o Deus único e real vinculação através da religião – no âmbito de todo o mundo mediterrâneo – e era nos judeus... " (427).

hipérbole de Paulo: "Ninguém que fale no Espírito de Deus diz: 'Jesus é anátema'" (v. 3). Isto não significa que as reuniões coríntias estivessem cheias de gnósticos maldizendo Jesus[6]. Pelo contrário, o contraste se situa entre a vida anterior dos cristãos ("Quando éreis gentios..."), "desviada... (dedicada) a ídolos mudos", e a palavra (confessando que há um só Senhor) conferida pelo único Espírito de Deus.

A linguagem do versículo 2 lembra a de 8.5s, que compara e opõe os muitos senhores e deuses do gentilismo com o único Deus e único Senhor dos cristãos, com exceção do fato de que aí Paulo menciona igualmente o Espírito, pois a discussão no capítulo 12 é sobre *pneumatika*, "dons espirituais". Os dons do Espírito são diversos (v. 4), mas há limites para a diversidade. Existe separação absoluta entre a confissão: "O Senhor é Jesus", e o gentilismo (v. 3). Dentro da comunidade que confessa *kyrios Iesous* existe diversidade de dons, de serviços e de ações (vv. 4-6), mas há "o mesmo Espírito – o mesmo Senhor – o mesmo Deus". Esta afirmação resume o tema de todo o capítulo e leva à introdução de Paulo do lugar-comum retórico que compara a sociedade com o corpo.

Passemos por alto do esforço de Paulo na Epístola aos Gálatas, em que esboça uma analogia entre as práticas "judaizantes" estimuladas pelos missionários do último dia e pelo politeísmo gentio (Gl 4.8-11)[7]. Paulo chega a apresentar a unidade de Deus contra a multiplicidade de mediação pela qual a própria Torá era transmitida (Gl 3.19s)[8]. Esse contraste, porém, fala-nos mais sobre a ingenuidade da argumentação de Paulo do que sobre a eficácia dessas imagens na Galácia.

Encontramo-nos em terreno um pouco mais firme com a ênfase sobre a unidade que impregna as duas cartas aos Colossenses e aos Efésios, escritas em nome de Paulo por pessoas que devem ter sido seus associados ou discípulos íntimos. A parênese dessas epístolas traz as marcas de algo largamente tradicional e é particularmente rica em alusões aos rituais comuns do batismo.

---

[6] Pearson, 1973, 47-50, deixou descansando esta fantasia ingênua.
[7] Ver Reicke, 1951b.
[8] Cf. Callan, 1976.

Como vimos no capítulo anterior, a forma do batismo usada pelas comunidades paulinas (e provavelmente pré-paulinas) incluía linguagem relativa ao que chamamos reunificação. Além disso, vimos que essa linguagem era especificamente "sociomórfica"[9]. A unidade do "homem novo", Cristo, Imagem do Criador, era colocada em contraste com as oposições que situam uma pessoa na sociedade. Em suma, a unidade dos iniciados é confrontada com a estrutura social em toda a sua complexidade.

Nas epístolas deuteropaulinas vemos essa unidade liminar tornando-se mais estreitamente circunscrita, pois seus autores acham que a coesão e a normalidade da comunidade deveriam ser preservadas em grande parte da mesma maneira como o é na sociedade antiga com liberdade: por estrutura hierárquica dos que dirigem (homens, pais, proprietários) e dos subordinados (mulheres, filhos, escravos).

Não obstante, os autores apelam para a unidade liminar do batismo como sendo o fundamento da unidade da igreja. Podem ir mais longe insistindo em que a unidade divina deveria refletir-se através de vida comum pacífica da comunidade. Podem até descrever os poderes cósmicos como tendo sido reconciliados pela exaltação de Cristo, como contraponto simbólico dos cristãos que vivem em harmonia[10]. A recomendação de Ef 4.1-6, por exemplo, começa dizendo: "Andai de modo digno da vocação a que fostes chamados", e a prossegue incentivando a tolerância mútua no amor, "esforçando-vos para conservar a unidade do espírito no vínculo da paz". Atinge o seu clímax com as palavras:

> um só corpo e um só espírito,
> assim como fostes chamados em uma só esperança da vossa vocação,
> um só Senhor, uma só fé, um só batismo,
> um só Deus e Pai de todos,
> que é sobre todos, por meio de todos e em todos

---

[9] *Sociomórfico* é termo tirado da classificação de simbolismo de Topitsch, adaptado por Theissem, 1974a, e que será discutido adiante neste capítulo.
[10] Cf. Meeks, 1977.

Até agora, a diferença efetiva do judaísmo é pequena. O acréscimo de "um só Senhor" (Cristo) e de "Filho de Deus" às afirmações confessionais devia ser chocante para as suscetibilidades judaicas, mas as implicações sociais do monoteísmo judaico permanecem intactas. Ao Deus único (e ao único Senhor e único Espírito), que contrastavam com os muitos deuses do gentilismo, corresponde a unidade de um povo eleito, com fortes barreiras separando-os de outros cultos e realmente "deste mundo".

Todavia, sabemos que sob um aspecto Paulo e seus companheiros estabeleciam a unidade divina de maneira que se afastava fundamentalmente do modo como o judaísmo se distinguia do ambiente gentio que o cercava. O Deus único para os paulinistas é precisamente o Deus dos judeus e dos gentios juntos em uma só comunidade. Agora, esse conceito, outrossim, era certamente aceitável em alguns círculos do judaísmo; o que há de radical no paulinismo é a transformação da maneira como a comunidade em si é constituída.

Filon, por exemplo, saudava os prosélitos, considerando-os "fugitivos" do mundo gentio em busca da virtude e da verdade. Como vimos anteriormente, ele estimulava seus companheiros judeus a se incorporarem à comunidade com laços de afeição, que expressariam exatamente a honra que queriam prestar ao Deus único. Os reformadores que seguiram Paulo à Galácia provavelmente defendiam um ponto de vista que não era muito diferente: a era messiânica traria proselitismo mais vigoroso de gentios, porém eles tinham que se tornar parte do Israel messiânico, com as mesmas experiências judaicas tradicionais de fidelidade ao Deus da aliança e, assim, com os mesmos meios de identidade social e de limites sociais que as comunidades judaicas haviam estabelecido através de longo período de prática religiosa.

Para Paulo e seu círculo, porém, a afirmação inesperada, quase inadmissível, de que o Messias morrera de morte amaldiçoada pela Lei acarretava abrupto rompimento em termos de saber de que maneira o povo de Deus, daí em diante, constituir-se-ia e estabeleceria suas fronteiras. Quando Paulo se tornou cristão, novos rituais já haviam sido criados para comemorar a morte e a ressurreição de Jesus e para incorporar os crentes ao seu "corpo". Entre os radicais em Antioquia, esses rituais e novo enfoque dos relacionamentos humanos foram substituindo a circuncisão e outras observâncias judaicas como traços demarcadores das fronteiras do povo de Deus único.

Socialmente, o mais impressionante sobre as comunidades revelado nas epístolas paulinas é o de que não existe conexão visível nem mesmo contato entre elas e as sinagogas. O autor do livro dos Atos dos Apóstolos, escrevendo uma geração depois, procurava explicar a separação imaginando que Paulo tentasse em todos os lugares primeiro conquistar a comunidade judaica inteira e só se voltasse para os gentios quando a isto se via forçado por causa da hostilidade dos judeus. Talvez isso de fato acontecesse, mas Paulo nada diz a esse respeito. Na época em que as epístolas existentes foram escritas, o modelo estabelecido ainda estava para ser encontrado nas associações de crentes em Cristo de cada cidade, modelo que deveria ser tirado tanto dos gentios quanto dos judeus. Os grupos de crentes achavam-se vinculados entre si, mas eram inteiramente independentes das sinagogas. As consequências para o futuro do cristianismo foram enormes.

As consequências para a teologia de Paulo não foram menores, embora possamos com razão duvidar de que os matizes do pensamento dele penetrassem a vida comum de seu auditório. Tanto na polêmica da Epístola aos Gálatas quanto na epístola exortativa aos Romanos, Paulo defende sua insistência em que não há mais distinção alguma entre judeu e gentio apelando precisamente para a unidade de Deus e sua imparcialidade[11]. No entanto, esta mudança radical não era consequência necessária da crença no monoteísmo; do contrário, a discussão não teria ocorrido.

O autor da Epístola aos Efésios ainda encara a união de judeu e gentio em uma família como milagre, como "mistério" escondido por Deus aos tempos e depois revelado, como o reflexo terreno de drama cósmico oculto (Ef 2.11-22). Para o próprio Paulo, o problema teológico central não está em expressar as implicações do monoteísmo, mas em explicar como o objetivo unificado de Deus no

---

[11] Dahl, 1977, 178-191; Bassler, 1979.

decorrer da história poderia incluir e abranger o *novum* do Messias crucificado.

A dialética teológica da Epístola aos Romanos, culminando com o ensaio de Paulo sobre o lugar passado e futuro de Israel nas intenções de Deus (capítulos 9-11), não pode ser separada dessa dimensão social de toda a carreira missionária de Paulo. Como podia o fato de o movimento cristão separado ser teologicamente considerado movimento que realizava as promessas de Deus, que representava em si o "Israel" da nova aliança de Deus, sem negar a integridade do relacionamento de Deus com o Israel histórico na grande maioria dos judeus que viviam então? A igreja posterior, para a qual a separação das duas comunidades era fato consumado da vida, podia evitar o problema ignorando igualmente os judeus ou negando seu direito teológico de existir como Israel. Para Paulo isso era impossível. A separação era necessidade presente, porém, em última análise, anomalia teológica.

Uma questão ainda mais difícil consiste em saber se os cristãos paulinos concebiam a antítese entre eles e a sociedade gentia mais ampla como algo também teologicamente anômalo e, portanto, socialmente provisório e temporário. A questão surge porque as afirmações do monoteísmo não são abstratas, mas existem dentro do contexto de teologia *missionária,* que tem por objeto seu, como o discípulo de Paulo resumia, "advertindo a *todos* e instruindo a *todos* com plena sabedoria, a fim de apresentá-los *todos* perfeitos em Cristo" (Cl 1.28, a ênfase é minha).

No batismo fala-se de "revestir-se do homem novo" como se fosse restauração da imagem de Deus perdida no Éden. A lógica dessas metáforas e das outras que discutimos parece movimentar-se na direção de alguma espécie de universalismo e, talvez, essa visão estimulasse até certo ponto o ímpeto para o zelo extraordinário dos missionários paulinos, desejosos de pregar no maior número possível de cidades do mundo conhecido. A rede tênue de pequenas células cristãs representava as ousadas imagens de humanidade universal restaurada, a criação do Deus único e verdadeiro.

Em termos gerais, contudo, os cristãos paulinos usavam essas imagens quando insistiam na unidade e na harmonia dentro da seita. A alusão encontrada em Rm 11.25-32 demonstrando que

Paulo encarava a reconciliação suprema de toda a humanidade situa-se, de modo significativo, dentro de extenso argumento em que o problema fundamental é o *status* dos judeus. Embora os cristãos paulinos houvessem abandonado os principais recursos judaicos para distinguir o povo da aliança do mundo do politeísmo, isto não significa, como vimos, que eles próprios não mantivessem sólidas fronteiras para definir sua posição contra o mundo.

Não obstante, a "resposta ao mundo" por meio da qual o caráter sectário paulino se definia[12] era muito diferente da resposta do grupo judeu de Qumran ou dos cristãos joaninos[13]. Embora esperassem "julgar o mundo" e por isso Paulo minimizasse algumas formas de compromisso com a administração "do mundo" (1Cor 6.1-11), não temiam a contaminação pelo mundo (1Cor 5.10). Podiam continuar a manter relações íntimas com não-cristãos, inclusive as existentes nos matrimônios (1Cor 7.12-16) e relações sociais ordinárias (1Cor 10.27), e suas reuniões estavam abertas aos de fora (1Cor 14.23s).

Essa ambiguidade sobre os limites da comunidade foi um dos importantes legados deixados pelos cristãos paulinos para o cânone literário da igreja posterior. Tanto a renúncia encratita de Taciano ao mundo quanto o panegírico de Eusébio ao império cristão poderiam encontrar apoio em passagens das epístolas. Dentro da tarefa imediata de Paulo e de seus associados, porém, a confissão do Deus único tinha como implicação primordial a consciência da unidade e da singularidade dos próprios grupos cristãos.

Havia, também, algumas outras analogias entre a maneira como os grupos paulinos falavam de Deus e a maneira como falavam de si próprios. A intimidade da vida comunitária era expressa, como vimos no capítulo 3, com linguagem que demonstrava parentesco e afeição. Linguagem semelhante é usada para Deus. Ele é "Pai" e os cristãos são "filhos de Deus" (Rm 8.14,16,19,21; 9.8,26; Fl 2.15; Gl 3.26-4.8; 1Cor 8.6; e alhures) e seus "herdeiros" (Gl 4.1-7; Rm 8.17). Os cristãos são amados por Deus (1Ts 1.4; Rm 1.7; Ef 2.4;

---

[12] Sobre "resposta ao mundo" como meio de classificar seitas, ver B. R. Wilson, 1973.
[13] Meeks, 1972; Bogart, 1977.

cf. Rm 5.5,8; 8.35; 2Cor 13.14) e amam-no em retribuição (Rm 8.28; 1Cor 8.3).

Deus escolheu os cristãos (Rm 8.33; 1Cor 1.27-29; 2Ts 2.13; Cl 3.12), chamou-os (1Cor 1.9; 7.17-24; Fl 3.14), conhece-os (Gl 4.9; 1Cor 8.3), "cumula-os de muitas graças" (2Cor 9.8; cf. Rm 15.15; 1Cor 1.4; 3.10). Ele tem misericórdia dos indivíduos e cura suas enfermidades (Fl 2.27) ou humilha um apóstolo (2Cor 12.21). Inspira atitudes aos corações dos homens (2Cor 8.16), opera "obras" neles (Fl 2.13; cf. 2Ts 3.5) e lhes dá "a medida da fé" (Rm 12.3).

Assim sendo, a linguagem comum dos dirigentes paulinos, que nesses pormenores provavelmente é compartilhada de modo geral pelos membros, apresenta Deus participando pessoalmente na comunidade direta, emocional, das igrejas domésticas. De fato, pensava-se que seu Espírito "habita" nos crentes (Rm 8.9; 1Cor 3.16; 2Cor 3.3) e que se expressa no seu comportamento extático e na orientação transmitida por profetas e dirigentes (Rm 8.14; 1Cor 12-14; ver *acima*, capítulo 4, Confusão em Corinto). Ele revela segredos aos crentes (1Cor 2.6-10; Ef 1.9; cf. 1Cor 2.1; 4.1; Cl 1.27; 2.2; Fl 3.15). Boa parte da linguagem cristã sobre Deus, que tem a sua fonte primordial nas Escrituras e nas tradições do judaísmo, é linguagem sobre comunicação e é o que DONALD EVANS chamou "a linguagem do autoenvolvimento"[14].

Os cristãos paulinos também falam de Deus em termos mais exaltados. O poder de Deus frequentemente é celebrado, embora possa ser concebido paradoxalmente (Rm 1.16; 1Cor 1.18,24; 2.5; 2Cor 4.7; 13.4; Cl 2.12; Ef 1.19). Aparecem tanto metáforas forenses quanto políticas. Apesar de a expressão "o reino de Deus", tão destacada e importante na tradição sinótica, não ser muito frequente nas epístolas paulinas, ela chega a ocorrer (Rm 14.17; 1Cor 4.20; 15.50; 2Ts 1.5; Cl 4.11), especialmente na fórmula de advertência catequética daqueles que praticavam vícios são excluídos (1Cor 6.9s; Gl 5.21; Ef 5.5).

A imagem de Deus como soberano do universo, entronizado no céu, é considerada suposta e prolongada pela descrição da exal-

---

[14] Evans, 1969.

tação de Cristo que participa do seu reino (como em Fl 2.9; Cl 3.3). Com esta capacidade ele pronunciará o julgamento escatológico de todos (Rm 14.10,12; 2Cor 4.5; 5.13; 2Ts 1.5-7), dando o castigo adequado ao crime (1Cor 3.17).

Os cristãos paulinos, porém, parecem ter extraído poucas deduções políticas dessas metáforas políticas, com exceção de que "a forma deste mundo é passageira" (1Cor 7.31). Raramente surge alguma alusão à ideologia monárquica, que aparece em tantos tratados filosóficos populares "sobre a realeza" dos períodos helenista tardio e romano inicial, em que o Estado terrestre ideal, com rei sábio à frente, imita a *kosmopolis,* o Estado Universal, cujo rei é Zeus ou a Natureza[15]. Somente na parênese de Rm 13.1-7 (cf. 1Pd 2.13s) a soberania de Deus é usada para apoiar um apelo em favor da obediência ao *imperium* romano e a seus oficiais. O elemento apocalíptico no pensamento paulino flui em sentido inverso a essa espécie de legitimação.

A apocalíptica e o processo de inovação

Quando Paulo recorda aos recém-convertidos em Tessalônica os termos da sua fé inicial (1Ts 1.10), fala da espera deles por Jesus que vem do céu como salvador que os livrará da "ira futura". As noções da vinda próxima do dia do julgamento, descrita com a indignação de Deus contra o pecado humano, e da salvação trazida do céu à terra são imagens comuns no judaísmo primitivo, principalmente no gênero de literatura que os exegetas modernos chamam de "apocalíptica".

Convém notar que os primeiros gentios, que formavam a nova comunidade cristã na cidade macedônia, deviam ter sido persuadidos de que tais imagens apocalípticas constituíam um quadro adequado ao seu mundo e às suas vidas. No entanto, a linguagem desse tipo é tão frequente nas epístolas de Paulo que devemos supor fosse inteligível e importante para seus seguidores – embora

---

[15] Goodenough, 1928.

devamos também observar que a linguagem apocalíptica ocupa espaço muito pequeno nas epístolas pseudônimas aos colossenses e aos efésios, portanto, provavelmente não tendo significação igual, ou igualmente duradoura, para todos os membros do círculo paulino.

Saber exatamente qual foi o significado da linguagem apocalíptica no cristianismo paulino foi assunto de intensa discussão entre os estudiosos do Novo Testamento desde que ALBERT SCHWEITZER publicou seu provocante livro, *The Mysticism of Paul the Apostle*, meio século atrás[16]. SCHWEITZER argumentava que o pensamento de Paulo pertencia tão solidamente à escatologia judaica (e cristã primitiva), que o cristianismo helenista da geração imediatamente posterior a ele não conseguia entendê-la nem usá-la. Poucos teólogos gostaram da tese de SCHWEITZER. RUDOLF BULTMANN considerou-a com muita seriedade, mas insistia em que Paulo já começara o processo de "demitificar" a visão do mundo apocalíptico[17].

Os cristãos mais antigos realmente pensavam, como os apocalípticos judeus, que o mundo dentro de pouco tempo chegaria ao fim; a vinda do Messias significava que o fim começara e a sua ressurreição era o primeiro ato do cenário escatológico. Do ponto de vista de BULTMANN, Paulo começou a compreender que essas noções não eram descrições do que estava para acontecer no mundo objetivo, mas símbolos expressando uma "autointerpretação existencial". O fim do mundo realmente significava que o cristão em sua vida interior estava agora livre de tudo no mundo, para esperar o evento futuro a qualquer momento, sem nenhuma "segurança autoelaborada".

Muitos escritores protestaram dizendo que a interpretação subjetiva e individualizante de BULTMANN distorcia o sentido dos textos paulinos. Nenhum dos críticos provocou tanta repercussão quanto o aluno de BULTMANN, ERNST KÄSEMANN, que insistia, num artigo publicado em 1960, em afirmar que "a apocalíptica era a mãe de toda teologia cristã"[18]. KÄSEMANN argumentava que nada adiantaria

---

[16] Schweitzer, 1930.
[17] Bultmann, 1941, 15s; 1958.
[18] Käsemann, 1960, 102.

admitir que a teologia de Paulo era escatológica se se negasse, como BULTMANN afirmava com insistência, que ela possuía algumas das características centrais da apocalíptica. Acima de tudo, não adiantaria insistir em dizer que os mitos escatológicos só tinham sentido antropológico (isto é, simbólico da situação humana do indivíduo) mas não cosmológico para Paulo. Pelo contrário, era à "escatologia realizada" individualista dos "entusiastas helenistas" que Paulo se opunha na primeira Epístola aos Coríntios, exatamente por meio de categorias apocalípticas. Paulo não demitificou os aspectos cósmicos e temporais da apocalíptica, porque lhe davam a possibilidade de falar do projeto de Deus para o mundo, que era parte integrante de seu evangelho assim como da sua autêntica existência individual[19].

O debate incipiente infelizmente tendia a focalizar abstrações representadas pelos termos *antropologia* versus *cosmologia,* ambos os quais os debatentes usam com sentidos peculiares[20]. Os participantes foram incapazes de entrar em acordo sobre uma definição de apocalíptica ou de escatologia que conseguisse estabelecer a questão sobre o que serve de prova para sabermos se o pensamento de Paulo era ou não apocalíptico[21].

---

[19] Idem, 1962.
[20] Alguns exemplos entre muitos: Stuhlmacher, 1977, reforçando a posição de Käsemann; Becker, 1970, reconfirmando a de Bultmann. A principal monografia de Baumgarten, 1975, faz algum progresso insistindo na atenção dada às funções da linguagem apocalíptica em seus contextos específicos, embora se refira apenas à sua função teológica; no momento não considera suas funções sociais. Afirma mostrar que as tradições apocalípticas usadas por Paulo incluem "cosmologia" e que Paulo as "antropologiza". No entanto, insiste, contrariando Bultmann, em dizer que isso não acarreta interpretação "individualista". A interpretação que Paulo dá à apocalíptica inclui dimensão "universal" e especialmente forte dimensão "eclesiológica". De outro lado, Beker, 1980, em sua principal obra sobre a teologia de Paulo (principalmente capítulo 8, pp. 135-181), vai ainda mais longe do que Käsemann, ao insistir em que um esquema apocalíptico coerente faz parte essencial do evangelho e que isto significa que a escatologia cristã é "realisticamente cronológica (mas sem qualquer *medida* real de tempo)" e "cosmológica" (a ênfase é de Becker. Confesso que não sei o que isto significa.
[21] Baumgarten, 1975, 10. Sobre tentativas recentes de definir o gênero apocalíptico, ver Collins, 1979, e os ensaios feitos por Collins, Hartman, Fiorenza, Sanders, Kock, Betz e Krauss em Hellhom, 1982.

Não é nossa intenção discutir o que Paulo deve ou não deve à apocalíptica, mas tentar ver quais eram os usos efetivos da linguagem apocalíptica dentro da parte do movimento cristão que ele dirigiu. Para fazê-lo, pode ser útil aproveitarmos algumas observações de antropólogos que estudaram movimentos modernos iniciados por profetas que pregavam a transformação do mundo. Os antropólogos utilizaram nomes variados para designar esses movimentos – "nativista", de "renovação", de "revitalização" ou "cultos embarcados", e parecem ter chegado finalmente ao rótulo de "milenaristas"[22]. As crenças de tais grupos são bem parecidas com as crenças apocalípticas, de modo tal que alguns traços comuns nas análises dos antropólogos podem auxiliar-nos a esclarecer as funções das crenças apocalípticas nos grupos paulinos[23].

O movimento milenarista vê de bom grado uma série de eventos no futuro imediato, que transformarão radicalmente os relacionamentos existentes de poder, de prestígio e de riqueza. Os antepassados enviarão um navio carregado dos elementos que darão aos nativos a possibilidade de viverem em condições iguais ou superiores às dos colonizadores brancos. Ou então um meio milagroso de lutar habilitará os nativos a finalmente obterem seus direitos mediante batalha catártica. Essa figura sacral da renovação, que inclui a mudança do mundo inteiro, pressupõe que os participantes acalentem profundas insatisfações. É claro que, quase invariavelmente, se trata de gente que não consegue êxito no esquema de transações sociais existentes.

No entanto, não basta dizer que são grupos necessitados que desenvolvem sonhos milenares. Primeiramente, não é seu nível absoluto de pobreza ou de impotência que conta, mas a maneira como encaram seu *status* relativo, ou seja, comparado com outros grupos importantes[24]. Pessoas que foram "grandes homens" na sociedade nativa, mas depois foram destituídas de suas posições pelos

---

[22] Por exemplo, Wallace, 1956; Worsley, 1975; Burridge, 1969. Para importante visão geral do mundo primitivo, ver Talmon, 1962; sobre problemas de relação com a teoria sociológica clássica, Kovacs, 1976.

[23] Cf. Isenberg, 1974; Gager, 1975, principalmente pp. 20-37.

[24] Aberle, 1962.

colonizadores podem ser candidatos mais prováveis do que, por exemplo, os que nunca gozaram de *status* algum. O mesmo acontece com aqueles que encontraram oportunidades para tomar a frente da nova situação, porém agora descobrem que sua mobilidade está bloqueada até certo ponto por falta de conhecimentos da cultura dominante.

Não é, por conseguinte, explicação adequada das crenças apocalípticas considerá-las como compensação fantasiosa para as privações da vida real – uma versão científica bem difundida da noção de NIETZSCHE de "ressentimento" como fonte da crença religiosa, principalmente no cristianismo primitivo. Pelo contrário, os antropólogos envolvidos em tais estudos discordam quanto ao fato de o fator crucial ser cognitivo ou simbólico.

O que está errado na ordem atual não é que faltem aos homens bens ou dinheiro, mas que as regras para conquistar e usar poder e prestígio, para participar plenamente das transações sociais, foram um tanto modificadas. As formas tradicionais de "definir os critérios mediante os quais o conteúdo de humanidade deve ser medido e avaliado não valem mais[25]. O mundo deles, seu universo simbólico, não tem mais sentido, ou seja, não mais apresenta um quadro satisfatório de maneira pela qual as coisas deixaram de ser receptáculos eficientes para acolher a realidade.

Desse modo, o mito milenar não oferece apenas fantasias de renovação, mas também um quadro abrangente do que está errado e de como a vida deve ser organizada. Quando o movimento é bem sucedido, esses mitos se transformam na base para modificações duradouras dos relacionamentos sociais, para a criação de novas instituições, ainda que os mitos e os modelos de liderança que os acompanham tenham que sofrer alterações mais ou menos drásticas no seu processo.

O mito milenar é geralmente obra de um ou mais profetas. A formulação do profeta é tipicamente baseada em sonhos ou visões alucinatórias – em revelações – que o profeta pode elaborar dentro de sistema mais ou menos complexo de crenças.

---

[25] Burridge, 1969, 11.

As visões e o mito ou ideologia desenvolvidos invariavelmente combinam o tradicional com o radicalmente novo. Para muitos antropólogos esse foi o aspecto mais fascinante dos movimentos milenares, porque propicia meio pelo qual uma cultura ou subcultura fortemente orientada pela tradição pode transformar radicalmente sua visão do mundo e seu *ethos* diante de nova situação sem perder o senso de continuidade com o passado.

Consequentemente, esses estudiosos não encaram o conceito weberiano de carisma como algo de grande utilidade. O líder "carismático" não é possível dentro da tradição de onde surge e que oferece as principais imagens do novo mito. De outro lado, seu sucesso edifica a comunidade desde o princípio, de modo tal que carisma e rotina – ou, melhor, institucionalização – não são antitéticos. Na verdade, para o grupo milenar em si o novo mito pode ser muito conservador, no sentido de que ele reforça os novos relacionamentos de poder e o novo *ethos dentro do movimento* ao mesmo tempo que nega diante dos membros do grupo a visão do mundo defendida pela sociedade dominante[26].

Esse resumo muito simplificado de alguns traços típicos do movimento milenarista oferece-nos esquema heurístico que nos possibilita ressaltar alguns dos elementos apocalípticos na linguagem dos grupos paulinos e relacioná-los com características sociais que conseguimos observar. O modelo não resolverá todos os problemas, mas pode ajudar-nos a explicar alguns elementos do cristianismo paulino que muitas vezes pareceram contraditórios entre si.

Para começarmos, o quadro do nível social dos cristãos paulinos que estudamos no capítulo 2 mal se harmoniza com a privação social e econômica necessária para os conceitos mais antigos das crenças e dos movimentos escatológicos encarados como fantasia compensatória. Não obstante, o quadro se adapta à visão segundo a qual os movimentos apocalípticos emergem da dissonância cognitiva[27], propiciando proposição nova ou transformada de imagens

---

[26] Devo esta visão a Kovacs, 2976, 21s. Ver também Wallace, 1956, 270; Worsley, 1957, 36 e *passim;* Burridge, 1969, 141-164; Holmberg, 1978, 175-181.
[27] Sobre o conceito de "dissonância cognitiva" ver Festinger, 1957, e Festinger-Riecken-Schachter, 1956.

fundamentais do mundo e dos relacionamentos. A teoria da dissonância cognitiva pode sugerir posteriores implicações do fato de que a pessoa proeminente típica nos grupos paulinos, à medida que conseguimos generalizar alguns elementos sobre *status*, tendia a mostrar inconsistência de indicadores de *status*, e de que os grupos incluíam mistura de pessoas de diferentes níveis em grau incomum naquela sociedade.

Deveríamos imaginar que aqueles que progrediram ou regrediram socialmente, que se viram envolvidos em relação ambígua com estruturas hierárquicas, deviam mostrar-se receptivos aos símbolos de um mundo às portas de transformação radical. Deviam sentir-se atraídos para um grupo que resolvera moldar sua própria vida segundo o novo quadro da realidade. Naturalmente, é impossível prová-lo e, se tal correlação entre a experiência social e a simbolização de fato existia, seria difícil dizer qual era a causa e qual o efeito[28]. Todavia, outros aspectos do sistema de crença cristão primitivo que veremos adiante, principalmente o paradoxo do "poder" e "êxito" do próprio Cristo, podem aumentar o cunho plausível dessa especulação.

Nas epístolas em si, como pudemos ver no capítulo 3 desta obra, a linguagem apocalíptica era muitas vezes usada para reforçar atitudes de solidariedade de grupo. Isto é particularmente claro na primeira Epístola aos Tessalonicenses[29]. A alusão que Paulo faz aos termos apocalípticos da conversão dos membros – esperando que Jesus venha do céu, como salvação da ira futura – ocupa lugar central nos agradecimentos iniciais. Une o estilo filofronético habitual dos agradecimentos – que estabelecia clima de relações amistosas entre escritor e destinatários – com dois temas principais: 1) a lembrança do início desse relacionamento, na época da primeira pregação em Tessalônica, como paradigma para os lembretes e

---

[28] A questão da relação entre inconsistência de *status* e tipos de compromisso religioso foi ocasionalmente levantada por sociólogos que investigam sociedades modernas, porém pouca pesquisa sólida parece ter sido realizada nesta área até agora. Ver Sasaki, 1979, e a bibliografia que ele revê.

[29] Explorei as funções da linguagem apocalíptica na primeira Epístola aos Tessalonicenses de modo mais completo em Meeks, 1982.

recomendações que constituem o principal conteúdo de toda a epístola; 2) interpretação da "aflição" *(thlipsis)* na experiência cristã.

Como vimos anteriormente, Paulo vincula a hostilidade que os convertidos experimentaram de alguns dos seus vizinhos a um modelo muito amplo: os próprios sofrimentos do Apóstolo, os sofrimentos de cristãos residentes em outros lugares e os sofrimentos de Cristo. Além disso, recorda-lhes que haviam sido advertidos, como parte da primeira instrução cristã, de que deviam esperar tal aflição (1Cor 3.2-4). A hostilidade que experimentaram – não há provas de que tenha chegado ao grau de perseguição – confirma agora a validade desse ensinamento e da proposição abrangente de imagens, inclusive crucifixão e ressurreição como metáfora que serve de raiz para a maneira de encarar o mundo, a que tal ensinamento pertencia.

Colocada nesse contexto, a ameaça feita à comunidade se transforma em fortalecimento da solidariedade dos crentes uns com os outros e com outros cristãos, a qual *substituía* com vantagem os relacionamentos que anteriormente mantinham com vizinhos e parentes *(symphyletai:* 2.14). Se a advertência inicial sobre sofrimentos futuros era tirada da apocalíptica judaica, como alguns comentadores de modo plausível argumentaram, é dado que acarreta poucas consequências. O importante é que ele funciona aí como parte de quadro escatológico maior, que tanto explica a experiência presente, quanto recomenda visão e proposição específicas de disposições.

A passagem mais vivamente apocalíptica em estilo, 1Ts 4.13-5.11, tem função semelhante. Aí Paulo reuniu três partes separadas da tradição, cada uma de um tipo apocalíptico: o "dito do Senhor", 1Ts 4.15-17, que descreve os acontecimentos extraordinários "quando o próprio Senhor, com grito de ordem, com a voz de arcanjo, com a trombeta de Deus, descerá do céu e os mortos em Cristo ressuscitarão primeiro"; o dito sobre a vinda do Dia do Senhor "como ladrão à noite (1Ts 5.2), confirmado em vários lugares na literatura cristã posterior (Ap 3.3; 16.15; 2Pd 3.10; cf. Mt 24.43; Lc 12.39); e a admoestação dualista no sentido de "vigiar" dirigida aos "filhos da luz", que se distinguem dos "filhos das trevas" (1Ts 5.4-8).

Paulo cita todas estas imagens apocalípticas como resposta a divergência sobre membros da comunidade que morreram.

Os cristãos tessalonicenses temem que os que morreram prematuramente tenham de certo modo perdido a esperança de participar dos benefícios prometidos aos que esperam que o Filho de Deus venha do céu. A réplica de Paulo não envolve o problema da morte como fenômeno universal, mas somente a força que a morte possa ter para abalar os laços especiais que unem entre si os membros da nova comunidade.

Usando o cenário apocalíptico da volta *(parousia)* de Jesus, Paulo declara que a comunidade de cristãos supera até as fronteiras da morte, "que nós, os vivos, que sobreviveremos até a parusia do Senhor, certamente não precederemos os que morreram" (1Ts 4.15). "Então, nós, os vivos, os sobreviventes, *junto com eles* seremos arrebatados nas nuvens para encontrarmos o Senhor... e, assim, estaremos *para sempre com o Senhor"* (1Ts 4.17).

Na epístola como um todo, a linguagem apocalíptica apresenta o contexto de parênese – recordações, lembretes e encorajamento quanto às maneiras como os cristãos devem comportar-se. A ameaça do juízo final, a que a carta faz alusão em 1Ts 1.10, poderia evidentemente servir como sanção para tais admoestações, tal como Paulo a usa em Rm 14.10: "Por que tu desprezas teu irmão? Pois todos nós compareceremos diante do tribunal de Deus".

Existe vestígio de sanção idêntica na conclusão das regras tradicionais sobre normas sexuais citadas no trecho: "porque o Senhor se vinga de todas essas coisas" (1Ts 4.6; cf. v.8). A função primordial da linguagem do dia do juízo, porém, é menos específica. Ela reforça o sentido de unicidade e de coesão da comunidade. E isto, por sua vez, produz uma disposição – quando as recomendações são levadas em conta – para agir de maneira apropriada ao bem estar da comunidade. Comportamento apropriado inclui disciplina interna e obediência aos dirigentes (1Ts 5.13-22), vida tranquila que parecerá honrada aos de fora (1Ts 4.11s).

A Epístola aos Gálatas apresenta uso pouco diferente dos termos apocalípticos. Para os cristãos tessalonicenses, as imagens apocalípticas eram empregadas para ajudá-los a entender as grandes mudanças que ocorreram em sua vida em decorrência da sua conversão, e para dar estabilidade à vida dos que participavam dessas inovações. Saber se tais imagens contribuíam de fato para alimentar as motivações que os levavam a dar o passo decisivo no primeiro lugar é algo que está além de nossas possibilidades de discernimento.

Na Epístola aos Gálatas Paulo usa categorias apocalípticas como parte de esforço para justificar o caráter inovador da sua missão como um todo contrastante com os valores tradicionais do judaísmo. Em Gl 1.4 existe uma frase que se parece muito com uma frase que encontramos no início de 1Ts 1.10: "Jesus Cristo que se entregou por nossos pecados, a fim de resgastar-nos do presente tempo mau". Mas, na primeira Epístola aos Tessalonicenses, a ênfase recaía em *esperar* Jesus, "que nos salva da ira *futura*" (o grifo é meu). Aí se diz que Jesus já fez algo para nos afastar do "presente tempo mau". A ênfase existente na Epístola aos Gálatas se coloca na presente realização de esperanças escatológicas.

Paulo acusa os missionários posteriores na Galácia de introduzir "outro evangelho", que ele insiste em dizer que é falso, pois não pode haver outro evangelho afora o que ele pregou antes[30]. Do ponto de vista dos apóstolos rivais, ao invés, Paulo é que é o inovador. Paulo violou radicalmente os padrões do judaísmo permitindo que os gentios se unissem à comunidade sem serem circuncidados e sem serem obrigados a guardar o sábado e as festas.

Essas concessões poderiam ter sido justificadas para tornar mais fácil aos prosélitos gentios dar o passo inicial da conversão, mas os convertidos deviam depois completar sua inserção observando todos os mandamentos. Em contraste, como vimos, Paulo declarava que para os cristãos gentios querer agora ficar "debaixo da Lei" não seria um passo à frente, mas, sim, um passo para trás, equivalente ao retorno ao gentilismo (Gl 4.8-11). Não seria ato de obediência à vontade de Deus, mas de desobediência em face da nova ordem estabelecida pela vinda e pela crucifixão do Messias.

Para sustentar essa afirmação extraordinária, Paulo introduz a linguagem da revelação *(apokalypsis)*. Ele insiste em dizer que recebeu o evangelho que prega não de mãos humanas, mas "através de revelação de Jesus Cristo" (Gl 1.12; cf. v.1). Em seguida apela ao que

---

[30] Ver *acima*, Capítulo 4, Reformadores na Galácia.

é do conhecimento geral a respeito de sua carreira, de que os cristãos gálatas "ouviram" falar (v. 13), a saber, que ele anteriormente fora "zelota" que defendia as leis e os costumes do judaísmo mais do que os que agora perturbam os gálatas (cf. Gl 4.17). A mudança radical no curso de sua própria vida só é, portanto, explicável por essa revelação de Deus (Gl 1.13-16). Foi porque Deus lhe concedeu revelação especial (v.16), não por causa de alguma instrução ou ordem recebida dos apóstolos mais antigos em Jerusalém (Gl 1.16-2.10), que ele aceitou a definição não legal do evangelho e começou a pregá-lo aos gentios.

A Epístola aos Gálatas esclarece outro aspecto pelo qual as inovações de Paulo se parecem com o modelo de profeta milenar. Ele define e defende a ordem radicalmente nova em termos tirados da antiga. Seu argumento pressupõe familiaridade com a noção do Deus único que controla o futuro de acordo com suas promessas, faz revelações, julga o mundo etc.; também tira suas provas da Escritura e das tradições de Israel. Isto se torna especialmente claro nos capítulos 3 e 4, onde elaborou denso argumento reunindo uma série de textos e alusões específicos de maneira que depende das interpretações tradicionais de certos textos prova messiânicos e de regras de exegese que devem ter sido comuns no judaísmo, pois muito mais tarde elas eram explicitamente formuladas na literatura rabínica[31].

Por exemplo, a tradição segundo a qual o termo *semente* em 2Sm 7.12 e por conseguinte também em Gn 17.7 se referia ao Messias é combinada com as promessas de Gn 49.10, entendida como "até que venha aquele a quem pertence". Semelhante interpretação de Gn 49.10 ocorre em fragmento dos textos de Qumran: "Até que venha o Ungido legítimo, o Rebento de Davi, pois a ele e à sua semente foi conferida a aliança da realeza para as gerações eternas" (4QPB 3s). O versículo é interpretado no sentido de frase legal que muitas vezes ocorre nas fontes judaicas, quando certa regra ou instituição é válida somente "até que venha" um agente de Deus.

---

[31] Dahl, 1973, é a análise mais completa deste argumento, demasiadamente complexa para ser repetida aqui, cf. Dahl, 1969.

Por exemplo, a Regra da Comunidade de Qumran especifica que a seita deve "caminhar segundo esses primeiros mandamentos até que venha um Profeta e o Ungido de Aarão e de Israel" (1QS 9,11). Paulo já é mais radical. Não só insiste em dizer que o Messias já veio, mas o fato de Jesus crucificado incorrer em maldição na Torá (Dt 21.23; Gl 3.13) o leva a dedução sem precedentes.

Os mandamentos temporários que só eram válidos até a vinda do Messias incluem não apenas regras particulares, mas também "a Lei" como tal, todo o corpo de mandamentos que distinguiam os judeus dos gentios. Esta insistência de que o radicalmente novo já se acha atestado na Escritura é característica do uso que Paulo faz da Escritura como autoridade[32]. Também é característico da apocalíptica, como os comentários escriturísticos de Qumran ilustram de maneira mais do que satisfatória.

Dessas duas maneiras, usando revelações e linguagem escatológica para legitimar a visão radicalmente nova da ordem divino-humana e inserindo nessa visão e nessa legitimação as escrituras e as tradições antigas, o movimento paulino se assemelha ao modelo milenarista moderno. Também parece com o modelo quase contemporâneo, a seita judaica de Qumran. Este grupo se afastara das principais instituições do judaísmo, a fim de estabelecer uma "comunidade da nova aliança" no deserto do Mar Morto. Seus membros eram dirigidos por sacerdotes, que encaravam as credenciais dos sacerdotes em exercício no templo de Jerusalém como falsas e o próprio templo como poluído.

Os judeus de Qumran resolveram criar nova comunidade, composta de "voluntários da Torá", que adotariam nova e rigorosa disciplina de separação de toda impureza de radical obediência às leis de Moisés como eram interpretadas pelo Mestre de Justiça e por sucessores, os dirigentes sacerdotais da seita. Estas inovações radicais eram justificadas pela crença de que viviam no fim dos dias. De modo semelhante, vimos as inovações ainda mais radicais realizadas pelos cristãos paulinos com a afirmação de que o Messias já viera.

---

[32] Ver Capítulo 4, Poderes para a autoridade.

Evidentemente, o conteúdo das inovações dificilmente poderia ser mais diferente: em vez da aplicação rigorosa da Lei e da separação do impuro resto de Israel, os paulinistas ensinavam a abolição da prática legalista da Lei e a união de judeus e gentios. No entanto, em ambos os casos as crenças escatológicas provocaram divergências dentro de contexto tradicional devido à prática abruptamente modificada.

A correspondência coríntia é rica em linguagem escatológica, boa parte da qual pode ser chamada especificamente apocalíptica. Alguns exemplos da primeira Epístola aos Coríntios indicam tanto o tipo de expressão quanto os contextos epistolares desta linguagem:

> ... a tal ponto que nenhum dom espiritual vos falte, já que esperais a revelação [*apokalypsis*] de nosso Senhor Jesus Cristo. [1Cor 1.7s, parte da ação de graças inicial]
> ... a sabedoria de Deus secreta e oculta, que Deus decretou antes dos séculos... "O que olho algum viu, o ouvido não ouviu e o coração do homem não concebeu, o que Deus preparou para os que o amam", Deus nos revelou pelo Espírito. [1Cor 2.7-10]
> ... a obra de cada homem será manifestada; pois o Dia há de mostrá-la, porque ela será revelada como fogo... Se alguém destrói o templo de Deus, Deus o destruirá. [1Cor 3.13 (cf. vv. 10-15); 1Cor 3.17]
> Não façais julgamento antes do tempo, antes que o Senhor venha; ele porá às claras as coisas agora ocultas nas trevas e manifestará os propósitos dos corações. Então cada um receberá de Deus o louvor que lhe for devido. [1Cor 4.5]
> Deveis entregar este homem a Satanás para a destruição da carne, a fim de que seu espírito possa ser salvo no dia do Senhor. [1Cor 5.5]
> Não sabeis que os santos julgarão o mundo?...
> Não sabeis que devemos julgar os anjos? – Não sabeis que os injustos não herdarão o reino de Deus? [1Cor 6.2,3,9]
> O corpo não se destina à imoralidade, mas ao Senhor, e o Senhor ao corpo. E Deus ressuscitou o Senhor e nos ressuscitará também pelo seu poder. [1Cor 6.13s]
> Penso que, em face das angústias presentes, permanecer como ela está... Digo-vos, irmãos, o tempo marcado tornou-se muito curto... pois a forma deste mundo passa. [1Cor 7.26-31]

Pois, todas as vezes que comeis esse pão e bebeis esse cálice, proclamais a morte do Senhor até que ele venha – Mas, quando somos julgados pelo Senhor, como corrigidos, para que não sejamos condenados junto com o mundo. [1Cor 11.26,32]
Em seguida vem o fim, quando ele entrega o reino a Deus Pai depois de destruir todas as regras e toda autoridade de poder. [1Cor 15.24]
Eis que vos conto um mistério. Nem todos nós adormeceremos, mas todos nós seremos transformados, em um momento, num piscar de olho, ao som da última trombeta. Pois a trombeta tocará, e os mortos ressuscitarão incorruptíveis e nós seremos transformados. [1Cor 15.51s]
Se alguém não ama o Senhor, seja anátema. Marana tha. [1Cor 16.22][33].

Estes exemplos mostram que as expressões apocalípticas serviriam para uma série de funções específicas dentro da estrutura da epístola, desde o estabelecimento inicial de relações de amizade por meio de elogios aos destinatários, em meio a recomendações sobre tipos gerais e específicos de comportamento, até o jogo de frases grandemente irônicas, até sarcásticas feito com os destinatários. Este último recurso visava alterar algumas atitudes específicas assumidas por grupo importante dentro das congregações coríntias.

O exemplo mais conhecido do emprego da ironia, característico da primeira Epístola aos Coríntios, é 4.8, que se tornou a chave para grande parte da interpretação recente dessa epístola: "Já estais saciados! Já ficastes ricos! Sem nós vos tornastes reis! E oxalá que de fato reinásseis, pois assim poderíamos compartilhar o governo convosco!".

A maioria dos exegetas concordam em que essa passagem, tomada dentro do contexto juntamente com as numerosas afirmações enfatizando a sequência futura e temporal no decurso da epístola, principalmente no capítulo 15, nos capacita a discernir a principal questão que se acha por trás dos variados problemas

---

[33] A tradução de todas essas passagens é tirada da RSV.

ventilados pela carta. Como geralmente se admite, a questão se situa entre "a escatologia realizada" do grupo chamado *pneumatikoi* de Corinto e a "escatologia futurista" ou "reserva escatológica" de Paulo[34].

O fato de propormos a mesma questão em termos funcionais nos dará possibilidade de compará-la com os usos da linguagem apocalíptica que vimos nas outras cartas. Os *pneumatikoi* de Corinto usam a linguagem escatológica, principalmente em formas que já haviam sido adaptadas ao ritual do batismo. Para eles tal linguagem os estimula a transcender algumas normas do comportamento ordinário e alimenta a sua convicção de que seu *status* é superior ao dos ainda preocupados com o mundo carnal, que chamam de cristãos "fracos" e "psíquicos"[35]. Contra eles Paulo usa linguagem escatológica predominantemente no tempo futuro, a fim de enfatizar a imperfeição do *status* presente dos cristãos e a necessidade de responsabilidade mútua.

Diante disso, pois, o emprego que Paulo faz de categorias apocalípticas parece aí ser o inverso do que ocorre na Epístola aos Gálatas. No primeiro caso usava a experiência presente de fatores tradicionalmente associados com a era messiânica para justificar renovação radical, abandonando o uso da lei mosaica a ponto de estabelecer limites entre judeus e gentios. No segundo, usa linguagem escatológica no tempo futuro para restringir a inovação e aconselhar a estabilidade e a ordem: "Em vista da presente [ou a fim de impedir] aflição, é bom que a pessoa permaneça como está".

No entanto, é importante reconhecermos que esse uso conservativo da linguagem apocalítica se opõe ao uso inovador feito pelos *pneumatikoi*, e que o último é estruturalmente análogo à consideração de Paulo na Epístola aos Gálatas. Os membros da comunidade paulina evidentemente haviam aprendido bem o uso

---

[34] Destacadamente Käsemann, 1960; revisões convenientes de outra bibliografia se encontram em J. H. Wilson, 1968, e Boers, 1967; ver também Koester, 1961; Funk, 1966, 279-305; Pearson, 1973, 27-43; Dahl, 1967; Thiselton, 1978; Horsley, 1978.

[35] Ver Capítulo 4, Confusão em Corinto.

que Paulo fazia da apocalíptica como estímulo à inovação; Paulo, porém, não gostava da aplicação que eles faziam da lição aprendida.

Se observarmos as consequências sociais a que Paulo desejava chegar com usos diversos da apocalíptica nessas situações diferentes, porém, veremos que existe maior consistência do que parecia à primeira vista. O ponto central em todas as três epístolas que examinamos era constituído pela solidariedade e pela estabilidade das comunidades. O modo de vida dessas congregações era novo no sentido especial de que as noções relacionadas com a nova era do Messias eram usadas para defender as mudanças radicais que os primeiros gentios ou os primeiros judeus experimentaram. Mas qualquer outra espécie de inovação que ameaçasse a coerência dessa vida comunitária encontrava resistência por meio do emprego de outros aspectos da imagem da nova era. Isso também condiz com nosso modelo de movimentos milenaristas, em que o mito da mudança do mundo que há de vir serve de apoio tanto para a transformação das relações sociais tradicionais para as relações especiais da seita, quanto também para a instituição interna da seita. Essa dialética é fartamente ilustrada pela comunidade de Qumran.

Deveríamos lembrar-nos, outrossim, de que, quando extraímos das epístolas os elementos que encaramos como apocalípticos, criamos uma abstração. Ninguém no movimento paulino teria usado os rótulos de "apocalíptico" ou de "escatológico" para designar aspectos das suas crenças. Assim como a realização central de profeta milenarista consiste em inventar (por quaisquer que sejam os meios conscientes ou inconscientes mediante os quais a revelação ocorre) um mito abrangente, que guiará seus seguidores para alcançarem uma maneira transformada de viver, também os elementos que destacamos como apocalípticos no paulinismo percorrem o caminho que percorrem somente porque são parte de conjunto de crenças maior, muito complicado mas flexível. Nesse sentido, poderíamos também dizer que todas as outras crenças que discutimos neste capítulo são, funcionalmente, apocalípticas.

O Messias crucificado

O cerne em torno do qual as crenças paulinas se cristalizaram foi a crucifixão e a ressurreição do Filho de Deus, o Messias. Isto destinava-se a provar um dos símbolos mais poderosos que já apareceram na história das religiões; nos primeiros anos do movimento cristão, ninguém parece ter reconhecido seu potencial gerador de modo tão rápido e tão abrangente quanto Paulo e seus associados. Já vimos as numerosas maneiras como as homologias se desenvolveram ou foram declaradas entre "a palavra da cruz" e os aspectos da vida das comunidades.

Para Paulo, o paradoxo do Messias crucificado se tornava a chave de relação paradoxal entre o movimento dos seguidores de Jesus e as estruturas estabelecidas do judaísmo no mundo romano. Os cristãos identificam o "Deus único" do culto judaico, o Deus dos pais ou antepassados, como sendo "aquele que ressuscitou Jesus dos mortos" (Rm 4.24; 8.11; 2Cor 4.14; Gl 1.1; Cl 2.12; 1Ts 1.10; cf. 2Cor 1.9).

O resultado é mudança estrutural de todo o modelo de crenças, a tal ponto que a teologia paulina, no sentido estrito, não pode separar-se da cristologia. A crença no Messias crucificado introduz novo paradigma de controle do modo de ação de Deus[36]. É na afirmação de que Cristo Jesus foi crucificado e ressuscitou dos mortos que se baseia o modelo dialético característico de boa parte do discurso paulino. O estilo antitético tão comum na lin-

---

[36] Com isto sempre houve preocupação, mas ninguém estudou a matéria com maior lucidez do que Dahl, 1960; 1977, 95-120; 1978. Algumas das formulações de Dahl recentemente foram tomadas e divulgadas por Beker, 1980. Para afirmação menos compacta na própria linguagem de Paulo, ver Fl 3.10s. Aí a frase epexegética; "conhecê-lo e conhecer o poder da sua ressurreição e a participação em seus sofrimentos, em conformidade com a sua morte, de modo que eu consiga, se possível, chegar à ressurreição dos mortos", se amplia com a frase: "a justiça de Deus baseada na fé". Este é o clímax de todo o trecho. A advertência contra os judaizantes: "Cuidado com a mutilação" (v. 2), é seguida da afirmação ousada: "*Nós [hemeis]* somos a circuncisão, nós que servimos a Deus espiritualmente" (v. 3). Essa transferência radical de termos e a inversão de valores é ilustrada por sucinto relato autobiográfico (vv. 4-11) que se dirige ao clímax.

guagem de Paulo, retomado pelos seus associados e sucessores e que provavelmente pertencia às tradições pré-paulinas, enfatiza o paradoxo desse evento. Seu significado estava escondido para o mundo; é segredo *(mysterion)* revelado somente aos cristãos (1Cor 2.1s,6-10; cf. Rm 16.25s).

A novidade da proclamação, que viola ou pelo menos transcende expectativas baseadas na razão ou nas tradições judaicas (1Cor 1.18-25), permite que ela sirva como incentivo à inovação. Em particular, Paulo usa o paradoxo da crucifixão do Messias explicitamente para defender e apoiar a união de judeus e gentios e a abolição da distinção entre eles, acabando com a função da Torá de estabelecer fronteiras.

Isso constitui a peça central no complexo argumento da Epístola aos Gálatas, capítulos 3-4, e também da Epístola aos Romanos, especialmente 3.21-26. Um discípulo de Paulo, escrevendo na encíclica aos efésios, mostra o poder de continuidade dessa conexão na escola paulina, ao declarar que a inclusão dos gentios como membros da "família de Deus" é em si o conteúdo do *mysterion* (Ef 3.1-12; 2.11-22).

Como metáfora, a crucifixão/ressurreição também se torna modelo interpretativo do que podemos de modo geral chamar teodiceia. Isto significa que, quando alguém experimenta o sofrimento ou a hostilidade, a lembrança da ação de Deus nesse evento se torna meio de conforto. Os cristãos são chamados a se regozijarem com a possibilidade de imitarem Cristo (como em Rm 5.1-11; 2Cor 1.3-7) e, ao mesmo tempo, recebem a garantia de que é na fraqueza que o poder de Deus se manifesta. "Aquele que ressuscitou o Senhor Jesus também nos ressuscitará e nos apresentará como ele" (2Cor 4.14)[37].

A mesma metáfora funciona como modelo para avaliar o comportamento dentro da igreja. Discutimos as maneiras por meio das quais Paulo afirma que sua própria carreira apostólica se assemelha muito ao modelo da crucifixão/ressurreição, especialmente contra

---

[37] Isto aponta o principal tema não só da doxologia inicial da segunda Epístola aos Coríntios, mas também dos sete anteriormente e ainda Olson, 1976.

os que negam sua autoridade apelando para indicadores extrínsecos de legitimidade[38]. Nas parêneses, a submissão voluntária de Cristo à morte é tomada como modelo para ações e atitudes de outro teor. Assim, "nós que somos fortes devemos suportar as debilidades dos fracos e não buscar nossa satisfação; cada um de nós procure agradar seu próximo. – Pois Cristo não buscou sua própria satisfação –" (Rm 15.1-3, VRP; cf. Gl 6.2).

Os cristãos deviam "aceitar-se mutuamente, como Cristo os aceitou" (Rm 15.7); "perdoar-se uns aos outros – como o Senhor os perdoou" (Cl 3.13; Ef 4.32); "caminhar no amor, como Cristo também nos amou e se entregou por nossa causa como oferenda e sacrifício a Deus" (Ef 5.2)[39]. Eles são estimulados a contribuir para a coleta em benefício dos pobres em Jerusalém mediante o lembrete de que "a graça de nosso Senhor Jesus Cristo, que por nossa causa se fez pobre, embora fosse rico, para que vós pela sua pobreza pudésseis tornar-vos ricos" (2Cor 8.9). E todo o modelo mítico da descida de Cristo de forma divina para a humana, da sua submissão à morte e subsequente exaltação e entronização, pode ser introduzido citando um hino ou poema litúrgico familiar aos leitores, como base para o apelo em prol da unidade e da consideração mútua (Fl 2.5-11).

Parece óbvio que um efeito da crença na morte e ressurreição de Jesus seria o de propiciar poderoso incentivo para a esperança de vida depois da morte para os crentes. Certamente, isso era verdade para Paulo e seus dirigentes associados, como igualmente em outros círculos do cristianismo primitivo. Com boas razões muitos historiadores modernos sugeriram que essa promessa de ressurreição dos indivíduos era fator preponderante no apelo emocional dirigido pelo cristianismo ao mundo gentio[40]. Todavia, nem a promessa nem os preconceitos que os convertidos traziam à igreja eram tão bem delineados quanto muitas vezes são mostrados.

---

[38] Capítulo 4, Confusão em Corinto.
[39] Este "modelo de conformidade" (também em Ef 5.25,29) é forma padronizada da exortação cristã primitiva, não exclusiva de Paulo (Dahl, 1954, 34).
[40] Por exemplo, Dodds, 1965, 135; mais recentemente MacMullen, 1981, 136s. Ambos se referem ao período do II ao IV séculos.

MacMullen recentemente argumentava que a crença na imortalidade pessoal não era muito comum no gentilismo romano, inclusive nos dois séculos seguintes ao período que examinamos, que com tanta frequência foi descrito como tempo de hipocondria espiritual e de fuga do mundo difícil. Diz que "certezas da imortalidade demonstram ser inesperadamente difíceis de encontrarmos nas provas. Até o desejo dela não é muito confirmado"[41]. As epígrafes dos túmulos repetem um gracejo sobre a morte: "Eu não era, eu não sou, eu não me importo", usado com tanta frequência que chegava a ser abreviado: "n.f.n.s.n.c."[42].

MacMullen sequer acha difícil provar que os mistérios prometessem uma imortalidade real, embora a maioria dos pesquisadores anteriores pensassem que esta fosse o principal dom procurado pelos iniciados no período romano[43]. No seu esforço para corrigir o consenso predominante, MacMullen pode dar demasiado peso ao silêncio da maioria dos epitáfios sobre a esperança de outra existência. Outra prova, destacadamente a literatura filosófica e retórica sobre o consolo, parece confirmar amplamente as crenças na imortalidade pessoal[44]. Não obstante, é evidente que as crenças e

---

[41] MacMullen, 1981, 53.
[42] *Ibidem*, 57; prova citada à p. 173, n. 30.
[43] *Ibidem*, 53-57.
[44] Sobre os mistérios, admiro-me de que MacMullen não tenha sido demasiado cético. Apuleu, *Met.* 11.6. (Griffiths, 1975, 271, 2), pressupõe alguma espécie de imortalidade pessoal que será alcançada, embora não criada, pela iniciação. O iniciado nos Campos Elísios, na "abóbada subterrânea", ainda continuará sendo adorador de Ísis e estará sob a sua proteção. Assim, também, talvez MacMullen se sinta bem a cavaleiro quanto à promessa mitraísta (segundo Celso) da ascensão da alma pelas sete esferas planetárias ("não para cada um saborear a imortalidade"; 54). A descrição de Bousset da "Himmelsreise der Seele" (1901) errou nos pormenores e esboçou um quadro demasiado esquemático, mas este foi, apesar de tudo, poderosa espécie de crença aparentemente partilhada por muitos, não menos pelos gnósticos cristãos e não-cristãos agora mais bem conhecidos por meio dos textos de Nag-Hammadi. Os mestres de retórica recomendam que os discursos de consolação incluam lembranças da volta da alma ao reino divino como fonte de conforto para os desolados; por exemplo, Menander Rhet., "On Consolation" e "On the Funeral Speech" (Russell e Wilson, 1981, 160-165, 176s [com tradução]; também *Rhet. Gr.* [Spengel] 3: 414, 16-25; 421, 15-17). Sêneca, *Ad Marc. de consol.* 23.2 e Plutarco, *Consol. ad. ux.* 611D-612B

esperanças variavam consideravelmente. Também no judaísmo, as crenças sobre a vida futura variavam de um grupo para outro; eram fluidas no período que estamos analisando, e até crenças semelhantes podiam servir para diferentes funções em contextos diferentes e em épocas diferentes[45].

Em contraposição, Paulo e seus associados são bastante claros na sua convicção de que Deus, havendo ressuscitado Jesus, "também nos ressuscitará". A passagem de consolação em 1Ts 4.13-18, como vimos, mostra como essa confiança podia ser afirmada em situação específica de aflição, e como a comunidade cristã podia, assim, distinguir-se do "resto que não tem esperança" (v.13). Entretanto, o fato de Paulo ter tido que escrever dessa maneira, usando revelação especial "uma palavra do Senhor" (v.15), mostra que a ressurreição dos que haviam morrido não era de modo algum auto-evidente para esses convertidos recentes. Além do mais, o conceito de ressurreição era ambíguo.

A imagem dominante da ressurreição de Jesus no cristianismo pré-paulino e paulino parece não ter sido a ressurreição de seu cadáver, como se descreve nas narrativas da paixão encontradas nos evangelhos canônicos e nos Atos, mas sua exaltação e entronização no céu[46]. Esta figura, como uma espécie de drama cósmico, era particularmente familiar na celebração do batismo, como vimos no capítulo 5.

Os *pneumatikoi* de Corinto aparentemente concebiam sua própria ressurreição (no batismo?) de maneira análoga, como transcendência espiritual do mundo ordinário, já realizada. Foi contra esta concepção que Paulo apresentou seu quadro muito mais realista e apocalíptico da ressurreição futura de "corpos espirituais" em 1Cor 15.

---

são exemplos literários do *topos* no uso atual – Todas essas referências devo-as a Abraham J. Malherbe, que salienta que os manuais retóricos são particularmente importantes porque não introduzem novas ideias, mas usam opiniões populares, expectativas e esperanças.

[45] Ver Nickelsburg, 1972, Cavallin, 1979.
[46] Schweizer, 1955, 56-67; Hahn, 1963, excurso 2 (pp. 129-135); Hay, 1973; cf. Schille, 1962, 103.

A noção de ressurreição podia assim ser construída de modos bem variados e diferentes imagens podiam ter correlatos sociais bastante diferentes. Para os "espirituais" de Corinto, a exaltação com Cristo podia significar novo *status* para os carismáticos, liberdade em face de inibições convencionais. Para Paulo, a crença na ressurreição de Cristo como as "primícias dos que adormeceram" significava solidariedade da comunidade, autoridade manifestada em aparente fraqueza, relacionamento dialético com estruturas convencionais.

Pela discussão precedente fica claro que não é muito exato descrever o uso comum ou mesmo o uso que Paulo faz do paradigma crucifixão/ressurreição como paradoxais. Isto significa que as coisas ordinariamente tomadas como sinais de fraqueza não são simplesmente redefinidas como poderosas porque se comparam com a fraqueza de Jesus crucificado, embora algumas das afirmações de Paulo plausivelmente possam ser interpretadas dessa maneira[47]. Na maioria das vezes o modelo é dialético ou sequencial: Cristo primeiro foi fraco, depois forte e poderoso; também os cristãos são fracos e estão afligidos hoje, mas serão vingados e se tornarão gloriosos.

É evidente que esse é modelo apocalíptico muito comum e aparece claramente na mais apocalíptica das epístolas paulinas, a segunda Epístola aos Tessalonicenses, especialmente na linguagem consoladora da ação de graças inicial (2Ts 1.3-12)[48]. Quer a epístola tenha sido escrita por Paulo quer não, o modelo deve ter sido bem conhecido dos cristãos paulinos. De fato, linguagem muito semelhante aparece na epístola indubitavelmente autêntica a Filipos (Fl 1.28s). O fato de muito cedo a afirmação da morte e ressurreição de Jesus ter-se misturado com um modelo simbólico muito diferente, o

---

[47] É o que acontece com Güttgemanns, 1966, que não só exagera a frequência e a consistência dessas afirmações paradoxais, tornando-as normativas para a teologia paulina, mas também dificulta a solução introduzindo a noção de Käsemann dos sofrimentos do Apóstolo como "epifanias" do Cristo crucificado. Nenhuma característica de epifania aparece em qualquer dos textos que ele cita. Ver Jervell, 1976, e Adams, 1979, 209-217, 243.

[48] Aus, 1971.

da descida do céu seguida da exaltação e da entronização aí[49], reforçava essa esperança compensatória.

Até Paulo, cujas afirmações tendem ao paradoxal, pode às vezes falar do seu próprio poder de maneiras não paradoxais. Realmente, usava o paradigma da crucifixão/ressurreição em suas epístolas coríntias para argumentar em favor de nova forma de construir o poder[50]. No entanto, como JACOB JERVELL destacou, não admite que, embora somente a fraqueza seja visível em sua carreira, esta própria fraqueza seja força aos olhos de Deus. Pelo contrário, o paradoxo está em que é a um tempo fraco e carismático.

Paulo e outros, fracos em termos do sistema de valores dominante, não obstante fazem coisas poderosas – por exemplo, sobrevivem a despeito das mais extraordinárias pressões e aflições – e, por conseguinte, esse poder não deve vir deles mesmos, mas de Deus[51]. Assim, também, a luta retórica de Paulo contra os "super-apóstolos" em 2Cor 10-13, que faz uso eloquente do paradoxo e da ironia que podiam ser extraídos do modelo da crucifixão e ressurreição, culmina com uma advertência de que quando for de novo a Corinto "não os poupará": "Porque procurais uma prova de que é Cristo que fala em mim – ele que para vós não é fraco mas poderoso em vós – pois na verdade ele foi crucificado em fraqueza, mas vive pelo poder de Deus, e nós também somos fracos nele, mas vivemos com ele pelo poder de Deus em relação a vós" (2Cor 13.2-4).

As epístolas deuteropaulinas aos Colossenses e aos Efésios, mostram a contínua frequência do simbolismo da exaltação de Cristo como vitória cósmica e reconciliação dos poderes cósmicos. As implicações sociais permaneciam ambíguas. Embora alguns cristãos colossenses possam ter encontrado nesse simbolismo fundamento para suas exageradas práticas ascéticas, "culto a anjos", e, para suas experiências visionárias, o autor adaptou o mesmo simbolismo para

---

[49] Agora os estudiosos do Novo Testamento geralmente acreditam que esse modelo tem suas raízes nos mitos ou metáforas judaicos sobre a Sabedoria divina. Ver, por exemplo, Harris, 1917; Bultmann, 1923; Hegermann, 1961; Mack, 1973; Feuillet, 1966; Hamerton-Kelly, 1973.
[50] Ver, Capítulo 4, Confusão em Corinto, e Schütz, 1975.
[51] Jervell, 1976.

investir contra os desviados. Tanto ele quanto seu imitador, o autor da Epístola aos Efésios, usou as imagens cósmicas para fortalecer a coesão interna das igrejas[52].

Assim vemos mais uma vez que as implicações da crença não eram automáticas. A explanação do sentido de uma crença tão central quanto a ressurreição de Cristo era processo dialético. O que chamamos, pura e simplesmente, de suas consequências sociais era parte integrante desse processo.

O mal e sua contrapartida

Na fórmula inicial de uma carta, Paulo podia caracterizar Jesus Cristo como "aquele que se entregou por nossos pecados a fim de nos resgatar do presente mundo mau" (Gl 1.4). Por que poderia supor que os cristãos para quem escrevia concordariam em achar que o mundo existente era mau? Que havia de mau nele? De que maneira se deu o "resgate" que Cristo realizou?

Vimos que alguém se tornar membro da *ekklesia* cristã significava grande mudança social. A decisão acarretava a entrada em associação que se apresentava como nova família, substituindo outros relacionamentos e fontes de identidade. Significava esperar e experimentar hostilidade da sociedade externa. Significava envolvimento proibido em qualquer outro culto, ter que evitar todos os outros rituais. A contrapartida simbólica dessa transferência exclusiva e abrangente de fidelidade, desse compromisso sectário, era a apresentação do "mundo" como mau e pervertido. Este quadro obscuro do mundo não era absoluto do ponto de vista paulino, assim como suas fronteiras em relação à sociedade mais ampla não eram impenetráveis. Apesar de tudo, as cores dominantes são muito sombrias.

A correlação entre a mudança social de conversão e a simbolização de mal e salvação não implica causalidade unidirecional. Por outro lado, podemos razoavelmente admitir que a conversão, que

---

[52] Meeks, 1977.

visava radical mudança de fidelidade, radical mudança de *ethos* e de símbolos fundamentais, pressupõe alguma espécie de forte insatisfação anterior em face da maneira como as coisas são.

O simbolismo de mal da seita focalizaria, interpretaria e responderia a tal desajuste. Por outro lado, contudo, poderíamos argumentar que, depois que alguém decidia fazer tão grande mudança na sua associação e na orientação da sua vida, seria necessário justificar e explicar tal mudança, para si e para os outros, adotando crenças que o convenciam de que a vida anterior era má e de que a presente (ou a futura) equivaliam à salvação. As religiões tanto correspondem a necessidades quanto as criam.

As epístolas não apresentam sequer uma doutrina sistemática, sequer um mito abrangente sobre a natureza e a origem do mal, e as tentativas no sentido de reconstituir uma visão sistemática que pudéssemos dizer que estivesse subjacente às afirmações expressas continuam sendo altamente problemáticas. Tentaremos algo mais modesto: identificar algumas das maneiras particulares mediante as quais as epístolas falam da presença ou da ameaça do mal, observar os bens opostos com que esses males são geralmente comparados e ver se há indícios dos modos como as crenças sobre o mal e sua cura estão relacionadas com motivações, atitudes e disposições sociais. Podemos agrupar os vários conjuntos de metáforas sob quatro títulos: grilhões e libertação, culpa e justificação, alienação e reconciliação, deformidade e transformação[53].

Grilhões e libertação

O mundo humano é visto como se estivesse sob o controle de poderes demoníacos, os quais incluem Satanás, que pode até ser chamado "o deus deste mundo *[eon]*" (2Cor 4.4) e outros "governantes e autoridades" (Cl 2.15; Ef 6.12-17), que podem ser identi-

---

[53] Isto segue um tanto despreocupadamente o conjunto interpretativo sugerido por Theissem, 1974a, embora a total "estrutura de campo do simbolismo soteriológico" que ele constrói seja, como Beker, 1980, 256, diz, "demasiadamente aprimorada". Ver também Sanders, 1977, 463-472.

ficados com os "elementos do cosmo" (Gl 4.1-11; Cl 2.20) ou com divindades gentias (1Cor 10.20; Gl 4.8s).

A morte também é tratada como um poder pessoal "o último inimigo" que tiraniza a humanidade (1Cor 15.26) e Paulo pode descrever o pecado em termos semelhantes (Rm 5.21-6.23; 7.7-8.2)[54]. Uma vez ele até descreve a Lei como poder pessoal, escravizador (Gl 4.1-11), mas isso faz parte da situação polêmica peculiar dos gálatas e dificilmente pode ser incluído na instrução regular. Na época em que Paulo escreveu Rm 7, encontrara modo mais cuidadoso de afirmar a relação entre a Lei e o poder escravizador do pecado.

As metáforas em contraposição falam de liberdade. O que se requer é que os escravos sejam "libertados" ou "resgatados" (Gl 4.4; 5.1 e *passim;* Rm 8.21; 1Cor 6.20; 7. 23; Rm 6.12-23; Cl 1.13). Esta libertação poderia ser descrita como a derrota dos poderes cósmicos, tal como acontece em Cl 2.15, motivo que encontramos intimamente ligado à cristologia da descida/exaltação e ao ambiente que circunda o batismo (cf. Ef 1.21; 2.2; Fl 2.10), embora a reconciliação desses poderes seja outra imagem possível, como em Cl 1.20.

O lado subjetivo da questão é fraqueza, que pode ser explicada pela impotência social da maioria dos convertidos (1Cor 1.26-28), mas também pela fraqueza física e pela vulnerabilidade (1Cor 12.9; 4.7.12.16-18). O que se requer é receber o poder de Deus, embora tenhamos visto que isto era encarado sob a luz paradoxal ou dialética da metáfora radical da cruz. Outra forma de representar o caráter paradoxal da nova vida era falar não de libertação mas de mudança de senhor: o cristão se torna escravo de Cristo (1Cor 7.22) ou de Deus (Rm 6.13)[55]. Mas esta metáfora também se encontra combinada com a adoção, tempo que há de vir e herança[56].

O lado objetivo do quadro, porém, é o poder dos adversários de impor sofrimento, até àqueles que já se julgam em certo sentido

---

[54] Ver Schottroff, 1979. Também aprendi muito com um ensaio feito por Paul Donahue, sobre o caráter "demoníaco" do pecado na Epístola aos Romanos.

[55] Será difícil fazer disto *a* imagem central da teologia paulina, como Käsemann, 1973, faz. Cf. Theissem, 1974a, 185, n. 6.

[56] Theissem, 1974a, 286,

livres dos grilhões cósmicos e fruindo do poder de Deus. Existem, naturalmente, adversários humanos, que perseguem os cristãos, instigando prisões e outros castigos. Contudo, é interessante constatarmos que a identidade dos adversários das comunidades paulinas nunca é especificada.

As provas indicam hostilidade local, esporádica, mais do que quaisquer medidas policiais organizadas ou oficiais. A parênese paulina trata da hostilidade como sendo algo que simplesmente deve ser esperada e suportada. No quadro cósmico, ela corresponde à oposição ao poder de Deus pelos demônios. Satanás causa prejuízos triviais, interferindo nos planos de viagem de Paulo "duas ou três vezes" (1Ts 2,18)[57]; ele "tenta" ou "experimenta" por meio do desejo sexual (1Cor 7.5); seus desígnios a propósito de um membro que erra podem ser contrariados pelo perdão (2Cor 2.11). No entanto, há pouca coisa na linguagem das cartas que possa ligar a oposição humana com essas imagens de atividade demoníaca. O quadro não é tão esquemático quanto nos apologistas dos séculos II e III, para os quais todas as perseguições eram obra de demônios invejosos.

Culpa e justificação

A linguagem tradicional que Paulo adapta às epístolas fala não do resgate de grilhões, mas também de resgate da "ira futura" (1Ts 1.10; cf. 5.9; Rm 5.9; Ef 2.3). Aí, como já discutimos, reconhecemos a presença de um elemento típico da escatologia apocalíptica judaica. Deus é justo e pede que os homens sejam justos; isto será testado em julgamento final, universal.

A formulação peculiarmente paulina desse complexo escatológico é a doutrina de que, por meio da morte fiel de Cristo e da compensação fiel que Deus operou nele pela ressurreição, a justiça é concedida como livre dom a todos que a receberem pela fé. Desde Agostinho e, mais unilateralmente, desde Lutero e Melanchthon,

---

[57] Cf. Rm 15.22, onde o mesmo verbo aparece na voz passiva, e Rm 1.13, com um sinônimo; o sujeito implícito talvez seja Satanás em ambos os lugares.

essa doutrina foi considerada, no cristianismo ocidental, a pedra de toque do paulinismo. De fato, porém, Paulo fala dessa maneira raramente, com exceção do contexto em questão da relação de judeus e gentios na igreja, principalmente nas epístolas à Galácia e a Roma.

O importante texto de 2Cor 5.21 é apenas exceção parcial, pois a fórmula de afirmação: "Ele que não conheceu pecado se fez pecado por nossa causa, para que pudéssemos tornar-nos nele justiça de Deus", representa o clímax da apologia de Paulo sobre sua carreira missionária. Como os capítulos 3 e 4 mostraram claramente, a questão da relação com o judaísmo nunca esteve longe dessa apologia. Certamente, a doutrina da justificação pela graça não constituía em Paulo uma idiossincrasia tão grande, a ponto de não ter deixado vestígio algum em seus seguidores. Uma das suas afirmações mais compactas, se não lapidares, encontra-se em Ef 2.5,8s.

Não obstante, o uso mais geral do complexo culpa-justificação nas comunidades paulinas deve provavelmente ser descoberto nas fórmulas tradicionais que as epístolas citam ocasionalmente, como Rm 3.24s, e nas alusões não polêmicas em partes parenéticas das cartas. Rm 3.24s fala de Cristo Jesus como "resgate do pecado", "meio de expiar o pecado"[58], que é ao mesmo tempo "demonstração da justiça (de Deus) que não leva em conta pecados anteriormente cometidos". A proposição mais comum para essa espécie de formulação encontrava-se provavelmente na pregação missionária, como indicava o lembrete de Paulo em 1Cor 15.1s sobre a tradição de que "Cristo morreu por nossos pecados".

Não existe nessas passagens indicação alguma de que o convertido típico era alguém que anteriormente agonizara sob o peso de sentimento subjetivo de culpa, como também não existe indicação de que Paulo tenha passado por isso; aliás, nos raros lugares em que fala de sua vida anterior, o faz com orgulho (Gl 1.13s; Fl 3.4-6)[59].

---

[58] Barrett, 1957, 72.
[59] Ficou demonstrado que Rm 7.7-25 não apresenta prova alguma do contrário pela obra agora clássica de Kümmel, 1929. Ver Bultmann, 1932, e Stendahl, 1963. Não obstante, sobre oportuna advertência contra a remoção de *todos* os elementos autobiográficos de Rm 7, ver Beker, 1980, 240s.

No entanto, parece que os pregadores cristãos encontraram alguma forma de persuadir seus ouvintes de boa vontade de que a vida dos ouvintes, aos olhos de Deus, era de pecadores. Esta convicção corresponde ao hábito de pintar o mundo gentio como caracterizado por vícios. Os apelos aos cristãos para evitarem os vícios muitas vezes enumerados (1Cor 5.11; 6.9s; Gl 5.20; Ef 5.5; Cl 3.5-14) se dirigem aos que foram "lavados – santificados – justificados" (1Cor 6.11). Eles foram transferidos para uma esfera de poder diferente, em que as virtudes são "fruto do Espírito" (Gl 5.22).

Alienação e reconciliação

Juntamente com o quadro mítico de grilhões e impotência sob poderes perigosos e com os motivos forenses e cúlticos do pecado, da culpa e da justificação, os dirigentes do círculo paulino também falam de alienação ou inimizade para com Deus, superados pela sua ativa reconciliação (2Cor 5.16-21; Rm 5.1-11). O próprio Paulo raramente fala esta linguagem e, quando fala, se acha intimamente vinculada à linguagem da justificação, como nas duas passagens citadas.

Em 2Cor 5.18-20 ele resume sua carreira missionária. Isto aparece, de modo significativo, próximo do clímax do delicado apelo que faz em favor da reconciliação entre ele e a igreja de Corinto. Rm 5.1-11 afirma temas elaborados no capítulo 8[60]. As duas partes juntas estruturam a discussão de Paulo sobre uma série de problemas propostos por seus argumentos nos capítulos 1-3 e formam a transição dos quatro primeiros capítulos para o longo discurso sobre a relação entre a igreja e os judeus nos capítulos 9-11. O último culmina com uma visão sem paralelo da reconciliação suprema entre Deus e seu povo de Israel, que se tornou "inimigo por causa [dos cristãos gentios]", depois de "o número completo dos gentios" haver "entrado" (Rm 11.25,28). O autor da Epístola aos Efésios é, pois, especialmente paulino, quando toma como ponto central da reconciliação cósmica a destruição da barreira

---

[60] Dahl, 1956.

existente entre judeus e gentios e a inserção dos últimos na família de Deus (Ef 2.11-22).

Nas alusões batismais de que estão cheias as epístolas aos Colossenses e aos Efésios, porém, podemos chegar mais perto do uso mais amplo desse conjunto de metáforas na linguagem ritual e catequética dos grupos paulinos. Aí encontramos, como observamos acima, uma dimensão cósmica, um quadro mítico dos poderes espirituais em luta entre si e com Deus, mas "pacificados" e "reconciliados" pela ascensão de Cristo através das esferas astrais. A noção da submissão dos poderes cósmicos ao Cristo exaltado talvez fosse sugerida pelo versículo que desempenhou papel tão grande na formação cristã mais antiga da cristologia da exaltação:

> O Senhor disse ao meu Senhor:
> Senta-te à minha direita,
> até que eu ponha teus inimigos como escabelo
> debaixo de teus pés[61].

Embora o próprio Paulo pudesse usar esse mesmo texto familiar para afirmar o cunho incompleto do presente reino de Cristo, já que "o último inimigo, a Morte", ainda não foi "destruída" (1Cor 15.25-28), a noção comum sugerida pela liturgia batismal era, mais provavelmente, aquela a que Paulo aí se opõe e que modifica. A exaltação de Cristo acarretou a obediência dos poderes inferiores, terrenos e celestes, segundo o hino que o próprio Paulo cita em Fl 2.10.

Essa noção da submissão dos poderes a Cristo, do seu triunfo sobre eles, também é celebrada em Cl 2.15, como vimos, contudo ela se mistura, em Fl 2.10, com as imagens menos militantes de reconciliação, de paz e de unificação (Cl 1.15-20; Ef 1.10; 3.9-19). No entanto, os autores dessas duas epístolas adaptaram as imagens cósmicas exatamente para estimular a união e o cuidado mútuo nas comunidades[62].

---

[61] Sl 110.1 = 109, 1 LXX; ver Hay, 1973.
[62] Meeks, 1977.

Deformidade e transformação

THEISSEN chama os tipos de simbolismo, que tanto discutimos até agora, de "sociomórficos", tirando a classificação de TOPITSCH. A categoria restante chama de "simbolismo de transformação fisiomórfica" (ampliando a categoria "biomórfica" de TOPITSCH)[63]. Isto significa que tal simbolismo não decorre de relações sociais como as de senhor e escravo, pai e filho, juiz e réu, amigo e inimigo, mas de imagens orgânicas de crescimento e queda, de vida e morte, de divisão e união, bem como de noções físicas ou mágicas de formas mutáveis ou de transformação visual por espelhos.

Essas imagens aparecem de modo esporádico e fragmentário nas epístolas paulinas, e sua interpretação foi particularmente conturbada. Alguns intérpretes propõem elaborado sistema de mito ao qual, supõem, as palavras de Paulo aludem; outros recorrem a categorias mal definidas de misticismo. O que THEISSEN diz sobre a imagem da união entre Cristo e o crente, porém, se aplica a todo o conjunto: "Pode-se chamar isso misticismo, mas é misticismo de relações sociais, em que muitos participam"[64].

Podemos traçar uma série de imagens para interação entre a história bíblica do Éden e a criação e o pecado de Adão, elaboradas por interpretações tradicionais, e a interpretação especificamente cristã da morte e da exaltação de Jesus. O ambiente propício para o desenvolvimento desse conjunto de imagens era o batismo, como foi mostrado acima.

A vida humana é representada como vida distorcida, despojada e interceptada. A imagem de Deus, segundo a qual o primeiro casal humano foi modelado, foi perdida ou deturpada, e, com ela, a unidade primordial da vida humana foi fraturada. Esse rompimento era experimentado predominantemente na tensão e na paixão entre os sexos, mas também nas outras oposições de papéis e tipos de *status* que estruturam toda existência social. Acima de tudo, a mortalidade é percebida como não-natural, como maldição ou castigo.

---

[63] Theissem, 1974a.
[64] *Ibidem*, 300.

E a salvação, por sua vez, é descrita como restauração da imagem perdida do Criador, como reunião humana por meio da união com Cristo (ele próprio identificado com a Imagem) e como "tornar-se vivo", "revivificar-se".

No uso que o próprio Paulo faz do simbolismo de transformação existe forte elemento escatológico. O Espírito experimentado nas assembleias dos cristãos é apenas a "primícia" ou "penhor" da existência futura, quando "seremos transformados" (1Cor 15.51) de corpos de carne e sangue para "corpos espirituais" (v. 44). A vida real do Apóstolo e de todos os cristãos não é vida visível, mas vida celeste, que pode ser "revestida" na morte, "a fim de que o mortal seja absorvido pela vida" (2Cor 5.4) – transformação já representada pelo "revestir-se" de Cristo no batismo, quando o "penhor" do Espírito era recebido (v. 5).

A expressão mais clara dessa transformação esperada está em Fl 3.20s, que alude às imagens do hino cristológico em Fl 2.6-11: "De lá [do céu] também esperamos que venha como salvador o Senhor Jesus Cristo, que transformará nosso corpo de humildade para conformá-lo ao seu corpo de glória, pela energia que lhe dá capacidade de subordinar tudo a ele [próprio]". De modo semelhante, Paulo pode pôr no auge seu quadro da transformação futura de toda a criação, em Rm 8.18-30, com a afirmação sobre "os que amam a Deus": "Os que de antemão ele conheceu, predestinou a serem conformes à imagem de seu filho, de modo que ele fosse o primogênito entre muitos irmãos" (v. 29).

Que isso esteja de acordo com o simbolismo batismal é demonstrado por Cl 3.10 que diz: "tendo-se revestido do novo (homem) que é renovado no conhecimento "segundo a imagem" daquele que o criou". O autor deuteropaulino considerou alguma coisa da ênfase de Paulo no futuro, porém: "Pois morrestes e a vossa vida está escondida com Cristo em Deus. Quando Cristo se manifestar, vossa vida, então, também será manifestada com ele na glória" (Cl 3.3s). Por outro lado, Paulo podia usar esse tipo de imagens para falar da sua própria carreira no presente: "Porque nós, enquanto vivemos, somos sempre entregues à morte por causa de Jesus, para que também a vida de Jesus possa manifestar-se em nossa carne mortal". Mas é importante observarmos que o faz exatamente porque se preocupa com as relações sociais, com a sua autoridade em face dos cristãos coríntios: "assim a morte trabalha em nós, mas a vida em vós" (2Cor 4.10s,12).

Contexto

Entre todas as imagens negativas usadas nas epístolas paulinas, há poucas referências diretas a fatores sociais ou políticos. Por exemplo, em lugar algum há sinal de que o imperialismo romano seja causa do mal no mundo presente[65]. Somente no cenário apocalíptico de 2Ts 2.3s existe indício de oposição política à ordem divina. A escala do mal de que falam os escritores paulinos é, em certo sentido, muito menor do que o domínio político: imoralidade pessoal, fraqueza, cadeia, medo e sofrimento, e o problema peculiar da relação entre judeus e gentios. Em outro sentido a escala é muito maior: Satanás, o deus deste mundo, alienação e reconciliação cósmicas, o fim deste tempo em que vivemos.

É impressionante que tão pouco seja dito sobre soluções ou explicações para qualquer dos males ordinários que atingem a todos. O cristianismo paulino parece, pelo menos nas epístolas existentes, não oferecer teodiceia geral. Pelo contrário, só é dada atenção a fatores que surgem pela primeira vez porque os leitores se tornaram cristãos. Até as certezas sobre a morte apresentada em 1Ts 4.13-18; 1Cor 15; 2Cor 5.1-10 só falam de problemas especiais entre cristãos. É a solidariedade contínua da comunidade cristã que transcende a morte, ou a solidariedade presente dos que não devem pretender

---

[65] A sugestão de Schottroff (1979, 499s) de visão negativa do império era a fonte da metáfora do pecado como legislador ou governante do mundo parece forçada. Ela insiste em dizer que o Império Romano geralmente era encarado por seus súditos como a imposição da escravidão absoluta (502-507), mas isso dificilmente consegue crédito, nem a pequena prova que ela cita terá possibilidade de sustentar tal ponto de vista. O Quarto Livro de Esdras, ao refletir sobre a destruição de Jerusalém, dificilmente pode ser considerado típico. A filípica de Filon contra Calígula não deveria levar-nos a ignorar seu encômio sobre Augusto ou mesmo sua descrição dos primeiros anos de Gaio sob as categorias do parentesco ideal. E o famoso discurso posto nos lábios do guerreiro escocês Gálgaco por Tácito (*Agric.* 30s) dificilmente pode ser tomado como sentimento provinciano com relação a Roma.

que a morte não seja mais real, ou a compreensão correta do poder apostólico tratados, não o problema humano geral da mortalidade. Mas esse ponto em si mostra o contexto social dentro do qual o discurso sobre o mal e a salvação tem seu sentido e validade.

Há outro fato sobre a linguagem paulina do mal e do bem que segue a mesma direção. O contexto é teológico. As epístolas paulinas não falam do mal "natural". Até as exceções aparentes, as referências ao "corruptível" e ao "mortal" (1Cor 15.42,54; 2Cor 5.4), são apoiadas pela permissão e pela ação de Deus (cf. Rm 8). O contexto teológico é mais adiante sublinhado pelo uso frequente da linguagem forense e escatológica. O mal do mundo é, assim, em última análise definido pelo juízo de Deus e é por ocasião do juízo que o mal será corrigido,

As epístolas estimulam as comunidades a manifestarem confiança, perseverança, alegria e esperança paradoxais diante das experiências presentes do mal e lhes asseguram que podem fazê-lo por meio do Espírito que já compartilha o divino poder escatológico. Esse contexto teológico e escatológico tem importantes implicações sociais. Como o mal é forte demais para o indivíduo, sua esperança repousa em ser transferido da esfera de poder das forças do mal – demônios, Satanás, o próprio pecado – para a esfera do poder de Deus, "em Cristo". O modo de vida que corresponde a esse quadro não é a autonomia ou indiferença estoicas, mas a participação leal no corpo de Cristo, em que o poder de Deus está em ação e ao qual é prometida a vitória final.

Correlações

Observamos de vários ângulos os modelos de crenças e os modelos de socialização que aparecem, em retalhos, na evidência das epístolas paulinas. O que vimos é mistura grandemente complexa de símbolos novos e tradicionais, flexíveis, ambíguos, em constante mudança, embora fortemente centralizados. Vimos também um movimento social, abrangendo pequenos grupos espalhados em cidades com caráter local diferente, passando por conflitos dentro e fora, mas igualmente com forte vínculo emocional, e ligados uns aos outros e com um grupo altamente móvel de dirigentes de várias maneiras complicadas.

Desses quadros fragmentários e às vezes confusos, podemos agora extrair e enumerar alguns aspectos do sistema de símbolos que parece combinar aspectos do processo social. A lista pode ajudar-nos a considerar um pouco mais especificamente as maneiras como os símbolos sagrados atingem a realidade social e como a experiência social toca a simbolização.

Os cristãos paulinos creem em um só Deus, único criador do universo e supremo juiz de todas as ações humanas. Sob muitos aspectos seu monoteísmo é exatamente o mesmo do judaísmo: não adoram o Deus mais elevado, porém o único Deus e encaram as divindades dos outros cultos como inexistentes ou como antideuses e demônios. Todavia, também atribuem ao Messias crucificado e ressuscitado, Jesus, alguns títulos e funções que na Bíblia e na tradição judaica só eram atribuídos a Deus.

O correlato social é uma rede de grupos locais que deseja ser a única "assembleia de Deus" em todo o mundo. As conexões entre as células locais, relativamente à intensidade, muito mais fortes do que as existentes entre as comunidades judaicas da Diáspora. A unidade é o interesse poderoso e constante dos dirigentes, tanto na vida das comunidades locais quanto nas conexões entre elas. O grupo local é íntimo e exclusivo; ele possui fronteiras firmes. Ao mesmo tempo, seus membros interagem rotineiramente com a sociedade urbana mais ampla, e tanto o grupo local quanto a direção coletiva são fortemente expansivos.

O Deus único dos cristãos, como dos judeus, é pessoal e ativo. Seu Espírito ou, alternativamente, o Espírito de seu Filho, age em, sobre e com os crentes individualmente e a comunidade inteira. Alto nível de compromisso é requerido, o grau de compromisso interpessoal direto é forte, a estrutura de autoridade é fluida, flexível e carismática (embora não exclusivamente) e os limites internos são fracos (mas não tranquilos).

A visão paulina do mundo é escatológica. Os cristãos creem que a vinda de Jesus, sua crucifixão e ressurreição já começaram a realizar mudança na ordem do mundo. Eles esperam para muito em breve o fim do tempo presente, a volta de Jesus e o julgamento final tanto dos poderes humanos quanto dos poderes cósmicos. Correspondente a essa mudança de mundos é a mudança de lugar social que cada indivíduo experimentou em sua conversão. Cada um transferiu a sua fidelidade da comunidade judaica tradicional ou de associações mais abertas e de maior multiplicidade da sociedade gentia para comunidade cúltica nova, rigorosamente delimitada, exclusiva.

Os cristãos paulinos creem em Jesus Messias, Filho de Deus, crucificado por causa do pecado humano, mas ressuscitado dos mortos e exaltado para reinar com Deus no céu. Eles próprios formam comunidade que experimenta contradições sociais. Seus grupos reúnem, em íntima amizade, pessoas de níveis sociais muito diferentes. Acima de tudo, como indivíduos e como grupo, são fracos em termos de poder social e de *status*, sofrem a indiferença ou a hostilidade dos vizinhos, embora se regozijem com experiências de poder em suas reuniões, tanto nas formas ordinárias de direção, quanto os grupos começam a formar suas próprias instituições, e com demonstrações particularmente vivas de possessão do Espírito.

Esse último conjunto de observações podemos observar e examinar por outro ângulo. Antes, no capítulo 2, tentamos esboçar o perfil dos membros mais destacados, por serem os únicos com probabilidade de serem mencionados pelo nome ou identificados de alguma outra maneira. Concluímos que a sua característica dominante era a inconsistência de *status* ou a mobilidade social. Parece plausível, porventura, que os símbolos poderosos de mudança baseados na tradição, símbolos de transformação pessoal e comunitária, símbolos de mundo mau envolvido pelo julgamento de Deus e pela graça podiam ser particularmente atraentes para pessoas que sentiam as esperanças e os temores de ocupar posição ambígua na sociedade? Ou, ao invés, tenderiam tais experiências entre tantos dirigentes da comunidade para reforçar exatamente aqueles símbolos paradoxais e dialéticos que achamos tão característicos das crenças paulinas?

Podemos imaginar que os tipos de inconsistência de *status* que observamos – mulheres independentes dotadas de riqueza moderada, judeus com riqueza em uma sociedade gentia, libertos com capacidade e dinheiro, porém marcados pela sua origem etc.

– trouxeram consigo não só angústia mas também solidão para uma sociedade em que a posição social era importante e geralmente rígida? Tornar-se-ia então a intimidade dos grupos cristãos refúgio bem-vindo, a linguagem carregada de emoção, familiar e afetiva, e a imagem de antídotos poderosos oriundos de um Deus pessoal, zeloso, ao passo que o símbolo principal do salvador crucificado concretizava um quadro aplicável à maneira como o mundo parecia realmente agir?

Por outro lado, os tipos de mobilidade física e social que observamos na prosopografia também supõem certa dose de autoconfiança, de coragem, de vontade de romper com as estruturas sociais ordinárias. E, na linguagem de Paulo e de seus associados, temos imagens vivas do novo e do inesperado, do risco e da sobrevivência milagrosa, de Espírito poderoso, capaz de conceder a liberdade, e de mundo à beira da transformação.

As igrejas, outrossim, eram misturas de diversas espécies de *status* social. Os tipos de relacionamentos que os membros tiveram anteriormente uns com os outros, e ainda mantinham em certas situações – entre senhor e escravo, rico e pobre, liberto e patrão, homem e mulher, e similares – estavam em tensão com a *communitas* celebrada em rituais de batismo e da Ceia do Senhor.

Existia também tensão entre a hierarquia familiar desses papéis e a liberdade do Espírito para fazer distinção, por meio de algum carisma, favorecendo alguém de *status* inferior. Assim, igualmente, encontramos nas epístolas a enfatização dos símbolos de unidade, igualdade e amor, mas também com relação aos símbolos de flexibilidade, diversidade e individuação.

Esses pequenos grupos estranhos em uma dúzia ou mais de cidades do Leste Romano estavam comprometidos – embora não propusessem a realidade desta maneira – em construir um novo mundo. Com tempo, mais tempo do que pensavam, suas ideias, suas imagens de Deus, suas formas de organizar a vida, seus rituais, se tornariam parte de transformação maciça, mediante modos que eles não poderiam ter previsto, da cultura da bacia mediterrânea e da Europa.

Abreviaturas

AJA	*American Journal of Archaeology*
AJT	*American Journal of Theology*
ANRW	*Aufstieg und Niedergang der römischen Welt*
ASR	*American Sociological Review*
b	Talmude babilônio (seguido do nome do tratado)
BA	*Biblical Archaeologist*
BAGD	Walter Bauer, William F. Arndt, F. Wilbur Gingrich e Frederich Danker, organizadores, *A Greek Lexicon of the New Testament and Other Early Christian Literature*
Barn.	A Epístola de Barnabé
BCH	*Bulletin de correspondance hellénistique*
BDF	Friedrich Blass, Albert Debrunner e Robert W. Funk, organizadores, *A Greek Grammar of the New Testament and Other Early Christian Literature*
CAD	Cairo Geniza, texto da Aliança de Damasco
CBQ	*Catholic Biblical Quarterly*
CIG	*Corpus Inscriptionum Graecarum (Boeckh)*
CII	*Corpus Inscriptionum Iudaicarum*
CIL	*Corpus Inscriptionum Latinarum*
CIRB	*Corpus Inscriptionum Regni Bosporani*
Cod. Just.	Codex Justinianus
Corinto:	*Corinth: Results of Excavations Conducted by the American School of Classical Studies at Athens*
CPJ	*Corpus Papyrorum Judaicarum*
DACL	*Dictionnaire d'archéologie Chrétienne et de liturgie*
Did.	Didaqué (O ensinamento dos doze apóstolos)
EvT	*Evangelische Theologie*
ETm	O Evangelho de Tomé

FGH	Fragmente der griechischen Historiker (Jacoby)
HR	*History of Religions*
HTR	*Harvard Theological Review*
HUCA	*Hebrew Union College Annual*
IDB	*The Interpreter's Dictionary of the Bible*
IDBS	IDB, volume suplementar
IESS	*International Encyclopedia of the Social Sciences*
IG	*Inscriptiones Graecae*
IGR	*Inscriptiones Graecae ad Res Romanas Pertinentes*
ILS	*Inscriptiones Latinae Selectae (Dessau)*
JAAR	*Journal of the American Academy of Religion*
JAC	Jahrbuch für Antike und Christentum
JBL	Journal of Biblical Literature
JJS	Journal of Jewish Studies
JR	Journal of Religion
JRomST	Journal of Roman Studies
JSJ	Journal for the Study of Judaism
Le Bas Waddington	Philippe Le Bas e W. H. Waddington, *Voyage archéologique en Grèce et en Asie Mineure*. Volume 2: *Inscriptions*.
Loeb	The Loeb Classical Library
LSJ	Henry George Liddell, Robert Scott e Henry Stuart Jones, orgs., *A Greek-English Lexicon*
LXX	Os Setenta
M	Mishnah (seguido pelo nome do tratado)
Mart. Polic.	O Martírio de Policarpo
MDAI	*Mitteilungen des Deustschen Archäologischen Instituts*: (A) Atenas; (I) Istambul.
NEB	*The New English Bible*
NovT	*Novum Testamentum*
NT	Novo Testamento
NTS	*New Testament Studies*
1QH	*Hodayot* [Hinos] da Caverna 1 de Qumran
1QM	*Serek ha-Millḥamah* [Regra de Guerra] da Caverna 1 de Qumran
1QS	*Serek-ha-Yaḥad* [Regra da Comunidade] da Caverna 1 de Qumran
1QSa	Apêndice A de 1QS

p	Talmude palestinense (seguido do nome do tratado)
POxy.	Oxyrhynchus Papyri
PRy1.	Catalogue of the Greek Papyri in the John Rylands Library at Manchester
PG	Patrologia Graeca (Migne)
PW	A. Pauly, G. Wissowa e W. Kroll, org., *Real-Encyclopädie derKlassischen Altertumswissenschaft*
RAC	*Reallexikon für Antike und Christentum*
RB	*Revue biblique*
REG	*Revue des études grecques*
RGG	*Religion in Geschichte und Gegenwart*
Rher.	*Gr. Rhetores Graeci* (Spengel)
RPh	*Revue de philologie*
VRP	Versão revista padrão
SIG	*Sylloge Inscriptionum Graecarum*, (Dittenberger)
Silv.	Os Ensinamnetos de Silvano
T	Tosefta (seguido pelo nome do tratado)
TAPA	*Transactions of the American Philological Association*
DTNT	*Theological Dictionary of the New Testament*
TLZ	*Theologische Literaturzeitung*
TRu	*Theologische Rundschau*
TWNT	*Theologisches Wörterbuch zum Neuen Testament*
TZ	*Theologische Zeitschrift*
v.l.	*Varia Lectio*
ZNW	*Zeitschrift für die neutestamentliche Wissenschaft*
ZPE	*Zeitschrift für Papyrologie und Epigraphik*
ZTK	Zeitschrift für Theologie und Kirche

Bibliografia
de obras secundárias citadas

Coleções padronizadas de inscrições e outras fontes, tais como as *Inscriptiones Graecae*, e obras de referência, como o *Reallexikon für Antike und Christentum*, não estão incluídas. Para algumas dessas, ver a lista de abreviaturas.

Aberle, David. 1962. "A Note on Relative Deprivation Theory as Applied to Millenarian and Other Cult Movements". In *Milllennial Dreams in Action: Studies in Revolutionary Religious Movements*, org. Sylvia L. Thrupp, pp. 209-214. Estudos comparativos in Society and History, supl. 1. The Hague: Mouton.

Adams, David. 1979. "The Suffering of Paul and the Dynamics of Luke-Acts". Dissertação de Ph. D. Yale University.

Afanassieff, Nicolas. 1974. "L'Assemblée eucharistique unique dans l'église ancienne". *Kleronomia* 6,1-36.

Aland, Kurt. 1979. "Der Schluss und die ursprüngliche Gestalt des Römerbriefes". In *Neutestmentliche Entwürfe*. Theologische Bücherei, Neues Testament, 63. Munique: Kaiser, pp. 284-301.

Albrecht, Michael von, editor e tradutor. 1963. *Iamblichus Pythagoras: Legende, Lehre, Lebensgestaltung*. Zurique e Stuttgart: Artemis.

Anderson, Bo, e Zelditch, Morris, Jr. 1964. "Rank Equilibration and Political Behavior". *Archives européennes de sociologie* 5: 112-125.

Applebaum, Shim'on. 1961. "The Jewish Community of Hellenistic and Roman Teucheira in Cyrenaica". *Scripta Hierosolymitana* 7: 27-52. – 1974. "The Organization of the Jewish Communities of the Diaspora". In *The Jewish People in the First Century*, orgs. Samuel Safrai e Menahem Stern, vol. 1, pp. 464-503. Compedia Rerum Iudaicarum ad Novum Testamentum, 1. Assen: Van Gorcum; Filadélfia: Fortress. – 1976. "The Social and Economic Status of the

Jews in the Diaspora". In *The Jewish People in the First Century*, orgs. Samuel Safrai e Manahem Stern, vol. 2, pp. 701-727. Compendia Rerum Iudaicarum ad Novum Testamentum, 1. Assen: Van Gorcum; Filadélfia: Fortress. – 1979. *Jews and Greeks in Ancient Cyrene*. Studies in Judaism in Late Antiquity, 28. Leiden: Brill.

Audet, J. P. 1958, "Esquisse historique du genre littéraire de la 'bénédiction' juive et de l' 'eucharistie' chrétienne". RB 65: 371-399.

Aus, Roger D. 1971. "Comfort in Judgment: The Use of Day of Lord and Theophany Traditions in Second Thessalonians 1". Dissertação de Ph. D., Yale University.

Austin, J. L. 1975. *How to Do Things with Words*. Organizado por J. O. Urmson e Marina Sbisà, 2ª edição, Cambridge, Mass.: Harvard University Press.

Bacchiocchi, Samuele. 1977. *From Sabbath to Sunday: A Historical Investigation of the Rise of Sunday Observance in Early Christianity*. Roma: Editora da Pontifícia Universidade Gregoriana.

Badian, Ernst. 1958. *Foreign Clientelae* (264-70 B. C.). Oxford: Clarendon.

Bailey, Cyril. 1926. *Epicurus: The Extant Remains*. Reedição. Hildesheim e Nova Iorque: Olms, 1970.

Balch, David L. 1981. *Let Wives be Submissive: The Domestic Code in 1 Peter*. Society of Biblical Literature Monograph Series, 26. Chico, Calif.: Scholars.

Baldry, Harold C. 1965. *The Unity of Mankind in Greek Thought*. Cambridge: At the University Press.

Banks, Robert. 1980. *Paul's Idea of Community: The Early House Churches in Their Historical Setting*. Grand Rapids: Eerdmans.

Barber, Bernard. 1968. Introduction to "Social Stratifications". IESS, vol. 15, pp. 288-296.

Barrett, Charles Kingsley. 1957. *A Commentary on the Epistle to the Romans*. Harper/Black New Testament Commentaries. Londres: Black; Nova Iorque: Harper & Row. – 1962. *From First Adam to Last: A Study in Pauline Theology*. Londres: Black; Nova Iorque: Scribner's. – 1968. *A Commentary on the First Epistle to the Corinthians*. Harper/Black New Testament Commentaries. Londres: Black; Nova Iorque: Harper & Row.

1969. "Titus". In *Neotestamentica et Semitica: Studies in Honour of Matthew Black*, org. E. Earle Willis e Max Wilcox, pp. 1-14. Edinburgh: Clark. – 1971. "Paul's Opponents in II Corinthians". NTS 17: 233-254.

1973. *A Commentary on the Second Epistle to the Corinthians*. Harper/Black New Testament Commentaries. Londres: Black; Nova Iorque: Harper & Row. – 1976. "The Allegory of Abraham, Sarah, and Hagar in the Argument of Galatians". In *Rechtfertigung: Festschrift für Ernst Käsemann zum 70. Geburtstag*, org. Johannes Friedrich, Wolfgang Pöhlmann e Peter Stuhlmacher, pp. 1-16. Tübingen: Mohr (Siebeck); Göttingen: Vandenhoeck & Ruprecht.

Barrow, Reginald H. 1928. *Slavery in the Roman Empire*. Reedição. Nova Iorque: Barnes & Noble, 1964.

Bartchy, S. Scott. 1973. *Mallon Chresai: First-Century Slavery and the Interpretation of 1 Corinthians 7:21*. Society of Biblical Literature Dissertation Series, 11. Missoula, Mont.: Scholars.

Bassler, Jouette M. 1979. "The Impartiality of God: Paul's Use of a Theological Axiom". Dissertação de Ph. D, Yale University.

Bateson, Mary Catherine. 1974. "Ritualization: A Study in Texture and Texture Change". In *Religious Movements in Contemporary America*, org. Irving I. Zaretsky e Mark P. Leone, pp. 150-165. Princeton: Princeton University Press.

Baumgarten, Jörg. 1975. *Paulus und die Apokalyptik: Die Auslegung apokalyptischer Überlieferungen in den echten Paulusbriefen*. Wissenschaftliche Monographien zum Alten und Neuen Testament, 44. Neukirchen: Erziehungsverein.

Becher, Ilse. 1970. "Der Isiskult in Rom – ein Kult der Halbwelt?". *Zeitschrift für ägyptische Sprache und Altertumskunde* 96: 81-90.

Becker, Jürgen. 1970. "Erwägungen zur apokalyptischen Tradition in der paulinischen Theologie". *EvT* 30: 593-609.

Becker, J. Christiaan. 1980. *Paul the Apostle: The Triunph of God in Life and Thought*. Filadélfia: Fortress.

Bell, Harold Idris. 1924. *Jews and Christians in Egypt: The Jewish Troubles in Alexandria and the Athanasian Controversy, Illustrated by Texts form Greek Papyri*. Londres: Museu Britânico.

Berger, Klaus. 1976. "Volksversammlung und Gemeinde Gottes: Zu den Anfängen der christlichen Verwendung von 'ekklesia' ". ZTK 73: 167-207. – 1977. "Almosen für Israel: Zum historischeu Kontext der paulinischen Kollekte". NTS 23:180-204.

Berger, Peter L. 1967. *The Sacred Canopy: Elements of a Sociological Theory of Religion*. Garde City, N. Y.: Doubleday. Tradução brasileira: *O dossel sagrado*, Edições Paulinas, São Paulo, 1985.

Berger, Peter L. e Luckmann, Thomas. 1966. *The Social Construction of Reality: A Treatise in the Sociology of Knowledge*. Garden City, N. Y.: Doubleday.

Bergmeier, Roland. 1970. "Loyalität als Gegenstand paulinischer Paraklese: Eine religionsgeschichtlicher Untersuchung zu Röm. 13. 1ss. und Jos. B.J. 2.140". Theokratia: *Jahrbuch des Institutum Judaicum Delitzschianum* 1:51-63.

Bernard, J. H. 1912. *The Odes of Solomon*.Texts and Studies, vol. 8, pt. 3. Cambridge: At the University Press.

Best, Ernest. 1955. *One Body in Christ: A Study in the Relationship of the Church to Christ in the Epistles of the Apostle Paul*. Londres: S.P.C.K.

1972. *A Commentary on the First and Second Epistles to the Thessalonians*. Harper/Black New Testament Commentaries. London: Black; Nova Iorque: Harper & Row.

Betz, Hans Dieter. 1972. *Der Apostel Paulus und die sokratische Tradition: Eine exegetische Untersuchung zu seiner "Apologie" 2 Korinther 10-13*. Beiträge zur historischen Theologie, 45. Tübingen: Mohr (Siebeck).
– 1973. "2 Cor. 6: 14-7:1: An Anti-Pauline

Fragment?". JBL 92: 88-108. – 1975. "The Literary Composition and Function of Paul's Letter to the Galatians". NTS 21: 353-379.

1979. *Galatians: A Commentary on Paul's Letter to the Churches in Galatia*. Hermeneia. Filadélfia: Fortress.

Bickerman, Elias J. 1949. "Historical Foundations of Post-Biblical Judaism". In *The Jews: Their History, Culture, and Religion*, ed. Louis Finkelstein, vol.1, pp. 70-114. Filadélfia: Jewish Publication Society.

1962. "Bénédiction et prière". RB 69: 524-532.

Bietenhard, Hans. 1977. "Die syrische Dekapolis von Pompeius bis Traian". ANRW, ptc. 2, vol. 8: 220-261.

Billerbeck, Paul. 1964. "Ein Synagogengottesdienst in Jesu Tagen". ZNW 55: 143-161.

Blalock, Herbert M. Jr. 1967. "Status Inconsistency, Social Mobility, Status Integrations, and Structural Effects". ASR 32: 790-801.

Boehm, Fritz. 1924. "Lares". PW, vol. 12 1: colunas 806-833.

Bömer, Franz. 1957-1963. *Untersuchungen über die Religion der Sklaven in Griechenland und Rom*. Akademie der Wissenschaften... Mainz... Abhandlungen der geistes- und sozialwissenschaftlichen Klasse. 4 volumes. Mainz: Steiner.

Boers, Hendrick W. 1967. "Apocalyptic Eschatology in 1 Corinthians 15". *Int* 21: 50-65.
Bogart, John. 1977. *Orthodox and Heretical Perfectionism in the Johannine Community as Evident in the First Epistle of John*. Society of Biblical Literature Dissertation Series, 33. Missoula, Mont.: Scholars.
Borgen, Peder. 1965. *Bread from Heaven: An Exegetical Study of the Concept of Manna in the Gospel of John and the Writings of Philo*. Supplements to Novum Testamentum, 10. Leiden: Brill.
Bornkamm, Günther. 1939. "Taufe und neues Leben bei Paulus". *Theologische Blätter* 18: 233-242. – 1963. "Das Anathema in die urchristlichen Abendmahlsliturgie". In 123-132.
Botte, Bernard. 1963. *La Tradition apostolique de Saint Hippolyte: Essai de reconstruction*. Liturgiewissenschaftliche Quellen und Forschungen, 39. Münster: Aschendorff.
Boulvert, Gérard. 1970. *Esclaves et affranchis impériaux sous le haut--empire romains: Rôle politique et administratif*. Nápoles: Jovene. – 1974. *Domestique et functionnaire sous le haut-empire romain: La Condition de l'affranchi et de l'esclave du prince*. Paris: Belles Lettres.
Bousset, Wilhelm. 1901. "Die Himmelsreise der Seele". *Archiv für Religionswissenschaft* 4: 136-169, 229-273. As referências são tiradas da reedição separada, Darmstadt: Wissenschaftliche Buchgesellschaft, 1960.
Bowersock, Glen W. 1965. *Augustus and the Greek World*. Oxford: Clarendon Press.
Brandis, C. G. 1905. "Ekklesia". PW, vol. 5: colunas 2163-2200.
Braumann, Georg. 1962. *Vorpaulinische christliche Taufverkündigung bei Paulus*. Beiträge zur Wissenschaft vom Alten und Neuen Testament, 82. Stuttgart: Kohlhammer.
Broneer, Oscar. 1930. *Terracotta Lamps. Corinth: Results*, nº 4, ptc. 2. Cambridge, Mass.: Harvard University Press. – 1954. *The South Stoa and Its Roman Sucessors. Corinth: Results*, vol. 1, pct. 4. Princeton: Princeton University Press. – 1962. "The Apostle Paul and the Isthmian Games". BA 25: 1-31. – 1971. "Paul and the Pagan Cults at Isthmia". HTR 64: 169-187. ed. 1973. *Isthmia*. Vol. 2: *Topography and Architecture*. Princeton: American School of Classical Studies, Atenas.
Brooten, Bernadette. 1977. " 'Junia – outstanding among the Apostles' (Rom. 16:7)". In *Women Priests: A Catholic Commentary on the Vatican*

Declaration, org. Leonard Swidler e Arlene Swidler, pp. 141-144. Nova Iorque: Paulist.

Brow, Peter R. L. 1970. "Sorcery, Demons, and the Rise of Christinity: From Late Antiquity into the Middle Ages". In *Witchcraft Confessions and Accusations*, org. Mary Douglas, pp. 17-45. Association of Social Anthropologists Monographs, 9. Londres: Tavistock. As referências são da reedição in *Religion and Society in the Age of St. Augustine*. Londres: Faber & Faber, 1972, pp. 119-146. – 1971. "The Rise and Function of the Holy Man in Late Antiquity". JRomSt 61: 80-101.

Bruce, Frederick F. 1976. "The New Testament and Classical Studies". NTS 22: 229-242. – 1977. Paul, *Apostle of the Heart Set Free*. Grand Rapids: Eerdmans.

Bruneau, Philippe. 1970. *Recherches sur les cultes de Délos à l'époque hellénistique et à l'époque impériale*. Bibliothèque des Écoles françaises d'Athènes et de Rome, 217. Paris: Boccard.

Buckland, W. W. 1908. *The Roman Law of Slavery: The Condition of the Slave in Private Law from Augustus to Justinian*. Cambridge: At the University Press.

Bujard, Walter. 1973. *Stilanalytische Untersuchungen zum Kolosserbrief als Beitrag zur Methodik von Sprachvergleichen*. Studien zur Umwelt des Neuen Testaments, 11. Göttingen: Vandenhoeck & Ruprecht.

Bultmann, Rudolf K. 1923. "Der religionsgeschichtliche Hintergrund des Prologs zum Johannes-Evangelium". In *Eucharisterion: Festschrift für Hermann Gunkel*, org. Hans Schimidt, ptc. 1, pp. 1-26. Forschungen zur Religion und Literatur des Alten und Neuen Testaments, n.s., 19. Göttingen: Vandenhoeck & Ruprecht. – 1932. "Römer 7 und die Anthropologie des Paulus". In *Imago Dei: Festschrift für Gustav Krüger*, org. Hans Bornkamm, pp. 53-62. Giessen: Töpelmann. – 1941. "Neues Testament und Mythologie". In idem, ed., Offenbarung und Heilsgeschehen. Beiträge zur evangelischen Theologie, 7. Munique: Lempp. – 1948-1953. *Theologie des Neuen Testaments*. 2 volumes. Em port.: *Teologia do Novo Testamento*, São Paulo, Editora Academia Cristã, 2008. Neue theologische Grundisse. Tübingen: Mohr (Siebeck). As referências são extraídas da tradução de Kendrick Grobel, *Theology of the New Testament*. 2 volumes. Nova Iorque: Scribner's, 1951-1955.

1958. *Jesus Christ and Mythology*. Nova Iorque: Scribner's.

Burford, Alison. 1972. *Craftsmen in Greek and Roman Society*. Aspects of Greek and Roman Life. Londres: Thames and Hudson; Ithaca, N. Y.: Cornell University Press.

Burkert, Walter. 1961. "Hellenistische Pseudopythagorica". *Philologus* 105: 16-42, 226-246. – 1962. *Weisheit und Wissenschaft: Studien zu Pythagoras, Philolaos und Platon*. Nuremberg: H. Carl.

Burr, Viktor. 1955. *Tiberius Iulius Alexander*. Antiquitas, série 1. Abhandlungen zur alten Geschichte, 1. Bonn: Habelt.

Burridge, Kenelm. 1969. *New Heaven, New Earth: A Study of Millennarian Activities*. Londres e Nova Iorque: Schocken.

Cadbury, Henry J. 1926. "Lexical Notes on Luke-Acts III: Luke's Interest in Lodging". JBL 45: 305-322.

1927. *The Making of Luke-Acts*. Reedição. Londres: S.P.C.K., 1958.

Caird, George B. 1962. "The Chronology of the NT". IDB, vol. 1, pp. 599-607.

Callan, Terrance. 1976. "The law and the Mediator: Gal. 3: 19b-20". Dissertação de Ph. D., Yale University.

Cameron, Averil. 1980. "Neither Male nor Female". *Greece and Rome*, 2ª série, 27: 60-68.

Campenhausen, Hans von. 1972. "Das Bekenntnis in Urchristentum". ZNW 63: 210-253.

Carrington, Philip. 1940. *The Primitive Christian Catechism; A Study in the Epistles*. Cambridge: At The University Press.

Case, Shirley Jackson. 1913. "The Nature of Primitive Christianity". AJT 17: 63-79.

Casson, Lionel. 1974. *Travel in the Ancient World*. Londres: Allan and Unwin.

Cavallin, Hans C. 1979. "Leben nach dem Tode in Spätjudentum und im frühen Christentum. I. Spätjudentum". ANRW, pct. 2, vol. 19.1: 240-345.

Chadwick Henry. 1965. *Origen, Contra Celsum*. Cambridge: At the University Press.

Chantraine, Heinrich. 1967. *Freigelassense und Skalven im Dienst des romischen Kaiser: Studien zu ihrer Nomenklatur*. Forschungen zur aniken Sklaverei, 1. Wiesbaden: Steiner.

Charlesworth, M. P. 1926. *Trade Routes and Commerce in the Roman Empire*, 2ª edição. Cambridge: At the Roman Empire, 2ª edição. Cambridge: At the University Press.

Chevallier, Raymond. 1972. *Les Voies romaines*. Paris: Armand Colin.
Clark, Elizabeth A. 1979. *Jerome, Chrysostom, and Friends: Essays and Translations*. Studies in Women and Religion, 1. Nova Iorque e Toronto; Mellen.
Classen, C. Joachim. 1968. "Poetry and Rhetoric in Lucretius". TAPA 99: 77-118.
Cohen, Benjamin. 1975. "La Notion d'ordo' dans la Rome antique". *Bullétin de l'Association G. Budé* 1975: 259-282.
Collart, Paul. 1937. Philippes: *Ville de Macédoine depuis ses origines jusqu'à la fin de l'époque romaine*. École française d'Athènes travaux et mémoires, 5. Paris: Boccard.
Collins, John J., org. 1979. *Apocalypse: The Morphology of a Genre*. Semeia, 14. Chico, Calif.: Scholars.
Conzelmann, Hans. 1965. "Paulus und die Weisheit". NTS 12: 231-244. – 1966. "Luke's Place in the Development of Early Christianity". In *Studies in Luke-Acts: Essays Presented in Honor of Paul Schubert*, ed. Leander E. Keck e J. Louis Martin, pp. 298-316. Nashville e Nova Iorque: Abingdon. – 1961. *Der erste Brief an die Korinther*. 11a. edição. Kritisch-exegetischer Kommentar über das Neue Testament, 5. Göttingen: Vandenhoeck & Ruprecht.
Corwin, Virginia. 1960. *St. Ignatius and Christianity in Antioch*. Yale Studies in Religion, 1. New Haven e Londres: Yale University Press.
Coser, Lewis. 1956. *The Functions of Social Conflict*. Nova Iorque: Free Press.
Cracco Ruggini, Lellia. 1980. "Nuclei immigrati e forze indigene in tre grande centri commerciali dell' impero". *Memoirs of the American Academy in Rome* 36: 55-76.
Crouch, James E. 1973. *The Origin and Intention of the Colossian Haustafel*. Forschungen zur Religion und Literatur des Alten und Neuen Testamentes, 109. Göttingen: Vandenhoeck & Ruprecht.
Cullmann, Oscar. 1948. *Die Tauflehre des Neuen Testaments: Erwachsenen – und Kindertaufe*. Zurique: Zwingli. – 1949. *Die ersten christlichen Glaubensbekenntnisse*. Theologische Studien, 15. Zollikon-Zurich: Evangelischer Verlag. 1963. *The State in the New Testament*. Edição revista. Londres: SCM.
Cumont, Franz. 1933. "La Grande Inscription Bachique du Metropolitan Museum, II: Commentaire religieuse de l'inscription". AJA, 2ª série, 37: 215-231.

Dahl, Nils Alstrup. 1941. *Das Volk Gottes: Eine Untersuchung zum Kirchenbewusstsein des Urchristentums*. Reedição. Darmstadat: Wissenschaftliche Buchgesellschaft, 1963.
1944. "Dopet i Efesierbrevet". *Svensk teologisk Kvartalskrift* 21: 85-103.
1947. "Anamnesis: Mémoire et commémoration dans le christianisme primitif". *Studia Theologica* 1: 69-95. – 1951. "Adresse und Proömium des Epheserbriefs" TZ 7: 241-264.
1954. "Formgeschichtliche Beobachtungen zur Christusverkündigung in der Gemeindepredigt". In *Neutestamentliche Studien für Rudolf Bultmann*, ed. Walter Eltester, pp. 3-9. Beihefte zur ZNW 21. Berlim: De Gruyter. – 1955. "The Origin of Baptism". In *Interpretationes ad Vetus Testamentum Pertinentes Sigmundo Mowinckel Septuagenario Missae*, ed. Nils A. Dahl e A. S. Kapelrud, pp. 36-52. Oslo: Land og Kirke. – 1956. "Misjonsteologien i Romerbrevet". *Norsk Tidsskrift for Misjon* 10: 44-60.
1960. "Der gekreuzigte Messias". In *Der historische Jesus und der kerygmatische Christus*, ed. Helmut Ristow e Karl Matthiae, pp. 149-169. – Berlim: Evangelische Verlagsanstalt. – 1965. "The Particularity of the Pauline Epistles as a Problem in the Ancient Church". In *Neotestamentica et Patristica: Freundesgabe Oscar Culmann*. Supplements to Novum Testamentum, 6. Leiden: Bril, pp. 261-271. – 1967. "Paul and the Church at Corinth according to 1 Corinthians 1:10-4:21". In *Christian History and Interpretation: Studies Presented to John Knox*, ed. Willian R. Farmer, C. F. D. Moule e Richard R. Niebuhr, pp. 313-335. Cambridge: At the University Press. – 1969. "Motsigelser i Skriften – et gammelt hermeneutisk problem". *Svensk teologisk Kvartalskrift* 45: 22-36. – 1973. "Paul's Letter to the Galatians; Epistolary Genre, Content, and Structure". Trabalho apresentado na reunião anual da Sociedade de Literatura Bíblica, Chicago, 1973. – 1974. *The Crucified Messiah and Other Essays*. Mineápolis: Augsburg.
1976a. "The Purpose of Luke-Acts". In *Jesus in the Memory of the Early Church*. Mineápolis: Augsburg, pp. 87-98. – 1976b. "Letter". IDBS, pp. 538-541. – 1977. *Studies in Paul: Theology for the Early Christian Mission*. Mineápolis: Augsburg. – 1978. Revisão de Sanders, 1977. *Religious Studies Review* 4: 153-158.
Danby, Herbert, editor e tradutor. 1933. *The Mishnah: Translated from the Hebrew with Introduction and Brief Explanatory Notes*. Oxford University Press.

Davies, W. D. 1974. *The Gospel and the Land: Early Christianity and Jewish Territorial Doctrine*. Berkeley, Los Angeles, e Londres: University California Press.

Deichgräber, Reinhard. 1967. *Gotteshymnus und Christushymnus in der frühen Christenheit*. Göttingen: Vandenhoeck & Ruprecht.

Deissmann, Gustav Adolf. 1911. *Paulus: Eine Kultur- und religionsgeschichtliche Skizze*. Tübingen: Mohr (Siebeck).

De Lacy, P. H. 1948. "Lucretius and the History of Epicureanism". TAPA 79: 12-23.

Delling, Gerhard. 1965. "Zur Taufe von 'Häusern' im Urchristentum". NovT 7: 285-311.

Deutsch, Morton. 1968. "Group Behavior". IESS, vol. 6, pp. 265-276.

DeWitt, Norman. 1936a. "Epicurean Contubernium". TAPA 67: 59-60. – 1936b. "Organization and Struckture of Epicurean Groups". *Classical Philology* 31: 205-211. – 1954a. *Epicurus and His Philosophy*. Reedição. Cleveland e Nova Iorque: Meridian, 1967. – 1954b. *St. Paul and Epicurus*. Mineápolis: University of Minnesota.

Dibelius, Martin. 1931. "Zur Formgeschichte des Neuen Testaments (ausserhalb der Evangelien)". TRu, ns. 3: 207-242. – 1937. *An die Thessalonicher I, II; An die Philipper*. Handbuch zum Neuen Testament, 11. Tübingen: Mohr (Siebeck). – 1951. *Aufsätze zur Apostelgeschichte*. Organizado por Heinrich Greeven. Forschungen zur Religion und Literatur des Alten und Neuen Testaments, n. s., 42. Göttingen: Vandenhoeck & Ruprecht.

Dibelius, Martin, e Greeven, Heinrich. 1953. *An die Kolosser. Epheser, an Philemon*, 3ª edição. Handbuch zum Neuen Testament, 12. Tübingen: Mohr (Siebeck).

Dinkler, Erich. 1952. "Zum Problem der Ethik bei Paulus". ZTK 49: 167-200. – 1954. "Jesu Wort vom Kreuztragen". In *Neutestamentliche Studien für Rudolf Bultmann*, ed. Walter Eltester, pp. 110-129. Beihefte zur ZNW 21.

Berlim: De Gruyter. – 1962a. "Taufe, II. Im Urchristentum". RGG^3 vol.6, colunas 627-637. – 1962b. "Die Taufterminologie in 2 Kor. 1:21f". In *Neotestamentica et Patristica: Freudesgabe Oscar Cullmann*. Supplements to Novum Testamentum, 6. Leiden: Brill, pp. 173-191.

Dix, Gregory. 1937. *The Treatise on the Apostolic Tradition of St. Hippolytus of Rome*. Londres: S. P. C. K.

Dobschütz, Ernst von. 1909. *Die Thessalonicher-Briefe*. 7ª edição. Kritischexegetischer Kommentar über das Neue Testament, 10. Göttingen: Vandenhoeck & Ruprecht.
Dodd, Charles Harold. 1952. *According to the Scriptures: The Substructure of New Testament Theology*. Londres: Nisbet. Trad. bras. Segundo as Escrituras: Estrutura fundamental do Novo Testamento, Ed. Paulinas, São Paulo.
Dodds, E. R. 1965. *Pagan and Christian in an Age of Anxiety: Some Aspects of Religious Experience from Marcus Aurelius to Constantine*.
Doty, William G. 1973. *Letters in Primitive Christianity*. Filadélfia: Fortress.
Douglas, Mary. 1973. *Natural Symbols: Explorations in Cosmology*. 2ª edição. Londres: Barrie & Jenkins.
Downey, Glanville. 1958. "The Size of the Population of Antioch". TAPA 89: 84-91.
1961. *A History of Antioch in Syria*. Princeton: Princeton University Press.
Downing, J. D. H. 1964. "Possible Baptismal References in Galatians". In *Studia Evangelica*, org. Frank L. Cross, pt. 1, pp. 551-556. Trabalhos apresentados no Segundo Congresso Internacional sobre Estudos do Novo Testamento realizado na Christ Church, Oxford, 1961. Texte und Untersuchungen, 87. Berlim: Akademie.
Dungan, David. 1971. *The Sayings of Jesus in the Churches of Paul*. Filadélfia: Fortress.
Dupont, Jacques. 1955. "Chronologie paulinienne". RB 62: 55-59.
Dupré, Louis. 1980. "Marx's Critique of Culture and Its Interpretations". *Review of Metaphysics* 24: 91-121.
Durkheim, Emile. 1912. *Les Formes élémentaires de la vie religieuse: Le Système totémique en Australie*. Paris Alcan. Em portugués: Formas elementares da vida religiosa, Edições Paulinas, São Paulo, 1990.
Eck, Werner. 1971. "Das Eindringen des Christentums in den Senatorenstand bis zu Konstantin d. Gr.". *Chiron* 1: 381-406.
Edson, Charles. 1948. "Cults of Thessalonica". HTR 41: 153-204.
Elliger, Winfried. 1978. *Paulus in Griechenland: Philippi, Thessaloniki, Athen, Korinth*. Stuttgarter Bibelwerk.
Ellis, E, Earle. 1957. "A Note on First Corinthians 10:4". JBL 76: 53-56.
1971. "Paul and his Co-workers". NTS 17: 437-452.

Evans, Donald. 1969. *The Logic of Self-Involvement*. Nova Iorque: Herder.
Fascher, Erich. 1955. "Zur Taufe des Paulus". TLZ 80: colunas 643-648.
Feldman, Louis. 1950. "Jewish 'Sympathizers' in Classical Literature and Inscriptions". TAPA 81: 200-208.
Festinger, Leon. 1957. *A Theory of Cognitive Dissonance*. Stanford: Stanford University Press.
Festinger, Leon; Riecken, Henry W.; e Schachter, Stanley. 1956. *When Prophecy Fails: A Social and Psychological Study of a Modern Group That Predicted the Destruction of the World*. Reedição. Nova Iorque. Harper & Row, 1964.
Festugière, André Marie Jean. 1946. *Épicure et ses dieux*. Paris: Presses universitaires de France.
Feuillet, André. 1966. *Le Christ Sagesse de Dieu d'après les épîtres pauliniennes*. Études bibliques. Paris: Gabalda.
Filson, Floyd V. 1939. "The Significance of the Early House Churches". JBL 58: 109-112.
Finegan, Jack. 1962. "Thessalonica". IDB, vol. 4, p. 629.
Finley, Moses I. 1973. *The Ancient Economy*. Sather Classical Lectures, 43. Berkeley: University of California Press.
Fitzmyer, Joseph A., S. J. 1961. "Qumran and the Interpolated Paragraph in 2 Cor 6:14-7:1". CBQ 23: 271-280. Reeditado in *Essays on the Semitic Background of the New Testament*, pp. 205-217. Londres: Chapman, 1971; Missoula, Mont.: Scholars, 1974.
Flory, Marleen B. 1975. "Family and 'Familia': A Study of Social Relations in Slavery". Dissertação de Ph.D., Yale University.
Forkman, Göran. 1972. *The Limits of the Religious Community: Expulsion from the Religious Community within the Qumran Sect, within Rabbinic Judaism, and within Primitive Christianity*. Coniectanea Biblica, New Testament Series, 5. Lund: Gleerup.
Foucart, Paul. 1873. *Des associations religieuses chez les Grecs: Thiases, éranes, orgéons, avec le texte des inscriptions rélatives à ces associations*. Paris: Klincksieck.
Fowler, H. N., ed. 1932. *Introduction, Topography, Architecture. Corinth: Results*, vol. 1, pct. 1. Cambridge, Mass.: Harvard University Press.
Francis, Fred O., e Meeks, Wayne A. 1975. *Conflict at Colossae: A Problem in the Interpretation of Early Christianity Illustrated by Selected Modern Studies*. Edição revista. Sources for Biblical Study, 4. Missoula, Mont.: Scholars.

Fraser, P. M. 1960. "Two Studies on the Cult of Sarapis in the Hellenistic World". *Opuscula Atheniensa* 3: 1-54.
Frederiksen, M. W. 1975. "Theory, Evidence, and Ancient Economy". JRomSt 65: 164-171.
Frend, William H. C. 1952. *The Donatist Church: A Movement of Protest in Roman North Africa.* Oxford: Clarendon Press. – 1965. *Martyrdom and Persecution in the Early Church: A Study of a Conflict from the Maccabees to Donatus.* Reedição. Nova Iorque New York University Press, 1967. – 1979. "Tow and Countryside in Early Christianity". In *The Church in Town and Countryside,* org. Derek Baker, pp. 25-42. Studies in Church History,16. Oxford: Blackwell.
Friedländer, Ludwig. 1901. *Darstellungen aus der Sittengeschichte Roms in der Zeit von August bis zum Ausgang der Antonine.* 7ª edição revista. 2 volumes. Leipzig: Hirzel.
Friedrich, Carl J. 1958. "*Authority,* Reason and Discretion". In Authority. Nomos, 1. Cambridge, Mass.: Harvard University Press, pp. 28-48.
Fritz. Kurt von. 1960. "Mathematiker und Akusmatiker bei den alten Pythagoreern". *Sitzungsberichte der bayerischen Akademie der Wissenschaften, philosophisch-historische Klasse* 11.
Funk, Robert W. 1966. *Language, Hermeneutic, and Word of God: The Problem of Language in the New Testament and Contemporary Theology.* Nova Iorque: Harper & Row. – 1967. "The Apostolic *Parousia:* Form and Significance". In *Christian History and Interpretation: Studies Presented to John Knox,* ed. William R. Farmer, C. F. D. Moule e Richard R. Niebuhr, pp. 249-268. Cambrigde: At the University Press.
Gärtner, Bertil. 1959. *John 6 and the Jewish Passover.* Coniectanea Neotestamentica,17. Lund: Gleerup.
Gagé, Jean. 1964. *Les Classes sociales dans l'empire romain.* Bibliothèque historique. Paris: Payot.
Gager, John G. 1975. *Kingdom and Community: The Social World of Early Christianity.* Englewood Cliffs, N.J.: Prentice Hall.
1979. Revisão de R. M. Grant, 1977, Malherbe, 1977a, e Theissen, 1979. *Religious Studies Review,* 5: 174-180.
Gamble, Harry A., Jr. 1977. *The Textual History of the Letter to the Romans: A Study in Textual and Literary Criticism.* Grand Rapids: Eerdmans.
Garfinkel, Alan. 1981. *Forms of Explanation: Rethinking the Questions of Social Theory.* New Haven e Londres: Yale University Press.

Gayer, Roland. 1976. *Die Stellung des Sklaven in den paulinischen Gemeinden und bei Paulus: Zugleich ein sozialgeschichtlich vergleichender Beitrag zur Wertung des Sklaven in der Antike.* Europäische Hochschulschriften, series 23, Theologie, 79. Berna: Lang.

Gealy, Fred D. 1962. "Asiarch". IDB, vol. 1, p. 259.

Geertz, Clifford. 1957. "Ethos, World View, and the Analysis of Sacred Symbols". *Antioch Review* 17: 421-437. Reeditado em Geertz, 1973, 126-141.

1966. "Religion as a Cultural System". In *Anthropological Approaches to the Study of Religion*, org. Michael Barton, pp. 1-46. Association of Social Anthropologists Monographs, 3. Londres: Tavistock.

1973. *The Interpretation of Cultures: Selected Essays.* Nova Iorque: Basic Books.

Gellner, Ernest. 1962. "Concepts and Society". In *Transactions of the Fifth World Congress of Sociology* 1: 153-183.

Gennep, Arnold van. 1909. *Les Rites de passage: Étude systématique des rites de la porte...* Paris: Nourry.

Georgi, Dieter. 1964a. *Die Gegner des Paulus im 2. Korintherbrief: Studien zur religiösen Propaganda in der Spätantike.* Wissenschaftliche Monographien zum Alten und Neuem Testament, 11. Neukirchen: Neukirchener Verlag. – 1964b. "Der vorpaulinische Hymnus Phil. 2:6-11". In *Zeit und Geschichte: Dankesgabe an Rudolf Bultmann zum 80. Geburstag*, org. Erich Dinkler, pp. 263-293. Tübingen: Mohr (Siebeck). – 1965. *Die Geschichte der Kollekte des Paulus für Jerusalém.* Theologische Forschung, 38. Hamburgo-Bergstedt: Evangelischer Verlag.

1976. "Socioeconomic Reasons for the 'Divine Man' as a Propagandistic Pattern". In *Aspects of Religious Progaganda in Judaism and Early Christianity*, org. Elisabeth Schüssler Fiorenza, pp. 27-42. Notre Dame: University of Notre Dame Press.

Ginzberg, Louis. 1909-1938. *The Legends of the Jews.* 7 volumes. Filadélfia: Jewish Publication Society.

Goffman, Irwin. 1957. "Status Consistency and Preference for Change in Power Distribution". ASR 22: 275-281.

Goodenough, Erwin Ramsdell. 1928. "The Political Philosophy of Hellenistic Kingship". Yale Classical Studies 1: 55-102. – 1929. *The Jurisprudence of the Jewish Courts in Egypt: Legal Administration by the Jews under the Early Roman Empire as Described by Philo Judaeus.* New

Haven e Londres: Yale University Press. – 1938. *The Politics of Philo Judaeus: Practice and Theory*. New Haven e Londres: Yale University Press.
1953-1968. *Jewish Symbols in the Greco-Roman Period*. 13 volumes. Bollingen Series, 37. Nova Iorque: Pantheon; Princeton Princeton University Press. – 1962. *An Introduction to Philo Judaeus*. 2ª edição. Oxford: Blackwell. – 1966. "The Perspective of Acts". In *Studies in Luke-Acts*, ed. Leander E. Keck e J. Louis Martyn, pp. 51-59. Nashville e Nova Iorque: Abingdon.
Goodman, Felicitas D. 1972. *Speaking in Tongues: A Cross-Cultural Study of Glossolalia*. Chicago e Londres: University of Chicago Press.
Goodspeed, Edgar J. 1950. "Gaius Titius Justus". JBL 69: 382-383.
Goody, Jack. 1961. "Religion and Ritual: The definitional Problem". *British Journal of Sociology* 12: 142-164.
Gordon, Mary. 1931. "The Freedman's Son in Municipal Life". JRonSt 21: 65-77.
Grail, Augustin, O. P. 1951. "Le baptême dans l'Épître aux Galates". RB 58: 503-520.
Grant, Michael. 1971. *Cities of Vesuvius: Pompeii and Herculaneum*. Londres: Weindenfeld e Nicholson.
Grant, Robert M. 1948. "Pliny and the Christians". HTR 41: 273-274. – 1977. *Early Christianity and Society: Seven Studies*. Nova Iorque: Harper & Row.
Greeven, Heinrich. 1952. "Propheten, Lehrer, Vorsteher bei Paulus". ZNW 44: 1-43.
Griffiths, J. Gwyn. 1975. *Apuleius of Madauros, The Isis Book (Metamorphoses, Book XI)*. Estudos preliminares às religiões orientais no império romano, 39. Leiden: Brill.
Gülzow, Henneke. 1969. *Christentum und Sklaverei in den ersten drei Jahrhunderten*. Bonn: Habelt. – 1974. "Die sozialen Gegebenheiten der atlchristlichen Mission". In *Kirchengeschichte als Missionsgeschicchte*, org. Heinzgünther Frohnes e Uwe W. Knorr, vol. 1, pp. 189-226. Munique: Kaiser.
Güttgemanns, Erhardt. 1966. *Der leidende Apostel und sein Herr*. Göttingen: Vandenhoeck & Ruprecht.
Hadas, Moses, editor e tradutor. 1964. *Three Greek Romances*. The Library of Liberal Arts. Indianápolis: Bobbs-Merrill.

Hadas, Moses, e Smith, Morton. 1965. *Heroes and Gods: Spiritual Biographies in Antiquity*. Religious Perspectives, 13. Nova Iorque; Harper & Row.

Haenchen, Ernst. 1959. *Die Apostelgeschichte*. 12ª edição. Kritisch--exegetischer Kommentar über das Neue Testament, 3. Göttingen: Vandenhoeck & Ruprecht. – 1961. "Das 'Wir' in der Apostelgeschichte und das Itinerar". ZTK 58: 329-366. – 1966. "The Book of Acts as Source Material for the History of Earliest Christianity". In *Studies in Luke-Acts: Essays Presented in Honor of Paul Schubert*, org. Leander E. Keck e J. Louis Martyn, pp. 258-278: Nashville e Nova Iorque: Abingdon.

Hahn, Ferdinand. 1963. *Christologische Hoheitstitel: Ihre Geschichte im frühen Christentum*. Forschungen zur Religion und Literatur des Alten und Neuen Testamentes, 83. Göttingen: Vandenhoeck & Ruprecht.

Hamerton-Kelly, Robert G. 1973. *Pre-Existence, Wisdom, and the Son of Man: A Study of the Idea of Pre-Existence in the New Testament*. Society for New Testament Studies Monograph Series, 21. Cambridge: At the University Press.

Hanfmann, George M. A. 1962. *Letters from Sardis*. Cambridge, Mass: Harvard University Press.

Harder, Richard. 1944. "Karpocrates von Chalkis und die memphitische Isispropaganda". *Abhandlungen der Preussischen Akademie der Wissenschaften* 14: 1-63.

Harnack, Adolf von. 1906. *Die Mission und Ausbreitung des Christentums in den ersten drei Jahrhunderten*. 2ª edição revisada. Leipzig: Hinrichs.

Harris, J. Rendel. 1917. *The Origin of the Prologue to St. John's Gospel*. Cambridge: At the University Press.

Hatch, Edwin. 1982. *The Organization of the Early Christian Churches*. 40. edição. Bampton Lectures for 1880. Londres: Longmans, Green.

Hay, David M. 1973. *Glory at the Right Hand: Psalm 110 in Early Christianity*. Society of Biblical Literature Monograph Series, 18. Nashville e Nova Iorque: Abingdon.

Hayes, John W. 1973. "Roman Pottery from the South Stoa at Corinth". Hesperia 42: 416-470.

Hegermann, Harald. 1961. *Die Vorstellung vom Schöpfungsmittler im hellenistischen Judentum und Urchristentum*. Texte und Untersuchungen, 82. Berlim: Akademie.

Heinemann, Isaac. 1929-1932. *Philons griechische und jüdische Bildung: Kulturvergleichende Untersuchungen zu Philons Darstellung der jüdischen Gesetze*. Reedição. Darmstadt: Wissenschaftliche Buchgesellschaft, 1962.

Heinemann, Joseph. 1964. *Prayer in the Period of the Tannai'm and the Amora'im* [em hebraico].

Heinrici, [C. F.] Georg. 1876. "Die Christengemeinde Korinths und die religiösen Genossenschaften der Griechen". *Zeitschrift für Wissenschaftliche Theologie* 19: 464-526. – 1888. *Kritisch-Exegetisches Handbuch über den ersten Brief an die Korinther*. 7ª edição. Kritisch.-exegetischer Kommentar über das Neue Testament, 5. Göttingen: Vandenhoeck & Ruprecht. – 1890. *Der Zweite Brief die Korinther*. 7ª edição. Kritisch--exegetischer Kommentar über das Neue Testament, 6. Göttingen: Vandenhoeck & Ruprecht.

Hellholm, David, ed. 1982. *Apocalypticism in the Mediterranean World and the Near East: Proceedings of the International Colloquium on Apocalypticism, Uppsala, August 12-17, 1979*. Tübingen: Mohr (Siebeck).

Hengel, Martin. 1966. "Die Synagogeninschrift von Stobi'. ZNW 57: 145-183. – 1971a. "Die Ursprünge der christlichen Mission". NTS 18: 15-38. – 1971b. "Proseuche und Synagoge: Jüdische Gemeinde, Gotteshaus und Gottesdienst in der Diaspora und in Palästina". In *Tradition und Glaube: Das frühe Christentum in seiner Umwelt: Festgabe für Karl Georg Kuhn*, org. Gert Jeremias, Heinz-Wolfgang Kuhn e Hartmut Stegemann, pp. 157-183. Göttingen: Vandenhoeck & Ruprecht. – 1972. "Christologie und neutestamentliche Chronologie: Zu einer Aporie in Geschichte des Urchristentuns", in Neues Testament und der Geschichte: *Historisches Geschehen und Deutung im Neuen Testament:* Oscar Cullmann zum 70. Geburtstag, org. Heinrich Baltensweiler e Bo Reicke, pp. 43-67. Zurique: Theologischer Verlag; Tübingen: Mohr (Siebeck).

1976. *Juden, Griechen, und Barbaren: Aspekte der Hellenisierung des Judentums in vorchristlicher Zeit.* Stuttgarter Bibelstudien, 76. Stuttgart: Katholisches Bibelwerk. – 1979. *Zur urchristlichen Geschichtsschreibung.* Stuttgart: Calver. As referências são tiradas da tradução inglesa feita por John Bowden, *Acts and the History of Earliest Christianity.* Londres: SCM; Filadélfia: Fortress, 1980.

1980. "Hymnus und Christologie". In *Wort in der Zeit: Neutestamentliche Studien: Festgabe für Karl Heinrich Rengstorf zum 75. Geburstag*, org. Wilfrid Haubeck e Michael Bachmann, pp. 1-23. Leiden: Brill.

Hennecke, Edgar, ed. 1959-1964. *Neutestamentliche Apokryphen*. 3ª edição, revista por Wilhelm Schneemelcher. 2. volumes. Tübingen: Mohr (Siebeck).

Héring, Jean. 1959. *La Première Épître de Saint Paul aux Corinthiens*. 2a edição. Commentaire au Nouveau Testament, 7. Neuchâtel: Delachaux et niestle. Heathcote e P. J. Allcock, *The First Epistle of Saint Paul to the Corinthians*. Londres: Epworth, 1962.

Herzig, Heinz E. 1974. "Probleme des römischen Strassenwesens: Untersuchungen zur Geschichte und Recht". ANRW, ptc. 2, vol. 1: 593-648.

Heyob, Sharon Kelly. 1975. *The Cult of Isis among Women in the Graeco-roman World*. Études préliminaires aux religions orientales dans l'empire romain, 51. Leiden: Brill.

Hickling, Colin J. A. 1975. "Is the Second Epistle to the Corinthians a Source for Early Church History?". ZNW 66: 284-287.

Hill, David. 1976. "On Suffering and Baptism in 1 Peter". NovT 18: 181-189.

Hock, Ronald F. 1978. "Paul's Tentmaking and the Problem of His Social Class". JBL 97: 555-564.

1980. *The Social Context of Paul's Ministry: Tentmaking and Apostleship*. Filadélfia: Fortress.

Holladay, Carl H. 1977. *Theios Aner in Hellenistic Judaism*. Society of Biblical Literature Dissertation Series, 40. Missoula, Mont.: Scholars.

Holmberg, Bengt. 1978. *Paul and Power: The Structure of Authority in the Primitive Church as Reflected in the Pauline Epistles*. Coniectanea Biblica, New Testament, 11. Lund: Gleerup. Edição americana de Filadélfia: Fortress, 1980.

Homans, George C. 1968. "The Study of Groups". IESS, vol. 6, pp. 258-265. – 1974. *Social Behavior: Its Elementary Forms*. Edicão revista, Nova Iorque: Harcourt Brace Jovanovich.

Hommel, Hildebrecht. 1975. "Juden und Christen im Kaiserzeitlichen Milet: Überlegungen zur Theaterinschrift". MDAI (I) 25: 157-195.

Hornung, Carlton A. 1977. "Social Status, Status Inconsistency, and Psychological Stress". ASR 42: 623-638.

Horsley, Richard A. 1978. "How can some of you say that there is no resurrection of the dead?' Spiritual Elitism in Corinth". NovT 20: 203-231.
Humphreys, Sally C. 1969. "History, Economics, and Anthropology: The Work of Karl Polanyi". *History and Theory* 8: 165-212.
Hurd, John C. 1976. "Chronology, Pauline". IDBS, pp. 166-167.
Ibrahim, Leila; Scranton, Robert; e Brill, Robert. 1976. *Kenchreai, Eastern Port of Corinth. Results of Investigations by the University of Chicago and Indiana University for the American School of Classical Studies at Athens*, vol. 2: *The Panels of Opus Sectile in Glass*. Leiden: Brill.
Isenberg, Sheldon. 1974. "Millenarism in Greco-Roman Palestine". *Religion* 4: 26-46.
Jackson, Bernard. 1979. "Legalism". JJS 30: 1-22.
Jackson, Elton F. 1962. "Status Consistency and Symptoms of Stress". ASR 27: 469-480.
Jackson, Elton F., e Burke, Peter J. 1965. "Status and Symptoms of Stress: Additive and Interaction Effects" ASR 30: 556-564.
Jeremias, Joachim. 1949. "Proselytentaufe und NT". TZ 5: 418-428. – 1954. "Páscha". TWNT 5: 895-903.
Jervell, Jacob. 1972. *Luke and the People of God*. Mineápolis: Augsburg. – 1976. "Der schwache Charismatiker". In *Rechtfertigung: Festschrift für Ernst Käsemann zum 70. Geburtstag*, org. Johannes Friedrich, Wolfgang Pöhlmann e Peter Stuhlmacher, pp. 185-198. Tübingen: Mohr (Siebeck).
Jewett, Robert. 1979. *A Chronology of Paul's Life*. Filadélfia: Fortress.
1982. "Romans as an Ambassadorial Letter". Int 36: 5-20.
Jones, A. H. M. 1955. "The Economic Life of the Towns of the Roman Empire". In *La Ville*, org. Jean Firenne, pte. 1, pp. 171-185. Recueils de la Société Jean Bodin, 6. Bruxelas: Libraire encyclopédique. – 1970. "The Caste Systema in the Later Roman Empire". *Eirene* 8: 79-96. – 1971. *The Cities of the Eastern Roman Provinces*. 2ª edição, revista por Michael Avi-Yonah e outros. Oxford: Clarendon Press.
Judge, Edwin A. 1960a. *The Social Pattern of Christian Groups in the First Century:* Londres: Tyndale. – 1960b. "The Early Christians as a Scholastic Community". *Journal of Religious History* 1: 4-15, 125-137. – 1968. "Paul's Boasting in Relation to Contemporary Professional Practice". *Australian Biblical Review* 16: 37-50. – 1972. "St. Paul and Classical Society". JAC 15: 19-36. – 1979. "Antike und Christentum': Towards

a Definition of the Field. A Bibliographical Survey". ANRW, pte. 2, vol. 23.1: 3-58. – 1980a. *The Conversion of Rome: Ancient Sources of Modern Social Tensions*. North Ryde, Austrália: Macquarrie Ancient History Association. – 1980b. "The Social Identity of the First Christians: A Questions of Method in Religious History". *Journal of Religious History* 11: 201-217.

Judge, Edwin A., e Thomas, G. S. R. 1966. "The Origin of the Church at Rome: A New Solution?". *Reformed Theological Review* 25: 81-94.

Juster, Jean. 1914. Les Juifs dans l'empire romain: leur condition juridique, économique et sociale. 2 volumes. Reedição. Nova Iorque: Franklin, n.d.

Käsemann, Ernst. 1947. "Anliegen und Eigenart der paulinischen Abendmahlslehre". EvT 7: 263-283. – 1949. "Eine urchristliche Taufliturgie". In *Festschrift Rudolf Bultmann zum 65. Geburtstag überreicht*. Stuttgart: Kolhammer, pp. 133-148. Referências tiradas da tradução inglesa feita por W. J. Montague, "A Primitive Christian Baptismal Liturgy". In *Essays on New Testament Themes*. Londres: SCM, 1964, pp. 149-168. – 1950. "Kritische Analyse von Phil. 2, 5-11". ZTK 47: 313-350. Reeditado in *Exegetische Versuche und Besinnungen*, vol. 1, pp. 51-95. 3ª edição. Göttingen: Vandenhoeck & Ruprecht, 1964. – 1960. "Die Anfänge christlicher Theologie". ZTK 57: 162-185. – 1961. "Grundsätzliches zur Interpretation von Römer 13". *In Unter der Herrschaft Christi*. Beiträge zur evangelischen Theologie 32. Munique: Kaiser, pp. 37-55. Referências tiradas da tradução inglesa feita por W. J. Montague, "Principles of the Interpretation of Romans 13". In *New Testament Questions of Today*. Londres: SCM; Filadélfia: Fortress, 1969, pp.196-216. – 1962. "Zum Thema der urchristlichen Apokalyptik". ZTK 59: 257-284. – 1973. *An die Römer*. Handbuch zum Neuen Testament, 8a. Tübingen: Mohr (Siebeck).

Keck, Leander E. 1974. "On the Ethos of Early Christians". JAAR 42: 435-452.

Kehnscherper, Gerhard. 1964. "Der Apostel Paulus als römischer Bürger". In *Studia Evangelica*, ed. Frank L. Cross, pte. 1, pp. 441-440. Trabalho apresentado ao Segundo Congresso Internacional sobre Estudos do Novo Testamento em Christ Church, Oxford, 1961. Texte und Untersuchungen, 87. Berlim: Akademie.

Kennedy, George. 1978. "Classical and Christian Source Criticism". In *The Relationships among the Gospels: An Interdisciplinary Dialogue*,

org. Willian Ol Walker, pp. 125-155. San Antonio: Trinity University Press.
Kent, J. H. 1966. *Inscriptions 1926-1960. Corinth: Results*, vol. 8, pte 3. Princeton: Princeton University Press.
Kerényi, C. [Károly]. 1967. *Eleusis: Archetypal Image of Mother and Daughter*. Reedição. Nova Iorque; Schocken, 1977.
Kertelge, Karl, org. 1977. *Das Kirchliche Amt im Neuen Testament*. Wege der Forschung, 439. Darmstadt: Wissenschaftliche Buchgesellschaft.
Kippenberg, Hans G. 1978. *Religion und Klassenbildung im antiken Judäa: Eine religionssoziologische Studie zum Verhältnis von Tradition und gesellschaftlicher Entwicklung*. Göttingen: Vandenhoeck & Ruprecht. Tradução brasileira: *Religião e formação de classes na antiga Judeia*, Edições Paulinas, São Paulo, 1988.
Kitzinger, Ernst. 1946. "The Town of Stobi". *Dumbarton Oaks Papers* 3: 81-162 e pranchas 124-216.
Kleberg, Tönnes. 1957. *Hôtels, restaurants, et cabarets dans l'antiquité romaine: Études historiques et philologiques*. Biblioteca Ekmaniana Universitatis Regiae Upsaliensis, 61. Uppsala: Almqvist & Wiksells.
Klijn, A. F. J. 1954. "An Early Christian Baptismal Liturgy". In *Charis kai Sophia: Festschrift Karl Heinrich Regnstorf*, org. Ulrich Luck, pp. 216-228. Leiden: Brill.
Knox, John. 1942. *Marcion and the New Testament*. Chicago: University of Chicago Press. – 1950. *Chapters in a Life of Paul*. Nashville e Nova Iorque: Abingdon. – 1964. "Romans 15:14-33 and Paul's Conception of His Apostolic Mission". JBL 83: 1-11.
Koester, Helmut. 1961. Revisão de Ulrich Wilckens, *Weisheit und Torheit. Gnomon* 33: 590-595. – 1965. "Gnomai Diaphoroi: The Origin and Nature of Diversification in the History of Early Christianity". HTR 58: 279-319. – 1979. "I Thessalonians – Experiment in Christian Writing". In Continuity and *Discontinuity in Church History: Essays Presented to George H. Williams*, org. F. Forrester Church e Timothy George, pp. 33-44. Leiden: Brill. – 1980. *Einführung in das Neue Testament im Rahmen der Religionsgeschichte und Kulturgeschichte der hellenistischen und römischen Zeit*. Berlim e Nova Iorque: De Gruyter.
Kornemann, Ernst. 1900. "Collegium". PW, vol. 4.1: colunas 380-479.
Kovacs, Brian. 1976. "Contributions of Sociology to the Study of the Development of Apocalypticism: A Theoretical Survey". Trabalho

apresentado na reunião anual da Society of Biblical Literature, St. Louis, outubro de 1976.

Kowalinski, P. 1972. "The Genesis of Christianity in the Views of Contemporary Marxist Specialists of Religion". *Antonianum* 47: 541-575.

Kraabel, Alf Thomas. 1968. "Judaism in Western Asia Minor under the Roman Empire, with a Preliminary Study of the Jewish Community at Sardis, Lydia". Dissertação de Ph. D., Harvard University. – 1978. "Paganism and Judaism: The Sardis Evidence". In *Paganisme, Judaïsme, Christianisme: Influences et affrontements dans le monde antique: Mélanges offerts à Marcel Simon*, orgs André Benoit, Marc Philonenko e Cyrille Vogel, pp. 13-13. Paris: Boccard. – 1979. "The Diaspora Synagogue: Archaelogical and Epigraphical Evidence since Sukenik". ANRW, pte. 2, vol. 19.1: 477-510. – 1981. "Social System of Six Diaspora Synagogues". In *Ancient Synagogues: The State of Research*, ed. Joseph Gutmann, pp. 79-121. Chico, Calif.: Scholars.

Kraeling, Carl H. 1967. *The Christian Building. The Excavations at Dura-Europos: Final Reports*, vol. 8, pte 2. New Haven e Londres: Yale University Press.

Kramer, Werner. 1963. Christos Kyrios Gottessohn.

Abhandlungen zur Theologie des Alten und Neuen Testaments, 44. Zurique: Zwingli.

Krauss, Salomo. 1922. Synagogale Altertümer. Berlim e Viena: Harz.

Kreissig, Heinz. 1967. "Zur sozialen Zusammensetzung der frühchristlichen Gemeiden im ersten Jahrhundert u. Z.". *Eirene* 6: 91-100. – 1970. *Die sozialen Zusammenhänge des jüdischen Krieges: Klassen und Klassenkampf im Palästina des* 1. Jh. v. u.Z. Berlim: Akademie.

1977. "Das Frühchristentum in der Sozialgeschichte des Altertums". In *Das Korpus der griechischen christlichen Schriftsteller: Historie, Gegenwart, Zukunft*, org. Johannes Irmscher e Kurt Treu, pp. 15-19. Texte und Untersuchungen. 120. Berlim: Akademie.

Kümmel, Werner Georg. 1929. *Römer 7 und die Bekehrung des Paulus*. Untersuchungen zum Neuen Testament, 17. Leipzig: Hinrichs. Reeditado in *Römer 7 und Das Bild des Menschen im Neuen Testament: Zwei Studien*. Theologische Bücherei, 53. Munique: Kaiser, 1974. – 1973. *Einleitung in das Neue Testament*. 17ª edição. Heidelberg: Quelle & Meyer. – 1975. Tradução brasileira: Introdução ao Novo Testamento, Paulus Editora, São Paulo.

Kuhn, Karl Georg. 1959. "Proselytos". TWNT 6: 727-745.
Kuhn, Karl Georg, e Stegemann, Hartmut. 1962. "Proselyten". PW, suplemento, vol. 9: colunas 1248-1283.
Lake, Kirsopp. 1933. "Proselytes and God-fearers". In Lake e Cadbury, 1933, 5: 74-96.
Lake, Kirsopp, e Cadbury, Henry J., orgs. 1933. The Acts of the Apostles. Editado por F. J. Foakes Jackson e Kirsopp Lake. Vol. 4.
Lampe, G. W. H. 1967a. "Church Discipline and the Interpretation of the Epistles to the Corinthians". In *Christian History and Interpretation: Studies Presented to John Knox*, org. William R. Farmer, C. F. D. Moule e Richard R. Niebuhr, pp. 337-361. Cambridge: At the University Press. – 1967b. *The Seal of the Spirit: A Study in the Doctrine of Baptism and Confirmation in the New Testament and the Fathers.* 2ª edição. Londres: S. P. C. K.
Landvogt, Peter. 1908. *Epigraphische Untersuchungen über den oikonomos: Ein Beitrag zum hellenistischen Beamtenswesen.* Estrasburgo: Schauberg.
Layton, Bentley. 1979. *The Gnostic Treatise on Resurrection from Nag Hammadi.* Harvard Dissertations in Religion, 12. Missoula. Mont.: Scholars.
Leach, Edmund. 1968. "Ritual". IESS, vol. 13, pp. 520-526.
Le Déaut, Roger. 1965. *La Nuit pascale.* Roma: Editora do Instituto Bíblico.
Lee, Clarence L. 1971. "Social Unrest and Primitive Christianity". In *The Catacombs and the Colosseum: The Roman Empire as the Setting of Primitive Christianity,* org. Stephen Benko e John J. O'Rourke, pp. 121-138. Valley Forge: Judson.
Leenhardt, F. J. 1948. "La Place de la femme dans l'Église d'après le Nouveau Testament". *Études théologiques et religieuses* 23: 3-50.
Leipoldt, Johannes. 1954. *Die Frau in der antiken Welt und im Urchristentum.* Leipzig: Koehler & Amelang.
Lemerle, Paul. 1934. "Inscriptions latines et grecques de Philippes". BCH 58: 448-483. – 1945. *Philippes et la Macédoine orientale à l'époque chrétienne et byzantine. Recherches d'histoire et d'archéologie.* Paris: Boccard.
Lenski, Gerhard E. 1954. "Status Crystallization: A Non-vertical Dimension of Social Status". ASR 19: 405-413. Reeditado in *Sociology: The Progress of a Decade,* ed. Seymour Martin Lipset e Neil J.

Smelser, pp. 485-494. Engelwood Cliffs, N. J.: Prentice-Hall, 1961.
– 1956. "Social Participation and Status Crystallization". ASR 21: 458-464.
Leon, Harry J. 1960. *The Jews of Ancient Rome*. Filadélfia: Jewish Publication Society.
Levick, Barbara M. 1967. *Roman Colonies in Southern Asia Minor*. Oxford: Clarendon Press.
Levine, Lee I. 1975. *Caesarea under Roman Rule*. Studies in Judaism in Late Antiquity, 7. Leiden: Brill. – 1979. "The Jewish Patriarch (Nasi) in Third Century Palestine". ANRW, pte. 2, vol. 9.2: 649-688.
Lewis, Ioan M. 1971. *Ecstatic Religion: An Anthropological Study of Spirit Possession and Shamanism*. Baltimore: Penguin.
Liebeschütz, J. H. W. G. 1972. *Antioch: City and Imperial Administration in the Later Roman Empire*. Oxford: Oxford University Press.
Lietzmann, Hans. 1914. "Zur altchristlichen Verfassungsgeschichte". *Zeitschrift für Wissenschaftliche Theologie* 55: 97-153. – 1931. *An die Korinther I, II*. 3ª edição. Handbuch zum Neuen Testament, 9. Tübingen: Mohr (Siebeck). – 1933. *An die Römer*. 4ª edição. Handbuch zum Neuen Testament, 8. Tübingen: Mohr (Siebeck).
Lifshtz, Baruch. 1969. "Notes d'épigraphie grecque". RB 76: 92-98.
1970. "Du nouveau sur les 'Sympathisants'". JSJ 1: 77-84.
Lifshitz, Baruch, e Schiby, J. 1968. "Une Synagogue samaritaine à Thessalonique". RB 75: 368-378.
Lightfoot, Joseph Barber. 1879. *Saint Paul's Epistles to the Colossians and to Philemon*. Reedição. Grand Rapids: Zondervan, 1959. – 1880. *The Epistle of St. Paul to the Galatians*. 6ª edição. Reedição. Grand Rapids: Zondervan, 1978. – 1913. *Saint Paul's Epistle to the Philippians*. Reedição. Grand Rapids: Zondervan, 1953.
Lindars, Barnabas, S. S. F. 1961. *New Testament Apologetic: The Doctrinal Significance of the Old Testament Quotations*. Londres: SCM; Filadélfia: Fortress.
Lindemann, Andreas. 1976. "Bemerkungen zu den Adressaten und zum Anlass des Epheserbriefes". ZNW 67: 235-251. – 1979. *Paulus im ältesten Christentum: Das Bild des Apostels in der frühchristlichen Literatur bis Marcion*. Beiträge zur historischen Theologie, 58. Tübingen: Mohr (Siebeck).
Linton, Olof. 1949. "The Third Aspect: A Neglected Point of View: A Study in Gal. i-ii and Acts ix and xv". *Studia Theologica* 3:

79-95. – 1959. "Ekklesia I: Bedeutungsgeschichtlich". RAC 4: colunas 905-921.

Lipset, Seymour Martin, 1968. "Social Class". IESS, vol. 15, pp. 296-316.

Lipsius, Richard Adelbert, e Bonnet, Maximilian, editores. 1891. *Acta Apostolorum Apocrypha*. 3 volumes. Reedição. Darmstadt: Wissenschaftliche Buchgesellschaft, 1959.

Lohmeyer, Ernst. 1927. "Kyrios Jesus. Eine Untersuchung zu Phil. 2:5-11". *Sitzungsberichte der Heidelberger Akademie der Wissenschaften, Philosophisch-historische Klasse* 4 (1927-1928). – 1930. *Die Briefe an die Philipper, an die Kolosser und an Philemon*. Kristisch-exegetischer Kommentar über das Neue Testament, 9. Göttingen: Vandenhoeck & Ruprecht.

Lohse, Eduard. 1968. *Die Briefe an die Kolosser und an Philemon*. 14ª edição. Kritisch-exegetischer Kommentar über das Neue Testament, 9.2. Göttingen: Vandenhoeck & Ruprecht.

Lüdemann, Gerd. 1979. "Antipaulinism in the First Two Centuries: A Contribution to the History and Theology of Jewish Christianity". Trabalho apresentado ao Studiorum Novi Testamenti Societas Seminar on Jewish Christianity, Durham, Inglaterra, 22 de agosto de 1979. – 1980. *Paulus, der Heidenapostel*. Vol. 1. *Studien zur Chronologie*. Forschungen zur Religion und Literatur des Alten und Neuen Testamentes, 123. Göttingen: Vandenhoeck & Ruprecht. – 1980b. "Zum Antipaulinismus im frühen Christentum" EvT 40: 437-455.

Lührmann, Dieter. 1980. "Neutestamentliche Haustafeln und antike Ökonomie". NTS 27: 83-97.

Lull, David J. 1980. *"Pneuma" in Paul's Letter to the Churches of Galatia: An Interpretation on the Spirit in Light of Early Christian Experience in Galatia, Paul's Message to the Galatians, and Theology Today*. Society of Biblical Literature Dissertation Series, 49. Chico, Calif.: Scholars.

Lutz, Cora. 1947. "Musonius Rufus: 'The Roman Socrates' ". *Yale Classical Studies* 10: 3-147.

MacDonald, Dennis. 1979. "Virgins, Widows, and Paul in Second-Century Asia Minor". In *Society of Biblical Literature 1979 Seminar Papers*, org. Paul J. Achtemeier, pp. 169-184. Missoula, Mont.: Scholars.

Mack, Burton. 1973. *Logos und Sophia: Untersuchungen zur Weisheitstheologie im hellenistischen Judentum*. Studien zur Umwelt des Neuen Testaments, 10. Göttingen: Vandenhoeck & Ruprecht.

MacMullen, Ramsay. 1971. "Social History in Astrology". *Ancient Society* 2: 105-116. – 1974. *Roman Social Relations*. New Haven e Londres: Yale University Press. – 1980. "Women in Public in the Roman Empire". *Historia* (Baden-Baden) 29: 208-218. – 1981. *Paganism in the Roman Empire*. New Haven e Londres: Yale University Press.

Magie, David. 1950. *Roman Rule in Asia Minor to the End of the Third Century after Christ*. 2 volumes. Reedição. Nova Iorque: Arno, 1975.

Makaronas, Ch. I. 1951. "Via Egnatia and Thessalonike". *Studies Presented to D. M. Robinson*, org. George E. Mylonas, vol. 1, pp. 380-388 e prancha 21. St. Louis: Washington University Press.

Malewski, Andrzej. 1966. "The Degree of Status Incongruence and Its Effects". In *Class, Status, and Power: Social Stratification in Comparative Perspective*, org. Reinhard Bendix e Seymour M. Lipset, 303-308. 2ª edição. Nova Iorque: Free Press: Londres: Macmillan.

Malherbe, Abraham J. 1968. "The Beasts at Ephesus". JBL 87: 71-80. – 1970. " 'Gentle as a Nurse': The Cynic Background of I Thess ii'. NovT 12: 203-217. – 1976. "Cynics". IDBS, pp. 201-203. 1977a. *Social Aspects of Early Christianity*. Rockwell Lectures of 1975. Baton Rouge e Londres: Louisiana State University Press. – 1977b. "The Inhospitality of Diotrephes". In *God's Christ and His People: Studies in Honour of Nils Alstrup Dahl*, org. Jacob Jervell e Wayne A. Meeks, pp. 222-232. Oslo, Bergen e Tromsö: Universitetsforlaget. – "Hellenistic Moralists and the New Testament". ANRE, pt. 2, vol. 28. – "Self-definition among Epicureans and Cynics". In *Jewish and Christian Self-Definition*, ed. E. P. Sanders, vol.3. Londres: SCM; Filadélfia: Fortress.

Marrou, Henri. 1955. *Histoire de l'éducation dans l'antiquité*. 3ª edição, revista, Paris: Éditions du Seuil.

Martin, Ralph P. 1967. Carmen Christi: Philippians in Recent Interpretation and in the Setting of Early Christian Worship. Cambridge: At the University Press.

Mattusch, Carol C. 1977. "Corinthian Metalworking: The Forum Area". *Hesperia* 46: 380-389.

Mau, August. 1904. *Pompeii: Its Life and Art*.

McCasland, S. Vernon. 1962. "Travel and Communication in the NT". IDB, vol.4, pp. 690-693.

Meeks, Wayne A. 1972. "The Stranger from Heaven in Johannine Sectarianism". JBL 91: 44-72. – 1974. "The Image of the Androgyne:

Some Uses of a Symbol in Earliest Christianity". HR 13: 165-208. – 1976. "Moses in the NT". IDBS, pp. 605-607. – 1977. "In One Body: The Unity of Humankind in Colossians and Ephesians". In *God's Christ and His People: Studies in Honour of Nils Alstrup Dahl*, org. Jacob Jervell e Wayne A. Meeks, pp. 209-221. Oslo, Bergen e Tromsö: Universitetsforlaget. – 1978. "Hypomnemata from an Untamed Sceptic: A Response to George Kennedy". In *The Relationships among the Gospels: An Interdisciplinary Dialogue*, org. Willian P. Walker, pp. 157-172. San Antonio: Trinity University Press.
1982. "Social Functions of Apocalyptic Languege in Pauline Christianity". In Hellholm, 1982.
Meeks, Wayne A., e Wilken, Robert L. 1978. *Jews and Christians in Antioch in the First Four Centuries of the Common Era*. Society of Biblical Literature Sources for Biblical Study, 13. Missoula, Mont.: Scholars.
Mellink, Machfeld J. 1977. "Archaeology in Asia Minor". AJA. 2ª série, 81: 281-321.
Merkelback, Reinhold. 1973. "Zwei Texte aus dem Serapeum zu Thessalonike". ZPE 10: 49-54.
Merritt, Benjamin Dean. 1931. *Greek Inscriptions 1896-1927. Corinth: Results*, vol. 8, pte. 1. Cambridge, Mass.: Harvard University Press.
Merton, Robert K. 1967. *Social Theory and Social Structure: Five Essays, Old and New*. Nova Iorque: Free Press.
Merton, Robert K., e Rossi, Alice Kitt. 1950. "Reference Group Theory and Social Mobility". In *Continuities in Social Research*, org. Robert K. Merton e Paul F. Lazarsfeld, pp. 40-105. Glencoe, Ill.: Free Press.
Michaelis, Wilhelm. 1951. "Zum jüdischen Hintergrund der Johannestaufe". *Judaica* 7: 81-120.
Minar, Edwin L., Jr. 1942. *Early Pythagorean Politics in Practice and Theory*. Connecticut College Mongraphs, 2. Baltimore: Waverly.
Minns, Ellis H. 1913. *Scythians and Greeks: A Survey of Ancient History and Archaelogy on the North Coast of the Euxime from the Danuble to the Caucasus*. Cambridge: At the University Press.
Moe, Dean. 1977. "The Cross and the Menorah". *Archaelogy* 30: 148-157.
Momigliano, Arnaldo. 1972. "Popular Religious Beliefs and the Late Roman Historians". In *Popular Belief and Practice*, org. C. J. Cuming e Derek Baker, pp. 1-18. Studies in Church History, 8. Cambridge: At the University Press.

Moore, George Foot. 1927. *Judaism in the First Centuries of the Christian Era: The Age of the Tannaim.* 3 volumes. Cambridge, Mass.: Harvard University Press.

Mrozek, Stanislaw. 1975. "Wirtschaftliche Grundlagen des Ausfstiegs der Freigelassenen im römischen Reich". *Chiron* 5: 311-317.

Murphy-O'Connor, Jerome, O. P. 1976. "The Non-Pauline Character of 1 Corinthias 11: 2-16?". JBL 95: 615-621.

Mylonas, George F. 1961. *Eleusis and the Eleusinian Mysteries.* Princeton: Princeton University Press.

Nabers, Norg. 1969. "A Note on *Corinth* VIII, 2,125". AJA, 2ª série. 73: 73-74.

Neufeld, Vernon H. 1963. *The Earliest Christian Confessions.* New Testament Tools and Studies, 5. Leiden: Brill; Grand Rapids: Eerdmans.

Neusner, Jacob. 1964. "The Conversion of Adiabene to Judaism: A New Perspective". JBL 83: 60-66. – 1970. *Development of a Legend: Studies on the Traditions Concerning Yohanan ben Zakkai.* Studia Post-Biblica, 16. Leiden: Brill. – 1971. *The Rabbinic Traditions about the Pharisees before 70.* 3 partes. Leiden: Brill. – 1973a. *The Idea of Purity in Ancient Judaism.* Studies in Judaism in Late Antiquity, 1. Leiden: Brill. – 1973b. " 'Pharisaic-Rabbinic' Judaism: A Classification". HR 12: 250-270. – 1977. *A History of the Mishnaic Law of Purities.* Studies in Judaism in Late Antiquity 6. Parte 22. *The Mishnaic System of Uncleanness.* Leiden: Brill. – 1978. "Comparing Judaism". HR 18: 177-191. Reeditado, com revisões, como "The Use of the Later Rabbinic Evidence for the Study of Paul". In *Approaches to Ancient Judaism,* org. William S. Green, vol 2, pp. 43-63. Brown Judaic Studies, 9. Chico, Calif.: Scholars. – 1979a. "The Formation of Rabbinic Judaism: Yavenh (Jamnia) from A. D. 70 to 100". ANRW, pte. 2, vol. 19.2: 3-42. – 1979b. "Map without Territory: Mishnah's System of Sacrifice and Sanctuary". HR 19: 103-127. – 1980. "The Use of the Mishnah". JSJ 11: 1-9.

Nickelsburg, George W. E., Jr. 1972. *Resurrection, Immortality, and Eternal Life in Intertestamental Judaism.* Harvard Theological Studies, 26. Cambridge, Mass.: Harvard University Press.

Nickle, Keith. 1966. *The Collection: A Study in Paul's Strategy.* Studies in Biblical Theology, 48. Londres: SCM.

Nilsson, Martin P. 1954. "Roman and Greek Domestic Cult". *Opuscula Romana* 18: 77-85. – 1961. *Geschichte der griechischen Religion.* 2ª edi-

ção. Vol. 2. Handbuch der Altertumswissenschaft, seção 5, pte. 2. Munique: Beck.
Nock, Arthur Darby, 1924a. "The Christian *Sacramentum* in Pliny and a Pagan Counterpart". *Classical Review* 38: 58-59. – 1924b. "The Historical Importance of Cult-Associations". *Classical Review* 38: 105-109. – 1933a. *Conversion: The Old and the New in Religion from Alexander the Great to Augustine of Hippo.* Reedição. Oxford: Oxford University Press (Oxford Paperbacks), 1961. – 1933b. "The Vocabulary of the New Testament". JBL 52: 131-139. Reeditado in *Essays on Religion and the Ancient World*, org. Zeph Stewart, pp. 341-347. Cambridge, Mass.: Harvard University Press.
Norden, Eduard. 1912. *Agnostos Theos: Untersuchungen zur Formengeschichte religiöser Rede.* Reedição. Darmstadt: Wissenschatliche Buchgesellschaft, 1956.
Ollrog, Wolf-Henning. 1979. *Paulus und seine Mitarbeiter: Untersuchungen zu Theorie und Praxis der paulinischen Mission.* Wissenschaftliche Monographien zum Alten und Neuen Testament, 50. Neukirchen: Erziehungsverein.
Olsen, Marvin E. 1968. *The Process of Social Organization.* Nova Iorque: Holt, Rinehart.
Olson, Stanley N. 1976. "Confidence Expressions in Paul: Epistolary Conventions and the Purpose of 2 Corinthians". Dissertação de Ph. D., Yale University.
Orr, William F., e Walther, James Arthur. 1976. *I Corinthians: A New Translation.* Anchor Bible, 32. Garden City, N. Y.: Doubleday.
Pagels, Elaine H. 1979. *The Gnostic Gospels.* Nova Iorque: Random House.
Pearson, Birger A. 1971. "1 Thessalonians 2:13-16: A Deutero-Pauline Interpolation". HTR 64: 79-94. – 1973. *The Pneumatikos-Psychikos Terminology in 1 Corinthians.* Society of Biblical Literature Dissertation Series, 12. Missoula, Mont.: Scholars. – 1975. "Hellenistic--Jewish Wisdom Speculation and Paul". *In Aspects of Wisdom in Judaism and Early Christianity*, org. Robert L. Wilken, pp. 43-66. Notre Dame e Londres: University of Notre Dame Press.
Pelekanidis, Stratis. 1961. "Palaiochristianikoi táphoi". *Archaiologikon Deltion* 17: 257 e prancha 314a, b.
Petsas, Photios M. 1968. " *'H agorà tes Thessalonikes"*. *Athens Annals of Archaeology* 1: 156-162.

Pettigrew, Thomas F. 1967. "Social Evaluation Theory: Convergences and Applications". In *Nebraska Symposium on Motivation 1967*, org. David Levine, pp. 241-311. Lincoln: University of Nebraska Press.

Pfitzner, Victor C. 1967. *Paul and the Agon Motif.* Supplements to Novum Testamentum, 16. Leiden: Brill.

Pöhlmann, Wolfgang. 1973. "Die hymnische All-Prädikationen in Kol. 1:15-20". ZNW 64: 53-74.

Poland, Franz. 1909. *Geschichte des griechischen Vereinnswesens.* Preisschriften – der fürstlich Jablonowskischen Gesellschaft, 38. Leipzig: Teubner.

Polanyi, Karl. 1968. *Primitive, Archaic, and Modern Economics.* Editado por George Dalton. Garden City, N. Y.: Doubleday (Anchor)

Pomeroy, Sarah B. 1975. *Goddesses, Whores, Wives, and Slaves: Women in Classical Antiquity.* Nova Iorque: Schocken.

Pope, Marvin. 1976. "Homosexuality". IDBS, pp. 415-417.

Powell, Benjamin. 1903. "Inscriptions from Corinth". AJA, 21. série 7: 26-71.

Préaux, Claire. 1955. "Institutions économiques et sociales des villes hellénistiques". In *La Ville*, org. Jean Firenne, pte. 1, pp. 89-135. Recueils de la Société Jean Bodin, 6. Bruxelas: Libraire encyclopédique.

Preisker, Herbert. 1927. *Christentum und Ehe in den ersten drei Jahrhunderten: Eine Studie zur Kulturgeschichte der alten Welt.* Berlim: Trowitsch.

Puniet, P. de. 1907. "Baptême". DACL, vol. 2: colunas 251-346.

Radice, Betty, tradutora. 1969. *The Letters of the Younger Pliny.* Harmondsorth: Penguim.

Radke, Gerhard. 1973. "Viae publicae Romanae". PW, suplemento 13: colunas 1417-1686.

Ramsay, William M. 1904. "Roads and Travel". In *A Dictionary of the Bible*, org. James Hastings, volume suplementar, pp. 375-402. Edinburgh e Nova Iorque: Clark.

Redlich, E. Basil. 1913. *St. Paul and His Companions.* Londres: Macmillan.

Reekmans, Tony. 1971. "Juvenal's Views on Social Change". *Ancient Society* 2: 117-161.

Reicke, Bo. 1951. *Diakonie, Festfreude, und Zelos in Verbindung mit der altchristlichen Agapenfeier.* Uppsala Universitets Årsskrift 1951, 5. Uppsala: Lundequist; Wiesbaden: Harrassowitz.

1951b. "The Law and This World according to Paul". JBL 70: 259-276.

Rensberger, David. 1978. "2 Corinthians 6:14-7:1 – A Fresh Examination". *Studia Biblica et Theologica* 8, nº 2: 25-49. – 1981. "As the Apostle Teaches: The Development of the Use of Paul's Letters in Second-Century Christianity". Dissertação de Ph. D., Yale University.

Rese, Martin. 1970. "Formeln und Lieder im Neuen Testament: Einige notwendige Anmerkungen". *Verkündingung und Forschung* 15, nº 2: 75-95.

Richard, Marcel. 1956. *Asterii sophistae. Commentariorum in Psalmos quae supersunt, accedunt aliquot homiliae anonymae.* Oslo: Brogge.

Robert, Louis. 1937. *Études anatoliennes: Recherches sur les inscriptions grecques de l'Asie Mineure.* Paris: Boccard. – 1964. *Nouvelles Inscriptions de Sardes.* vol. 1. Paris: Librairie d'Amérique et d'Orient A. Maisonneuve. – 1974. "Les Inscriptions de Thessalonique". *RPh* 48: 180-246.

Robertis, Francesco M. de. 1973. *Storia delle corporazioni e del regime associativo nel mondo romano.* 2 volumes. Bari: Adriatica editrice.

Robinson, James M. 1957. "A Formal Analysis of Col. 1:15-20". *JBL* 76: 270-287. – 1964. "Die Hodajot-Formel in Gebet und Hymnus des Frühchristentums". In *Apophoreta: Festschrift für Ernst Haenchen*, org. Walter Eltester, pp. 194-235. Beihefte zur ZNW 30. Berlim: Töpelmann.

Robinson, John A. T. 1952. *The Body: A Study in Pauline Theology.* Studies in Biblical Theology, 5. Londres: SCM.

Romaniuk, Kazimierz. 1964. "Die 'Gottesfürchtigen' im Neuen Testament". *Aegyptus* 44: 66-91.

Rose, H. J. 1957. "The Religion of a Greek Household". *Euphrosyne* 1: 95-116.

Rostovtzeff, Mihail. 1957. *The Social and Economic History of the Roman Empire.* 2 volumes. 2ª edição, revista por P. M. Fraser. Oxford: Clarendon Press.

Rowley, H. H. 1940. "Jewish Proselyte Baptism and the Baptism of John". *HUCA* 15: 313-334.

Russell, D. A., e Wilson, N. G., editores e tradutores. 1981. *Menander Rhetor.* Oxford: Clarendon Press: Nova Iorque: Oxford University Press.

Ste. Croix, G. E. M. de. 1975. "Early Christian Attitudes to Property and Slavery". In *Church, Society, and Politics*, org. Derek Backer, pp. 1-38. Studies in Church History, 12. Oxford: Blackwell.

Salditt-Trappmann, Regina. 1970. *Tempel der ägyptischen Götter in Griechenland und an der Westküste Kleinasiens*. Études préliminaires aux religions orientales dans l'empire romains, 15. Leiden: Brill.
Sampley, J. Paul. 1977. "*Societas Christi*: Roman Law and Paul's Conception of the Christian Community". In *God's Christ and His People: Studies in Honour of Nils Alstrup Dahl*, org. Jacob Jerwell e Wayne A. Meeks, pp. 158-174. Oslo, Bergen e Tromsö: Universitetsforlaget.
— 1980. *Pauline Partnership in Christ: Christian Community and Commitment in Light of Roman Law*. Filadélfia: Fortress.
Sanders, E. P. 1977. *Paul and Palestinian Judaism: A Comparison of Patterns of Religion*. Filadélfia: Fortress; Londres: SCM.
Sasaki, M. S. 1979. "Status Inconsistency and Religious Commitment". In *The Religious Dimension: New Directions un Quantitative Research*, org. Robert Wuthnow, pp. 135-156. Nova Iorque, San Francisco e Londres: Academic.
Schachter, Stanley. 1968. "Social Cohesion". IESS, vol. 2, pp. 542-546.
Schaefer, Hans. 1962. "Prostates". PW, suplemento, vol. 9: colunas 1288-1304.
Schille, Gottfriend, org. 1952. "Liturgisches Gut im Epheserbrief". Dissertação de doutorado em Teologia, Göttingen. – 1962. *Frühchristliche Hymnen*. Berlim: Evangelische Verlagsanstalt. – 1967. *Die urchristliche Kollegialmission*. Abhandlugen zur Theologie des Alten und Neuen Testaments, 48. Zurique e Stuttgart: Zwingli.
Schlier, Heinrich. 1933. "amen". TWNT 1: 339-342. – 1938. "Die Taufe nach dem 6. Kap. des Röm.". EvT 5: 335-347. Reeditado in Die Zeit der Kirche. Friburgo: Herder, 1956, pp. 47-56.
1971. Der Brief an *die Galater*. 14ª edição. Kritisch-exegetischer Kommentar über das Neue Testament, 7. Göttingen: Vandenhoeck & Ruprecht.
Schimidt, Karl Ludwig. 1938. "ekklesia". TWNT 3: 502-539. As referências são tiradas da tradução inglesa publicada in TDNT 3: 501-536.
Schoenebeck, Hans von. 1940. "Die Stadtplannung des römischen Thessalonike". In *Bericht über den 6. Internationalen Kongress für Archäologie,* org. Max Wenger, pp. 478-482. Berlim: De Gruyter.
Schottroff, Luise. 1979. "Die Schreckensherrschaft der Sünde und die Befreiung durch Christus nach dem Römerbrief des Paulus". EvT 39: 497-510.

Schreiber, Alfred. 1977. *Die Gemeinde in Korinth: Versuch einer gruppendynamischen Betrachtung der Entwicklung der Gemeind von Korinth auf der Basis des ersten Korintherbriefes*. Neutestamentliche Abhandlungen, n.s., 12. Münster: Aschendorff.
Schroeder, David. 1959. "Die Haustafeln des Neuen Testaments: Ihre Herkunft und ihr theologischer Sinn". Dissertação de doutorado em Teologia, Hamburgo.
Schubert, Paul. 1939a. *Form and Function of the Pauline Thanksgivings*. Beihefte zur ZNW 20. Berlim: Töpelmann. – 1939b. "Form and Function of the Pauline Letters". JR 19: 365-377.
Schürer, Emil. 1973 –. *The History of the Jewish People in the Age of Jesus Christ (175 B.C. – A. D. 135)*. Editado e revisto por Geza Vermes, Fergus Millar e Matthew Black. Edinburgh: Clark.
Schütz, John Howard. 1975. *Paul and the Anatomy of Apostolic Authority*. Society for New Testament Studies Monograph Series, 26. Cambridge: At the University Press. – 1977. "Steps toward a Sociology of Primitive Christianity: A Critique of the Work of Gerd Theissen". Trabalho apresentado ao Social World of Early Christianity Group of the American Academy of Religion/Society of Biblical Literature, 27-31 de dezembro de 1977. – 1982. Introdução a Theissen, 1982.
Schultz-Falkenthal, Heinz. 1970. "Zur Frage der organisatorischen Vorbilder für den Korporativen Zusammenschluss in den *collegia opificium* u. ihre Verhätnis zu den mittelalterlichen Zünften". *Wissenschaftliche Zeitschrift der Martin-Luther-Universität Halle-Wittenberg* 19, nº 2: 41-50.
Schweitzer, Albert. 1930. *Die Mystik des Apostels Paulus*. Tübingen: Mohr (Siebeck).
Schweizer, Eduard. 1955. *Erniedrigung und Wehöhung bei Jesus seinen Nachfolgern*. Zurique: Zwingli. – 1961a. "Die Kirche als Leib Christi in den paulinischen Homologoumena". TLZ 86: 161-174. As referências são tiradas da reedição in *Neotestamentica: Deutsche und englische Aufsätze*. Zurique e Stuttgart: Zwingli, 1963, pp. 293-316. – 1964. "soma ktl.". TWNT 7: 1024-1091.
Scraton, Robert L. 1951. Monuments in the Lower Agora and North of the Archaic Temple. *Corinth: Results*, vol. 1, pte. 3. Princeton: Princeton University Press.

Scranton, Robert L.; Shaw, Joseph W., e Ibrahim, Leila. 1978. *Topography and Architecture. Kenchreai, Eastern Port of Corinth: Results of Investigations by the University of Chicago and Indiana University for the American School of Classical Studies at Athens*, vol. 1. Leiden: Brill.

Scroggs, Robin. 1980. "The Sociological Interpretation of the New Testament: The Present State of Research". NTS 26: 164-179.

Seager, Andrew R. 1972. "The Building History of the Sardis Synagogue". AJA 76: 425-435.

Sebesta, Judith Lynn. 1976. "Dine with Us as an Equal". *Classical Bulletin* 53: 23-26.

Segelberg, Eric. 1958. *Masbuta: Studies in the Ritual of the Ritual of the Mandaean Baptism*. Uppsala: Almqvist & Wilksells.

Sevenster, J. N. 1975. *The Roots of Pagan Anti-Semitism in the Ancient World*. Supplements to Novum Testamentum, 41. Leiden: Brill.

Sherwin-White, A. N. 1967. *Racial Prejudice in Imperial Rome*. Cambridge: At the University Press.

Sivan, Hagith S. 1978. *The Painting of the Dura-Europos Synagogue: A Guidebook to the Exhibition* [patrocinado pela New Haven Jewish Federation e pelo New Haven Jewish Community Center, 13 de abril a 15 de maio de 1978].

Siegert, Folker. 1973. "Gottesfürchtige und Sympathisanten". JSJ 4: 109-164.

Smallwood, E. Mary. 1976. *The Jews under Roman Rule: From Pompey to Diocletian*. Studies in Judaism in Late Antiquity, 20. Leiden: Brill.

Smith, Dennis E. 1980. "Social Obligation in the Context of Communal Meals: A Study of the Christian Meal in 1 Corinthians in Comparison with Graeco-Roman Communal Meals". Dissertação de doutorado em Teologia, Harvard University.

Smith, Jonathan Z. 1965. "The Garments of Shame". HR 5: 224-230.

1971. "Native Cults in the Hellenistic Period". HR 11: 236-239.

1975. "The Social Description of Early Christianity". *Religious Studies Review* 1: 19-25.

Smith, Morton. 1978. *Jesus the Magician*. Nova Iorque: Harper & Row.

1980. "Pauline Worship as Seen by Pagans". HTR 73: 241-249.

Soden, Hans von. 1931. "Sakrament und Ethik bei Paulus". In *Marburger Theologische Studien (Rudolf Otto-Festgruss)*. Vol. 1. Reeditado in *Urchristentum und Geschichte*. – Tübingen: Mohr (Siebeck), 1951, pp. 239-275. Tradução abreviada in *The Writings of St. Paul*.

org. Wayne A. Meeks, pp. 257-268. Nova Iorque: Norton, 1972. – 1933. "adelphos, ktl." TWNT 1: 144-146. Referências tiradas da tradução publicada in DTNT 1: 144-146.
Spiro, Melford E. 1966. "Religion: Problems of Definition and Explanation". In *Anthropological Approaches to the Study of Religion,* org. Michael Banton, pp. 85-126. Association of Social Anthropologists Monographs, 3. Londres: Tavistock.
Stähin, Gustav. 1938. "ísos, ktl.". TWNT 3: 343-356.
Stauffer, Ethelbert. 1949. "Zur Kindertaufe in der Urkirche". Deutscher Pfarrerblatt 49: 152-154.
Stendahl, Krister. 1963. "The Apostle Paul and the Introspective Conscience of the West". HTR 56: 199-215. Reeditado in *Paul among Jews and Gentiles and Other Essays.* Filadélfia: Fortress, 1976, pp. 78-96.
Stern, Menahem. 1974. *Greek and Latin Authors on Jews and Judaism.* Part 1: *From Herodotus to Plutarch.* Leiden: Brill. – 1976. "The Jews in Greek and Latin Literature". In *The Jewish People in the First Century,* org. Samuel Safrai e Menahem Stern, 2: 1101-1159. Compendia Rerum Iudaicarum ad Novum Testamentum, 1. Assen: Van Gorcum; Filadélfia: Fortress.
Stillwell, Richard, org. 1941. *Architecture. Corinth: Results,* vol. 1, pte. 2. Cambridge, Mass.: Harvard University Press. – 1952. *The Theater. Corinth: Results,* vol. 2. Princeton: Princeton University Press.
Stillwell, Richard, e Askew, H. Ess. 1941. "The Peribolos of Apollo". In Stillwell, 1941, 1-54.
Stowers, Stanley K. 1981. *The Diatribe and Paul's Letter to the Romans.* Society of Biblical Literature Dissertation Series, 57. Chico, Calif.: Scholars.
Strecker, Georg. 1964. "Redaktion und Tradition im Christushymnus Phil. 2,6-11". ZNW 55: 63-78.
Strobel, August. 1965. "Der Begriff des Hauses im griechischen und römischen Privatrecht". ZNW 56: 91-100.
Stuhlmacher, Peter. 1975. *Der Brief an Philemon.* Evangelisch-Katolischer Kommentar zum Neuen Testament, 1. Zurique: Einsiedeln; Cologne: Benziger, Neukirchen: Erziehungsverein. – 1977. "Zur paulinischen Christologie". ZTK 74: 449-463.
Swidler, Leonard. 1979. *Biblical Affirmations of Women.* Filadélfia: Westminster.

Talmon, Yonina. 1962. "Pursuit of the Millennium: The Relation between Religious and Social Change". *Archives européenes de sociologie* 3: 125-148. Reeditado in Reader in Comparative Religion: An Anthropological Approach, org. W. A. Lessa e E. Z. Vogt, 2ª edição, pp. 522-537. Nova Iorque: Harper & Row, 1965.

Tannehill, Robert C. 1967. *Dying and Rising with Christ: A Study in Pauline Theology.* Beihefte zur ZNW 32. Berlim: Töpelmann.

Tanzer, Helen H. 1939. *The Common People of Pompeii: A Study of the Graffiti.* Johns Hopkins University Press.

Tarn, William W. 1952. *Hellenistic Civilization.* 3ª edição, revista pelo autor e por G. T. Griffith. Reedição. Cleveland e Nova Iorque: World (Meridian), 1961.

Taylor, Howard F. 1973. "Linear Models of Consistency: Some Extensions of Blalock's Strategy". AJS 78: 1192-1215.

Taylor, L. R. 1933. "The Asiarchs". In Lake e Cadbury, 1933, 5: 256-262.

Tcherikover, Victor. 1961. *Hellenistic Civilization and the Jews.* Filadélfia: Jewish Publication Society.

Theissen, Gerd. 1973. "Wanderradikalismus: Literatursoziologische Aspekte der Überlieferung von Worten Jesu im Urchristentum". ZTK 70: 245-271. Reeditado in Theissen, 1979, 79-105. – 1974a. "Soteriologische Symbolik in den paulinischen Schriften: Ein strukturalistischer Beitrag". *Kerygma und Dogma* 20: 282-304. – 1974b. "Soziale Integration und sakramentales Handeln: Eine Analyse von 1 Cor. XI 17-34". NovT 24: 179-205. Referências tiradas da reedição in Theissen, 1979, 290-317. – 1974c. "Soziale Schichtung in der Korinthischen Gemeinde". ZNW 65: 232-272. – 1975a. "Legitimation und Lebensunterhalt. Ein Beitrag zur Soziologie urchristlicher Missionare". NTS 21: 192-221. As referências são extraídas da reedição in Theissen, 1979, 201-230. – 1975b. "Die soziologische Auswertung religiöser Überlieferungen". Kairos 17: 284-299. – 1975c. "Die Starken und Schwachen in Korinth: Soziologische Analyse eines theologischen Streites". Evt 35: 155-172. – 1979. Studien zur Soziologie des Urchristentums. Wissenschaftliche Untersuchungen zum Neuen Testament, 19. Tübingen: Mohr (Siebeck).

1982. *The Social Setting of Pauline Christinity: Essays on Corinth.* Editado e traduzido por John H. Schütz. Filadélfia: Fortress.

Thesleff, Holger. 1965. *The Pythagorean Texts of the Hellenistic Period.* Acta Academiae Aboensis, Humaniora, nº 30, pte. 1. Åbo: Åbo Akademi.

Thiselton, Anthony C. 1978. "Realized Eschâtology at Corinth". NTS 24: 510-526.
Tov, Emmanuel. 1974. "Une Inscription grecque d'origine samaritaine trouvé à Thessalonique". RB 81: 394-399.
Towner, W. Sibley. 1968. " 'Blessed be YHWH' and 'Blessed Art Thou, YHWH': The Modulation of a Biblical Formula". CBQ 30: 386-399.
Treu, Kurt. 1973. "Christliche Empfehlungs-Schemabriefe auf Papyrus". In *Zetesis: Album amicorum door vrieden en collega's aangeboden aan Prof. Dr. E. de Stryker.* – Antuérpia: Nederlandsche Boekhandel, pp. 629-636.
Turner E. G. 1954. "Tiberius Iulius Alexander". JRomSt 44: 54-64.
Turner, Victor. 1964. "Betwixt and Between: The Liminal Period in Rites de Passage". In *Proceedings of the American Ethnological Society, 1964.* – 1969. *The Ritual Process: Structure and Anti-Structure.* Reedição Ithaca, N. Y: Cornell University Press, 1977. – 1974. *Dramas, Fields, and Metaphors: Symbolic Action in Human Society.* Ithaca, N. Y.: Cornell University Press.
Unnik, Willem C. van. 1964. "Die Rücksicht auf die Reaktion der Nicht-Christen als Motiv in der altchristlichen Paränese". In *Judentum,Urchristentum Kirche: Festschrift für Joachim Jeremias,* org. Walther Eltester, pp. 221-233. Beihefte zur ZNW, 26. Berlim: Akademie. – 1974. "The Interpretation of Romans 12: 8 "hometadidoys en haplóteti". In *On Language, Culture, and Religion: In Honor of Eugene A. Nida,* org. Matthew Black e Willian A. Smalley, pp. 169-183. The Hague e Paris: Mouton.
Usener, Hermann Karl. 1887. *Epicurea.* Reedição. Suttgart: Teubner, 1966.
Vacalopoulos, Apostolos E. 1963. *A History of Thessaloniki.* Tessalônica: Institute for Balkan Studies.
Vawter, Bruce. 1971. "The Colossians Hymn and the Principle of Redaction". CBQ 33: 62-81.
Vermes, Geza. 1978. *The Dead Sea Scrolls: Qumran in Perspective.* Cleveland: Collins-World.
Vickers, Michael J. 1970. "Towards Reconstruction of the Town Planning of Roman Thessaloniki". In *Ancient Macedonia,* org. Basileios Lourdas e Ch, I. Makaronas, pp. 239-251. Tessalônica: Institute for Balkan Studies.
Vielhauer, Philipp. 1939. "*Oikodome:* Das Bild vom Bau in der christlichen Literatur vom Neuen Testament bis Clemens Alexandrinus". Dissertação de doutorado em Teologia, Heidelberg.

Vogel, C. J. de. 1966. Pythagoras and Early Pythagoreanism: An Interpretation of Neglected Evidence on the Philosopher Pythagoras. Assen: Van Gorcum.

Vogliano, Achille. 1933. "La grande iscrizione Bacchia del Metropolitan Museum: I". AJA, 2ª série, 37: 215-231.

Vogt, Joseph. 1939. Kaiser Julian und das Judentum: Studien zum Weltanschauungskampf der Spätantike. Morgenland, 30. Leipzig: Morgenland.

1971. Bibliographie zur antiken Sklaverei. Bochum: Brockmeyer.

1975. "Der Vorwurf der sozialen Niedrigkeit des frühen Christentums". Gymnasium 82: 401-411.

Vööbus, Arthur. 1958-1960. History of Ascetism in the Syrian Orient. 2 volumes. Corpus Scriptorum Christianorum Orientalium, 184 e 197. Lovaina: CSCO.

Walker, Sheila S. 1972. Ceremonial Spirit Possession in Africa and Afro--America: Forms; Meanings, and Functional Significance for Individuals and Social Groups. Supplements to Numen, 2ª série 4. Leiden: Brill.

Walker, Willian O., Jr. 1975. "1 Corinthians and Paul"s Views Regarding Women". JBL 94: 94-110.

Wallace, Anthony F. C. 1956. "Revitalization Movements". American Anthropologist 58: 264-281.

Walter, Nikolaus. 1977. "Die Philipper und das Leiden". In Die Kirche des Anfangs: Festschrift für Heinz Schürmann, org. Rudolf Schnackenburg, Josef Ernst e Joachim Wanke, pp. 417-434. Leipzig: St. Benno. – 1979. "Christusglaube und heidnische Religiosität in paulinischen Gemeinden". NTS 25: 422-442.

Waltzing, Jean. 1895-1900. Étude historique sur les corporations professionelles chez les Romains. 4 volumes. Lovaina: Peeters.

Weaver, P. R. C. 1967. "Social Mobility in the Early Roman Empire: The Evidence of the Imperial Freedmen and Slaves". Past and Present 37: 3-20. Reeditado in Studies in Ancient Society, org. Moses I. Finley, pp. 121-140. Londres: Routledge and Kegan Paul,1974. – 1972. Familia Caesaris: A Social Study of the Emperor"s Freedmen and Slaves. Cambridge: At the University Press.

Webber, Robert D. 1971. "The Concept of Rejoicing in Paul". Dissertação de Ph. D., Yale University.

Weber, Max. 1922. Grundriss der Sozialökonomik. Wirtschaft und Gesellschaft, pte. 1, seção 3. Tübingen: Mohr (Siebeck).

Weidinger, Karl. 1928. Die Haustafeln: Ein Stück urchristlicher Paränese. Untersuchungen zum Neuen Testament, 14. Leipzig: Hinrichs.

Weigandt, Peter. 1963. "Zur sogenannten 'Oikosformel'". NovT 6: 49-74.
Weiss, Johannes. 1910. *Der erste Korintherbrief.* 9ª edição. Kritisch--exegetischer Kommentar über das Neue Testament, 5. Göttingen: Vandenhoeck & Ruprecht.
Wengst, Klaus. 1972. *Christologische Formeln und Lieder des Urchristentums.* Studien zum Neuen Testament, 7. Gütersloh: Mohn.
West, Allen Brown. 1931. *Latin Inscriptions, 1896-1926. Corinth: Results,* vol. 8, pte. 2. Cambridge, Mass.: Harvard University Press.
Westermann, William L. 1955. *Slave Systems of Greek and Roman Antiquity.* Memoirs of the American Philosophical Society, 40. Filadélfia: American Philosophical Society.
Widengren, Geo. 1968. "Heavenly Enthronement and Baptism: Studies in Mandaen Baptism". In *Religions in Antiquity: Essays in Memory of Erwin Ramsdell Goodenough,* org. Jacob Neusner, pp. 551-589. Studies in the History of Religion, 14. Leiden: Brill.
Wilken, Robert L. 1970. "Toward a Social Interpretation of Early Christian Apologetics". *Church History* 39, nº 1: 1-22. – 1971. "Collegia, Philosophical Schools, and Theology". In *The Catacombs and the Colosseum,* org. Stephen Benko e John J. O'Rourke, pp. 268-291. Valley Forge: Judson. – 1976. "Melito, the Jewish Community at Sardis, and the Sacrifice of Isaac". *Theological Studies* 37: 53-69.
Wilson, Briam R. 1973. *Magic and the Millennium: A Sociological Study of Religious Movements of Protest among Tribal and Third-World Peoples.* Londres: Heinemann.
Wilson, Jack H. 1968. "The Corinthians Who Say There Is No Resurrection of the Dead". ZNW 59: 90-107.
Wilson, Robert R. 1979. "Prophecy and Ecstasy: A Reexamination". JBL 98: 321-337.
Witt, Rex. 1970. "The Egyptian Cults in Ancient Macedonia". In *Ancient Macedonia,* org. Basileios Lourdas e Ch. I. Makaronas, pp. 324-333. Tessalônica: Institute for Balkan Studies.
Worsley, Peter. 1957. *The Trumpet Shall Sound: A Study of 'Cargo' Cults in Melanesia.*
Wuellner, Wilhelm. 1967. The Meaning of "Fishers of Men". Filadélfia: Westminster. – 1979. "Greek Rhetoric and Pauline Argumentation". In *Early Christian Literature and the Classical Intellectual Tradition: In honorem,* org. William Schoedel e Robert L. Wilken, pp. 177-188. Théologie historique, 53. Paris: Beauchesne.

Índice de Autores

A

Aberle, D. - 351, 385
Achütz - 173
Adams, D. - 34, 265, 321, 369, 385
Afanassieff, N. - 173, 385
Aland, K. - 47, 385
Albrecht, M. von - 187, 385
Alger, H. - 44
Anderson, B. - 129, 385
Applebaum, S. - 86, 94, 95, 96, 385
Askew, H. - 114, 419
Audet, J. P. - 308, 386
Aus, R. D. - 211, 214, 369, 386
Austin, J. L. - 297, 386

B

Bacchiocchi, S. - 300, 386
Badian, E. - 39, 386
Bailey, J. A. - 33
Balch, D. L. - 61, 66, 148, 187, 386
Baldry, H. C. - 188, 386
Banks, R. - 171, 386
Barber, B. - 128, 386
Barrett, C. K. - 163, 200, 226, 229, 230, 252, 271, 273, 276, 282, 300, 326, 327, 375, 386
Barrow, R. H. - 55, 387
Bartchy, S. S. - 148, 387
Barth, K. - 21
Bassler, J. M. - 65, 91, 149, 205, 344, 387, 387

Bateson, M. C. - 208, 387
Bauer - 151
Baumgarten, J. - 350, 387
Baur, F. C. - 183, 253
Becher, I. - 65
Becker, J. C. - 234, 350, 387
Beker - 350, 364, 372, 375
Bell - 93
Berger, K. - 29, 179, 180, 181, 202, 207, 239, 240, 296, 387
Berger, P. L. - 202, 387
Bergmeier, R. - 95, 388
Bernard, J. H. - 323, 388
Best, E. - 150, 200, 283, 388
Betz, H. D. - 33, 69, 101, 183, 187, 212, 242, 243, 244, 250, 285, 321, 350
Bickerman, E. J. - 181, 308, 388
Bietenhard, H. . - 33, 388
Blalock, H. M. Jr. - 129, 388
Boehm, F. - 175, 388
Boers, H. W. - 362, 389
Bogart, J. - 346, 389
Bömer, F. - 55, 64, 76, 78, 179, 388
Bonhoeffer, D. - 21
Borgen, P. - 218, 389
Bornkamm, G. - 226, 312, 389
Boulvert, G. - 58, 389
Bousset, W. - 367, 389
Bowersock, G. W. - 37, 38, 39, 41, 112, 114, 119, 133, 141
Brandis, C. G. - 234, 389

Braumann, G. - 303, 312, 389
Brill - 52
Broneer, O. - 31, 112, 113, 115, 116, 326
Brown, P. - 24, 258
Bruce, F. F. - 16, 42, 390
Bruneau, P. - 40, 52, 80, 390
Buckland, W. W. - 55, 390
Bujard, W. - 267, 269, 390
Bultmann, R. K. - 306, 349, 350, 370, 375, 393
Burford, A. - 78, 391
Burke, P. J. - 403
Burkert, W. - 129, 188, 391
Burr, V. - 42, 391
Burridge, K. - 351, 352, 353, 391

C

Cadbury, H. J. - 68, 73, 145, 391, 407
Caird, G. B. - 35, 98, 391
Calder, W. - 42
Callan, T. - 341, 391
Cameron, A. - 17, 183, 391
Campenhausen, H. von. - 316, 391
Carrington, P. - 220, 391
Case, S. J. - 19, 391
Casson, L. - 47, 49, 50, 51, 391
Cavallin, H. C. - 368, 391
Chantraine, H. - 58, 391
Charlesworth, M. P. - 49, 50, 51, 110, 111, 391
Chevallier, R. - 49, 51, 103, 392
Clark, E. A. - 134, 392
Cohen, B. - 127, 392
Collart, P. - 50, 52, 107, 108, 109, 110, 134
Collins - 350
Conybeare, F. C. - 188
Conzelmann, H. - 100, 151, 185, 200, 216, 271
Corwin, V. - 173, 392
Coser, L. - 392
Countryman, W. - 177

Croix, S. - 19, 36, 148, 331, 415
Cullmann, O. - 232, 316, 318, 392

D

Dahl, N. A. - 34, 100, 119, 149, 184, 185, 204, 206, 208, 209, 211, 212, 235, 249, 252, 254, 269, 270, 288, 291, 302, 306, 308, 312, 318, 320, 328, 332, 344, 358, 362, 364, 366, 376
Davies, W. D. - 181, 394
Déaut, Le R. - 218, 407
Deichgräber, R. - 303, 394
Deissmann, G. A. - 122, 123, 124, 394
Delling, G. - 171, 394
Deubner, L. - 187
Deutsch, M. - 202, 394
DeWitt, N. - 188, 189, 394
Dibelius, M. - 73, 148, 150, 278, 283, 301, 308
Dinkler, E. - 227, 312, 321, 394
Dix, G. - 313, 318, 4
Dobschütz, E. von. - 114, 283, 395
Dodd, C. H. - 301, 395
Dodds, E. R. - 366, 395
Donahue, P. - 373
Douglas, M. - 214, 296, 390, 395
Downey, G. - 72, 74, 395
Downing, J. D. H. - 312, 395
Dungan, D. - 174, 395
Dupont - 98
Dupré, L. - 19, 395
Durkheim, E. - 296, 395

E

Eck, W. - 123, 134, 144, 395
Edson, C. - 110, 395
Elliger, W. - 107, 108, 109, 395
Ellis, E. E. - 218, 282, 395
Eltester, W. - 393
Erim, K. T. - 86, 95
Evans, D. - 347, 396

F

Fascher, E. - 312, 396
Feldman, L. - 52, 89, 396
Festinger, L. - 191, 353, 396
Festugière, A. M. J. - 188, 396
Feuillet, A. - 370, 396
Filson, F. - 123, 396
Finegan, J. - 110, 6
Finley, M. I. - 43, 54, 57, 60, 125, 126, 130, 422
Fiorenza - 350
Flaco, L. V. - 83
Flaco, M. - 107
Flory, M. B. - 55, 56, 76, 77, 139
Forkman, G. - 271, 396
Foucart, P. - 179, 396
Fowler, H. N. - 113, 116, 396
Francis, F. O. - 268, 396
Fraser, P. M. - 52, 110, 397
Frederiksen, M. W. - 397
Frend, W. H. C. - 36, 176, 397
Friedländer, L. - 48, 49, 50, 51, 58
Friedrich, C. J. - 262, 397
Fritz, K. von. - 188, 397
Funk, R. W. - 237, 362, 397

G

Gaebler, H. - 107
Gagé, J. - 397
Gager, J. G. - 28, 127, 199, 351, 397
Gamble, H. A., Jr. - 47, 185, 307, 397
Garfinkel, A. - 23, 397
Gärtner, B. - 218, 397
Gayer, R. - 148, 398
Geertz, C. - 23, 25, 26, 202, 296, 398
Gellner, E. - 25, 296, 398
Gennep, A. van. - 198, 324, 398
Georgi, D. - 65, 140, 152, 163, 239, 303, 398
Ginzberg, L. - 219, 398
Goffman, I. - 129, 398

Goodenough, E. R. - 42, 86, 91, 92, 227, 348, 398
Goodman, F. D. - 256, 257, 258, 259, 260, 310, 399
Goody, J. - 295, 296, 399
Gordon, M. - 57, 399
Grail, A. O. P. - 312, 399
Grant, R. M. - 75, 124, 127, 316, 397, 399
Greeven, H. - 278, 283, 286, 301, 394, 399
Griffiths, J. G. - 66, 367, 399
Gülzow, H. - 148, 172, 181, 399
Güttgemanns, E. - 265, 321, 369, 399

H

Hadas, M. - 187, 399
Haenchen, E. - 34, 73, 144, 145, 242
Hahn, F. - 368, 400
Hamerton-Kelly, R. G. - 370, 400
Hanfmann, G. M. A. - 85, 400
Harder, R. - 65, 400
Harnack, A. von. - 234, 286, 400
Harris, J. R. - 370, 400
Hartman - 350
Hatch, E. - 176, 179, 196, 238, 400
Hay, D. M. - 301, 368, 377, 400
Hayes, J. W. - 113, 400
Hegermann, H. - 303, 370, 400
Heidelberg - 122
Heinemann, I. - 90, 222, 308
Heinrici, [C. F.] G. - 141, 176, 185, 271, 401
Hellhom - 350
Hengel, M. - 16, 46, 67, 86, 96, 116, 119, 181, 182, 196, 203, 301, 303
Héring, J. - 271, 402
Herzig, H. E. - 49, 402
Heyob, S. K. - 65, 402
Hicking - 163
Hill, D. - 212, 402
Hock, R. - 46

Hock, R. F. - 32, 47, 48, 53, 68, 69, 74, 142, 150, 164, 187, 255
Holladay, C. H. - 163, 402
Holmberg, B. - 239, 240, 241, 246, 353, 402
Homans, G. C. - 169, 402
Hommel, H. - 86, 89, 402
Hornung, C. A. - 129, 402
Horsley, R. A. - 362, 403
Humphreys, S. C. - 43, 403
Hurd - 98

I

Ibrahim, L. - 52, 403
Isenberg, S. - 351, 403

J

Jackson, B. S. - 291
Jackson, E. F. - 129, 403
Jackson, F. J. F. - 407
Jeremias - 318, 334
Jeremias, J. - 403
Jervell, J. - 34, 369, 370, 403
Jewett, R. - 23, 35, 98, 278, 281
Jones, A. H. M. - 54, 78, 79, 102, 103, 104, 105, 185
Judge, E. A. - 16, 31, 53, 71, 75, 76, 124, 125, 132, 135, 139, 141, 144, 145, 164, 176, 185, 186, 187, 190, 238, 255, 279, 280, 282, 293, 294, 299

K

Käsemann, E. - 95, 303, 329, 349, 350, 362, 369, 373
Kautsky, K. - 18
Keck, L. E. - 17, 18, 19, 114, 392, 399, 400
Kehnscherper, G. . - 144, 404
Kennedy, C. A. - 16, 327
Kent, J. H. - 112, 113, 115, 117, 137, 138
Kereenyi - 317
Kertelge, K. - 285, 405

Kippenberg, H. G. - 19, 405
Kitzinger, E. - 86, 405
Kléberg - 75
Klijn, A. F. J. - 315, 405
Knox, J. - 98, 118, 185
Kock - 350
Koester, H. - 26, 35, 97, 248, 362
Koestermann, E. - 134
Kornemann, E. - 77, 405
Kovacs, B. - 351, 353, 405
Kowalinski, P. - 19, 406
Kraabel, A. T. - 85, 86, 92, 96, 106, 107, 111
Kraeling, C. H. - 313, 406
Kramer, W. - 206, 406
Krauss, S. - 86, 350, 406
Kreissig, H. - 19, 122, 124
Kuhn, K. G. - 89, 146, 407
Kümmel, W. G. - 47, 98, 101, 147, 375

L

Lacy, De, P. H. - 188, 394
Lake, K. - 68, 89, 145, 407
Lampe, G. W. H. - 275, 315, 407
Landvogt, P. - 136, 407
Layton, B. - 195, 407
Leach, E. - 295, 407
Lee, C. L. - 165, 407
Leenhardt, F. J. - 140, 407
Leipoldt, J. - 65, 407
Lemerle, P. - 109, 110, 407
Lenski, G. E. - 129, 407
Leon, H. J. - 74, 86, 87, 116, 138, 222, 396
Levick, B. M. - 38, 41, 45, 88, 101, 102, 108
Levine, L. I. - 92, 408
Lewis, I. M. - 258, 408
Liebeschuetz - 72
Lietzmann, H. - 134, 141, 180, 271
Lifshitz, B. - 89, 111, 408
Lightfoot, J. B. - 33, 105, 146, 147, 278, 301, 304
Lindars, B. S. S. F. - 301, 408

Lindbeck, G. - 26
Lindemann, A. - 28, 100, 408
Linton, O. - 180, 181, 235, 236, 244
Lipset, S. M. - 126, 128, 407, 410
Lohmeyer, E. - 303, 409
Lohse, E. - 278, 301, 409
Luckmann, T. - 29, 202, 207, 296, 388
Lüdemann, G. - 35, 98, 183, 281, 409
Lull, D. J. - 259, 409
Lutz, Cora. - 62, 222, 409

M

MacDonald, D. - 163, 222, 409
Mack, B. - 370, 409
MacMullen, R. - 36, 43, 44, 46, 48, 51, 54, 56, 57, 63, 64, 65, 72, 74, 79, 126, 130, 284, 293, 299, 301, 326, 338, 366, 367
Magie, D. - 38, 40, 49, 58, 101, 102, 104, 105, 107, 136, 140, 144
Makaronas, Ch. I. - 110, 410
Malewski, A. - 128, 410
Malherbe, A. J. - 16, 31, 47, 66, 69, 74, 75, 116, 123, 124, 127, 135, 146, 153, 154, 166, 173, 174, 176, 185, 187, 189, 193, 195, 209, 238, 247, 368
Marrou, H. - 187, 410
Martin, R. P. - 303, 410
Marx - 126
Mattusch, C. C. - 114, 410
Mau, A. - 75, 410
McCasland, S. V. - 49, 410
Meeks, W. A. - 16, 34, 62, 83, 87, 94, 135, 161, 183, 198, 199, 202, 233, 245, 268, 270, 278, 303, 322, 331, 342, 346, 354, 371, 377
Mellink, M. J. - 86, 89, 411
Merkelbach - 53, 110
Merritt, B. D. - 117, 411
Merton, R. K. - 128, 295, 411
Michaelis, W. - 318, 411

Minar, E. L., Jr. - 188, 411
Minns, E. H. - 197, 411
Moe, D. - 111, 411
Momigliano, A. - 294, 411
Moore, G. F. - 318, 319, 412
Mrozek, S. - 57, 412
Murphy-O'Connor, J., O. P. - 161, 412
Mylonas, G. F. - 317, 412

N

Nabers, N. - 115, 412
Neufeld, V. H. - 316, 412
Neusner, J. - 52, 82, 214, 291, 314, 318
Nickelsburg, G. W. E. - 368, 412
Nietzsche - 352
Nilsson, M. P. - 175, 412
Nock, A. D. - 51, 178, 196, 209, 316
Norden, E. - 204, 303, 413

O

Ollrog, W.-H. - 35, 103, 138, 142, 145, 246, 267, 280, 281, 282
Olsen, M. E. - 190, 413
Olson, S. N. - 193, 264, 365, 413
Orr, W. F. - 151, 413

P

Pearson, B. A. - 185, 195, 213, 248, 341, 362
Pelekanidi - 111
Pelekanidis, S. - 413
Peterson, E. - 235
Petsas, P. M. - 110, 413
Pettigrew, T. F. - 128, 414
Pfitzner, V. C. - 31, 414
Pistelli, H. - 187
Pöhlmann, W. - 303, 414
Poland, F. - 63, 64, 77, 79, 85, 140, 141, 179, 180, 185, 196, 227, 235, 283
Polanyi, K. - 43, 414
Pomeroy, S. B. - 61, 62, 63, 64, 66, 414

Pope, M. - 221,414
Powell, B. - 116, 117, 414
Puniet, P. de. - 312, 414

R

Radke, G. - 49, 414
Ramsay, W. M. - 49, 414
Redlich, E. B. - 282, 414
Reekmans, T. - 60, 130, 157, 414
Reicke, B. - 176, 326, 327, 333, 341, 414
Rensberger, D. - 28, 212, 415
Rese, M. - 308, 415
Reynolds, J. - 86, 95
Riecken, H. W. - 353, 396
Robert, J. e L. - 79, 85, 86, 89, 110, 111
Robertis, F. M. de. - 77, 176, 179, 415
Robinson, J. A. T. - 200
Robinson, J. M. - 209, 303
Roland - 79
Romaniuk, K. - 85, 415
Rose, H. J. - 175, 415
Rossi, A. K. - 128, 411
Rostovtzeff, M. - 37, 38, 43, 49, 79, 415
Rowley, H. H. - 318, 415
Ruggini, C. - 88, 392
Russell, D. A. - 367, 415

S

Salditt-Trappmann, R. - 110, 416
Sampley, J. P. - 154, 244, 280, 416
Sanders, E. P. - 291, 350, 372, 416
Sasaki, M. S. - 129, 354, 416
Schachter, S. - 191, 353, 396, 416
Schaefer, H. - 140, 416
Schiby, J. - 111, 408
Schille, G. - 36, 281, 302, 303, 312, 368
Schlier, H. - 35, 308, 312, 416
Schmidt - 180, 236
Schoenebeck, H. von. - 110, 416
Schottroff, L. - 373, 380, 416
Schreiber, A. - 169, 417

Schroeder, D. - 148, 417
Schubert, P. - 209, 417
Schultz-Falkenthal, H. - 283, 417
Schürer, E. - 305, 417
Schütz, J. H. - 17, 159, 160, 241, 255, 261, 262, 265, 266, 277, 288, 290, 370, 417
Schweitzer, A. - 349, 417
Schweizer, E. - 200, 303, 368, 417
Scranton, R. L. - 52, 113, 403, 418
Scroggs, R. - 17, 19, 125, 418
Seager, A. R. - 85, 418
Segelberg, E. - 323, 418
Selwyn, E. - 212
Seventer - 90
Shaw, J. W. - 52, 418
Sherwin-White, A. N. - 59, 90, 418
Siegert, F. - 89, 418
Smallwood, E. M. - 42, 83, 85, 87, 88, 94, 418
Smith, D. E. - 185, 187, 228, 326
Smith, J. Z. - 17, 52, 315
Smith, M. - 294
Smith, R. - 296
Soden, H. von. - 194, 196, 216
Spiro, M. E. - 294, 295, 419
Stählin - 153
Stauffer, E. - 171, 419
Stegemann, H. - 89, 146, 407
Stendahl, K. - 375, 419
Stern, M. - 89, 90, 93, 419
Stillwell, R. - 113, 114, 419
Stowers, S. K. - 262, 419
Strecker, G. - 303, 419
Strobel, A. - 74. 419
Stuhlmacher, P. - 139, 268, 350, 419
Swidler, L. - 140, 419

T

Talmon, Y. - 351, 420
Tannehill, R. C. - 200, 420
Tanzer, H. H. - 75, 420
Tarn, W. W. - 87, 88, 420

Taylor, H. F. - 144, 129, 420
Taylor, L. R. - 420
Tcherikover, V. - 86, 87, 88, 91, 93, 339, 420
Theissen, G. - 17, 19, 28, 32, 36, 75, 124, 125, 127, 133, 135, 136, 137, 139, 155, 156, 157, 158, 159, 160, 164, 216, 217, 220, 227, 281, 328, 329, 342, 372, 373, 378
Thesleff, H. - 188, 420
Thiselton, A. C. - 362, 421
Thomas, G. S. R. - 144, 299, 404
Topitsch - 342, 378
Tov, E. - 111, 421
Towner, W. S. - 308, 421
Treu, K. - 238, 421
Turner E. G. - 42, 198, 199, 325
Turner, V. - 24, 198, 324, 325

U

Unnik, W. C. van - 150, 231, 284
Usener, H. K. - 198, 421

V

Vacalopoulos, A. E. - 110, 111
Vawter, B. - 303
Vermes, G. - 301, 421
Vickers, M. J. - 110, 421
Vogel, C. J. de. - 188, 422
Vogliano, A. - 77, 422
Vogt, E. Z. - 55, 122, 339
Vogt, J. - 422
Vööbus, A. - 224, 422

W

Walker, S. S. - 161, 258
Walker, W. O. - 422
Walker, W. P. - 411
Wallace, A. F. C. - 351, 353, 422
Walter, N. - 220, 340
Walther, J. A. - 151, 413
Waltzing, J. - 77, 78, 79, 179, 196, 283
Weaver, P. R. C. - 58, 61, 130
Webber, R. D. - 193, 422
Weber, M. - 23, 126
Weidinger, K. - 148
Weigandt, P. - 171
Weiss, J. - 271
Wengst, K. - 303
West, A. B. - 115, 116
Westermann, W. L. - 55, 58
White, L. M. - 176
Widengren, G. - 323, 423
Wilken, R. L. - 34, 83, 85, 87, 92, 94, 135, 176, 179, 184, 245
Wilson, B. R. - 191, 346, 367
Wilson, J. H. - 362
Wilson, N. G. - 415
Wilson, R. R. - 258
Winch, P. - 25
Witt, R. - 110, 423
Worsley, P. - 351, 353, 423
Wuellner, W. - 187, 423
Wuelluer - 44

Z

Zelditch, M. Jr. - 129, 385

Índice dos Textos Bíblicos

Velho Testamento

Gênesis
1.26 – 197
1.27 – 198, 322
2.21s – 322
3.21 – 198
17.7 – 358
49.10 – 358

Êxodo
2.11 – 196
22.20 – 339
22.27 – 339
32.6 – 218

Levítico
18 – 220
19.17 – 196
24.15s – 339

Números
23.9 – 215

Deuteronômio
19.15 – 265
21.23 – 359
23.1-3 – 236
23.2,3,4 – 236
3.18 – 196
24.7 – 196

6.4s – 311
Juízes
20.2 – 236

2 Samuel
7.12 – 358

Neemias
13.1 – 236

Tobias
8.5-8 – 222

Salmos
110.1 – 377
78.6 – 211

Eclesiástico
24.2 – 236

Isaías
55,5 – 211

Jeremias
10.25 – 211

Joel
3.5 – 309

Novo Testamento

Mateus
18.15-18 – 272
24.43 – 355
5.31s – 223
19.3-12 – 223

Marcos
1.16-20 e par. – 44
10.2-12 – 223

Lucas
12.39 – 355
16.18 – 223
6.24 – 122
8.2s – 143

João
4.53 – 171

Atos
4.36s – 142
5.28 – 32
8.36 – 314
9 – 34
9.19-25 – 98
9.26-30 – 97
10.2 – 171, 239
10.44-46 – 315
11.14 – 171
11.19-26 – 34
11.29 – 151
12.6-11 – 144
12.12 – 141
13.1 – 34, 132, 143
13.4-12 – 98
13.7-12 – 143, 144
13.13 – 101
13.14-52 – 98
14.1-20 – 98
14.4,14 – 278
14.8-18 – 45, 68
14.22 – 98
14.23 – 98
15 – 98
15.2 – 242
15.20,29 – 219, 221

15.22 – 134, 243
15.32 – 135
15.39 – 144
16 – 101
16.1-17.14 – 132
16.6 – 101, 103
16.12 – 142
16.12-40 – 99
16.13 – 73
16.13,16 – 109
16.13-15 – 67
16.13-15.33 – 314
16.14 – 48, 62
16.14s – 145
16.15 – 67, 171
16.16-34 – 68
16.23-34 – 144
16.31-34 – 171
17.1-9 – 99
17.4,17 – 67
17.5.9 – 132
17.5-9 – 67, 112, 146
17.9 – 174
17.10-14 – 99
17.12 – 143
17.15-34 – 99
17.17,19-34 – 68
17.34 – 143, 144
18 – 116
18.1-17 – 99
18.1-3.19-21 – 47
18.12,16s – 113
18.17 – 132
18.19-21, 24-28 – 100
18.2 – 47, 67
18.2-3 – 138
18.2-4 – 67
18.2s – 73, 138
18.5 – 132
18.7 – 67, 146, 172
18.8 – 171, 173, 256
18.23 – 101, 103
18.24 – 143, 253
18.26 – 282
19.9s – 68
19.1-40 – 100

19.11-20 – 68
19.21 – 239
19.22 – 132, 145
19.23-41 – 73
19.28 – 315
19.29 – 132, 145
19.31 – 144
20.1-6 – 239
20.4 – 98, 132, 145
20.7 – 300
20.7-12 – 99
20.9-12 – 145
20.20 – 69
21.25 – 219, 221
21.29 – 145
21.39 – 32
22.16 – 316
22.28 – 42
24.17 – 239
24.26 – 143
25.6-12 – 68
26.2-31 – 143
27.2 – 132
28.7-10 – 143
28.16,30 – 68

Romanos
1.5.13-15 – 68
1.5.13s – 183
1.7 – 192, 299, 346
1.13 – 374
1.14 – 119
1.16 – 347
1.18-32 – 210
1.23-27 – 221
1.26s – 221
3.22 – 215
3.29s – 205
3.30 – 311, 338
4.24 – 364
4.25 – 206
5.1-11 – 365, 376
5.5,8 – 192, 347
5.6,8 – 328
5.9 – 374
5.21-6.23 – 373
6 – 320
6.3s – 321
6.4 – 207, 313, 321

6.4,8 – 321
6.12-23 – 373
6.13 – 373
6.17 – 308
6.17-22 – 211
7 – 373, 375
7.5s – 211
7.7-25 – 375
7.7-8.2 – 373
7.25 – 308
8 – 381
8.9 – 347
8.11 – 364
8.12-17 – 320
8.14 – 347
8.14,16,19,21 – 346
8.15 – 208
8.15-17 – 197
8.15s – 260, 315
8.16,21 – 196
8.17 – 346
8.18 – 214
8.21 – 373
8.28 – 347
8.30 – 192
8.33 – 192, 347
8.34a – 206
8.35 – 347
8.35,39 – 192
9.3 – 278
9.8 – 196
9.8,26 – 346
9-11 – 192
9.24-26 – 192
10.1 – 278
10.12 – 215
10.13 – 316
11.13s – 68
11.12,15 – 209
11.13 – 183
11.25,28 – 376
11.25-32 – 345
11.25s – 233
11.30 – 211
12.1-15,13 – 201
12.3 – 347
12.3-8 – 201
12.6-8 – 284
12.8 – 283, 284, 305

13.1-7 – 95, 232, 348
13.3-4 – 95
13.11-14 – 232
13.12 – 322
14.1-23 – 216
14.10 – 356
14.10,12 – 348
14.15 – 328
14.17 – 347
15.1 – 158
15.1-3 – 366
15.4 – 289
15.7 – 366
15.14 – 304
15.14-21 – 183
15.15 – 347
15.15-21 – 68
15.19 – 32, 118, 290
15.19b,23a – 32
15.22 – 374
15.24 – 237
15.25-28 – 239
15.25s – 192
15.26 – 99
15.30 – 192
16 – 47, 131
16.1 – 99, 180, 235
16.1-2 – 117, 140
16.1s – 237
16.2 – 69, 141, 180, 192
16.3-5 – 69, 138
16.4 – 138, 235
16.5 – 47, 69, 101, 134, 171
16.5,19 – 235
16.7 – 134, 279
16.8 – 133
16.9 – 132
16.10,11,14,15 – 172
16.10s – 139, 171
16.13 – 69, 141, 192
16.14s – 171
16.15 – 192
16.16 – 235, 311
16.21 – 132, 146
16.22 – 133
16.23 – 115, 132, 135, 146, 172, 173, 256, 299
16.25-27 – 307
16.25s – 365
16.26 – 101

1 Coríntios
1.1 – 132
1.2 – 192, 234, 235, 236, 237, 299, 309
1.4 – 347
1-4 – 143, 173, 253, 320
1.5 – 152
1.7s – 360
1.9 – 192, 347
1.10-13 – 253
1.10s – 155
1.11 – 47, 133, 139, 171, 254
1.12 – 142, 254, 279
1.14 – 135, 173
1.14-16 – 256
1.14-17 – 253
1.16 – 171, 172
1.18,24 – 347
1.18-25 – 365
1.20-28 – 209
1.26-28 – 373
1.26-3.17 – 264
1.26s – 158
1.27 – 122, 192
1.27-29 – 347
1.57-78 – 76
2.1 – 347
2.1s,6-10 – 365
2.4 – 260
2.5 – 347
2.6-10 – 347
2.6-8 – 214
2.6-9 – 205
2.7-10 – 360
2.12 – 209
3.1-4.6 – 142
3.2-4 – 355
3.10 – 347
3.13, 10-15 – 360
3.16 – 347
3.17 – 348, 360
3.19 – 209
3.21s – 279
3.61 – 76
4 – 270
4.1 – 347
4.5 – 360
4.6 – 253
4.6,18,19 – 274
4.7,12,16-18 – 373

4.8 – 152, 261, 323
4.11-13 – 213, 264
4.12 – 69
4.14 – 195
4.14s – 195
4.15 – 264
4.17 – 47, 132, 195, 235, 266
4.18 – 254, 267
4.18s – 265, 272
4.20 – 347
4.61-63 – 76
5 – 221, 265, 273, 275, 276
5.1 – 210, 267
5.1-6a – 271
5.2 – 275
5.2,6 – 274
5.4 – 179, 276, 298, 311
5.4s – 235
5.5 – 360
5.5-7 – 275
5-6 – 319
5.6-8 – 334
5.6b-8 – 273
5.9 – 221
5.9-11 – 274
5.9-13 – 229, 319
5.10 – 209, 210, 287, 346
5.10s – 219
5.11 – 225, 275, 376
5.12,13 – 209
6 – 221
6.1,9 – 209
6.11 – 221, 225, 313, 316, 376
6.1-11 – 153, 182, 227, 274, 319, 346
6.1s – 192
6.2 – 209
6.2,3,9 – 360
6.4 – 209, 235
6.6 – 209
6.9 – 219, 221
6.9-11 – 210
6.9s – 347, 376
6.12-14 – 263
6.12-20 – 273, 320, 329
6.13s – 360
6.14 – 207
6.14-20 – 274
6.18 – 221, 274
6.20 – 373

7 – 332
7.1 – 47
7.1-5 – 266
7.1-16 – 220
7.1,25 – 254
7.2 – 221, 274
7.2-5 – 220, 224
7.5 – 374
7.10 – 223, 266
7.10,12,25 – 266
7.11-16 – 223
7.12-15 – 209
7.12-16 – 76, 230, 346
7.13 – 161
7.14 – 223
7.15 – 254
7.15,17-24 – 192
7.17 – 235, 267
7.17-24 – 347
7.20-24 – 148
7.22 – 332, 373
7.23 – 373
7.25 – 266
7.25-40 – 224
7.26-31 – 360
7.31 – 348
7.31,33s – 209
7.39 – 334
7.40 – 289
8 – 217
8.1 – 215, 254, 272
8.1-3 – 263
8.3 – 192, 347
8.4 – 217, 219
8.4,6 – 338
8.4-6 – 340
8.5s – 203, 217
8.6 – 346
8.7-13 – 217
8-10 – 230, 256
8.10 – 158, 330
9 – 150
9.2 – 277
9.3-18 – 69
9.4-6 – 44
9.4-14 – 285
9.5 – 223
9.6 – 142
9.19-23 – 231

9.20 – 68, 244
9.23-11.1 – 218
9.27 – 155
10.3 – 231
10.1-13 – 218
10.1-22– 217
10.6 – 328
10.8 – 221
10.11 – 289
10.14-22 – 326
10.15-22 – 226
10.16-22 – 218
10.17 – 329
10.19s – 217
10.20 – 373
10.21 – 326, 330
10.23-11.1 – 217
10.24,28s – 217
10.25 – 217
10.25-27 – 330
10.27 – 158, 209, 346
10.27s – 217
10.28 – 330
10.32 – 235
11 – 300
11.1 – 218
11.2,23-26 – 250
11.2-16 – 161, 162, 199, 258, 332
11.12 – 338
11.16 – 266
11.16,22 – 235
11.17,18,20,33,34 – 298
11.17-34 – 155, 256, 326, 328
11.18 – 235, 298, 328
11.20 – 172, 298, 326
11.21 – 326
11.23 – 326
11.23-55 – 266
11.24s – 327
11.26 – 207
11.26,32 – 361
11.29s – 226, 275
11.30 – 329
11.32 – 209
11.34 – 172
12 – 259, 320, 340
12.1 – 254
12.2 – 210
12.8-10,28,29s – 263

12.8-10.28-30 – 284, 305
12.9 – 373
12.10 – 260
12.12-30 – 200
12.13 – 197, 199, 322
12-14 – 347
12.28 – 235, 285
12.30 – 257
12.31 – 201
13.4 – 272
14 – 300
14.1 – 201
14.2s – 304
14.3,19 – 305
14.4 – 263
14.4,5,12 – 235
14.6-10 – 263
14.13-15 – 307
14.14 – 257
14.16 – 308
14.18 – 259
14.19 – 263
14.19,23,28,35 – 235
14.22-24 – 209
14.23 – 172, 231, 258, 267, 298
14.23.26 – 298
14.23-25 – 307
14.23s – 209, 346
14.25 – 226
14.26 – 300, 304
14.31 – 304
14.33 – 199
14.33b-36 – 161, 162
14.33s – 235, 266
14.35 – 172
14.40 – 258
15 – 270, 323, 368, 380
15.1-8 – 250
15.1s – 375
15.3 – 328
15.3-11 – 289
15.5-9 – 279
15.8s – 290
15.9 – 235
15.9 – 236
15.24 – 361
15.25-28 – 377
15.26 – 373
15.28 – 338

15.29 – 177, 334
15.32 – 100
15.42,54 – 381
15.50 – 347
15.51 – 379
15.51s – 361
15.57 – 308
16.1 – 100, 235
16.1-3 – 300
16.1-4 – 151, 239
16.1,15 – 192
16.1,18 – 254
16.2 – 300
16.6 – 153
16.8 – 100
16.10 – 47, 132
16.10-12 – 237
16.11 – 153
16.15 – 69, 101, 135, 256
16.15-18 – 177, 258
16.15b – 135
16.15s – 171, 172
16.16 – 144
16.16-18 – 256
16.17 – 47, 132
16.17s – 280
16.19 – 47, 69, 101, 138, 171, 235
16.19-21 – 237
16.20 – 311
16.21 – 267
16.22 – 208, 225, 226, 311, 328, 361

2 Coríntios
1.1 – 99, 192, 235, 237, 299
1.1,19 – 132
1.3-7 – 264, 302, 365
1.3s – 308
1.8-11 – 100
1.9 – 364
1.16 – 153
1.19 – 134, 281
1.21 – 315
2 – 276
2.5-11 – 275
2.9 – 155
2.10 – 276
2.11 – 374
2.13 – 47, 132, 281

2.14 – 308
2.14-7.4 – 264
3 – 278
3.1-3 – 255
3.3 – 347
3.7-9 – 69
4.4 – 209, 214, 340, 372
4.8-12 – 213
4.10 – 207
4.10s,12 – 380
4.14 – 364, 365
4.15-18 – 99
4.17 – 214
4.17 – 281
5.1-10 – 380
5.4 – 379, 381
5.13 – 348
5.14 – 192
5.15,21 – 328
5.16-21 – 376
5.18 – 338
5.18-20 – 376
5.19 – 209
5.20 – 278
5.21 – 375
6.4-10 – 213, 264
6.13 – 195
6.14 – 209
6.14-7.1 – 212, 264
7.6-16 – 132, 281, 47
7.8-11 – 264
7.8-12 – 276
8 – 153
8.1 – 235
8.1-6 – 99
8.4 – 192
8.6,16-24 – 47, 281
8.6-24 – 132
8.7 – 152
8.9 – 152, 207, 306, 366
8-9 – 239
8.16 – 308, 347
8.18 – 235
8.18s,22s – 132
8.20 – 152
8.23 – 280
9.1.12 – 192
9.2 – 70, 101
9.2-4 – 99, 152

9.8 – 347
9.15 – 308
10.1-6 – 163
10.10 – 163, 255
10.12-18 – 255, 264
10-13 – 183, 254, 290, 370
10.13-18 – 164
10.18 – 155
11.5 – 163
11.5,13 – 279
11.6 – 163, 255
11.7-9 – 194
11.7-11 – 255
11.7-12 – 164
11.8s – 99
11.9 – 70, 153, 247
11.9s – 101
11.20 – 164
11.22 – 255
11.22s – 164
11.23-27 – 48
11.23-29 – 213, 264
11.24 – 68
11.26 – 32
11.27s – 69
11.28 – 235
11.32 – 33, 34
11.32s – 98
12.1-10 – 164, 255
12.11 – 163
12.12 – 164, 255, 260, 290
12.13 – 235
12.13-15 – 164
12.14 – 195
12.14-18 – 255
12.14b – 154
12.16-18 – 164
12.18 – 132
12.21 – 347
13 – 265
13.2-4 – 370
13.4 – 347
13.5-7 – 155
13.11,13 – 192
13.12 – 192, 311
13.1-4 – 265
13.14 – 347
16.10 – 281

Gálatas
1.1 – 250, 277, 364
1.2 – 100, 235, 299
1-2 – 279, 289
1.4 – 211, 328, 357, 371
1.6,15 – 192
1.7-9 – 244
1.10 – 251
1.12 – 357
1.13 – 235, 236
1.13-16 – 250, 358
1.13-17 – 34
1.13s – 375
1.15-17 – 33
1.15s – 278, 288
1.16 – 68, 250
1.16-2.10 – 34, 358
1.16-2.14 – 250
1.17 – 278
1.17,19 – 278
1.17-24 – 97
1.18 – 34, 98
1.18s – 34
1.21 – 34, 98
2.1 – 34, 98
2.1-3 – 132
2.1-10 – 183
2.1-10, 11-14 – 35
2.1-14 – 34
2.2 – 242
2.6,10 – 244
2.7-9 – 68, 244
2.7s,9b – 244
2.10 – 239, 283
2.11-13 – 244
2.11-14 – 35, 183, 225, 281
2.12 – 332
2.14 – 250
2.20 – 328
3.1 – 102
3.13 – 328, 359
3.1-4.11 – 252
3.1-5 – 251
3.5 – 260
3.19s – 341
3.20 – 338
3.23ss – 211
3.26 – 196
3.26-4.6 – 197, 320

3.26-4.8 – 346
3.28 – 197, 322
4.1-7 – 346
4.1-11 – 211, 373
4.3 – 209
4.4 – 373
4.6 – 208, 260, 315
4.8 – 209, 219, 340
4.8-11 – 341, 357
4.8s – 211, 251, 373
4.9 – 192, 340, 347
4.10 – 334
4.12 – 251
4.12-14 – 251
4.13 – 69, 103
4.15-20 – 251
4.17 – 358
4.19 – 195
4.21-31 – 252
5.1 – 373
5.7 – 251
5.8,13 – 192
5.11 – 251
5.19 – 221
5.19s – 221
5.20 – 219, 376
5.21 – 347
5.22 – 376
6.1 – 275
6.2 – 366
6.6 – 285
6.11 – 267
6.14 – 209
6.17 – 321

Efésios
1.1 – 192, 299
1.3 – 323
1.3-14 – 202, 302
1.4 – 192
1.9 – 347
1.9s – 233
1.10 – 377
1.19 – 347
1.21 – 373
1.22 – 201, 235
2.1,5 – 321
2.2 – 209, 373
2.3 – 374

2.4 – 192, 346
2.4-7 – 323
2.5,8s – 375
2.5s – 321
2.6 – 261, 321
2.7-11,14-16 – 202
2.11-22 – 211, 233, 306, 344, 365, 377
3.1-12 – 365
3.8 – 290
3.9-19 – 377
3.10,21 – 235
3.19 – 192
4.1-6 – 342
4.4 – 192
4.6 – 338
4.8-12 – 306
4.11 – 284
4.15 – 201
4.17 – 210
4.28 – 150
4.32 – 366
5.1 – 196
5.2 – 366
5.2,25 – 192, 328
5.3 – 221
5.5 – 219, 221, 347, 376
5.7-14 – 212
5.18-20 – 301
5.19 – 303
5.20 – 309
5.21-33 – 306
5.21-6.9 – 174, 231
5.22-24 – 162
5.23 – 201
5.23,24,25,27,29,32 – 235
5.25,29 – 366
5.25b-26 – 211
6.5-9 – 149
6.8 – 322
6.10-17 – 322
6.11-18 – 214
6.12-17 – 372
6.21s – 132, 237

Filipenses
1.1 – 132, 140, 180, 192, 299
1.5,7 – 154
1.13 – 147
1.28s – 369

2.5-11 – 366
2.6-11 – 302, 303, 309, 323, 379
2.9 – 348
2.10 – 373, 377
2.10s – 316
2.11 – 303
2.13 – 347
2.15 – 196, 346
2.19 – 132, 281
2.22 – 195
2.25 – 47, 132, 280
2.25-29 – 282
2.25-30 – 237
2.27 – 347
2.29-22 – 195
2.29s – 280
3.4-6 – 375
3.6 – 235
3.7s – 154
3.10s – 364
3.14 – 347
3.15 – 347
3.17 – 210
3.18s – 210
3.20 – 287
3.20s – 379
4.1 – 210
4.2s – 133
4.3 – 132
4.14-19 – 153
4.15 – 235
4.15-19 – 154
4.15s – 70
4.18 – 47, 132, 282
4.21s – 192
4.22 – 58, 147, 171

Colossenses
1.1 – 132
1.2 – 104, 192, 299
1.4 – 192
1.5,12,20 – 323
1.7 – 132
1.7s – 282
1.12-20 – 303
1.13 – 373
1.15-20 – 302, 303, 323, 377
1.15s – 202
1.18 – 201

1.18,24 – 235
1.20 – 202, 373
1.21s – 211
1.24 – 269
1.24-2.5 – 268
1.25 – 32
1.27 – 347
1.28 – 269, 345
2.1 – 104, 269
2.2 – 347
2.5 – 269
2.6s – 270
2.8 – 268
2.8,20 – 209
2.10 – 201, 202
2.11 – 198, 268, 322
2.12 – 313, 321, 347, 364
2.12s – 321
2.13 – 321
2.14 – 154
2.14-19 – 268
2.15 – 372, 373, 377
2.16 – 268, 334
2.18 – 268, 272
2.19 – 201
2.20 – 225, 373
2.20-23 – 268
2.20-3.4 – 270
2.23 – 268
3.1 – 321
3.1-4 – 323
3.3 – 348
3.3s – 379
3.5 – 219, 221
3.5-14 – 376
3.10 – 198, 322, 379
3.10s – 322
3.11 – 118, 197
3.12 – 192, 347
3.13 – 304, 366
3.15 – 192
3.16 – 301, 303, 304
3.16s – 301
3.17 – 308
3.18 – 162
3.18-4.1 – 174, 231
3.22-25 – 148
3.25 – 149
4.1 – 148

4.5 – 209, 231
4.7s – 132
4.7-9 – 237
4.7-14 – 267
4.7-15 – 237
4.9 – 139, 267
4.10 – 134, 141
4.10s – 132
4.11 – 132, 347
4.12 – 132, 282
4.12-17 – 100
4.13,15s – 268
4.13-16 – 104
4.14 – 132, 133
4.15 – 69, 171, 173, 235, 299
4.16 – 105, 235, 237, 299
4.17 – 132

1 Tessalonicenses
1.1 – 132, 134, 235, 299
1.4 – 192, 346
1.4,6 – 193
1.6 – 213
1.7 – 101
1.7-10 – 247
1.9 – 203, 210, 311, 338, 340
1.10 – 347, 348, 356, 357, 364
1.12 – 250
2 – 69
2.2 – 99
2.7 – 193
2.7,11 – 195
2.9 – 69, 150
2.12 – 192, 247, 248
2.13-16 – 213
2.14 – 213, 235
2.17 – 193
2.17-3.11 – 193
2.18 – 374
2.19-24 – 194
2.19s – 248
2.25-30 – 194
3.1 – 99
3.1-5 – 247
3.1s,6 – 193
3.2-4 – 248
3.2,6 – 281, 132
3.2-6 – 47

3.3s – 212
3.4 – 212
3.11-13 – 247
4 – 220
4.1 – 247
4.1-2 – 220
4.1-8 – 220
4.3-8 – 221, 266
4.4 – 220
4.4-6 – 220
4.5 – 203, 209, 221, 340
4.6, 8 – 356
4.7 – 192, 220
4.9 – 194
4.10 – 194
4.10-20 – 194
4.11 – 150
4.11s – 150, 231, 356
4.12 – 209, 231
4.13-18 – 214, 247, 334, 368, 380
4.13-5.11 – 177, 194, 355
4.15 – 194, 356
4.15-17 – 355
4.17 – 356
4.18 – 304
5.1-11 – 214
5.2 – 355
5.4-11 – 212
5.4-8 – 355
5.8 – 322
5.9 – 374
5.11,14 – 304
5.12 – 141, 180, 186, 283, 305
5.12-27 – 311
5.13 – 194
5.13-22 – 356
5.24 – 192
5.26 – 311
5.27 – 192, 298

2 Tessalonicenses
1.1 – 132, 134, 235, 299
1.3-12 – 214, 369
1.4 – 235
1.5 – 347
1.5-7 – 348
1.8 – 210, 211
1.11 – 192

2.3s – 380
2.13 – 192, 347
2.14 – 192
2.16 – 192
3.5 – 347
3.6-13 – 150
3.9 – 150
3.14 – 225
3.14s – 275
3.15 – 275

1 Timóteo
1.2,18 – 195
1.3 – 100
1.12-16 – 290
1.17 – 308
2.1-6.2 – 174
2.9-15 – 162
3.2 – 238
3.4,5,12 – 284
3.16 – 302
4.3 – 162
5.17 – 284

2 Timóteo
1.5 – 132
2.1 – 195
4.10 – 97, 100
4.11 – 132
4.13 – 100
4.18 – 308
4.20 – 100, 145

Tito
1.5 – 100
1.8 – 238
2.1-10 – 174
2.3-5 – 163
2.14 – 211
3.12 – 100

Filemom
1-2,23-24 – 100
2 – 69, 139, 171, 235, 299
7 – 192
5 – 192
9 – 278
10 – 139, 195
11 – 139
16,23 – 69
18 – 154
22 – 69, 237
23 – 132, 134
24 – 132, 133, 141

Hebreus
12.23 – 236
13.2 – 238

Tiago
2.1-7 – 122

1 Pedro
1.14s – 211
2.13-3.7 – 174
2.13s – 348
3.7 – 220
4.9 – 238
5.1-5 – 174
5.12 – 134
5.14 – 311

2 Pedro
3.10 – 355

1 João
5.21 – 219

Apocalipse
3.3 – 355
3.14 – 104
16.15 – 355